Pete Townshend

Pete Townshend

A Autobiografia

Tradução
Cid Knipel Moreira

GLOBO LIVROS

Texto fixado conforme as regras do Novo Acordo Ortográfico da Língua Portuguesa
(Decreto Legislativo nº 54, de 1995)

Editor responsável: Carla Fortino
Editor assistente: Sarah Czapski Simoni
Tradução: Cid Knipel Moreira
Preparação de texto: Silvio Fudissaku
Revisão de texto: Fabiana Medina, Márcia Duarte, Ana Maria Barbosa, Mônica Hamada
Paginação: Linea Editora Ltda.
Capa: HarperCollins*Publishers* 2012
Fotos de capa: © Terry O'Neill/Getty Images (frente); Ian Dixon/Rex Features (4ª capa);
Chris Morphet/Redferns (orelha)

Dados Internacionais de Catalogação na Publicação (CIP)
(Câmara Brasileira do Livro, SP, Brasil)

Townshend, Pete
A Autobiografia / Pete Townshend ; tradução
Cid Knipel Moreira. – São Paulo : Globo, 2013.

Título original: Who I am.
Bibliografia.
ISBN 978-85-250-5356-5

1. Músicos de rock – Inglaterra – Biografia
2. Townshend, Pete 3. Who (Grupo musical) I. Título.

13-01210 CDD-782.42166092

Índices para catálogo sistemático:
1. Inglaterra : Músicos de rock : Biografia
782.42166092

Direitos de edição em língua portuguesa para o Brasil
adquiridos por Editora Globo S.A.
Av. Jaguaré, 1485 – 05346-002 – São Paulo / SP
www.globolivros.com.br

Sumário

Primeiro Ato: música de guerra 7

1. Eu estava lá 9
2. É um menino 11
3. Você não viu 23
4. Um tipo adolescente de vingança 37
5. The Detours 45
6. The Who 59
7. Não consigo explicar 75
8. Substitoot 85
9. Ácido no ar 97
10. Deus se hospeda em um Holiday Inn 111
11. Viagem fantástica 125
12. Tommy: os mitos, a música, a lama 141

Segundo Ato: um homem muito desesperado 169

13. Vida doméstica e solidão 171
14. A terra entre 188
15. Veículos 206
16. Um mendigo, um hipócrita 216

17. Cuidado com o que você deseja 230
18. O agente funerário 244
19. Enfim, confortável comigo mesmo 255
20. Trapalhada de Rock Star 276

Terceiro Ato: tocando para os deuses 297

21. O último trago 299
22. Ainda lunático 321
23. The Iron Man 341
24. Psychoderelict 359
25. Recaída 371
26. Improvisando 383
27. Uma nova casa 393
28. Carta a meu eu aos oito anos 406
29. Dias negros, cavaleiros brancos 423
30. O piano de Trilby 429
31. Intermezzo 436
32. Quem eu sou 441

Apêndice: carta de uma fã de 1967 445
Coda 447
Agradecimentos 449
Posfácio 455
Créditos das fotos 461
Índice 463

Primeiro Ato
MÚSICA DE GUERRA

You didn't hear it.
You didn't see it.
You won't say nothing to no one.
Never tell a soul
What you know is the truth
– "1921" (1969)

[Você não ouviu.
Você não viu.
Você não dirá nada a ninguém
Nunca diga a uma alma
O que você sabe que é a verdade]

Don't cry
Don't raise your eye
It's only teenage wasteland
– "Baba O'Riley" (1971)

[Não chore
Não erga o olhar
É só o deserto juvenil]

And I'm sure – I'll never know war
– "I've known no war" (1983)

[E tenho certeza – nunca conhecerei a guerra]

1
Eu estava lá

É extraordinário, mágico, surreal, assistir a todos eles dançando ao som dos meus solos de guitarra em *feedback*; na plateia, meus colegas da escola de arte estão empertigados entre os mods das zonas oeste e norte de Londres, aquele exército de adolescentes em seus terninhos justos que vinham montados em scooters maravilhosas, usavam cabelo curto e bons sapatos e tomavam anfetaminas. Não sei dizer o que se passa na cabeça de meus companheiros de banda, Roger Daltrey, Keith Moon ou John Entwistle. Eu poderia estar me sentindo um solitário, mesmo no meio da banda, mas essa noite, em junho de 1964, no primeiro show do Who no Railway Hotel, em Harrow, zona oeste de Londres, sou invencível.

Estamos tocando R&B: "Smokestack lightning", "I'm a man", "Road runner" e outros grandes clássicos. Arranho a uivante guitarra Rickenbacker para cima e para baixo do pedestal de meu microfone; depois, com um toque rápido, aciono o botão especial que recentemente instalei para a guitarra crepitar e disparar ruídos para a fila do gargarejo. Arremesso a guitarra no ar com violência – e sinto um tremendo arrepio à medida que o som passa de um rugido para um ronco estrondoso; ergo os olhos e vejo a cabeça da guitarra quebrada quando a retiro do buraco que abri no teto baixo.

Nesse momento, tomo uma decisão rápida – e em um louco frenesi arremesso a guitarra danificada inúmeras vezes contra o teto. O que era apenas uma rachadura se converte em estilhaços. Exibo triunfalmente a guitarra para a multidão. Eu não a destruí: fiz uma escultura para eles. Atiro negligentemente a guitarra espatifada no chão, apanho minha Rickenbacker novinha de doze cordas e continuo o show.

Naquela noite de terça-feira deparei com algo mais poderoso que as palavras, muito mais emocionante que minhas tentativas de filhinho da mamãe de tocar blues. E, em resposta, recebi a saudação barulhenta da multidão. Cerca de uma semana depois, no mesmo palco, fiquei sem guitarras e derrubei a pilha de amplificadores Marshall. Sem ficar para trás, nosso baterista Keith Moon aderiu, chutando e derrubando seus tambores. Roger começou a arranhar seu microfone nos pratos rachados de Keith. Alguns encaravam a destruição como um artifício, mas eu sabia que o mundo estava mudando, e uma mensagem sendo transmitida. O modo antigo, convencional, de fazer música jamais seria o mesmo.

Eu não tinha a menor ideia do que destruir minha guitarra pela primeira vez ocasionaria, mas tinha uma boa noção da origem de tudo aquilo. Como filho de um clarinetista e saxofonista dos Squadronaires, a emblemática banda britânica de swing, eu fora nutrido pelo amor por esse tipo de música, amor que eu trairia por uma nova paixão: o rock 'n' roll, o som que vinha para destruí-lo.

Eu sou inglês. Sou londrino. Nasci na zona oeste de Londres assim que a devastadora Segunda Guerra Mundial chegava ao fim. Como artista, fui moldado significativamente por esses três fatos, do mesmo modo que a vida de meus avós e pais foi moldada pelas trevas da guerra. Fui educado em um período em que ainda havia sombras da guerra, embora em minha vida os tempos mudassem tão depressa que era impossível saber o que o futuro reservava. A guerra tinha sido uma ameaça real ou um fato para três gerações de minha família.

Em 1945, a música popular tinha um propósito sério: desafiar a depressão pós-guerra e revitalizar as aspirações românticas e esperançosas de um povo exaurido. Minha infância foi permeada pela consciência do mistério e do romance que havia na música de meu pai, algo tão importante para ele e mamãe que parecia ser o centro do universo. Havia riso e otimismo; a guerra terminara. A música que papai tocava era chamada de swing. Era o que as pessoas queriam ouvir. Eu estava lá.

2
É um menino

Acabei de nascer, a guerra terminou, mas não inteiramente.

"É um menino!", alguém grita da ribalta. Mas meu pai continua tocando.

Sou um bebê da guerra, embora nunca a tenha conhecido. Nasci em uma família de músicos em 19 de maio de 1945, duas semanas depois do Dia da Vitória dos Aliados na Europa e quatro meses antes de o Dia da Vitória sobre o Japão pôr fim à Segunda Guerra Mundial. Mesmo assim, a guerra e seus ecos sincopados – buzinas e saxofones, big bands e abrigos antiaéreos, V2s e violinos, clarinetas e aviões Messerschmitts, canções de lamentos, bombardeios, sirenes, estampidos e explosões – me embriagaram, embalaram e inquietaram enquanto ainda estava no útero de minha mãe.

Duas lembranças perduram para sempre como sonhos, que, uma vez lembrados, jamais são esquecidos.

Estou com dois anos, viajando no andar superior de um velho bonde que mamãe e eu tomamos no topo de Acton Hill, na zona oeste de Londres. O bonde percorre meu futuro: a loja de eletrodomésticos onde o primeiro disco de papai será vendido em 1955; a delegacia de polícia onde irei recuperar minha bicicleta roubada; a loja de ferragens que me hipnotiza com suas milhares de gavetas perfeitamente etiquetadas; o Odeon, que frequentarei nas conturbadas matinês de cinema aos sábados com meus amigos; a igreja de St. Mary, onde anos depois cantarei hinos anglicanos no coro e assistirei a centenas de pessoas tomando a comunhão que eu mesmo nunca tomarei; o pub White Hart, onde pela primeira vez ficarei devidamente embriagado em

1962, depois do costumeiro show semanal com uma banda de rock da escola chamada The Detours, que um dia evoluirá para The Who.

Estou um pouco mais velho agora, já se passaram três meses de meu aniversário de dois anos. É 1947 e estou em uma praia, ao sol brilhante do verão. Sou ainda muito novo para correr por ali, mas fico sentado em uma manta desfrutando cheiros e sons: o ar marinho, a areia, o vento suave, ondas murmurando contra a praia. Meus pais chegam a cavalo como árabes, jogando areia para todos os lados, acenam felizes e depois se afastam, cavalgando novamente. São jovens, glamourosos, bonitos, e o desaparecimento deles é como o desafio de encontrar um ilusório graal.

Meu avô paterno, Horace Townshend (conhecido como Horry), ficou precocemente calvo aos trinta anos, mas ainda impressionava com seu perfil aquilino e os óculos de aros grossos. Horry, um músico semiprofissional, compunha canções e se apresentava em espetáculos de verão no litoral, em parques e casas de show durante os anos 1920. Flautista de formação, sabia ler e escrever música, mas gostava da vida fácil e nunca ganhou muito dinheiro.

Horry conheceu vovó Dorothy em 1908. Trabalharam juntos como artistas e se casaram dois anos depois, quando Dot estava grávida de oito meses do primeiro filho deles, Jack. Tio Jack lembrava que, quando criança, seus pais tocavam pelas ruas em Brighton Pier, enquanto ele ficava por ali assistindo. Uma dama chique passou, admirou os esforços dos dois e lançou um xelim no chapéu. "Por qual boa causa vocês estão arrecadando?", perguntou ela.

"Por nós mesmos", disse Dot.

Dot era atraente e elegante. Cantora e dançarina que sabia ler música, ela se apresentava em teatros de revista, às vezes ao lado do marido, e contribuía para as composições de Horry. Era animada e otimista, embora um tanto vaidosa e um pouco esnobe. Entre as apresentações, Horry e Dot conceberam meu pai, Clifford Blandford Townshend, que nasceu em 1917, uma companhia para seu irmão mais velho, Jack.

Durante a primeira infância de mamãe, os pais dela, Denny e Maurice, viviam em Paddington. Embora obsessiva quanto à limpeza, Denny não era uma guardiã zelosa. Mamãe se lembra de estar pendurada na janela do andar de cima com seu irmão, Maurice Jr., então bebê, acenando para seu pai, que passava com a carrocinha de entregar leite. O garotinho quase escorregou lá para baixo.

Vovô Maurice era um homem delicado que foi cruelmente abandonado quando Denny – depois de onze anos de casamento – partiu com um homem rico, que a mantinha como amante. Naquele dia, mamãe voltou da escola e encontrou a casa vazia. Denny havia levado toda a mobília, à exceção de uma cama, deixando apenas um bilhete sem endereço. Maurice passou vários anos no encalço da mulher, mas eles jamais se reconciliaram.

Maurice se mudou com os dois filhos para a casa de sua mãe, Ellen. Mamãe, com apenas dez anos, contribuía na arrumação da casa, sucubindo diretamente à influência de sua avó irlandesa. Ela tinha vergonha da mãe que a abandonara, mas se orgulhava da avó Ellen, que lhe ensinou a modular o som de sua fala para aperfeiçoar o irlandês que havia nela. Mamãe se especializou em imitar vários sotaques e mostrou um talento precoce para a música.

Adolescente, mamãe se mudou para a casa de Rose, sua tia materna, na zona norte de Londres. Lembro-me de Rose como uma mulher extraordinária, segura, inteligente, leitora contumaz; era lésbica e vivia discreta mas abertamente com sua companheira.

Como eu, papai fora um adolescente rebelde. Antes da guerra, ele e seu melhor amigo eram camisas-negras, seguidores de Oswald Mosley. Claro que mais tarde ele sentiria vergonha disso, mas se perdoou – eles eram jovens e os uniformes, fascinantes. Em vez de ficar nos estudos de clarineta de Prokofiev, aos quais ele brilhantemente se dedicou todas as manhãs durante duas horas, aos dezesseis anos papai decidiu tocar em festas. A musicalidade necessária para essas apresentações exigia muito pouco dele. Ao longo de sua vida, ele seria superqualificado para a música que tocava.

Em poucos anos, papai estava se apresentando em toda a cidade de Londres com Billy Wiltshire e sua Piccadilly Band, tocando música para dançar ou relaxar nos bares. No intervalo entre as duas guerras mundiais, a sofisticação, o deslumbramento e a jovialidade obscureciam o receio subjacente de extinção. As grandes questões eram ocultas em nuvens de fumaça de cigarro e música popular inovadora. O sexo era, como sempre, o ingrediente que acalmava o coração ansioso. No entanto, na música da época de meu pai, a energia sexual era mais implícita, oculta pela elegância de homens e mulheres em trajes de gala.

* * *

A guerra e a música juntaram meus pais. Papai se alistou na Força Aérea Britânica (RAF) em 1940 e tocava saxofone e clarineta em pequenas bandas para entreter seus colegas, como parte de suas obrigações. Em 1945, ele tocava na RAF Dance Orchestra, uma das maiores orquestras militares. Composta por homens alistados que haviam sido membros de bandas famosas e regida pelo sargento Leslie Douglas, foi considerada a maior orquestra de baile já produzida na Inglaterra. A seu próprio modo, foi revolucionária. Sua arma secreta era o swing, ainda não inteiramente aceito pela sociedade em geral, mas adorado pelas pessoas comuns. Papai se manteve no posto porque o marido de Vera Lynn, o saxofonista Harry Lewis, embora na RAF, teve medo e não quis voar para a Alemanha. E, de fato, quando o mensageiro de moto gritou da ribalta as notícias de meu nascimento, papai estava fora, na Alemanha, tocando saxofone para as tropas.

Mamãe falsificou a idade para se alistar em 1941. Cantora talentosa, ela se tornou vocalista na banda de papai. O programa da apresentação de 18 de junho de 1944 no Colston Hall, em Bristol, a relaciona cantando "Star eyes", "All my life" (um dueto com o galante sargento Douglas) e "Do I worry". Papai é apresentado como solista em "Clarinet rhapsody" e "Hot and anxious". De acordo com uma nota do encarte, a RAF Dance Orchestra prendia a atenção do público. "Do sentimentalismo à música com um compasso, o ritmo era versátil; o solista, expressivo".

Quando a guerra acabou, a banda optou por seguir com seu nome popular: os Squadronaires.

Segundo minha mãe, os primeiros anos de seu casamento foram solitários. "Eu nunca via seu pai. Ele nunca estava presente. E quando estava, era na rua, no maldito White Lion ou lá na Granville." Animado, bonito e sempre pronto a pagar uma rodada no bar, papai era popular nas tavernas locais, onde seu sucesso musical lhe trouxe um quê de celebridade.

A solidão pode ajudar a explicar por que mamãe ficou com tanta raiva de meu pai por ele estar ausente em meu nascimento. Mamãe, que vivia com os sogros, mostrou seu ressentimento mudando-se. Ela conhecia um casal judeu, Sammy e Leah Sharp, músicos australianos, que viviam com o filho em um grande cômodo, e mamãe e eu passamos a morar com eles. Leah cuidava de mim. Eu não me lembro, mas mamãe a descreveu como "uma dessas pessoas que adoram fazer todo o trabalho de dar banho, empurrar carrinho e aquele negócio todo". Mamãe, menos interessada "naquele negócio todo" – e ainda trabalhando como cantora –, ficou grata pela ajuda.

Em 1946, meus pais se reconciliaram, e nós três fomos morar em uma casa em Whitehall Gardens, Acton. Entre os nossos vizinhos estavam o grande pianista cego de jazz George Shearing e o cartunista Alex Graham, cujo estúdio, com sua prancheta de desenho, enormes folhas de papel, tintas e canetas diferentes, me fascinava e plantou as sementes que mais tarde me inspiraram a ir para a academia de arte.

Dividíamos nossa casa com a família Cass, que morava no andar de cima e era judia, como muitos amigos íntimos de meus pais. Eu me lembro de Páscoas barulhentas e alegres, com muito *gefilte fish*, fígado picado e o aroma de carne assando lentamente. Cada família tinha três cômodos, uma cozinha e um banheiro, mas sem vaso sanitário. O nosso ficava no quintal dos fundos, e o papel higiênico consistia em alguns retângulos de jornal pendurados num prego. Entre o frio e as aranhas, minhas viagens até lá nunca duravam muito tempo.

Eu dormia na sala de jantar. Meus pais pareciam ter pouca percepção da necessidade de me garantir um espaço próprio, onde eu pudesse deixar meus brinquedos ou desenhos sem sentir que estava invadindo território adulto. Eu não tinha nenhuma privacidade, nem mesmo noção de que a merecia.

Mamãe desistiu de cantar e mais tarde o lamentou, mas nunca parou de trabalhar. Ela ajudava a administrar os Squadronaires de seu escritório em Piccadilly Circus e frequentemente me levava no ônibus da excursão, onde eu desfrutava da atmosfera descontraída da banda e cuidava das garrafas vazias de cerveja. Nossas turnês sempre terminavam em um pequeno hotel litorâneo, em um acampamento de férias ou em um cinema ricamente decorado, repleto de escadas secretas e corredores subterrâneos.

Charlie, que administrava a equipe de estrada, era alvo de inúmeros trotes, mas os Squadronaires evidentemente o amavam. O impacto da influência cotidiana de mamãe e papai sobre mim diminuía um pouco na presença da banda, que era como um clube de meninos viajantes. Mamãe era a vocalista bonita de plantão, enquanto a musicalidade de papai conferia a ele uma condição especial entre seus pares. Papai sempre trabalhava durante pelo menos uma hora por dia em escalas e arpejos, prática matinal que parecia mágica em sua complexidade. Na linguagem simples do rock de hoje: ele era *rápido*.

O acampamento de férias era uma instituição tipicamente britânica – um destino da classe operária para uma semana festiva de verão que, em geral, incluía entretenimento na forma de uma banda como os Squadronaires. O esquema de "uma família por cabana" dos acampamentos não parecia muito adequado a ligações sexuais ilícitas. Mas se, em vez de uma família, imaginarmos um pequeno grupo de rapazes em uma cabana e moças em outra, dá para começar a entender as possibilidades.

Havia um sentimento igualitário nos acampamentos de férias, mas sempre me senti um pouco superior às pessoas comuns que passavam por eles. Afinal, eu estava com a banda e ficaria ali o verão todo, às vezes até por dezesseis semanas. De trás da cortina do palco descobri a magia de capturar a atenção dos veranistas. Cresci com uma sensibilidade para o que entretém as pessoas e percebi o preço que isso às vezes demanda. Como um dublê para divertir a plebe do acampamento, todo dia às duas da tarde papai era empurrado do trampolim mais alto para a piscina lá embaixo, completamente vestido com o uniforme da banda. Ao emergir da água ainda tocando sua velha clarineta, ele fingia estar triste, derrotado. Quando criança, eu sentia isso com muita intensidade. Meu alegre pai é humilhado, eu pensava, para que vocês, a plebe do acampamento, possam dar risada.

Aprendi a me distanciar dessa gente comum, os clientes que indiretamente pagavam nosso sustento. Até hoje, quando vou a um show em que não estou me apresentando, sempre me sinto um pouco perdido. E sempre penso em papai.

Em setembro de 1949, aos quatro anos de idade, frequentei a pré-escola de Silverdale em Birch Grove, Acton, que provavelmente atraiu mamãe porque ela achava que eu ficava bonitinho com o uniforme da escola, um blazer e um boné vermelhos. Mamãe era naturalmente glamourosa e, quando terminou o racionamento de roupas depois da guerra, vestia-se como uma estrela de

Hollywood. Seus sogros desaprovavam. Por que ela gastava em roupas o dinheiro suado de papai e me mandava para uma escola particular quando devia estar empurrando um carrinho?

Contudo, eu estava feliz. Whitehall Gardens era uma entre muitas ruas infestadas de garotinhos da minha idade. Nossa turma era liderada por meu melhor amigo, que todos chamávamos de Jimpy, nome de um personagem de uma tirinha popular do *Daily Mirror* que usava um topete parecido com o dele. Como todas as crianças, brincávamos de futebol, críquete, esconde-esconde, índios e caubóis – nossa diversão favorita. Os brinquedos de guerra se limitavam a soldadinhos ou veículos para montar: a guerra de verdade ainda era uma memória muito próxima.

Nossas fantasias eram inspiradas por filmes a que assistíamos nas matinês de sábado: *Roy Rogers*, *Hopalong Cassidy*, *Flash Gordon*, *Os Três Patetas*, *Carlitos*, *O Gordo e o Magro*, *Looney Tunes*, desenhos da Disney e outros. O Gordo e o Magro eram as pessoas mais engraçadas do planeta. Carlitos me parecia obsoleto, mas, por outro lado, praticamente todos os filmes que víamos eram anteriores à guerra.

Ao sairmos de casa, podíamos fazer quase tudo o que quiséssemos. Passávamos embaixo das cercas, sobre desvios de estradas de ferro, roubávamos maçãs das árvores nos pomares, atirávamos pedras nos patos, abríamos qualquer porta de garagem destrancada (os carros eram uma grande curiosidade) e seguíamos o leiteiro e sua carroça puxada a cavalo até o parque Gunnersbury, uma viagem de ida e volta de cerca de dezesseis quilômetros.

Tanto Jimpy como eu tínhamos triciclos, e um dia, ainda com apenas quatro anos, ambos fomos no meu até o parque para tentar um novo recorde de velocidade em descida em dupla na rampa íngreme defronte ao solar. Fiquei em pé no eixo traseiro, e Jimpy guiou. O triciclo se descontrolava com a alta velocidade, e por isso apenas podíamos ir para a frente – colidindo direto com um canteiro de alvenaria erigido no sopé da colina. Acabamos com a cara no chão, assustados e sangrando. O triciclo ficou tão torto que não conseguimos voltar nele para casa. Meu nariz sangrou por dois dias.

Em 1950, quando completei cinco anos, não fui para a escola pública local com meus amigos. Mamãe, ainda achando que eu ficava uma gracinha de uniforme, mandou-me para a escola particular Beacon House, a mais de um quilômetro de casa. Eu não conhecia nenhuma das crianças, não me lembro de ninguém que conheci lá e odiei praticamente todos os minutos que passei ali.

A escola ocupava um casarão, e as reuniões eram realizadas em um pequeno cômodo dos fundos, onde entrávamos toda manhã marchando e cantando "Onward Christian soldiers" [Avante, soldados cristãos], como um bando de comunistas chineses submetidos a lavagem cerebral. Após um almoço impossível de comer, devíamos tirar uma soneca de quinze minutos em nossas carteiras. Se movêssemos um músculo, éramos repreendidos; movimentos adicionais podiam resultar em reguadas ou coisa pior. Fui expulso várias vezes e tomei umas chineladas da professora.

Certa ocasião fiquei tão machucado e humilhado que reclamei com meus pais. Eles falaram com a diretora da escola, que reagiu me oferecendo um tratamento especialmente cruel. Agora nem sequer me era permitido ir ao banheiro durante o dia, e algumas vezes desamparadamente me sujei no longo caminho de volta para casa. Com medo de uma retaliação ainda pior da escola, não disse mais nada a meus pais. Fui para a casa de Jimpy e recebi a solidariedade – e cuecas novas – que não conseguia em casa.

Por volta dessa época, mamãe começou a me levar para aulas de balé. Entrei numa sala e vi vinte meninas na ponta dos pés, usando tutus, dando risadinhas de mim. Eu era um dos raros meninos no grupo. Um dia, por ter me portado mal, a professora baixou minha malha de balé, curvou-me sobre uma banheira e me bateu, enquanto as meninas se juntavam eufóricas em volta da porta do banheiro.

Talvez perversamente, eu gostava das aulas de balé. Hoje sou quase um dançarino por causa delas. Por isso, mesmo agora, aos sessenta anos e cada vez mais propenso a andar desmazelado como um adolescente – uma foto minha quando jovem chegou a ser usada em um livro sobre a técnica de Alexander, como exemplo de "desleixo pós-adolescente" –, movimento-me, e grande parte de minha arte cênica brota do que aprendi naquelas primeiras poucas aulas de balé. Mas papai manifestou seu incômodo com a iniciativa de mamãe, e por isso parei.

Por volta do fim da temporada de excursões de verão dos Squadronaires, o período mais ocupado da banda, mamãe recebeu um telefonema de Rosie

Bradley, uma grande amiga do meu tio-avô Tom, irmão de minha avó Denny. Rosie vivia em Birchington e vinha dando à mamãe notícias cada vez mais preocupantes a respeito de Denny, de quem era vizinha.

No verão de 1951, Denny estava agindo de modo estranho, e Rosie não sabia quanto daquilo se devia à menopausa. A resposta do senhor Buss, o amante rico de Denny, foi mandar dinheiro. Rosie achava que mamãe devia ir até lá para vê-la e descreveu uma encomenda recente que Denny tinha recebido, o que a motivou a gritar pela rua: "Rosie, Rosie! Venha dar uma olhada nisto!". Nas caixas havia quatro vestidos de noite e dois casacos de pele, mas Denny caminhava pela rua de roupão, no meio da noite. Rosie descreveu o comportamento da vovó como "bem maluco".

Depois de contatar meus pais, Rosie convenceu o senhor Buss a alugar um apartamento de dois quartos para Denny sobre uma papelaria na Station Road, em Westgate. Entretanto, mamãe ficou preocupada. "Cliff", disse ela a papai, "acho que ela está ficando doida. Você não acha que poderíamos mandar Pete para lá? Ele poderia ir para aquela escolinha, a Saint Saviours. Isso resolveria tudo". E, por estranho que pareça, foi assim que fui mandado para morar com minha avó em Westgate e decaí para a parte mais obscura de minha vida.

As noções domésticas de Denny eram totalmente vitorianas. Ela organizava seu dia, e o meu, com precisão militar. Acordávamos antes das seis e tomávamos o café da manhã: torrada para ela, flocos de milho e chá para mim – a menos que eu fizesse alguma coisa errada; seu castigo favorito era me negar comida. Ela me concedia afeto apenas quando eu ficava quieto, me comportava com perfeição, era totalmente obediente e acabava de me lavar – ou seja, nunca. Ela era a perfeita bruxa má, chegando por vezes a ameaçar-me com maldições ciganas. O que passava na cabeça de meus pais quando decidiram me mandar morar com ela?

Quando comecei na Saint Saviours, aos seis anos, fui para o fundo da classe na aula de leitura e redação. Quando terminei, estava na primeira carteira. Isso, suponho, foi a parte boa de ter ido morar com Denny. Escrevi uma carta para tia Rose, irmã mais velha de vovó, que a devolveu cheia de marcas vermelhas de correções ortográficas e gramaticais. Fiquei magoado com isso, mas tia Rose também disse a Denny que eu já tinha idade suficiente para ler e escrever corretamente e sugeriu que Denny me lesse metade de um livro de suspense, depois parasse e me desse o livro para que eu acabasse de ler. Denny leu para mim *Beleza negra*, de Anna Sewell, e o estratagema funcionou. Apanhado não só pela história, mas também pelo conforto inédito de lerem para mim, logo peguei o livro e acabei de lê-lo.

Não me lembro de nenhum outro livro do tempo que passei com Denny. Uma entre as poucas diversões era brincar com os puxadores de uma cômoda, fingindo que eram os controles de um submarino. Também escutava no rádio a *Children's Hour*; as aventuras da "Cidade dos Brinquedos", com o carneiro Larry e o bassê Dennis, eram muito boas.

Em frente ao nosso apartamento ficava a rodoviária. Denny gritava da janela e convidava os motoristas para subirem para uma xícara de chá. Às vezes, ela levava o chá para eles; outras, me mandava levar. Denny não via nada de anormal em sair à rua de camisola sob o roupão, e eu não me importava de atravessar a rua de pijama para levar uma xícara de chá a um motorista de ônibus, mas ficava chateado quando ela me pedia para ir mais longe, até o jornaleiro ou à mercearia, onde eu encontrava adultos a caminho do trabalho, que me olhavam com estranheza.

Denny me acordava às cinco da manhã e embalava várias comidas preparadas na noite anterior, inclusive pão de ló em assadeiras. Marchávamos para diversos encontros pré-marcados, geralmente com oficiais da Força Aérea Americana. Havia breves conversas, Denny lhes entregava um sanduíche ou uma fôrma, mas o que ela recebia em troca não sei. Lembro-me de grandes carros reluzentes com os vidros semiabertos. Também me lembro vagamente de um homem que tive de chamar de "tio", surdo de um ouvido e que algumas vezes passava a noite. Ele tinha um bigodinho de Hitler.

A coisa toda me deixava irritado e ressentido. Passei anos de terapia tentando entendê-la. Em 1982, meu terapeuta me convenceu a tentar passar para um nível um pouco mais claro de recordação, escrevendo sobre esses encontros matutinos. Comecei a escrever e, quando passei a descrever um encontro – o oficial da Força Aérea baixando o vidro do carro, Denny se debruçando –, de repente me lembrei pela primeira vez da porta traseira do carro se abrindo. Comecei a tremer descontroladamente e não consegui escrever mais, nem me lembrar de mais nada. Minha memória simplesmente se fechou.

Nosso apartamento ficava no piso térreo, e meu quarto nunca estava trancado; a chave ficava do lado de fora. Quando sentia medo à noite, corria para o quarto de Denny. Se sua porta estivesse destrancada, ela me expulsava de lá; se estivesse trancada, fingia dormir e não respondia. Até hoje ainda acordo apavorado, suando de medo, tremendo de raiva pelo fato de a porta para o térreo estar sempre destrancada à noite. Eu era um menininho, apenas seis anos de idade, e toda noite ia dormir sentindo-me incrivelmente exposto, sozinho e desprotegido.

Além dos ônibus, também tínhamos uma vista da estação ferroviária. Eu adorava olhar para as magníficas locomotivas, fantasiando compartilhar o momento com um amigo, irmão, irmã – alguém. Meus últimos pensamentos antes de dormir geralmente se concentravam no desejo de afeto físico. Denny não me tocava, exceto para me bater, esfregar brutalmente meu corpo no banho ou enfiar minha cabeça debaixo d'água para me enxaguar. Uma noite, quando Denny perdeu a paciência, segurou minha cabeça sob a água por um longo tempo.

Na Saint Saviours havia algumas crianças da base aérea norte-americana vizinha. Um menino alto e desengonçado veio para a escola vestindo um elegante terno de linho indiano – ainda traje obrigatório em certas regiões dos Estados Unidos. Seus pais não tinham noção do ridículo que isso poderia provocar. Isto é, até que Robert, filho de Rosie Bradley, e eu zombássemos dele a ponto de fazê-lo chorar, enquanto sua mãe infeliz o conduzia para casa. Até hoje sinto vergonha de ter participado desse bullying.

O diretor da escola era o senhor Matthews, gordo, calvo e dono de uma falsa jovialidade. A janela da sala dele dava para o playground, e seu ritual favorito era surrar as crianças com vara em sua escrivaninha, diante de uma plateia de alunos zombeteiros reunidos lá fora. Fui parar em sua sala certo dia, não me lembro por quê. Curvei-me sobre ela, encarando a janela repleta de faces impacientes e ávidas, prontas para se divertir com minha dor, mas, para grande decepção geral, o senhor Matthews me poupou.

Quando mamãe ocasionalmente nos visitava em Westgate, irradiava uma aura de glamour londrino e de pressa, mas também de inconstância. Enquanto isso, Denny corria atrás de motoristas de ônibus e pilotos, e eu me sentia infeliz. Tinha perdido meus lindos e jovens pais para uma vida de disciplina espartana, com uma mulher patética observando desesperadamente sua mocidade se esvair. Os sentimentos de Denny por mim pareciam vingativos, tal como o abandono de mamãe. As mortes e os desaparecimentos dos homens amados de minha vida – meu pai ausente e o recém-falecido George VI – também pareciam vingativos. Aos sete anos de idade, tanto o amor como a liderança pareciam falidos.

Nessa época, mamãe se envolveu com outro homem. Lembro-me de sentar no banco traseiro de um fusca, esperando em um cruzamento da avenida Gunnersbury. Mamãe me apresenta ao motorista, Dennis Bowman; ela diz que ele significa muito para ela – na verdade, ele seria meu novo pai.

"Eu gosto mais de você que de meu outro pai", digo ao senhor Bowman. "Você tem um carro."

O carro é verde-claro; a luz do semáforo muda para o verde, e estou dando ao senhor Bowman também o sinal verde.

3
Você não viu

A lembrança do senhor Bowman me voltou anos mais tarde, quando mamãe me falou sobre ele. Rosie Bradley tinha mantido mamãe informada sobre o agravamento do estado mental de Denny, e, afinal, mamãe pediu a papai para ir até lá. Chocado com o comportamento excêntrico de Denny, papai anunciou: "Isto é ridículo – Pete não pode ficar com ela –, ela está completamente maluca". Decidiram assim que Denny é quem tinha de vir morar conosco, até que melhorasse. Às vezes, penso que, se não fosse pela óbvia loucura de vovó, talvez eu jamais tivesse voltado de Westgate.

Em julho de 1952, mamãe veio de trem me resgatar de Westgate – não com papai, mas com Dennis Bowman e Jimpy, a quem fiquei muito contente de ver. No caminho de volta no trem, contudo, ficou claro que minha mãe não tinha se preparado para me receber de volta. Minha inquietude a irritava, bem como meu nariz escorrendo. Nada que eu fizesse parecia certo. Discretamente, Dennis Bowman disse a ela: "Este seu garotinho é mesmo muito especial. Por que você não o deixa sossegado?".

Enquanto estive fora, as crianças de minha idade em Acton tinham se dividido em duas gangues. Jimpy era líder do grupo maior, tendo sua autoridade reconfirmada por uma corrida semanal que ele sempre ganhava. No dia em que regressei, por algum milagre quase o venci e imediatamente fui promovido a seu lugar-tenente. Depois da corrida, examinei com cuidado o trepa-trepa do playground, ocupado por um menino de ar ameaçador que me olhou com desdém. "Você não vai subir aqui, cara."

Normalmente eu fugiria, mas uma nova coragem me compeliu a enfrentá-lo. Subi, e quando o menino me empurrou, empurrei-o de volta com tanta força que ele caiu. Enquanto espanava a poeira da calça, percebi que ele estava considerando me dar uma lição, mas alguém cochichou em sua orelha. Ele se afastou de fininho, era quase certo que tinha sido informado de que eu era amigo de Jimpy. Ainda assim, senti-me feliz e seguro em um bando de meninos, protegido por um macho dominante.

Justamente quando minha posição infantil estava melhorando, a base em que me apoiava mudou mais uma vez. Parecia que eu ia perder um de meus queridos pais. Somente anos mais tarde conheci os detalhes.

"Seu pai já tinha concordado em me deixar partir e levar você comigo. Então, Dennis recebeu uma nova missão no Oriente Médio", explicou mamãe. "Dennis era um ex-oficial da RAF com qualificações no exterior, muito bem-apessoado, e por causa da confusão em que ele me meteu aqui, deu seu nome para um trabalho fora do país. Finalmente conseguiu uma posição em Aden. Muito dinheiro."

Mas então papai mudou de ideia.

"Assim que Cliff soube que eu levaria você para Aden, voltou atrás e disse que queria conversar. Eu estava com nossas passagens, a sua e a minha. Seu pai disse: 'Eu mudei de ideia; você não vai levar Peter. É muito longe. Pense um pouco, você ainda quer ir?'. Então pensei e, no final, decidi tentar de novo com seu pai."

Quis saber o que mamãe queria dizer com "a confusão" em que Dennis Bowman a tinha envolvido. Ela tinha engravidado? "Sim. Nesse quesito, eu estava em má forma." Ela hesitou. "Tive alguns abortos." Fez uma longa pausa. "Abortos autoprovocados." Depois de ter feito um aborto ilegal, mamãe decidiu que dali em diante ela mesma interromperia suas gestações. "Fiz isso cinco vezes."

Eu estava com sete anos e feliz de estar em casa novamente, de volta ao apartamento barulhento com banheiro no fundo do quintal e o aroma delicioso da culinária judaica lá de cima. Era tudo muito tranquilizador.

Jerry Cass ainda escutava sua rádio favorita – a BBC Third Programme, música clássica, principalmente orquestral – demasiado alto durante quinze minutos toda manhã enquanto se barbeava. (Ainda gosto de acordar ouvindo a Rádio 3, como hoje é chamada.) À medida que me adaptava de volta à minha velha rotina, a vida parecia promissora. Papai ainda costumava se ausentar em turnê ou em apresentações de uma noite, mas mamãe estava sempre por perto, às vezes distraída, mas não mais inclinada a recorrer a Denny para cuidar de mim.

Em 1952, os Squadronaires iniciaram um contrato regular de verão no Palace Ballroom, em Douglas, na Ilha de Man, que continuaria por dez anos. Naquela primeira temporada, alugamos um apartamento para as férias inteiras, e mamãe, ainda se desligando de seu caso amoroso, conseguiu um número secreto de caixa postal no correio para receber as cartas diárias de Dennis Bowman.

O apartamento de um quarto em que ficamos era no andar térreo de um grande bloco. Minha cama ficava na sala de estar, um avanço com relação à sala de jantar. De vez em quando eu acordava com papai movendo-se em silêncio, com os pés descalços, chegando tarde de uma noite no bar ou saindo para dar uma escapadela.

Eu amava Jimpy como a um irmão. Ele e eu inventávamos brincadeiras fantásticas e elaboradas. Também éramos grandes exploradores. Em Douglas, capital da Ilha de Man, onde Jimpy se hospedou conosco, descobrimos uma velha mansão em ruínas cercada por muros altos, os quais escalávamos para roubar maçãs. A casa parecia abandonada. Conseguimos entrar em um cômodo externo, e, espiando por um buraco de fechadura, dava para ver um velho carro clássico. Por outro buraco de fechadura, vimos uma mesa forrada com o que parecia ser um tesouro – relógios antigos, ferramentas, correntes. Tentamos forçar as portas, mas elas eram absolutamente seguras.

Ser explorador era divertido, porém a maior travessura de todas era assistir aos Squadronaires. Isso significava vestir-se elegantemente e ganhar alguns xelins de mamãe para comprar batata frita e milk-shake. Antes de o baile começar, ficávamos no meio do enorme salão vazio e pulávamos – o piso inteiro se sustentava sobre molas. Depois tínhamos passe livre para perambular, ouvir a música e observar o esvoaçar das barras dos vestidos das adolescentes dançando. Às vezes ensaiávamos nossos próprios passos na extremidade da pista de dança feita de carvalho.

Aos domingos, havia apresentações no Palace Theatre, próximo ao salão de baile, onde os Squadronaires acompanhavam artistas visitantes, alguns muito especiais: Shirley Bassey, Lita Roza, Eartha Kitt, Frankie Vaughan, a Morton Fraser Harmonica Gang e uma série de comediantes – acho que até George Formby, ponteando em seu estúpido banjozinho. Lembro-me da novidade de um guitarrista que arranhava um violão elétrico enquanto tocava uma gaita minúscula. Ele parecia ridículo, e a gaita era tão aguda que soava como o guincho de um rato preso entre seus dentes. Entretanto, ele passou a ser uma constante nesses shows, era obviamente bem-aceito pelo público.

Vendo isso, fiquei interessado na gaita e comecei a tocar com muito afinco a de papai.

Houve momentos maravilhosos na Ilha de Man naquele ano. Apaixonei-me por uma menina loura mais nova que era nossa vizinha. Um dia, ao brincar de casinha, eu a envolvi em meus braços dentro de uma barraca de brinquedo e por um momento senti-me como um adulto de verdade. Lembro-me da mãe dela me dizendo mais tarde que a menina "arrasaria corações" quando crescesse. Não tive a menor ideia do que ela estava falando, apesar de meu coração bater acelerado.

Perto do final dessas primeiras férias na Ilha de Man, mamãe trouxe Denny para cuidar de mim enquanto ela regressava a Londres para terminar seu caso com Dennis Bowman. Meus pais começaram a recompor sua vida amorosa naquele outono. Empenharam-se muito para ter um segundo filho, a fim de estabilizar a família e me dar um irmão. Hoje sei que o motivo da demora – meu irmão Paul nasceria apenas cinco anos mais tarde – foi o desgastado sistema reprodutivo de mamãe. Talvez ela não tivesse se submetido a todo aquele abuso se soubesse claramente com qual homem se estabeleceria.

Deve ter sido difícil para meu pai, orgulhoso, aceitar mamãe de volta depois de Dennis Bowman. Não acredito que ele soubesse dos abortos, mas se soube, ou mesmo se suspeitou de algo, isso pode explicar suas bebedeiras e ausências. Pode também explicar por que, depois da reconciliação, ele parecia mais à vontade com a esposa e a família quando estava alegremente embriagado; só então ele conseguia expressar palavras de amor.

* * *

Em setembro de 1952 comecei na Escola Elementar Berrymede. Lembro-me de, ao voltar para casa, ver o rosto de Denny espiando pela porta envidraçada como um animal estranho, enjaulado. Meus pais deram a ela o quarto deles, que ela encheu com os tristes presentes de seus anos de amante do senhor Buss – escovas de cabelo de prata legítima, estojos de manicure e isqueiros de mesa Ronson. Gostaria de poder dizer que sentia pena dela.

Por volta dessa época me tornei um piromaníaco. Eu ia de porta em porta pedindo fósforos emprestados dos vizinhos, afirmando que o forno de mamãe havia apagado. Não pus fogo em nenhuma casa, só em pilhas de entulho em locais de bombardeio ou em carros velhos. Um dia, calculei mal: criei uma cidade com blocos de montar sob um furgão, que pensei estar abandonado, depois enchi a cidade com papel e coloquei fogo. O ocupante do furgão saiu gritando: "Fogo! Você vai matar todos nós!".

Em outro dia dedicado à destruição, Jimpy e eu estendemos um pedaço enorme de aço atravessando os trilhos da linha do trem sob a ponte e nos afastamos. Quando o trem se aproximou, fugimos, esperando ouvir o som de um terrível acidente. Isso podia não só ter ferido ou matado muitas pessoas, mas nos levado para uma vida muito diferente, no sistema penal. Graças a Deus, o trem passou sem descarrilar.

Em casa, nossa principal distração era o rádio. A televisão entrou em cena em 1952, mas, como milhões de outras famílias, a nossa esperou até 1953 e a Coroação da Rainha para comprar um televisor. Eu também lia muitos quadrinhos e gostava das histórias de Noddy, personagem de Enid Blyton que surgiu em 1949 e ainda era uma novidade. Papai construiu um modelo de barco a vela que às vezes levávamos para a Round Pond, no Hyde Park, aos domingos. Ele também me levava para a corrida de galgos, que eu achava mágica, em especial no estádio White City. E ele sempre me dava muito dinheiro trocado.

A Berrymede ficava em um bairro pobre da zona sul de Acton, e um dia, em meu primeiro período na escola, eu disse a um menino no pátio que papai ganhava trinta libras por semana. Ele me chamou de mentiroso – o salário médio era menos de um terço desse valor –, mas me mantive firme em minha posição porque sabia que era verdade. Quase chegamos aos socos, até que um professor interveio, advertindo-me para que parasse de mentir: "Ninguém ganha tanto dinheiro assim. Não seja estúpido!".

Pode ser que papai fosse bem pago, mas havia pouco indício disso em nosso estilo de vida (além das roupas de mamãe). Eu vestia shorts cinzentos encardidos e um pulôver, com meias compridas de lã cinza frouxas nos tornozelos, sapatos enlameados e uma camisa branca que nunca estava totalmente branca. Não tínhamos carro, morávamos em um apartamento alugado e raramente saíamos em férias ou viajávamos, exceto se fizesse parte do trabalho de papai. Tínhamos um gramofone, mas escutamos os mesmos vinte discos ao longo de toda a minha infância, até que eu mesmo comecei a comprar discos novos.

Um dos únicos discos disponíveis para crianças era o que tinha o "Teddy Bear's Picnic", e do outro lado "Hush, Hush, Hush! Here Comes the Bogeyman", com narração de Henry Hall e com a BBC Dance Orchestra. Este eu escutava muito, mas mesmo então eu preferia o som das big bands modernas, entre elas as orquestras de Ted Heath, Joe Loss e Sidney Torch, com quem mamãe havia trabalhado como vocalista convidada por algum tempo, antes de se casar. Minha vida com Denny em Westgate me havia feito detestar melodias de musicais da Broadway: todos os dias em que estive lá, os compassos sinistros de "Bali Hai", do musical *South Pacific*, estalejavam na grande radiola de Denny, presente do senhor Buss. Havia apenas uma canção de *South Pacific* de que eu gostava na época – "I'm gonna wash that man right out of my hair" [Vou lavar aquele homem até do meu cabelo] –, mas, graças à brutalidade de Denny no banheiro, até essa tinha nuances sinistras.

O ano de 1953 se revelava um dos mais felizes de minha vida – mas eis que Jimpy se mudou. Até então, embora não fôssemos mais para a escola juntos, ele ainda era o centro de minha existência. Agora ele partia. Meus pais decidiram substituí-lo por um filhote de springer spaniel. Lembro-me de acordar sonolento em meu aniversário e ser apresentado a esse cachorrinho adorável, cochilando enrolado em uma poltrona. Nós o chamamos de Bruce.

Bruce se tornou minha grande alegria, embora fosse descaradamente desleal. Se alguém em minha turma de amigos ou um vizinho na rua chamasse Bruce, a infame criatura logo atendia ao chamado; não importa o que eu fizesse, ele se recusava a voltar para mim. Nunca ocorreu a ninguém em minha família tentar treinar o cachorro, e, com isso, Bruce passava um bom tempo correndo e latindo pelo bairro.

Num dia de verão, um fotógrafo local tirou uma foto, reproduzida na *Acton Gazette*, do substituto de Jimpy e eu ao sol da tarde, encostados contra um muro, quase cochilando. Naquele tempo, a calçada era um comprido e ilimitado banco onde se podia sentar. Como aprendizes de beberrões de vinho, onde quer que nos sentássemos no bairro parecíamos comandar e medir todos que passavam.

Estávamos nos tornando mais aventureiros como gangue e, quando ficamos mais velhos, passamos a sentar sob a ponte West Acton, da linha expressa principal da GWR (Great Western Railway) para o oeste. O portão da avenida Twyford ficava aberto, e embaixo da ponte, fora da chuva, podíamos esperar os expressos West Country e Welsh que vinham de Paddington, trovejando à medida que se aproximavam a toda velocidade. Quando um trem se aproximava, distraidamente atirei um graveto entre os trilhos. Bruce – sempre o instintivo cão de caça – saltou atrás dele, a locomotiva trovejante passou, e eu achei que ele tivesse morrido. De repente, com o graveto entre os dentes, ele apareceu entre as grandes rodas motrizes, a cabeça subindo e descendo com a barra de acionamento. De algum modo, Bruce conseguiu saltar fora dali sem se machucar, soltando o graveto aos pés de Peter S., um de seus vizinhos favoritos, enquanto eu observava, pasmo, tanto a sua invulnerabilidade como a sua infidelidade.

Um dia voltei para casa e descobri que Bruce se fora. Havia sido devolvido a seu canil de origem – ou assim disse mamãe. No fundo, eu sabia que ele tinha sido sacrificado, mas aceitei o faz de conta para que mamãe não ficasse transtornada ao me ver chateado. Tentei me consolar com a ideia de que se mamãe não o tivesse sacrificado ele morreria de qualquer jeito.

Bruce era mais que um companheiro. Quando ele subitamente partiu, fiquei desolado – não só por causa do cachorro, mas pelo que ele deveria ter substituído. Quando Jimpy estava por perto, nós nos sentíamos como uma família de verdade.

Em junho de 1953, assistimos à coroação na abadia de Westminster, ao vivo, em nosso televisor novinho de nove polegadas, as imagens pouco visíveis, a menos que todas as luzes estivessem apagadas e as cortinas, baixadas. Até então, meus pais tinham de me levar quando queriam ir ao pub, ou contratar uma babysitter. Agora, com a TV para me entreter, podiam me deixar em casa sozinho.

Sozinho, e apavorado, assisti ao assustador seriado de ficção científica *The Quatermass Experiment*. Regressando à Terra, o único sobrevivente de uma missão espacial, "infectado" por alienígenas, de modo gradual e horripilante se transformava em um vegetal monstruoso. Embora os "efeitos especiais" fossem precários, seu impacto psicológico era genuinamente perturbador e realista, e comecei a ter pesadelos terríveis. Talvez em um esforço subconsciente de trazer meus pais de volta para casa, eu brincava com o aquecedor elétrico, dobrando tiras de jornal e acendendo-as nas barras incandescentes. Por sorte, nunca pus fogo na casa.

Meus pais ainda tentavam reconstruir seu casamento, suponho, e o pub e o círculo de amigos comuns que ali encontravam eram cruciais nesse processo. Era mais normal naqueles dias deixar os filhos sozinhos, mas não vou fingir que gostava disso ou que isso *parecia* normal. A verdade, porém, é que minha experiência de me sentir só, diferente, estrangeiro, era muito mais "normal" do que eu me dava conta.

Sempre fui um sonhador. Minha nova professora, a senhorita Caitling, percebia isso e me ajudava. Ela me flagrou algumas vezes contando mentiras, mas nunca fazia muito alarde disso. O modo como essa mulher inteligente lidava comigo me tirava a opção de culpar alguém com autoridade pela minha vergonha por inventar coisas; não tive outra escolha senão encarar isso como autopunição.

A senhorita Caitling não era o que se costuma chamar de linda ou bonita. Atarracada, tinha os cabelos curtos, escuros, parecia um pouco masculinizada e calçava sapatos sóbrios. Mas seus olhos escuros eram afetuosos e compreensivos. Ela era uma defensora dos desamparados, uma professora perfeita para o desgastado bairro em que South Acton tinha se tornado naquela época. Não era nem uma sedutora inconstante (como mamãe) nem uma bruxa má (como vovó); era um tipo totalmente novo de mulher.

Quanto às garotas de minha idade, eu dependia totalmente da orientação dos meus colegas. Eles sabiam menos do que eu. Mesmo papai não era de muita ajuda. Certa noite, embriagado, papai me contou os fatos da vida. "O homem faz uma espécie de xixi dentro da mulher", disse ele.

O restante dos detalhes era explícito, por isso não sei por que ele se esquivava da parte crítica. Lembro-me de passar os fatos, como eu os entendia, a um jovem amigo meu e de seu espanto por nós todos termos sido concebidos de urina.

No dia 8 de maio de 1955, papai estava tocando na Green's Playhouse, em Glasgow, quando recebeu um telegrama de Norrie Paramor, da Parlophone Records, uma seção da EMI, oferecendo-lhe um contrato de gravação solo. O disco de papai, *Unchained melody*, foi lançada em 31 de julho de 1956. Seu rosto bonito estava pregado por todas as lojas de discos locais. Embora nunca tenha sido um sucesso, "Unchained melody" foi interpretada por pelo menos cinco outros artistas, acho que três deles entrando ao mesmo tempo nas paradas. Meu pai, o artista pop! Eu queria ser como ele.

Naquele verão, como sempre, fomos todos para a Ilha de Man. Certo dia, enquanto a banda tocava no Palace Ballroom, duas adolescentes me ladearam e começaram a me provocar. Elas vestiam as saias e anáguas completas da época, com belos sapatos e corpetes de corte baixo. Eu dava a impressão de ser um menininho, meus olhos se movendo de um lado para o outro entre seus decotes, que se elevavam enquanto discutiam com qual membro dos Squadronaires elas fantasiavam ficar. Uma delas imediatamente reivindicou o baterista. A outra pensou bem e, por fim, escolheu o saxofonista.

"É o meu pai!", gritei. A decepção dela me deixou confuso.

O incidente serviu para duas coisas: me fez desejar a todo custo ser um músico e me deu um preconceito permanente contra bateristas com seu *sex appeal* dos pedais velozes.

Em 1956, a música popular ainda não significava rock 'n' roll. Mas *The Goon Show*, que papai e eu ouvíamos, apresentando Peter Sellers, Spike Milligan e Harry Secombe, incluía algumas transmissões iniciais da BBC de shows de rock. Um dos músicos permanentes do programa era Ray Ellington, um jovem baterista inglês, também vocalista e artista de cabaré. Com seu quarteto, ele interpretava canções como "Rockin' and rollin' man", que compôs especialmente, e acho que com certa pressa, para o programa. Achei que era uma espécie de jazz híbrido: swing com letras estúpidas. Mas parecia jovem e rebelde, como o próprio programa *The Goon Show*.

Meus pais consideravam que eu tinha pouco talento musical, além de uma voz de soprano fraca e anasalada. Proibiam-me de mexer nas clarinetas ou saxofones de papai, eu só podia tocar minha gaita.

Em minha primeira viagem de pesca à Ilha de Man, para me consolar de um fiasco com uma truta, fiquei tocando gaita na chuva. Eu me perdi no som do instrumento e então tive a experiência mais extraordinária e transformadora de minha vida. De repente eu estava ouvindo música dentro da música – beleza harmônica rica e complexa que tinha sido bloqueada nos sons que eu vinha fazendo até então. No dia seguinte, fui pescar com iscas artificiais, e dessa vez o som murmurante do rio abriu uma fonte de música tão enorme que fiquei em transe. Foi o início de minha ligação vitalícia com os rios e o mar – e com o que poderia ser definido como a "música das esferas".

Sempre fui atraído pela água. Um amigo na escola era Escoteiro do Mar, e aos onze anos fiquei impressionado com seu uniforme e os distintivos elegantes. Ele me levou para conhecer o chefe da tropa, e imediatamente fui inscrito para um "fim de semana no barracão", para me familiarizar com o acampamento. Papai conversou com um dos assistentes do chefe e ficou muito desconfiado. Ele me disse que o sujeito não sabia em que direção hastear a Bandeira da União e duvidou que ele algum dia tivesse sido de qualquer setor da Marinha. Quando o pressionei, papai me disse que o sujeito era "desmunhecado", uma expressão que não entendi.

Por fim, papai acabou concordando em me deixar ir para o fim de semana. A sede da tropa ficava no rio Tâmisa, num grande galpão dividido como um dormitório, e um grande barco a remos estava atracado ali – um barco salva-vidas de um velho navio no qual os meninos eram levados para passeios. Chegamos no sábado e passamos a tarde tentando dar nós náuticos a partir de um gráfico, algo que os dois adultos presentes não conseguiam. Após um almoço constituído de frituras, a luz começou a cair, e nos precipitamos para o barco, para uma curta viagem pelo rio.

A maré estava alta e não era seguro remar, por isso os homens adaptaram um antigo motor externo à popa e o acionaram. Quando deixamos para trás o velho embarcadouro em Isleworth, mais uma vez comecei a ouvir a música mais extraordinária, desencadeada pelo lamento do motor externo e o som borbulhante da água contra o casco. Eu ouvia violinos, violoncelos, trompas, harpas e vozes, que aumentavam em número até que escutei linhas incontáveis de um coro angelical; foi uma experiência sublime. Nunca tinha ouvido música assim, e minha ambição musical sempre tem sido a de redescobrir esse som e reviver seu efeito em mim.

No auge do meu transe eufórico, o barco bateu na praia barrenta junto à cabana da tropa. À medida que ele parava, isso também acontecia com a música. Desolado, silenciosamente comecei a chorar. Um dos homens me envolveu em seu casaco e me conduziu até o acampamento, onde me instalei próximo ao fogão para me aquecer. Fiquei perguntando aos outros meninos se eles tinham ouvido os anjos cantando, mas nenhum deles respondeu.

Alguns momentos depois, eu estava nu em uma ducha fria instalada atrás do barracão. Estava quase escuro; havia só uma lâmpada muito clara atrás dos dois homens que estavam em pé, observando minha tremedeira, enquanto a água gelada caía sobre mim. "Agora você é um verdadeiro Escoteiro do Mar", eles disseram. "Esta é nossa cerimônia de iniciação." A única coisa cerimonial naquilo eram aqueles dois caras se masturbando através dos bolsos das calças. Eu congelava, mas eles não me deixaram sair do chuveiro antes de chegarem a seus furtivos orgasmos. Senti nojo, mas também fiquei aborrecido porque sabia que não tinha mais jeito: eu jamais conseguiria meu uniforme de marinheiro.

Lembro-me apenas de uma briga realmente terrível entre meus pais, quando me sentei apavorado na sala de jantar enquanto quebravam xícaras na cozinha; acho que mamãe brandia uma faca. Interferi, chorando como um ator infantil, só para ser severamente repreendido por papai, que odiava o melodrama para o qual eu estava contribuindo. Mas também havia festas, e papai às vezes convidava músicos; a música que eles faziam não me deixava dormir, e eu constrangia papai ao entrar abruptamente na sala e chorar, reclamando do barulho na frente de seus amigos; em troca papai me repreendia, mas isso era muito emocionante. O cheiro de cigarro, cerveja e uísque pairava pelo corredor.

Talvez para compensar minhas noites sem dormir por conta das festas desenfreadas, ganhei uma pequena bicicleta preta, que eu alugava todo dia para meu amigo David fazer seu turno de entrega de jornais. Ele me pagava seis pences por semana, mas eu o flagrei certo dia batendo-a violentamente contra o meio-fio e encerrei o contrato.

Assim que tive uma bicicleta, satisfiz minha ânsia de ver o mundo; provavelmente não há rua ou ruela que não tenha explorado naquela área de cerca de sete quilômetros quadrados. Mas eu era um dos poucos meninos na gangue com uma bicicleta, e minhas excursões solo aprofundaram meus sentimentos solitários. Muitas vezes entrei em transe ao pedalar. Quase fui morto pelo caminhão do lixo no alto de minha rua quando entrei bruscamente em seu caminho, a cabeça povoada de sons angelicais.

Com muito esforço, aprendi o complicado tema de gaita de *Dixon of Dock Green*, tocado por Tommy Reilly, em meu primeiro instrumento cromático. Ninguém ficou impressionado com meu feito, e percebi que, se queria ser um superastro, estava tocando o instrumento errado.

Como muitos de meus pares, eu passava longas e tediosas horas do lado de fora de vários pubs, com um pacote de fritas e um refrigerante na mão, perguntando-me por que me permitiam tais luxos apenas quando meus pais estavam se embriagando. Uma vez fui pego roubando em uma loja. Eu tinha entrado numa livraria em busca de alguns livros da série *Observer's Books,* que na época eu colecionava. Paguei por dois e tentei sair com seis. O estranho é que eu sabia que seria pego. A polícia foi chamada e fui interrogado antes de ser liberado.

Papai não disse nada sobre o incidente. É da advertência quase amável do oficial de polícia que me lembro: "Esta é a primeira vez, filho. Faça dela a última – é uma estrada terrível a que você entrou". Uma estrada terrível? Ele era um bom policial, mas achei que parecia óbvio que eu estava simplesmente preenchendo o tempo, entediado, a troco de nada. Comecei a colecionar coisas para me acalmar: trens em miniatura, carrinhos, quadrinhos, selos postais.

Eu era decididamente antiacadêmico, embora com frequência escrevesse histórias e fizesse centenas de desenhos, em especial de batalhas militares. Tornei-me obcecado por desenhar projetos para uma frota de enormes ônibus de passeio de dois andares. Minha frota de ônibus tinha salas de aula, salas de brinquedos com conjuntos de trens elétricos, piscinas, cinemas, salas de música, e – à medida que me aproximava da puberdade – adicionei um grande veículo que continha uma colônia nudista com um quarto para quem quisesse ficar junto.

Durante alguns anos frequentei a escola dominical, cantando regularmente em um coro de igreja. Enquanto caía no sono à noite, cantava minhas orações fazendo a boca da bolsa de água quente de microfone. Meus pais ainda resistiam à ideia de que eu tivesse algum talento musical. Não importa, eu já era um visionário. Uma colônia móvel de nudismo com um quarto? Aposto que nem Arthur C. Clarke havia pensado nisso com a minha idade!

Sempre que fazíamos uma visita de família à casa de Horry e Dot, eu tinha de ver não só meus amados avós, mas também tia Trilby, irmã de Dot. Trilby era solteira quando a conheci e possuía um piano em seu apartamento. Era o único que eu podia tocar. Ela lia partituras e tocava clássicos ou simples canções populares, mas nunca tentou me ensinar muito. Em vez disso, ela me entretinha com quiromancia e interpretações do tarô, todas indicando que eu seria um grande sucesso em todos os sentidos – ou pelo menos desfrutaria de uma vida "longa".

Tia Trilby me dava papel para desenhar e elogiava meus rápidos esboços. Depois de algum tempo eu corria para o piano e, após verificar que ela estava distraída com tricô ou um livro, começava a tocar. O instrumento nunca estava bem afinado, mas eu o explorava até encontrar a combinação que procurava.

Um dia, descobri alguns acordes que me deixaram extasiado. À medida que os tocava, meu corpo inteiro zumbia, e minha cabeça se encheu da mais complexa e perturbadora música orquestral. A música rapidamente se elevava mais e mais, até que por fim parei de tocar e voltei à realidade.

"Isso foi lindo", disse Tril, erguendo os olhos de alguma coisa que estava fazendo. "Você é um verdadeiro músico."

Devido à fé de Tril em mim, tornei-me um pouco místico como ela. Eu orava a Deus e, na escola dominical, passei mesmo a amar e admirar Jesus. No céu, onde ele morava, a música estranha que eu às vezes ouvia era completamente normal.

A senhorita Caitling continuou a me incentivar a ligar minhas fantasias com o mundo real por meio da redação criativa e da arte. Ela me convidava para contar histórias em série para a classe, as quais eu inventava à medida que ia narrando. Pensando bem, agora entendo que meus colegas ficavam atentos para ver como eu escaparia de meus enredos emaranhados do mesmo jeito como ficavam envolvidos pelas histórias. Às vezes, se eu ia fundo demais, simplesmente soltava uma bomba nuclear em meus personagens e começava tudo de novo.

Eu achava natural estar em frente a uma plateia. Também descobri que conseguia pensar rápido em pé. Se eu não sabia alguma coisa, muitas vezes conseguia blefar e contornar a situação. Em meu último ano em Berrymede, a todos que me perguntavam sobre minhas ambições eu dizia que queria ser jornalista.

No verão de 1957, na Ilha de Man, Jimpy veio para outra visita. Divertimo-nos muito, e papai nos levou ao cinema para assistirmos a um musical. Perguntei a papai o que ele tinha achado da música, ao que ele respondeu que tinha algum swing, e tudo que tinha swing era legal.

Para mim era mais que apenas legal. Depois de assistir a *Rock around the clock*, com Bill Haley, nada mais seria igual.

4
Um tipo adolescente de vingança

Eu ainda tocava gaita e me aperfeiçoava nisso, mas o instrumento da vez era claramente a guitarra. Jimpy e eu tínhamos ficado hipnotizados por *Rock around the clock*, e a banda de Haley possuía apenas um saxofonista. Eles marcavam sua herança country com uma guitarra com pedal de aço, e o ritmo, animado e extremamente alegre, beirava o frenético. As letras eram muitas vezes absurdas. Hoje praticamente toda letra de rock é interpretada como tendo algum significado implícito relacionado a sexo, mas, se naquela época elas tinham, nunca notei.

Só gostei de Bill Haley por alguns meses, mas Jimpy foi totalmente fisgado e comprou vários discos de Haley e Elvis. Enquanto Jimpy ainda estava comigo na Ilha de Man, ele e uma garota bonita chamada Elaine – por quem nós dois havíamos nos apaixonado – começaram a cantar juntos as músicas de Elvis. Discordamos totalmente. Aos meus ouvidos, Elvis soava meloso, um bobão cantando arrastado sobre cachorros. Simplesmente eu não entendia aquilo. Para meu azar, eu tinha perdido seus primeiros lançamentos magistrais, como "That's alright mama" e "Heartbreak hotel", e entrado direto em "Hound dog" e "Love me tender", uma canção que me dava vontade de vomitar, em especial quando Jimpy e Elaine a sussurravam entre si. Em seus filmes (exceto *Jailhouse rock*), Elvis confirmava minha visão dele como um pateta.

Depois das férias, comecei meu segundo ano no ensino médio de Acton County. Para enorme alegria de meus pais, minha mãe finalmente engravidara, e meu irmão Paul nasceu. Eles tinham planos de se mudar para um apartamento maior e encontraram um bem perto de onde meus avós paternos ainda moravam, na rua Uxbridge. Parecia haver carma bom por toda parte. No novo apartamento, na avenida Woodgrange, eu me sentava numa escada na sala de jantar vazia, tocando minha gaita. Eu sabia que esse seria um lugar de sorte. Tinha meu próprio quarto, e Paul era o irmão que eu sempre desejara.

Naquele outono, papai conseguiu ingressos para Jimpy e eu vermos Bill Haley ao vivo, no velho cine Regal, em Marble Arch. Fui mais por causa de Jimpy. Nossos lugares eram na galeria mais alta, bem na fila de trás, onde ficamos cercados por adolescentes mais velhos e desordeiros. O cinema havia sido estruturalmente fragilizado por bombardeios, e, por isso, quando a plateia saltava entusiasmada ao som da música, a galeria balançava. (O edifício foi demolido alguns meses depois.)

Vários meninos na escola entraram na onda do rock 'n' roll, mas o interesse deles parecia limitado a assobiar qualquer música que estivesse no topo da parada no momento. Jimpy conseguiu que seu pai lhe fizesse uma guitarra. Ele ficava na frente do espelho, balançando o corpo como Elvis, arranhando a corda do piano desafinado com a qual Fred tinha encordoado o instrumento caseiro. Um dia apanhei a caixa de madeira e, sem saber bem o que fazia, tirei uma melodia. Jimpy ficou alucinado. Ele correu para a outra sala onde nossos pais estavam sentados, bebendo, e os chamou para me ouvirem. Papai não disse muita coisa, mas Fred Beard falou: "Se consegue tocar essa coisa, ele poderia realmente se sair bem com uma guitarra de verdade".

Papai não estava convencido. Eu o atormentei, mas, como nunca segui seu conselho e não aprendi a ler música, ele não levava a sério minha aspiração. (Sem um piano em casa não sei como ele achava que eu conseguiria aprender.)

Ironicamente, foi Denny quem se ofereceu. Ela me comprou uma guitarra que viu pendurada na parede de um restaurante, cujo dono era seu amigo. Era um instrumento terrível, quase tão duro de tocar quanto a guitarra que Fred havia construído para Jimpy, mas fiquei encantado. Depois que consegui encordoá-la corretamente, comecei a aprender alguns acordes. Em poucos minutos, três cordas haviam se partido, e o braço da guitarra começou a curvar – simplesmente reduzi a tensão e me virei com as três cordas restantes.

Um dia, eu estava arranhando a guitarra quando um trompetista amigo de papai, Bernie Sharpe, ouviu e foi me espiar no quarto. "Você está tocando bem, Pete", disse ele. "Não está, Cliff?" Nenhuma resposta de papai, mas, sozinho em meu quarto tirando notas na guitarra, tive visões de deixar meu pai e suas gloriosas tradições musicais para trás. Bem no fundo, eu desconfiava que o tempo dele já havia passado.

Em 1957, Chas McDevitt fez sucesso no Reino Unido com uma música chamada "Freight train". Ouvi a canção pela primeira vez na BBC TV, cantada por Nancy Whiskey. Escutando o som rústico do skiffle, ritmo que mesclava folk, jazz e rock, percebi que com uma guitarra e alguns acordes dava para fazer discos de sucesso.

Devido à ameaça muito real e imediata que esse estilo representava para a carreira fonográfica de papai – e, com isso, para a segurança de minha família (naquela época eu nunca via um saxofonista ou clarinetista na TV) –, tive uma visão ímpar de como a sociedade estava mudando de maneira sutil. Após décadas lidando com ameaças militares, nossos pais agora enfrentavam um perigo interior, que passou a ser chamado "juventude". Eu havia ingressado no exército de meus pares ao escolher a guitarra, o instrumento que ameaçava a carreira de meu pai. Talvez por isso ainda tenha adiado essa decisão por um tempo e optado pelo banjo e pelo jazz dixieland.

O grupo de amigos da escola com quem eu tocava estava cheio de potenciais substitutos de Jimpy. Chris Sherwin era um estudante de bateria, e, com Phil Rhodes na clarineta e John Entwistle no trompete, toda semana nos encontrávamos para ensaiar no quarteto em que eu tocava banjo. Chamamos o grupo de Confederates. Na primavera de 1958, quando começamos, eu ainda tinha apenas doze anos, mas eles já eram adolescentes. Eu conhecia um pouco John Entwistle e gostava de seu senso de humor. Chris Sherwin atuava como líder da banda, em parte porque nossos ensaios eram realizados na casa de seu pai, em Ealing Green.

Nosso primeiro show como The Confederates foi no Congo Club, na Igreja Congregacional em Acton, no dia 6 de dezembro de 1958, para umas dez pessoas. Fiquei paralisado pelo nervosismo quando tocamos uma melodia que compusemos juntos, com base em um acorde de Dó que peguei no banjo. Prosseguimos com "Maryland" e "When the saints go marching in", apresentando um solo explosivo de bateria de Chris Sherwin. Depois que terminamos, observei totalmente atônito o modo como John Entwistle e os outros meninos dançavam swing com as meninas. Uma menina tentou me ensinar os passos, mas eu simplesmente não conseguia acompanhar. Ainda hoje não consigo dançar esse estilo.

E, quando as luzes se apagaram e começaram os amassos, saí de fininho de volta para casa.

Um dia, ao dar um giro pelo brechó Miscellanea, que meus pais então administravam, encontrei um bandolim, o que aguçou meu interesse pelo chamado comércio de antiguidades. Papai apreciava o ritmo simples e a informalidade de cuidar de uma loja – estava frequentemente "fechado para almoço" enquanto ele ia para o bar. No verão, fiquei com papai durante as poucas semanas em que ele tocou na Ilha de Man; quando voltei para casa percebi que, embora tivesse desenvolvido minhas habilidades no banjo, outros meninos também progrediam com sua música.

John Entwistle, Chris Sherwin, Phil Rhodes e Rod Griffiths ensaiavam regularmente com a banda de jazz de Alf Maynard. Ele era um grande sujeito, mas tocava banjo, o que me tornou redundante, embora eu me lembre de ter feito duelo de banjos com Alf no Natal, quando a banda tinha recebido dezoito libras. Por um breve momento, fiz parte de seu admirável mundo adulto e pude até pagar por minha primeira guitarra decente. Comprada do brechó de meus pais por três libras e fabricada na Tchecoslováquia, tinha um tom fino, mas agradável.

Passei a ver menos John Entwistle enquanto ele tocava na banda de Alf e deixei a própria música para trás durante algum tempo. Nesse período, Chris tentou me ajudar a acompanhar o passo da adolescência à minha volta. Ele me levou para meu primeiro filme proibido, *Peeping Tom* (que, no final, era mais um elegante filme *noir* e menos a obscenidade que eu esperava). Chris também arranjou para mim um duplo trajeto de entrega de jornais, para ganhar trinta xelins por semana, o que parecia uma soma colossal de dinheiro. Entretanto, o trajeto difícil, englobando a maior parte das casas grandes ao redor de Ealing Common, era terrível no inverno. Numa fria e úmida manhã não ouvi o despertador tocar e fui demitido.

Meus pais me davam uns trocados extras para cuidar de meu irmão, Paul, mas ele era um menininho maravilhoso, e eu gostava disso. Denny espreitava como um vampiro, mas eu lhe dirigia olhares carrancudos, avisos para que ela não colocasse as mãos malignas em meu irmãozinho enquanto eu estivesse por perto. A chegada de Paul nos fez sentir que éramos uma família de verdade, e ninguém roubaria aquilo de mim.

Meus pais eram obviamente namorados de novo. Passavam muito tempo no pub local, o que eu não entendia na época, mas hoje sei que ambos tinham problemas com o álcool. Papai precisava beber para se sentir à vontade com seus colegas, e mamãe tentava amortecer a dor permanente de ter sido abandonada por sua mãe. Ela engravidou novamente, e meu irmão Simon nasceu em casa, em outubro de 1960, quando eu tinha quinze anos.

No último período do ensino médio, primavera e verão de 1961, continuei a contar com Chris Sherwin entre meus amigos mais próximos. Ele era carinhoso com meu irmão bebê Simon, e eu sabia que tinha um coração mole, mas Chris começou a zombar de meus fracassos com as meninas. Um dia, quando voltávamos da piscina para casa, perdi a paciência e ameacei brigar com ele. Grandalhão, ele apenas riu e virou para o outro lado.

Girei a maleta escolar e o acertei no alto da cabeça; para meu assombro, ele caiu no chão. Supondo que estava fingindo, fui embora, ainda com raiva. Segundos depois, senti seu punho bater na minha cabeça por trás. "Você sabia que eu tive uma concussão?", gritou ele. Ele espalhou na escola a notícia de meu "ato covarde", o que manchou minha reputação, a ponto de aparentemente só John Entwistle manter algum relacionamento comigo.

Então, como se fosse possível, meu status social caiu ainda mais. Certo dia, eu pedalava para casa e passei por alguns meninos do colégio que atiravam pedras na vidraça de um velho quando apareceu um policial. Os garotos fugiram, mas o tira me agarrou. Incriminado por usar o mesmo uniforme escolar dos vândalos, fui detido e persuadido, com as ameaças habituais de prisão, a delatar os outros meninos.

Na manhã seguinte, o diretor chamou os nomes que eu havia fornecido e, depois de uma pausa, acrescentou o meu. Todos nós fomos castigados com vara, claro. Mas esse foi um novo ônus para mim, já que circularam rumores de que eu tinha "dedurado" os apedrejadores. Mamãe se lembra de ter me visto sentado, envergonhado, em uma pequena praça pública perto da escola; chovia, mas mesmo assim eu não entrava. Papai ficou tão preocupado que veio falar comigo, porém eu estava constrangido demais para contar a ele meus problemas. Meus deveres escolares decaíram muito, e me tranquei com a guitarra, jurando de alguma maneira me virar sozinho.

Ao final do período da primavera, eu tinha eletrificado minha guitarra tcheca e comprado um pequeno amplificador. John construíra seu próprio baixo, e ensaiávamos juntos em minha casa. Íamos a uma lanchonete que vendia *fish and chips* em Acton e caminhávamos de volta para Ealing, com a língua escaldada pelo óleo quente da fritura, compartilhando sonhos.

Um dia, Denny invadiu bruscamente meu quarto enquanto John e eu tocávamos. "Abaixe essa maldita barulheira", gritou.

Olhei friamente para ela, sem replicar, apanhei meu pequeno amplificador azul e o atirei contra a parede. "Vá pro inferno", eu disse, sentindo-me muito calmo enquanto o amplificador se espatifava no chão.

Denny ficou pálida e saiu do quarto.

"Ótimo", disse John secamente.

John vinha tocando baixo com um grupo iniciado por nosso colega de escola Pete Wilson, fã de Cliff Richard and The Shadows. O modo de Pete tocar guitarra era entusiástico mas desajeitado, e, assim, quando fui convidado para entrar na banda, fiquei lisonjeado, ainda que dividido. Tendo crescido com a sensação de que seria algum tipo de artista, a ideia de tocar canções dos Shadows não me animava, mas Pete se tornou um amigo e era um líder natural, encorajador.

Mick Brown, nosso baterista, era um músico competente e uma das pessoas mais divertidas que já conheci. Ele tinha um gravador de fita, o primeiro que vi, e percebi imediatamente que se tratava de uma extraordinária ferramenta criativa. Mick fez minha primeira gravação enquanto eu tocava "Man of mystery", dos Shadows, na guitarra tcheca. Ficou bom, e logo consegui um gravador básico para mim também.

Eu adorava fazer cartuns e desenhar – meus ônibus de excursão da infância receberam elogios de Alex Graham, o criador do famoso cartum britânico *Fred Basset* – e me saí muito bem em minhas aulas de arte no secundário. A professora me incentivou a assistir a algumas aulas extracurriculares e, por isso, em meu último semestre na Acton County, em 1961, tornei-me também aluno em meio período na Academia de Arte de Ealing. Ali comecei a frequentar aulas introdutórias aos sábados de manhã com meu amigo Martin e seu vizinho Stuart, esperando desenhar modelos nus e esculpir vasos. Martin desistiu após algum tempo, mas Stuart e eu carregamos nossos portfólios para Common e tentamos nos vestir com o que pensávamos ser um estilo boêmio.

Para ganhar dinheiro, eu trabalhava no Miscellanea. Mamãe e eu frequentemente transportávamos mobília usada, às vezes a de uma casa inteira, e fiquei forte e musculoso. Também comecei a aprender sobre a natureza humana aplicada aos negócios. A maioria dos clientes negociava, e alguns, se conseguiam uma pechincha, voltavam para contar vantagem a respeito. Os negociantes sempre buscavam discretamente uma pechincha.

Nas últimas semanas de escola, passados os exames, o clima melhorou. Parecia que todos, exceto Chris, haviam me perdoado, e até ele parara de me olhar indignado. A banda de dixieland da qual eu tinha sido excluído ainda ensaiava. Como Alf não tinha permissão para entrar na escola (era mais velho e tinha emprego), fui convidado para tocar banjo em seu lugar. Nos meses em que estive afastado da banda, um fato se confirmou: eu tinha avançado mais depressa que os outros. Na escola, pela primeira vez, senti que eu fazia parte da raça humana.

Roger Daltrey tinha sido expulso por fumar, mas ainda aparecia descaradamente na escola para visitar seus vários amigos. A primeira vez que o vi foi durante uma briga no pátio com um menino chinês. Presenciei a briga e achei que as táticas de Roger eram baixas. Quando gritei isso, ele se aproximou e me obrigou a retirar o que disse. Depois, passei a ver Roger nas redondezas de Acton Hill carregando uma exótica guitarra branca, feita por ele mesmo. Geralmente ele estava com Reg, um amigo que eu conhecia desde a infância, que carregava um amplificador VOX de quinze watts. Material de primeira.

Eu estava fora da sala de aula, conversando com um professor do último ano, o temível senhor Hamlyn, quando Roger apareceu, vaidoso, em seu traje em estilo teddy boy, o cabelo penteado em um topete imponente, a calça tão justa que tinha zíperes nas costuras. O senhor Hamlyn saudou Roger com a paciência cansada de quem sabia que não valia a pena perguntar por que o rapaz voltara a uma instituição que não queria saber dele. Até ser expulso, Roger tinha sido bom aluno, e acho que Hamlyn de mau grado o respeitava.

Alguns garotos nos observaram com interesse, curiosos para ver se Roger ainda tinha algum rancor por mim. Ele simplesmente me falou que John lhe havia dito que eu tocava guitarra muito bem e me perguntou se eu estaria interessado, caso houvesse uma oportunidade de entrar em sua banda. Fiquei atordoado. A banda de Roger, The Detours, tocava em festas, e no repertório havia de tudo: música country & western, mais "Hava Nagila", o hokey-cokey, a conga, canções de Cliff Richard e o que estivesse no topo das paradas. Roger comandava os Detours com típica mão de ferro. A julgar pela expressão no rosto dos que estavam ao meu redor, o mero fato de Roger falar comigo significava que minha vida podia mudar.

Do modo mais calmo que consegui, disse a Roger que estava interessado. Ele anuiu com um aceno de cabeça e se foi, mas somente meses depois voltei a ouvir falar dele. Naquele momento, eu tinha me matriculado na Academia de Arte de Ealing.

5
The Detours

A Academia de Arte de Ealing foi uma revelação em muitos sentidos: social, criativa, sexual e musical. O primeiro fato crucial foi ter visto uma garota especialmente bela no outro canto da sala lotada e logo descobrir, para minha alegria, que ela adorava Ella Fitzgerald e também parecia gostar de mim.

Eu tinha um gosto musical muito claro, que era mais equilibrado que o da maioria ao meu redor. Fiquei impressionado com as novas tendências na música comercial, mas não seduzido. Elvis era legal, porém não era nenhum Sinatra. Connie Francis tinha uma faceirice erótica, mas nem se comparava a Ella. Ealing promovia eventos dedicados a bebop, dixieland, música orquestral e ópera, apresentados no auditório com um grande sistema de alto-falantes de ótima qualidade. Os entusiastas faziam comentários ou davam palestras curtas, despretensiosas. Eu frequentava todas elas. Mas eu não só *pensava* em música. Também tinha a capacidade de criar músicas sublimes em minha cabeça, entrar em um transe criativo, ter visões musicais, e, após quase seis anos de dormência, esse dom foi novamente restaurado pela audição de música orquestral.

Na época, eu não fazia ideia do que era toda essa música, nem tinha uma boa percepção funcional para diferentes compositores, mas ouvir o rádio de Jerry Cass e crescer com meus pais havia nutrido minha imaginação musical.

Eu conseguia tocar um pouco de jazz na guitarra, mas disse à garota que tinha paixão pelo gênero e que às vezes tocava em um grupo jazzístico. Isso era melhorar a verdade: eu tinha tocado em alguns shows locais, porém apenas com bandas pop que tocavam jazz tosco para incentivar a plateia a ir embora, ao final de uma longa noitada.

A certa altura, essa garota e seu namorado mais velho brigaram, e ela me procurou em busca de alguma intimidade comigo. Quando inclinou a cabeça esperando um beijo, eu não sabia o que fazer. Em matéria de garotas, eu ainda vivia em uma névoa de insegurança. Quando ela voltou seu interesse para outro rapaz de nossa sala, fiquei arrasado. Em minha imaginação ela era perfeita. Claro que era esse o problema. Eu vivia em minha imaginação, ao passo que ela era real, com necessidades e desejos de uma mulher jovem.

No início de 1962, após receber o chamado que tanto esperei, fui até a casa de Roger para fazer um teste com The Detours. Ao chegar lá, vi uma garota loura sair pela porta da frente e caminhar lentamente em minha direção. Ela chorava, mas quando viu o estojo de minha guitarra parou e se recompôs.

"Está indo para a casa do Roger?"

"Sim."

"Bem, pode dizer isto pra ele: sou eu ou aquela maldita guitarra."

Bati na porta de Roger e dei o recado, crente que ele mesmo iria irromper em lágrimas e correr atrás da divina criatura, prometendo nunca mais tocar guitarra.

"Ela que se dane", disse ele. "Entre."

Subimos direto para o quarto de Roger. Ele estava distraído, e mais tarde descobri que um dos criminosos que ele conhecia estava escondido da polícia debaixo da cama onde me sentei para tocar. O teste foi bem rápido. "Consegue tocar Mi? Consegue tocar Si? Sabe tocar 'Man of mystery', dos Shadows? E 'Hava Nagila'? Está bem, então. Vejo você no ensaio na casa do Harry."

O primeiro show em que toquei com os Detours foi em um auditório próximo ao balneário Chiswick, no início de 1962. Substituí Reg Bowen, guitarrista que queria se tornar organizador das excursões da banda. Roger era metalúrgico de dia e naquela manhã tinha cortado gravemente os dedos, por isso desapareceu nos bastidores quase no mesmo instante em que cheguei. Sobrou para mim tocar, desajeitado, a guitarra solo.

A maioria das primeiras apresentações da banda de que participei era organizada por nosso baterista, Harry Wilson, ou pelo pai dele. Gostávamos de

Harry. Quando cometia um erro, ele corava, enfurecia-se, pedia desculpas, analisava, depois prosseguia, entusiasmado. Ensaiávamos em sua casa, em West Acton, e a van do pai dele nos transportava para nossos pequenos shows.

Eu tinha uma guitarra Harmony Stratocruiser de corpo sólido, com um captador que Roger havia pintado para mim com spray vermelho. Executávamos coreografias elaboradas, enquanto tocávamos músicas de Cliff Richard & The Shadows (John era particularmente bom nisso, Roger, ruim), e viajávamos pela Grande Londres e ocasionalmente mais longe, tocando em casamentos, eventos empresariais, aniversários e pubs. Em um casamento, um pianista contratado para o intervalo explicou, rindo, que quando estava embriagado – o que acontecia a maior parte do tempo – só conseguia controlar a mão esquerda, a que cuida do acompanhamento. Sua mão direita decolava procurando a melodia com vontade própria. Foi uma das coisas mais engraçadas que já vi e me empenhei muito para aprender como fazer aquilo. Em outro casamento, recebemos uma gorjeta de cinquenta libras do pai da noiva e, com essa soma astronômica, pela primeira vez pudemos pensar em comprar nossa própria van.

Embora The Detours fosse a banda de Roger, o vocalista na época era Colin Dawson, um jovem bonito com forte voz pop convencional. Em uma festa de noivado, a futura noiva, embriagada, encantou-se por Colin, e houve um momento em que o potencial noivo ameaçou brigar. Nós víamos muitas brigas, e devo agradecer a Roger pelo fato de que ninguém jamais se atracou comigo. Mesmo um bêbado inconveniente sabia bem que não devia provocá-lo.

Todos que estavam comigo nos Detours bebiam. Angela, a namorada de Colin, completou dezoito anos e deu a primeira festa de adolescentes a que compareci. As pessoas chegavam, bebiam meia garrafa de cerveja e fingiam estar bêbadas para poder passar o resto da noite bolinando quem estivesse ao alcance de suas mãos. Isso não funcionava para mim.

Uma garota em minha sala na Academia de Ealing, porém, ficou interessada, e um dia me vi de mãos dadas com ela enquanto caminhávamos por uma galeria de arte. Alguns dias depois fomos a uma festa, onde ela rapidamente se embriagou e começou a me beijar. Foi meu primeiro beijo, e não tenho certeza se é justo dizer que gostei. Foi mais como ser devorado vivo. Alguns momentos depois, ela beijou outro rapaz e depois desapareceu.

Foi uma viagem penosíssima de volta para casa, sozinho no trem; a garota em questão era bem legal, mas a traição dela não explicava nem um pouco a espantosa dor que eu sentia.

Por volta do final de meu primeiro ano de escola de arte, os Detours tocaram pela primeira vez em um clube noturno, o Paradise Club, em Peckham. Recebíamos um novo baterista, Doug Sandom, e embora lamentássemos a saída de Harry, Doug nos deu foco. Ele era cerca de dez anos mais velho e agia como um músico profissional. Certa noite de verão em Peckham, amontoamos o equipamento bem perto de sua bateria, abaixamos o volume geral do som e obtivemos um equilíbrio decente pela primeira vez. Comecei a sentir que podíamos realmente ter uma chance de ganhar algum dinheiro com a banda.

Maurice Plaquet, músico amigo de papai, dispôs-se a ser nosso agente e marcou para nós uma apresentação no Acton Town Hall em 1º de setembro de 1962, abrindo para a Orquestra Ron Cavendish. Fomos creditados no jornal como The Detours Jazz Group. A foto que acompanhava a matéria nos mostrava em pé, bem juntos, usando terno e gravata e exibindo um sorriso profissional. Foi minha melhor foto até hoje, e rapidamente passei a entender a importância dessas imagens: a atraente irmã mais nova de Roger, Carol, viu a fotografia e começou a importuná-lo para nos aproximar.

Em exibição nos corredores da Academia de Arte de Ealing havia colagens interativas de madeira criadas por nosso monitor de curso, Roy Ascott, das quais o espectador podia rearranjar diversas partes. Devíamos passar um ano nos livrando de nossos preconceitos sobre arte, escolas de arte, ensino de arte e todas as formas de design. Descobri que as lacunas em minha educação eram imensas.

A escola incluía tanto a jovem como a velha guarda. Esta última era composta pelos refinados que vestiam tweed: desenhistas, calígrafos, encadernadores e afins – que tendiam a ser muito exigentes. A primeira era formada pelos boêmios que vestiam jeans, em seus vinte, trinta anos de idade. Em nossa primeira aula de desenho, o encarregado vinha da velha guarda. Ele nos instruía sobre como apontar os lápis, qual nível de dureza escolher para cada tarefa, como prender o papel na prancheta, como sentar, segurar o lápis e medir um conjunto de escalas relativas de distância.

"Desenhem uma linha."

Cada um de nós desenhou uma linha e se submeteu à mais dura crítica do professor, que salientava que a primeira linha devia ser de cima para baixo, ter quinze centímetros de comprimento, espessura uniforme e desenhada com um lápis 3B sem régua; qualquer variação representava um excesso indigno dos alunos da Academia de Arte de Ealing.

A segunda aula foi conduzida por um membro da jovem guarda. Uma aula bem simples, um teste para avaliar o grau de nossa base.

"Desenhem uma linha."

Sem problema. Como se coreografados, cada um de nós desenhou uma linha, de cima para baixo, quinze centímetros de comprimento, espessura uniforme etc. Nosso professor, o jovem Anthony Benjamin, saiu da sala e regressou com o escultor Brian Wall. Começaram a esbravejar pela sala, gritando conosco. A certa altura, Benjamin apanhou um pequeno canivete e espetou seu dedo, arrastando sangue ao longo de uma folha branca de papel. "*Isto* é uma linha. Vocês entendem?" Claro que entendemos. Éramos as vítimas inocentes de uma batalha entre o velho e o novo.

Outro professor convidado era Larry Rivers, o primeiro gay norte-americano pintor, saxofonista e dependente químico que conheci. Por intermédio dele, senti que havia chegado o mais próximo que jamais estaria do falecido Jackson Pollock, cuja obra deslumbrante e profundamente caótica havia sido de fato exibida nos corredores da escola de belas-artes por algumas semanas. Mais tarde, descobri que Peter Blake – meu pintor favorito – tinha um ateliê em Bedford Park, perto da academia, o que aprofundou minha identificação com ele.

Fiz experimentos com cores e semiótica, e um grupo dentre nós construiu uma grande estrutura em nossa sala, na qual pretendíamos criar um Galpão de Experiências. Minha primeira tentativa de escultura para a instalação dava a impressão de um trem-fantasma de parque de diversões.

No outono de 1962, ninguém na banda ou próximo aos Detours tinha muita noção de minhas pretensões na escola de arte, e eu achava difícil dizer muita coisa sobre a banda aos meus amigos da escola. Apesar de começar a ganhar um bom dinheiro com os Detours, eu os achava antiquados. Eu ainda morava com meus pais, mas estava chegando a hora em que precisaria "me expor" nas duas áreas de minha vida – para a banda e para meus amigos da escola de arte. Eu precisava me concentrar em mim.

Na metade do primeiro período de meu segundo ano, irrompeu a crise dos mísseis de Cuba. No dia fatídico, em novembro de 1962, caminhei para a escola absolutamente certo de que a vida chegava ao fim; por que me dava ao trabalho de assistir à aula? Quando o fim não veio, fiquei contente por não ter sido um daqueles que haviam entrado em pânico, chorado ou conversado compulsivamente até a boa-nova ser anunciada.

De algum modo, a mensagem que extraí desse evento quase apocalíptico foi que eu devia dar uma chance à paciente e persistente Carol Daltrey. Eu levava Carol para passeios ocasionais, tentava conversar com ela sobre o que eu fazia na escola de arte, beijava-a sempre e o mais demoradamente que podia no corredor do solar dos Daltrey e – por meio de papos com Gillian, a irmã mais velha de Roger, e seu perspicaz namorado – soube do surgimento de um novo grupo jovem na zona oeste de Londres, os mods da classe operária. No início dos anos 1960 na Inglaterra, a subcultura teddy boy estava dando lugar a dois novos grupos – "mods" e "rockers". Os mods se ligavam em moda, R&B, scooters e exibiam os mais recentes passos de dança, ao passo que os rockers eram mais másculos, como o líder da gangue de motociclistas de Marlon Brando em *O selvagem*.

O namorado de Gillian tinha uma capa preta de PVC e pilotava uma Vespa como um jovem italiano de Roma. Carol Daltrey dizia que eu tinha um verdadeiro visual "modernista" e me incentivou a comprar uma capa de PVC também. Estar com Carol e beijá-la durante horas era particularmente romântico enquanto a neve lá fora anunciava o Natal. Essa conspiração mod estava acontecendo praticamente debaixo do nariz de Roger, sendo ele mais um rocker. Enquanto caminhava para casa naquela noite, neve fresca caindo, estava feliz como nunca, embora soubesse que Carol não era a garota certa para mim. Não que ela fosse jovem demais (tinha dezessete anos, eu era apenas dois anos mais velho), mas sabia que ela não se encaixaria na parte da minha vida dedicada à escola de arte. Eu nem mesmo tinha certeza de minha própria capacidade de transitar pelos dois mundos distintos, o das artes visuais e o da música.

Enquanto isso, os Detours estavam ocupados. Após o Natal, Leslie Douglas, em cuja banda mamãe havia cantado no final dos anos 1940, arranjou para que tocássemos aos domingos à tarde no Clube dos Oficiais Americanos em Queensway, Londres. Várias bandas locais boas tocavam no circuito do qual fazíamos parte: Cliff Bennett and the Rebel Rousers, The Beachcombers e The Bel Airs. Comecei a tocar guitarra solo quando Roger apanhou o microfone para cantar seu *pot-pourri* favorito de Johnny Cash – sempre um sucesso entre ianques com saudades de casa.

Roger comprou uma van que decorei com o logo dos Detours que criei, usando uma flecha sobre o "o". Em uma foto, nós quatro estamos em pé junto à van parecendo lixeiros com nossas jaquetas de couro preto sem colarinho. Em janeiro de 1963, fizemos cinco ou seis shows, mas em fevereiro o número saltou para onze ou doze, incluindo nosso primeiro compromisso permanente no Oldfield Hotel, em Greenford, que se tornou uma base para nós. Em março, já fazíamos dezessete ou dezoito shows por mês e mantivemos essa programação intensa por um bom tempo.

Em uma boa semana, eu levava para casa quase trinta libras, o que em 1963 era uma soma absurda de dinheiro. Para se ter uma ideia, minha bolsa para o ano inteiro na escola de arte era de 140 libras, a ser dividida por três períodos. Com dinheiro no bolso, consegui fazer uma viagem até a loja de música Selmer's, na rua Charing Cross, em Londres, e comprar um amplificador Fender profissional com alto-falante de quinze polegadas. Ele era sonoro, metálico e sexy. O vendedor que me convenceu era John McLaughlin, que se tornaria uma lenda da guitarra no jazz fusion.

No começo da primavera de 1963, conheci Richard Barnes, a quem todos chamavam de Barney. Ele se tornou um amigo, um aliado e o principal biógrafo autorizado do Who. Rapidamente nos demos muito bem e adorei seu humor seco, mordaz. Meu acanhamento e minha introspecção deixaram-me lento para aprender com os que me rodeavam, mas Barney compreendia esse e todos os meus outros defeitos. Também descobri que Barney percebia meu verdadeiro talento musical, talvez até mais do que eu.

Sofri minha primeira ressaca séria após nosso baterista, Doug, me iniciar na ingestão constante de cerveja em um de nossos shows no pub White Hart. Depois disso, passei a me exibir na faculdade, carregando uma garrafinha de uísque no bolso traseiro de minha Levi's. No entanto, sabia que em quase todos os demais aspectos eu estava ficando para trás em relação a meus colegas.

Os outros rapazes da banda tinham namoradas firmes, até esposas. De vez em quando, ficava com algumas garotas na traseira da van, mas minhas tentativas de experiências sexuais mais sérias terminavam em frustração.

Meus amigos da Ealing Nick Bartlett e Barney foram ver os Detours pela primeira vez no dia 29 de março, em uma faculdade em Londres. Pareceram ter ficado impressionados. Barney tinha uma namorada firme, Jan, muito bonita, com cabelos escuros bem curtinhos e os olhos dramáticos ainda mais reforçados com um delineador ao estilo egípcio. Foi ela quem primeiro mencionou o sucesso de uma banda chamada The Rolling Stones. Em nome dos Detours, que estavam ocupados demais para observar outras bandas, Barney e Jan passaram a investigar o cenário musical para além de nosso circuito limitado de pubs.

Havia muito a explorar, embora fosse evidente que os Stones estavam em alta na cena local. Um ano antes, Ealing tinha sido o local de nascimento do R&B britânico. Alexis Korner, pai do gênero, iniciara uma rotina de shows no porão do Ealing Club, com o lendário Cyril Davies na gaita de blues. De vez em quando, Brian Jones dava uma canja, tocando guitarra com slide. Jack Bruce tocava contrabaixo, enquanto Mick Jagger cantava músicas de Chuck Berry. No outono de 1962, os Rolling Stones tinham evoluído para a banda que hoje conhecemos e ocupado o dia da semana dedicado ao R&B no Ealing Club. Ocasionalmente, nós, estudantes locais de arte, os víamos andando por ali antes da apresentação. Em 1963, os rumores sobre os Stones tinham se tornado lenda; não havia nenhuma dúvida de que – além dos Beatles – essa era a banda a que devíamos assistir.

Na primavera de 1963, dois estudantes de fotografia começaram a colocar singles de sete polegadas de R&B na jukebox do Sid's, café em frente à academia. Um deles se destacava: "Green onions", com Booker T and the MGs. Devo tê-lo tocado umas cinquenta vezes e finalmente criei uma versão para guitarra solo em lugar de órgão, que os Detours acrescentaram a seu repertório. No dia 17 de maio de 1963, tocamos no Carnival Ballroom, no Park Hotel, em Hanwell, que ficava perto de Ealing, e por isso todos os meus amigos da faculdade apareceram. Algumas gatinhas da escola de moda ficaram em pé na frente do palco, fingindo gritar para mim como fãs dos Beatles; elas estavam tirando sarro, mas todos ficaram impressionados, em especial quando tocamos as melodias R&B com pegada ligeiramente mais funk que eu tinha conseguido infiltrar em nosso repertório.

Esse foi para mim um momento de formação. Meus amigos da academia puderam ver a banda da qual eu tanto relutava em falar; John, Roger e Doug conheceram meus amigos da escola de arte e perceberam como era ampla, ali, a base de minhas amizades. Eu ainda me incomodava com algumas canções que tocávamos por serem sucessos dos Beatles, Gerry and The Pacemakers, Johnny Kidd e Buddy Holly. Mas também sabia que tocávamos R&B o bastante para despertar o interesse de alguns dos mais perspicazes aficionados por música da academia.

Sessenta shows mais tarde, a Commercial Entertainments nos contratava para tocar várias vezes no Salão de Bailes de Saint Mary, em Putney. Uma vez, abrimos para Johnny Kidd and The Pirates. Era uma banda bem compacta, alcançando um som inesgotável com apenas guitarra solo, baixo e bateria. Decidimos seguir o mesmo caminho, com Roger me permitindo assumir a guitarra solo, para ele se concentrar inteiramente em cantar. Ele me vendeu sua Epiphone de corpo sólido. Trabalhando a partir de minhas peças de estudo de Chet Atkins, comecei a dominar a técnica de dedilhado de rockabilly dos Pirates tocado por Mickey Green. Comecei a executar os acordes em um misto de acompanhamento e solo – o que passou a ser chamado de *power chords* –, geralmente com uma corda solta inarmônica para fortalecer o som.

Também conhecemos nosso futuro engenheiro e produtor Glyn Johns. Ele cantava com The Presidents, que eram bem conhecidos no local, e foi muito favorável à nossa nova formação mais despojada. Roger conheceu sua primeira esposa, Jackie, naquele pequeno show e começou a encontrá-la regularmente. Por um tempo namorei a melhor amiga dela, que tinha um corpo escultural. Quando enfiei as mãos pela primeira vez em sua blusa, achei que tinha ido para o céu. Um dia, tentamos fazer sexo. Ela me levou para a casa do primo, que estava em reforma. Eu vestia meu melhor traje mod, com um par de botas de camurça novinho. Deitei em cima dela enquanto ela lutava com minha calça, mas de repente senti o pé frio – literalmente. Tinha atolado minhas novas e preciosas botas em um balde de cola de papel de parede.

Jackie ficou grávida no inverno, e Roger se casou com ela em março de 1964, cinco meses antes de nascer seu primeiro filho, Simon. Nick estava saindo com Liz Reid, uma bela loura escocesa da escola de moda. Alguns meses antes, ele tinha namorado uma irlandesa estonteante, também da escola de moda. A garota acabara de terminar um relacionamento, e então saímos em quatro para comer comida chinesa. Na volta para casa naquela noite, no mêtro, ela sussurrou em meu ouvido que queria dormir comigo e depois, saindo da estação de Ealing Common, fumamos maconha; foi a primeira vez que fumei. Lembro-me da sensação de ter descoberto algo muito importante, mas não tinha muita certeza do que era.

Em casa, em meu quarto, Nick e Liz deitaram juntos em minha cama, no escuro. Eu estava no chão com a irlandesa. Esse foi meu primeiro contato sexual genuíno, e assim os componentes de sexo e drogas do rock 'n' roll chegaram para mim ao mesmo tempo. Meu orgasmo chegou em segundos. Na manhã seguinte, no Sid's, entreouvi a irlandesa, algumas mesas mais adiante, rindo de minha inexperiência sexual, mas não me importei. A habilidade não importava, havia tempo de sobra para isso. Finalmente eu tinha chegado lá.

Eu queria ser escultor, mas a Academia de Arte de Ealing perdeu seu caráter de diplomação reconhecida para Belas-Artes e Escultura, e meus pais ficaram preocupados com a possibilidade de eu sair da faculdade sem nenhuma qualificação. A banda ainda era um projeto paralelo para mim e, assim, considerei mudar para outra faculdade. Estava particularmente interessado em escultura cinética: instalações combinando cores vibrantes, iluminação, monitores de TV e música complexa, codificada. Tudo isso, segundo eu imaginava, seria interativo, ganharia vida pelos computadores de que Roy Ascott[1] falava. Contudo, sabia que sentiria saudade de meus amigos se saísse de Ealing e, por isso, com Barney, decidi passar para design gráfico.

Tudo mudou quando conheci Tom Wright, enteado de um oficial da Força Aérea Americana baseado nas imediações. Ele e seu grande amigo Cam foram os responsáveis por acréscimos de singles de R&B à jukebox do café. Tinham fama por ter introduzido a maconha naquele círculo e por sua enorme coleção de discos. Certo dia, um de seus amigos me ouviu tocar blues na guitarra na sala de aula e correu para buscar Tom para me ouvir.

[1] Para mais detalhes, ver www.frieze.com/issue/article/degree_zero.

Eu já tinha comprado vários discos de blues – de Leadbelly, Sonny Terry & Brownie McGhee e Big Bill Broonzy – e já tinha ouvido Chuck Berry, mas apenas seus sucessos. Tom e Cam tinham discos de Lightnin' Hopkins, Howlin' Wolf, John Lee Hooker, Little Walter, Snooks Eaglin e outros artistas do blues totalmente novos para mim. Desde que eu tocasse a guitarra algumas vezes, eles me deixariam voltar. Cada disco era uma revelação, mas a verdadeira riqueza de sua coleção estava no ecletismo: Mose Allison ao lado de Joan Baez; Ray Charles ao lado de Bo Diddley; Jimmy Smith ao lado de Julie London.

A viga-mestra da coleção era Jimmy Reed. Eles tinham todas as gravações que ele havia feito, e "Big boss man" e "Shame, shame, shame", grandes sucessos de R&B nos Estados Unidos no final dos anos 1950, eram desconhecidos no Reino Unido. Frases simples apoiavam letras básicas produzidas por sua esposa. Baixo firme, ritmos espocantes e solos agudos de gaita compunham o cenário para Reed cantar com a voz plangente e vacilante de idoso. Mas havia algo absolutamente inesquecível na música, em especial quando se está um pouco chapado e escuta diversos discos em sucessão.

Também me sentia atraído pelo lado jazzístico do R&B, principalmente no começo. Eu havia crescido com Ella, Frank, Duke e Count, por isso gostei de Ray Charles, Jimmy Smith e Mose Allison. Mas não sabia tocar nem tinha acesso a um teclado e ainda me achava um guitarrista bem rudimentar. Porém não era preciso ser rápido ou esperto para tocar blues em guitarra de R&B. Era preciso estar preparado para realmente ouvir e, em última instância, realmente sentir a música. Isso soava menos absurdo para um jovem branco de classe média em 1963 do que parece hoje, por isso, sem dificuldade, fui aprender a tocar blues, o rítmico em especial. Eu adorava competir com Jimmy Reed, John Lee Hooker e Hubert Sumlin, o guitarrista de Howlin' Wolf, e comecei a desenvolver meu próprio estilo rítmico baseado em uma fusão de seus estilos.

Se me sentia dividido, tenho certeza de que os outros membros da banda experimentavam o mesmo. Eles tinham empregos regulares. Doug era pedreiro e pai de família. Roger trabalhava em uma fábrica que cortava chapas de estanho para caixas de equipamentos especializados e racks de estúdios de gravação. John dava expediente na coletoria local. Eu era estudante de arte – e estava também me tornando usuário de drogas recreativas, fumando várias vezes por semana. Nessa época, Roger precisava me ameaçar para que eu saísse da cama e comparecesse aos shows. Com frequência, eu era muito sarcástico sobre a música que os membros da banda queriam tocar, e Doug teve de vir em meu socorro algumas vezes: Roger e eu quase quebramos o pau na disputa pela direção musical do grupo. Eu continuava a forçar a barra porque acreditava que, se não mudássemos, meus amigos da escola de arte jamais nos achariam legais. Por outro lado, as músicas inspiradas em hits que eu compunha para apresentarmos eram mesmo muito manjadas.

Gravamos minha primeira canção, "It was you", no final de 1963 no estúdio caseiro de Barry Gray, que compunha músicas para seriados infantis de TV, como *Thunderbirds* e *Fireball XL5*. Dick James, coeditor dos Beatles na época, ouviu "It was you" e me contratou para trabalhar com ele.

> *I was a guy who thought love would pass him by.*
> *Then I met you and now I realise*
> *It was you, who set my heart a-beating.*
> *I never knew, love would come with our meeting.*
>
> [Eu era um cara que achava que não viveria o amor.
> Então encontrei você e agora eu sei
> Foi você que deixou meu coração descompassado.
> Nunca imaginei que o amor chegaria com nosso encontro.]

A canção foi gravada por The Naturals, uma banda estilo Merseybeat (na verdade de Essex), e por uns dois outros grupos. Não foi um sucesso, mas me deu enorme confiança. Sentia que agora eu tinha o direito de falar sobre a direção musical da banda e até ficar mandão. Roger estava decididamente no comando, porém havia uma nova tensão entre nós. Ambos nos entusiasmávamos por liderar e tínhamos ideias próprias de como fazê-lo. No entanto, desenvolvemos um respeito reticente um pelo outro que duraria a vida inteira.

Além de nossa programação diária de trabalho, fazíamos pequenos shows dia sim, dia não, às vezes vários em sequência. Nosso público era principalmente composto de mods. Alguns palcos, como o Notre Dame Church Hall, no Soho, e o Glenlynb Ballroom, em Forest Hill, eram verdadeiras fortalezas mod onde os líderes do movimento, chamados faces, exibiam novos trajes e danças como modelos na passarela. Roger e eu, provavelmente mais do que a maioria das pessoas, estávamos bem sintonizados com o que estava rolando, já que sua irmã Gillian e o namorado ainda se mantinham solidamente na linha de frente mod. Havia algumas garotas mod bem interessantes que iam para o Goldhawk, o histórico ponto de encontro musical em Shepherd's Bush. De vez em quando eu até conseguia manter os pés fora dos baldes de cola.

Tom e Cam foram apanhados traficando maconha e acabaram deportados, deixando toda a sua coleção de discos aos nossos cuidados. Finalmente me mudei para minha própria casa, que dividia com Barney, e lá nos fixamos como herdeiros de Tom e Cam. Durante a primeira quinzena coabitando, Barney e eu achamos que estávamos nos saindo muito bem cuidando de nós mesmos; mais tarde, porém, descobrimos que o senhorio deixava mamãe entrar todo dia para arrumar, passar aspirador, lavar a roupa e a louça. Ela ainda gostava de ter um papel protetor e maternal em minha vida, algo que, como um jovem independente que abandonara o ninho, eu não estava disposto a admitir.

Jimmy Reed era presença constante em nosso toca-disco, e algumas garotas bacanas começaram a aparecer. Se Roger tinha dificuldade para me controlar quando eu morava com meus pais, agora ele estava encrencado. Tudo o que eu queria era ficar chapado, ouvir discos, tocar guitarra e esperar a campainha tocar. Após um dia duro na faculdade, muitas vezes eu decidia esquecer totalmente a banda, e se Roger fosse menos enérgico, eu não sairia de casa e de minha nuvem de fumaça de maconha.

Íamos abrir o show dos Rolling Stones em Putney, no final de dezembro de 1963, e eu já me armara de cinismo – sem ouvi-los tocar, tinha concluído que sua reputação deles se devia a seus cortes de cabelo. Em vez disso, fiquei superimpressionado. Nosso produtor, Glyn Johns, apresentou-me a Brian Jones e Mick Jagger, que foram educados e simpáticos. Da lateral do palco observei-os tocando e fiquei fã de imediato, para o resto da vida. Mick era misteriosamente atraente e sexualmente provocador, talvez o primeiro fetiche desse tipo desde Elvis. Enquanto esperava a cortina se abrir, Keith Richards se aquecia movimentando o braço como um moinho de vento (*windmill*). Algumas semanas depois, abrimos para eles novamente no Glenlyn Ballroom, e quando notei que Keith não usou de novo o *windmill*, resolvi adotá-lo.

Uma banda chamada The Yardbirds, com Eric Clapton na guitarra solo, era sensacional, e Roger tinha visto o ensaio de um grupo chamado The Trident cujo guitarrista o entusiasmara – o jovem Jeff Beck. Em ambos os casos, tínhamos concorrência séria bem em nosso quintal.

Em fevereiro abrimos para The Kinks pela primeira vez, no Goldhawk. Todos usavam cabelo comprido, roupas estranhas, sobrecasacas e camisas pregueadas, mas as garotas mod gritavam para eles do mesmo jeito. Sua música era vigorosa, e o toque da guitarra de Dave Davies soava realmente especial. Experimentei alguns de meus novos truques de *feedback* naquela noite e descobri que ele fazia a mesma coisa. Ray Davies se mostrou quase tão encantador quanto Mick Jagger e pelos mesmos motivos: era delicado, ligeiramente andrógino e muito sexy. The Kinks tinham no repertório muitas das mesmas músicas R&B que nós tocávamos e, de algum modo, conseguiam ser a um só tempo poéticos, melancólicos, espirituosos, esquisitos e furiosamente petulantes. Ao lado dos Stones, sempre os considerarei uma influência primordial.

Naquele fevereiro, John Entwistle ficou sabendo que outra banda também se chamava The Detours. Assim, voltando a Sunnyside Road após um show local, passamos horas pensando em nomes de bandas. Barney sugeriu The Who, eu sugeri The Hair. Por um momento insisti em minha escolha (seria uma espécie de intuição de que a palavra "Hair" alguns anos depois se tornaria um símbolo entre os hippies?). Mas então, no Dia dos Namorados de 1964, fizemos nossa escolha.

Passamos a ser The Who.

6
The Who

Em 1964, comecei a tocar guitarra do jeito que sempre quis. Meu som preferido até então tomava fartos empréstimos do solista prodígio norte-americano Steve Cropper em "Green onions" – um fraseado frio, ameaçador, sexual. Suponho que era assim que eu me imaginava aos dezoito anos. Então, ao estalido de um interruptor, o captador central, que eu instalara quase encostado às cordas de minha Rickenbacker 345S modificada, ampliava cem por cento o sinal. A guitarra, com um corpo semiacústico que eu havia "afinado" abafando os buracos de som com jornal, começava a reverberar.

Em abril, eu estava tão cansado e distraído na escola que o professor do curso de design gráfico em Ealing, um figurão da publicidade, perguntou como andava minha saúde. Era meu segundo ano de design gráfico, meu quarto ano na faculdade, e eu vinha produzindo um bom trabalho, segundo ele. Então eu disse a ele que minhas atividades na banda me esgotavam.

"Você gosta disso?", perguntou ele.

"Sim."

"Bem, quanto você ganha?"

Quando contei que ganhava em torno de trinta libras por semana, ele ficou chocado. Aos dezenove anos eu faturava mais que ele. O professor sugeriu que talvez fosse melhor para mim continuar na banda, o que foi o começo do fim. Depois dos shows noturnos, era cada vez mais difícil me levantar na manhã seguinte para ir à aula, e em algum momento antes do recesso do verão de 1964 larguei a faculdade.

Minha autoconfiança musical me levava cegamente adiante. Senti que arrastava atrás de mim uma banda incompatível com as ideias absorvidas na faculdade, mas que era um meio de colocá-las em prática melhor do que a vida convencional de designer gráfico. Eu não estava tentando tocar música bonita, estava apenas enfrentando meu público com o som aterrador, visceral, do que todos sabíamos ser a única razão de nossa frágil existência – um dia, um avião carregaria a bomba que destruiria todos nós em um clarão. E isso poderia acontecer a qualquer momento. A crise dos mísseis de Cuba, menos de dois anos antes, o havia demonstrado.

No palco, eu ficava na ponta dos pés, os braços esticados, me movimentando como um avião. Quando erguia a gaguejante guitarra acima de minha cabeça, sentia que estava segurando o estandarte ensanguentado de séculos intermináveis de guerra absurda. Explosões. Trincheiras. Cadáveres. O grito arrepiante do vento. Eu tinha feito minha escolha, por enquanto. Seria a música.

Havíamos percebido a necessidade de trabalhar em tempo integral como músicos, ou seríamos incapazes de competir com Rolling Stones, Beatles e Kinks. A dupla jornada não tinha mais vez. Também se tornara essencial que acertássemos nosso som.

Busquei a sabedoria de Jim Marshall, que se tornaria o inventor da pilha de Marshall, os sistemas de amplificadores de alta potência usados pela maioria dos guitarristas de rock pesado desde meados dos anos 1960. Jim tinha uma loja de música em West Ealing. John Entwistle, um dos primeiros clientes dele, estava muito contente com a nova caixa de quatro alto-falantes de doze polegadas destinada a seu baixo. Eu me mostrava menos animado. Normalmente muito ruidoso, John parecia barulhento demais. Comprei uma caixa de alto-falantes e a pluguei em um cabeçote Fender Bassman. John comprou uma segunda caixa, para posicionar à minha frente. Rapidamente o alcancei com dois amplificadores Fender, o Bassman e um Pro-Amp comandando duas caixas Marshall com quatro alto-falantes de doze polegadas. John e eu disputávamos uma corrida armamentista musical.

Fui o primeiro guitarrista em nosso circuito a utilizar dois amplificadores ao mesmo tempo e só muito mais tarde soube que meu herói na época, Steve Cropper, do Booker T and the MGs, gravava algumas vezes com dois amplificadores. Os fatores de distorção introduzidos em cada amplificador se tornavam muito mais complexos e ricos quando realimentados reciprocamente. Eu também tinha passado a empilhar um alto-falante Marshall em cima do outro para imitar as condições do auditório do Oldfield Hotel, onde pela primeira vez coloquei um alto-falante sobre um piano, bem próximo de onde eu tocava a guitarra, criando *feedback*. Essa configuração é a que mais tarde ficou conhecida como a pilha de Marshall. Lembro-me de Jim reprovando a ideia no princípio, dizendo-me que as caixas podiam desabar e matar alguém. Mas as minhas primeiras foram unidas por pesados grampos de bagagem fornecidos por ele. Durante meses, aconselhei Jim e sua equipe a fazerem o amplificador não apenas em tom mais alto, mas também mais claro, e com maior capacidade de distorção quando exigido.

No rock 'n' roll, a guitarra se tornava o instrumento melódico principal, desempenhando o papel do saxofone no jazz e na dance music e do violino na klezmer, a música folclórica judaica. Comecei a usar o *feedback* com mais criatividade: às vezes meu solo de guitarra era simplesmente um uivo longo e opressivo cheio de harmônicos e assovios elaborados. Mas em sua grandiosidade descobri algo eufórico, um som pleno de movimento e melodias em profusão. É uma técnica que expoentes posteriores do *feedback* de guitarra exploraram muito melhor, particularmente Jimi Hendrix.

Curiosamente, também senti certa vergonha durante esses momentos mais arrastados, mas eles não eram atos egocêntricos de profanação musical. Na verdade, eu não fazia a menor ideia de qual poderia ser a origem das emoções contraditórias que sentia ao criar esses sons bélicos. Alguma coisa borbulhava de meu subconsciente.

Por toda a vida, Jim Marshall se empenhou para impressionar o pai, um boxeador, mas fracassou. Por um dos estranhos caprichos do destino, meu pai tocava com Jim em uma pequena orquestra quando ocorreu um episódio decisivo. O pai de Jim chegou bêbado e, da pista, começou a zombar dele. De súbito, Jim perdeu a paciência, voou sobre o pai e lhe deu uma surra, ainda que o velho fosse muito mais forte. Jim nunca mais tocou bateria profissionalmente.

O tempo todo eu fazia experiências, tentando encontrar novas maneiras de tocar guitarra no palco, diretamente inspirado por Malcolm Cecil. Ele tinha demonstrado maneiras incomuns de tocar seu baixo duplo: tendo arrebentado uma corda certa vez, usou um serrote para cortar o resto das cordas, danificando a superfície de seu instrumento. Experimentei em minha Rickenbacker todo tipo de raspagem, pancadas, empenagem e torcedura, o que resultou em um *feedback* acústico uivante. Incentivado também pelo trabalho de Gustav Metzger (o pioneiro da arte autodestrutiva), secretamente planejei destruir minha guitarra se o momento parecesse certo.

O Who ainda parecia uma parte temporária, descartável, de meu plano secreto. Certamente, o R&B por si mesmo não me parecia uma ideia muito nova; era apenas a onda emergente prevista pela imprensa musical. No palco, eu me tornava cada vez mais anárquico e narcisista; gravações do período me mostram gastando mais tempo mexendo os quadris do que dedilhando notas. Mas eu também copiava solos elegantes de Kenny Burrell, guitarrista de jazz. Se tivesse estudado devidamente e praticado de modo convencional nesses anos, teria me tornado um guitarrista mais proficiente e menos exibido.

Durante esse período, eu parecia afeminado. Como nunca tivera uma namorada firme, corriam rumores de que eu era gay. Em certo sentido, fiquei contente com isso. Larry Rivers me mostrou que um gay podia ser espontâneo, atraente e corajoso; em todo caso, a cada dia a sexualidade das pessoas vinha perdendo importância. Um dos melhores aspectos do movimento mod britânico foi mostrar que macheza não era mais o único indicador de virilidade. Eu mesmo não tinha interesse algum em parecer atraente, muito menos sexy, no palco; no fim das contas, todas as experiências perturbadoras de minha infância entraram em minha composição.

Um dia, uma garota veio reclamar todos os discos que pertenciam a Cam, trazendo uma carta dele confirmando ser esse o seu desejo. Isso afetou muito nossa coleção. Um pouco mais tarde, recebemos instruções de Tom para embalar seus discos e enviá-los para ele em Ibiza. Foi difícil lidar com essas perdas consecutivas. Sofrendo de abstinência de música, comecei minha própria coleção de discos, tentanto substituir todos os que havia perdido, mas muitos eram raros. Barney e eu descobrimos Bob Dylan e ouvimos atentamente seus dois primeiros discos. Havia neles algo de extraordinário, porém eu não sabia ao certo o que era.

Barney e eu vivíamos em total imundície e, então, perdemos de vez o aluguel do apartamento. Mamãe, sempre atenta a um jeito de consertar as coisas para os outros, descobriu que o inquilino do apartamento imediatamente acima da residência dos Townshend, na avenida Woodgrange, estava de saída. Barney e eu nos mudamos para lá. Era um lugar esplêndido, um labirinto. O aluguel era de oito libras por semana e tínhamos cinco cômodos maravilhosos, banheiro e cozinha. Comecei a traçar planos elaborados, ambiciosos, para converter o apartamento em ateliê de arte, estúdio de gravação e salas de recreação. Mas era difícil nos livrar de nossos hábitos miseráveis de vida. Não compramos um só móvel e dormíamos em colchões de solteiro no chão. Descobrimos um material extremamente pesado, em forma de chapa laminada, que pretendíamos usar como isolamento acústico para uma das salas, e enchemos um cômodo inteiro com esse material, mas nem sequer iniciamos um de nossos projetos.

Continuamos a nos drogar e a ouvir discos na cama, permitindo que os detritos de nossa existência se acumulassem até sensibilizarem alguém a limpar tudo para nós. Jornais, latas de comida, pontas de cigarro e xícaras de café sujas forravam o quarto em que dormíamos e recebíamos as visitas. Quando tinha fome, eu simplesmente descia e pegava comida dos armários de meus pais. Pessoas entravam e saíam – colegas da escola de arte, garotas que conhecíamos e, de vez em quando, um fã vagabundo se queixando de um show. Eu ainda era muito tímido, e embora nenhuma garota se queixasse quando transávamos, nunca me sentia realmente em pé de igualdade com os outros da banda, que pareciam verdadeiros experts.

Desenvolvi um traço de comportamento bem desagradável nessa época (sei disso de fonte segura, de meus amigos). Tornei-me cada vez mais crítico e cínico e, nas discussões, frequentemente distorcia os fatos para favorecer minha conclusão. Eu adorava Barney, mas ele também se mostrava cada vez mais cínico. Talvez estivéssemos fumando muita erva. Lembro-me do apartamento que dividíamos envolto em uma nuvem cinzenta. A droga que comprávamos certamente vinha ficando mais forte.

Rose, a cunhada de Doug Sandom, encontrou um benfeitor para nós em Helmut Gorden, um solteirão que queria animar sua vida. Ele se tornou nosso empresário, comprou uma van para nós e nos apresentou a alguns agentes importantes, que agendaram shows aqui e ali. Afora isso, continuávamos a tocar no circuito local de bares em nossa vizinhança. Desconhecida para nós, a Commercial Entertainements, que tinha promovido a maioria desses shows locais, decidira colocar o Who sob contrato, mas meus pais se recusaram a assinar qualquer coisa em meu nome.

Helmut Gorden conseguiu marcar um teste para nós com a Fontana Records, sem saber que Jack Baverstock, chefe da empresa na época, era um dos melhores amigos de mamãe. Ela falou bem de nós. O agente da Fontana, Chris Parmienter, nos ouviu tocar em uma sala de ensaio e gostou, mas achou que nosso novo baterista, Doug Sandom, era velho demais.

Vendo minguar nossa chance de um contrato de gravação, cruelmente anunciei para a banda que tinha certeza de que Doug iria querer sair. Ele ficou muito magoado, principalmente porque, sem eu saber, havia votado contra minha expulsão da banda alguns meses antes, quando outro agente disse que eu era desengonçado, escandaloso e feio. Doug de fato saiu, com alguma dignidade, e assim se deu nosso rompimento. É uma das atitudes de que mais me arrependo em minha carreira. Doug sempre tinha sido um amigo e mentor para mim, sem falar que foi o primeiro a me deixar realmente bêbado.

Experimentamos alguns novos bateristas, inclusive Mitch Mitchell, que depois foi tocar com Jimi Hendrix. Mas Keith Moon apareceu um dia em uma de nossas apresentações regulares no Oldfield Hotel, em Greenford, e assim que ele começou a tocar soubemos que tínhamos encontrado o elo perdido. Ele nos disse que seu baterista favorito era Buddy Rich, mas que também gostava de Eric Delaney, que usava surdos duplos. Só muito depois Keith mencionou que era fã obsessivo da surf music californiana, o que devíamos ter imaginado, uma vez que sua banda anterior se chamava The Beachcombers.

Keith tinha aulas com Carlo Little, baterista do Screaming Lord Sutch e artista da onda anterior de bandas inovadoras no pequeno circuito local de shows. Performático e excêntrico, Keith parecia se exibir o tempo todo, apontando baquetas para cima e inclinando-se sobre a bateria, a face projetada para a frente como se quisesse ficar mais próximo da linha do palco. Mas ele era sonoro e forte. Lentamente também percebemos que seu estilo fluido escondia um verdadeiro talento para ouvir e acompanhar, não só para estabelecer um compasso.

Roger tentou fazer amizade com Keith, mas Keith mantinha distância. Também parecia encarar como um desafio o sucesso de Roger em atrair garotas para nossos concertos. Às vezes, eles paqueravam as mesmas garotas, e nunca ficava claro para mim quem estava ganhando. Eu não sabia ao certo como Keith se sentia a meu respeito em seus primeiros meses na banda, nem se ele apoiava meu manifesto de pretensão artística; o tempo diria. O principal amigo de Keith na banda passou a ser John. Eles eram histericamente engraçados juntos e por um tempo dividiram apartamento. Roger e eu tínhamos a impressão de que faziam quase tudo juntos, inclusive transar com as garotas. Devia ser um caos.

Apesar da dor que minha deslealdade causara a Doug, ficou claro que com Keith Moon na banda e com um contrato de gravação tínhamos uma chance real de fazer carreira na música. Eu já havia composto algumas canções decentes e usava um velho gravador de fitas para compor outras, no estilo de Bob Dylan. Por meio de um amigo de Helmut Gorden, conhecemos Peter Meaden, um profissional de relações públicas que parecia conhecer todos os editores de revistas jovens. Peter ficara muito impressionado com as palhaçadas do empresário dos Stones, Andrew Loog Oldham, que exibia um guarda-costas durão e ameaçador. Logo, Peter providenciou seu próprio guarda-costas, um sujeito que viemos a conhecer como Phil, O Grego, que se vestia com distinção e era bem-apessoado, com um traço agressivo. Ele e eu nos tornamos muito bons amigos.

O que Peter Meaden realmente fez por nós foi implementar uma tese que Barney e eu já tínhamos captado na escola de arte: todo produto novo, inclusive toda banda nova, precisava de uma imagem se quisesse ter sucesso. Ou seja, precisávamos de um estilo identificável: roupas, corte de cabelo e, se possível, uma nova maneira de fazer música. Barney, sua namorada Jan e eu conversávamos até tarde da noite sobre como capitalizar esse momento extraordinário; éramos inteligentes e tínhamos uma banda que poderia dar certo, se fizéssemos tudo certo. Barney e Jan pareciam quase tão animados quanto eu com a perspectiva do Who fazer grande sucesso.

Peter Meaden também enfatizou a importância do movimento mod para nós. Aquele era o estilo e a imagem que desejávamos abraçar. Meaden era um dos articuladores do novo vocabulário usado pelos mods, e eu estava ansioso para aprender o jargão – além do pouco que havia aprendido quando namorei Carol Daltrey. Musicalmente, eu sentia que já estava no caminho. Barney e Jan sempre insistiam para que eu desenvolvesse meu som e meus solos de guitarra e utilizasse todas as ideias mais desenfreadas e pretensiosas de nossas antigas aulas na Academia de Arte de Ealing.

John Entwistle, sempre incomodado por ser meramente um baixista, começou também a soltar seu som. Ele já tocava mais alto que a maioria dos outros baixistas, mas então começou a tocar com mais harmônicos. Quando, mais tarde, descobriu cordas de baixo enroladas com arame, seu som evoluiu para o que conhecemos hoje, mas já nessa época seu toque era expressivo e criativo, quase um segundo instrumento solista. À medida que eu desenvolvia meu som, John também o fazia, e hoje está muito mais claro para o mundo o que fizemos em favor da arte de tocar o baixo elétrico, particularmente em seu desenvolvimento de cordas especiais. Cada um de nós ocupava uma parte específica do espectro sonoro, e embora de vez em quando um tentasse dominar o outro, o resultado era que o som de John complementava perfeitamente o meu.

Contra as linhas ricas do baixo de John e a bateria fluente de Keith, eu recorria mais ao uso de acordes fortes, densos. Meus solos frequentemente eram apenas *feedbacks* uivantes ou ruídos pungentes, mas altos o bastante para me satisfazer. Um dia, em 1964, Jim Marshall me entregou um sistema amplificador com o qual fiquei razoavelmente contente: um amplificador de 45 watts que tinha um nítido som norte-americano, mas, ao aumentar o volume, ele gritava como um Spitfire, essa máquina britânica de guerra essencial – insinuante, simples, imbatível. Comprei dois deles, que usava para acionar cada uma de minhas pilhas de som com oito alto-falantes de doze polegadas.

Naquele momento, meu som não só era único como também alto o suficiente para abalar a maioria dos pequenos espaços nos quais nos apresentávamos. Jim não tinha a menor ideia de que seu projeto de amplificador o tornaria rico, e eu de que aquilo me tornaria forte.

Apesar de meu interesse em composição, Peter Meaden decidiu que iria compor as duas canções que gravaríamos em nossa primeira experiência em estúdio, na Fontana. Ele já havia nos persuadido que The Who era um nome vulgar, publicitário; soava antiquado, e, por isso, devíamos gravar como The High Numbers. "Numbers" era o termo empregado para um subgrupo mod que ficava abaixo dos "faces", líderes do movimento (entre os quais Peter Meaden sem dúvida se via como líder), mas acima dos "tickets", os garotos comuns na pista de dança.

O que estava acontecendo no movimento mod se fundava em tendências de moda e passos de dança dos faces locais, que eram imediatamente copiados pelo restante dos garotos. Meaden desejava ampliar essa disseminação com mensagens codificadas em nossas canções. Sua ideia se ajustava tão bem ao que eu tinha aprendido na academia de arte que concordei de imediato em permitir que ele fosse em frente. Fomos à casa de Guy Stevens, um face que era o principal DJ no exclusivo Soho Scene Club, a fortaleza mod mais descolada em Londres. Guy emprestou a Peter dois de seus então raros discos de R&B de que todos gostávamos, e Peter se apropriou profusamente de suas músicas, preenchendo-as com letras de sua autoria.

Na época, a maior parte de nossa inspiração vinha de ásperas canções de R&B de Bo Diddley e Howlin' Wolf. As duas canções de Peter eram boas, mas tinham muito pouco daquela propulsora batida R&B, com seu som contundente de guitarra. O *feedback* de guitarra, elementar em nossos shows, estava totalmente ausente dos dois temas que Peter havia composto. Em "Zoot suit", que era baseada em "Misery", dos Dynamics, eu tocava guitarra de jazz sem muita força, demonstrando que meu trabalho em solo estava por se desenvolver. O disco não decolou, apesar do ataque de Peter Meaden às revistas pop da época. Acho que vendeu cerca de quatrocentas cópias. O problema foi o som, que não era original. Com a ajuda de Peter, tínhamos desenvolvido uma imagem, mas ainda faltavam peças no quebra-cabeça musical.

Em retrospecto, parece assombroso pensar que Peter Meaden, o principal articulador do estilo de vida do emergente movimento mod britânico, deixou passar o fato de que estávamos desbravando terreno novo com nosso som. Mas ele deixou. Ele odiava todo aquele *feedback* de minha guitarra, Keith martelando como um lunático, Roger grunhindo como um velho prisioneiro negro e John estridulando em seu baixo, parecendo Duane Eddy. Ele não deve ter achado legal. Mas quando fizemos nossos primeiros shows em verdadeiros redutos mod, como o Aquarium, em Brigthton, ou The Scene Club, onde estavam abertamente à venda anfetaminas e garotos de programa em trajes maravilhosos, nossa maneira mod de vestir, combinada com esse ruído agressivo, nos vinculava a uma nova ideia muito poderosa na cultura pop: o vândalo elegante, disciplinado, próspero, em trajes distintos, perigosamente andrógino.

O que eu estava procurando nessa estrada para criar uma banda bem-sucedida? Eu tinha apenas dezoito anos e era motivado por visões artísticas e pelos sonhos habituais de astro pop: dinheiro, fama, um carrão e uma belíssima namorada. Tínhamos acabado de gravar nosso primeiro disco para um selo importante, e eu fizera sexo pela primeira vez não muito tempo antes. Para mim, as conquistas sexuais de Roger, John e Keith pareciam tão fantásticas e inalcançáveis quanto minhas teorias de autodestruição o eram para eles. Barney e Jan às vezes saíam do quarto e juntavam-se a mim para nossas rodas de *brainstorm*, depois de realizarem uma longa e suada sessão de sexo que eu apenas podia imaginar. Como tudo isso podia durar mais de uma hora?

Claro que eu estava lidando com questões psicológicas que meus amigos mais íntimos e parceiros de banda não compartilhavam. Eu sofria de uma profunda vergonha sexual por minhas relações com Denny, embora tivesse conseguido empurrar os detalhes para fora do alcance da memória. Por que uma vítima de abuso infantil deveria sentir vergonha sexual? Ainda não tenho resposta para essa pergunta, mas suas raízes podem residir em nossa inclinação na infância a assumir a culpa. Talvez seja uma forma de fingir que temos algum controle sobre nossa vida, uma vez que admitir a alternativa poderia nos levar à insanidade.

Na época não percebi quantas outras pessoas lidavam com sentimentos parecidos. Tantas crianças haviam vivido traumas terríveis nos anos imediatos do pós-guerra na Inglaterra que era muito comum deparar com jovens profundamente transtornados. A vergonha levava ao segredo; o segredo, à alienação. Para mim, esses sentimentos se fundiam em uma convicção de que o dano colateral produzido em todos nós que havíamos crescido em meio às consequências da guerra tinha de ser enfrentado e expresso em todo tipo de arte popular – não apenas na literatura, na poesia ou em *Guernica* de Picasso. Na música também. Toda boa arte tem de enfrentar a negação em seu caminho para a verdade.

Com a banda, sentia ter a chance de fazer uma música que se tornaria parte da vida das pessoas. Até mais do que o modo como nos vestíamos, nossa música daria voz àquilo que todos precisávamos expressar – como grupo, como gangue, como associação, como sociedade secreta, como subversivos. Eu encarava os artistas pop como espelhos de seu público, desenvolvendo maneiras para refletir e falar a verdade sem medo.

Ainda assim, eu me sentia mais seguro quanto ao meio do que quanto à mensagem. Certamente não iríamos apenas compor canções sobre apaixonar-se ou sobre anseios sem esperança. O que, então, precisava ser dito?

Eu tinha encontrado um novo som. Agora precisava das palavras.

Em um caso notável de sincronicidade, dois jovens, Kit Lambert e Chris Stamp, faziam pesquisas em Londres no intuito de produzir um filme sobre alguma banda nova maravilhosa, ainda não descoberta, que tivesse raízes na rua. Kit viu nossa apresentação de estreia no Railway Hotel em julho, quando destruí minha guitarra, e nos descreveu como satânicos. Ele convenceu Chris a nos assistir, e rapidamente decidiram que seríamos o tema de seu filme.

Os dois amigos (mais tarde apelidados pela mídia de "o quinto e o sexto membros do Who") tinham histórias muito diferentes. Chris, do East End de Londres, era filho de um barqueiro do Tâmisa; Kit era filho de Constant Lambert, diretor musical do Royal Ballet em Covent Garden. Chris era lindo de morrer, muito mais que seu famoso irmão astro do cinema, Terence. Kit tinha um olhar tipo Brian Epstein; todos achávamos que ele era gay. O mais importante é que os dois sabiam como fazer as coisas.

Kit e Chris fizeram seu filme. (Esse filme ainda existe; Roger agora possui a única cópia remanescente.) Então, resolveram aumentar a aposta e se ofereceram para nos empresariar. Mas Peter Meaden e Helmut Gorden não quiseram abrir mão de nós. A certa altura das negociações, Meaden trouxe o empresário dos Stones, Andrew Oldham, para nos ver tocar em uma sala de ensaio em Shepherd's Bush. Ele gostou de nós, mas quando o nome de Kit foi mencionado, logo ficou claro que Oldham já o conhecia (eram vizinhos) e que não queria se envolver na débil disputa de poder tramada por Peter Meaden.

Kit e Chris mais tarde foram tirar satisfação com Meaden em um ensaio da banda – na ocasião, Phil, O Grego, guarda-costas de Meaden, ameaçou Kit com um canivete. Enfim, Peter Meaden saiu do caminho pela soma então opulenta de duzentas libras, e Kit e Chris assumiram o gerenciamento da banda. E logo nos devolveram nosso nome correto – The Who.

Tínhamos começado a tocar em shows regulares, nos domingos de verão, com artistas importantes, todos com sucessos nas paradas da época. Abrimos para Beatles, Kinks, Dusty Springfield e os extraordinários Dave Berry e Lulu. O público dos Beatles era quase inteiramente de jovens garotas que pareciam perdidas em seu próprio mundo de fantasia enquanto a música tocava. (O auditório *realmente* cheirava a urina após o show.) Diferente dos Stones, os Beatles pareciam quase a realeza, distantes e prisioneiros de sua própria potência extraordinária. Depois que eles partiam à toda ao final do show, nós ficávamos por ali, e Kit era atacado por meninas que achavam que ele era Brian Epstein, o empresário dos Beatles.

Lulu tinha apenas quinze anos quando tocamos com ela em Glasgow, e em seguida comparecemos à festa de seu aniversário de dezesseis anos. Ela tinha uma voz intensa, comovente, e, enquanto o acordeão tocava, quase fiz sexo com sua melhor amiga. Dave Berry fazia sucesso com "The crying game", e seu número era a antítese dos outros. Ele se movia devagar, com movimentos calculados, controlados, quase como um mímico, mas também deixava as meninas enlouquecidas.

Longe dos redutos mod metropolitanos, esses shows eram como minifestivais de bandas com sucessos recentes ou correntes. Éramos todos jovens, mas havia uma solidariedade entre nós que lembrava o show business da geração de papai. Aprendíamos com todos com quem tocávamos, confiantes de que nenhum deles tomaria demasiados empréstimos de nós: nossas guitarras lamuriosas e a marca da autodestruição eram nosso próprio território inviolado.

Por fim, parecíamos estar alcançando algo, mas aquilo se mostrava um aprendizado muito mais lento e árduo do que o sugerido nos dias inebriantes em que Peter Meaden garantia que nos tornaríamos gigantes da noite para o dia. Fomos aprovados em um teste da rádio BBC, porém fracassamos em outro, e também falhamos em um teste para um contrato de gravação com a EMI. Nosso estilo duro confundia muita gente da velha guarda, inclusive executivos de gravadoras, e tocávamos principalmente covers de músicas R&B. Os selos das gravadoras queriam bandas com composições próprias.

* * *

O Who continuava trabalhando, tentando e fracassando, sem conseguir seu objetivo de quebrar guitarras nos jornais de circulação nacional. O teste na Decca Records foi o mais animador. Um amigo de Kit, Russ Conway, popular pianista de boogie-woogie na TV e principal investidor na sociedade empresarial de Kit e Chris, marcou o teste e convenceu o caçador de talentos John Burgess a nos levar a sério. Kit e Chris, mais tarde, confessaram que teríamos passado no teste se tivéssemos tocado composições originais.

Sabendo que eu podia compor, eles me incentivaram a apresentar algum material novo que fosse adequado à banda.

Esse foi o maior desafio que já enfrentei. Isolei-me na cozinha do apartamento em Ealing, onde mantinha meu gravador, e ouvi alguns discos e músicas repetidas vezes: *Freewheeling*, de Bob Dylan; "Better get it in your soul", de Charlie Mingus, do disco *Mingus Ah Um* (adorava Mingus e era obcecado por Charlie Parker e bebop); "Devil's jump", de John Lee Hooker, e "Green onions" (embora meu disco estivesse quase inutilizado). Tentei adivinhar o que realmente sentia em consequência dessa imersão musical. Uma ideia não parava de surgir em minha cabeça: não consigo explicar. Não consigo explicar. Esse seria o título de minha segunda canção, que prenunciava algo que eu faria muitas vezes no futuro: compor canções sobre música.

Got a feeling inside, I can't explain
A certain kind, I can't explain
Feel hot and cold, I can't explain
Down in my soul, I can't explain

[Sinto algo aqui dentro, não consigo explicar
De um certo tipo, não consigo explicar
Sinto quente e frio, não consigo explicar
No fundo da alma, não consigo explicar]

Na época, eu usava um gravador de fita caseiro velho e tosco para registrar minhas canções em uma demo simples. Barney ouviu minha composição ao chegar da escola e gostou. Lembro-me de que ele a descreveu como Bob Dylan com um toque de Mose Allison.

Kit e Chris, por meio de um amigo de sua sedutora assistente pessoal, Anya Butler, encontraram-se com o produtor de sucessos recentes dos Kinks, Shel Talmy, que tinha seu próprio selo com a Decca, nos Estados Unidos. Ele concordou em nos ouvir.

Corri de volta ao gravador e ouvi "You really got me", dos Kinks – não que eu realmente precisasse, ela tocava o tempo todo no rádio. Dei um requinte a "I can't explain" e mudei a letra para que ela fosse sobre amor, não sobre música. Procurei fazê-la o mais parecida possível com The Kinks para que Shel gostasse dela. Eu já tinha o título para a canção que se seguiria: "Anyway, anyhow, anywhere", palavras que eu havia rabiscado em um pedaço de papel enquanto ouvia Charlie Parker.

Tocamos para Shel Talmy a versão revista de "I can't explain", e ele logo agendou para nós uma gravação nos estúdios Pye. Shel também levou alguns músicos adicionais, tal como Kit havia me avisado. Em tom jovial, Keith pediu ao baterista que apareceu por lá para "dar no pé" e foi atendido. Como não tinha certeza se eu seria capaz de fazer um solo, Shel havia pedido a seu guitarrista de estúdio favorito, Jimmy Page, que ficasse por ali. E como nossa banda tinha ensaiado a canção com backing vocals à la Beach Boys, mas sem muita habilidade, Shel conseguiu três cantores para a gravação, The Ivy League, para gorjearem em nosso lugar.

Shel Talmy conseguiu um bom som, compacto e comercial, e, embora não houvesse *feedback* de guitarra, eu estava disposto a fazer concessões em troca de um sucesso. Só depois do Ano-Novo saberíamos se a jogada compensaria.

Em novembro, Kit e Chris nos garantiram apresentações fixas nas noites de terça-feira no Marquee Club, um ponto de jazz e blues no Soho, e montaram uma inspirada campanha de divulgação para impedir que nossa primeira noite fracassasse. Em um de meus cadernos de arte, Kit e Chris encontraram alguns rabiscos de que gostaram para um logotipo do Who, incorporando o símbolo de Marte usado anos antes em meu projeto para a van dos Detours. Já havíamos feito várias sessões de fotos para diversas revistas, mas Kit e Chris organizaram mais uma, e o fotógrafo fez uma tomada solo, mostrando--me balançando o braço. Um amigo designer gráfico de Ealing fez o cartaz

"Maximum R&B", hoje lendário na *memorabilia* da banda The Who, e Kit e Chris o afixaram por todo o centro de Londres. Foram mais longe: com as filipetas para distribuição geral, imprimiram 150 convites especiais para filiação a "The 100 Faces", um grupo mod de elite escolhido a dedo, que garantia entrada franca para as primeiras semanas de nossa temporada. Mais uma vez, por alguma razão, apenas meu rosto era apresentado, e não o de um de nossos rapazes mais bonitos.

Kit contratou Mike Shaw, amigo de escola de Chris, para atuar como gerente de produção. Ele se tornou a única pessoa a passar pelo universo do Who da qual ninguém jamais falará mal. Mike era alegre. Percorria todos os nossos shows localizando os rapazes mod de melhor aparência e dando cartões a eles. Nossa plateia era noventa por cento masculina, mas algumas garotas estavam na primeira fila do Marquee nos primeiros dias. O comparecimento começou devagar, mas logo a casa estava cheia.

Naquele inverno, nosso pequeno show regular no Marquee se tornou um evento pelo qual eu aguardava ansiosamente. Lembro-me de que eu vestia uma jaqueta de camurça e, com minha guitarra Rickenbacker, saía do subterrâneo na estação ferroviária de Piccadilly Circus sentindo-me como se não houvesse nada melhor do que estar ali. Eu era um músico de R&B com um lugar para tocar. Era uma grande aventura, e eu estava cheio de ideias. Em meus cadernos eu desenhava camisetas de inspiração pop art, usando medalhas e divisas e a bandeira do Reino Unido para decorar as jaquetas que eu pretendia vestir. No Marquee eu sentia, como muitos em nossa plateia, que o mod tinha se tornado mais que um visual. Transfomara-se em uma expressão, e o Who era seu principal divulgador.

Certo dia, em visita a nosso apartamento, um fotógrafo de revista teve de galgar uma escada de mão para manter seu equipamento a salvo do lixo que enchia a sala e se elevava à altura dos joelhos, lixo invisível para mim e para Barney. Depois que a foto foi feita, Kit me levou discretamente para o lado e explicou que ele e Chris tinham conseguido uma residência e um escritório muito elegantes em Eaton Place, em Belgravia, e achavam que eu devia me mudar para lá. Fiquei um pouco preocupado, pois poderia parecer que eu estava me mudando para dormir com Kit, mas na manhã seguinte disse adeus a um espantado Barney e me transferi para o quarto perfeitamente limpo –

separado do de Kit por portas de vidro – de um apartamento de pé-direito alto, em um edifício georgiano na rua que até hoje é a mais elegante de Londres. Preguei nas paredes algumas belas imagens pop art recortadas de revistas, instalei meu gravador e vivi como um príncipe.

Chris, na verdade, não tinha um quarto no apartamento, mas, para minha decepção, Kit nunca tentou me seduzir, embora eu provavelmente também não tivesse correspondido. Felizmente, porém, Anya me seduziu. Eu tinha dezenove anos, ela, trinta, e o sexo foi gloriosamente educacional. Enquanto me enviava ao êxtase com suas longas e afiadas unhas, ela me contou que havia rejeitado os avanços dos outros três membros da banda.

Kit e Chris pediram a sua amiga Jane, esposa de um velho amigo de Kit, Robert Fearnley-Whittingstall, para administrar um fã-clube para nós. Ela ficou conhecida como "Jane Who": recolhia cartas para nós e mantinha uma lista de endereçamento. Jane me entregava as correspondências endereçadas a mim sem abrir. Pensando que algum dia eu poderia escrever um livro como este, decidi deixar uma dessas cartas fechadas até o dia em que o terminasse.[2]

Por um tempo, vivi debaixo da asa de Kit em total felicidade. Sentia-me completamente seguro, protegido, adorado, apreciado e valorizado, embora ainda fumasse muita maconha, o que acho que Kit desaprovava. Uma noite decidi realizar uma experiência. Em vez de meu ritual costumeiro de ouvir música chapado, comecei a ouvir alguns de meus discos prediletos enquanto bebia um bom uísque escocês. Enquanto ouvia e bebia, fui escrevendo o que se passava em minha cabeça:

> Começo a sentir medo. Brota a autopiedade infantil. A música está dentro de mim. Não tenho medo de deixá-la entrar. Encontrando novos níveis perceptivos. Estou debaixo d'água, sem ir muito fundo. Vou escrever com os olhos fechados. Nadando com o peixe. Agora emoção inexplicável. Morte.

Meus demônios ainda estavam comigo, mas eu estava aprendendo a usá--los para alimentar meu processo criativo.

[2] Ver Apêndice: Carta de Uma Fã de 1967.

7
Não consigo explicar

Roger achou que "I can't explain" era "pop leve, comercial" e disse que nunca mais gravaria uma coisa tão medíocre. Ele queria que nosso trabalho de estúdio refletisse a força de nosso repertório de R&B. Embora me sentisse um pouco chateado com a veemência de Roger, concordei com ele. Nossa performance no palco estava ficando cada vez mais rude, e era isso que precisávamos levar ao vinil.

O filme que Kit e Chris fizeram no Railway Hotel foi exibido para um auditório lotado. The Who tocou no *Beat Room*, programa da BBC e, o melhor de tudo, no *Ready, Steady, Go!* Isso foi especial porque Kit tinha feito amizade com a produtora Vicky Wickham, que permitiu a vários de nossos fãs do Marquee – os chamados "100 Faces" – formarem a plateia. Eles enlouqueceram quando aparecemos, acenando cachecóis coloridos, a tendência mod da semana.

Quando cantamos no *Top of the Pops*, "I can't explain" imediatamente subiu para as 10 Mais. Todas as rádios piratas tocaram a faixa, e foi um incrível burburinho passar de carro por meu próprio bairro ouvindo a primeira canção que compus para o Who, imaginando as ondas emanando de navios ancorados no mar. Dirigindo, ouvindo a mim mesmo no rádio, minhas ideias da escola de arte começaram a parecer requentadas. Quando a banda surgiu, me conformava com a ideia de que não duraríamos muito, e eu poderia alegar que nossa queda fazia parte de meu plano autodestrutivo. Agora eu estava sendo testado. Eu precisava realmente ser tão presunçoso e sério? Talvez não fosse tão ruim ser um artista pop de sucesso. Talvez eu realmente não precisasse destruir tudo em nome da arte. Em todo caso, o que eu estava fazendo não era verdadeiramente criativo? Negar a negação não me parecia mais um assunto tão urgente.

Numa sexta-feira, 12 de março, o Who retornou triunfalmente ao Goldhawk, nosso lar musical distante de casa. Para Roger e para mim, isso soava especial, porque nós dois tínhamos sido membros pré-adolescentes do Sulgrave Boys Club, logo adiante na mesma rua. Muitos membros antigos do clube – agora adolescentes – vinham para o Goldhawk exibir seus novos penteados mod, beber cerveja, tomar anfetaminas, brigar e agarrar garotas. Tocamos "I can't explain" diversas vezes. A multidão enlouqueceu.

Depois, uma turma perguntou se eles poderiam vir aos bastidores e conversar comigo. Liderados por um rapaz irlandês magricelo chamado Jack Lyons, entraram desfilando e me disseram que haviam gostado muito da canção. Agradeci e perguntei do que especificamente tinham gostado. Jack gaguejou que realmente não conseguia explicar. Tentei ajudar: a canção fala da incapacidade de encontrar as palavras.

"É isso mesmo!", gritou Jack, e todos os demais anuíram com a cabeça.

Sem minha formação na escola de arte, duvido que esse momento tivesse me tocado do modo que tocou. Mas mudou minha vida. Na academia, especialmente em meus últimos dias estudando design gráfico, eu tinha decidido procurar um patrocinador, achar alguém para pagar meus excessos e experimentos artísticos. Agora, meus novos benfeitores estavam de pé na minha frente.

Seu argumento era simples: precisamos de você para explicar o que não podemos; precisamos de você para dizer o que somos incapazes de dizer. Seria um exagero afirmar que flutuei para casa em uma nuvem naquela noite, mas me senti recompensado. Eu ainda estava fisgado pela fama súbita, por estar na TV e no rádio, por ter composto uma canção de sucesso. Mas agora eu sabia que tínhamos uma missão maior que apenas ser ricos e famosos.

E – por mais pretensioso que possa parecer, mesmo hoje – eu sabia, com certeza absoluta, que, no fim das contas, o que estávamos fazendo seria arte.

Anya e eu fizemos sexo de novo uma ou duas vezes, quando Kit estava fora e eu, de folga. Eu a adorava; ela era espirituosa e perspicaz – a primeira pessoa que ouvi usar o termo "escória" para um homem. Mas nunca conversávamos muito sério, nem saíamos para jantar; se o tivéssemos feito, talvez eu me sentisse menos seu brinquedinho sexual. Kit acabou intervindo no que via como vampirismo sexual de Anya e, como penitência, a encarregou de encontrar para mim um apartamento próximo o bastante para que pudesse certificar-se de que eu o manteria limpo. Em abril, ela achou o apartamento no andar superior de uma casa georgiana em Chesham Place, em Belgravia. O aluguel era de doze libras por semana, bem ao alcance de minhas posses.

Essa foi a primeira casa em que vivi sozinho: mandei acarpetá-la, mobiliei-a com simplicidade, mantive-a limpa e arrumada e separei um dos quartos para um estúdio de gravação. Foi um dos períodos mais atarefados de minha vida. Quando me sentia isolado entre os diplomatas e aristocratas de Belgravia, essa solidão se tornava o motor de meu impulso criativo. Eu trabalhava principalmente à noite, quando podia tocar os discos bem alto em duas caixas parcialmente reconstruídas com quatro alto-falantes de doze polegadas, vítimas de minha encenação destrutiva no palco. Os outros apartamentos do prédio ainda estavam vagos, e o edifício ao lado passava por reformas para abrigar o Alto Comissariado do Lesoto. Pela primeira vez na vida me senti inteiramente livre para fazer música.

Kit vinha com frequência a meu apartamento para escutar as demos que eu gravava e se tornou um verdadeiro mentor em minhas composições. Seu sistema era sempre o mesmo. Fumava vários cigarros Senior Service e andava pela sala, escutando e soprando fumaça no ar. Se eu tivesse composto várias canções, ele escutava todas elas antes de fazer qualquer comentário e então escolhia sua favorita. Ele era incisivo e, astuciosamente, nunca dizia que alguma coisa que fiz era ruim, ou que podia ser melhor, ou que seria melhor quando estivesse terminada. Quando não gostava da gravação, ele achava algum detalhe para elogiar. No final, Kit se mostrou um perito em apaziguar minhas expectativas artísticas. Era gentil, mas eu também gostava de sentir que ele investia em mim, o que se demonstrava em nossa parceria criativa. Ele me tratava como um compositor sério. Quando ria, sempre era de uma piada que ele sabia que eu também podia gostar.

Roger vendeu nossa van e comprou um caminhão para transportar nosso equipamento. Ele sempre quisera dirigir um. Era como um caminhão-baú, sem janelas ou assentos atrás, com exceção de um banco que não era aparafusado.

O veículo era enorme, e nossos equipamentos ficavam colidindo enquanto Keith, John, Mike e eu tentávamos evitar o vômito. Também era muito lento, mal alcançava noventa quilômetros por hora na rodovia, levando assim dez horas para chegar até Blackpool. Roger havia instalado sua namorada no banco dianteiro e, com isso, ficamos limitados à traseira, viajando no escuro. Ele queria nos manter bem longe quando dirigia longas distâncias. Era um passageiro nervoso e raramente se permitia pegar carona com outra pessoa.

No dia 30 de julho tocamos no Fender Club, em Kenton. Karen Astley, uma amiga da academia de Ealing, veio para o show e até o bonitão Chris comentou o quanto ela era legal, chamando-a de *dolly bird* (garota atraente e estilosa), um grande elogio na época. Ela havia trazido sua melhor amiga, que gostava de John Entwistle. Era divertido falar com alguém da antiga turma, e todos saímos juntos para beber. Fora do prédio, após o show, enquanto esperávamos um táxi, Karen de repente lançou os braços em volta de meu pescoço e me beijou.

A essência da canção "My generation" provavelmente estava contida na primeira letra, abandonada, de "I can't explain", que apenas Barney tinha ouvido. Essa primeira versão era uma espécie de conversa em ritmo de blues. O título vinha de *Generations*, as peças reunidas de David Mercer, um dramaturgo que me impressionou em Ealing. Mercer era socialista como Arnold Wesker, beirando o marxista, e a mobilização em nome dos anti-heróis da classe operária presente em suas peças mais tarde me propiciaria uma forma de me conectar com os fãs da banda da zona oeste de Londres.

Naquela época, Kit Lambert havia me emprestado um disco que mudou minha vida como compositor. Era o álbum que eu tinha ouvido durante minha experiência de audição regada a uísque – uma gravação tcheca chamada *Masters of the Baroque*, incluindo os principais movimentos de *Gordian knot untied*, de Purcell, uma suíte de câmara barroca cuja parte mais vigorosa era a chacona. A interpretação é apaixonada, trágica e profundamente tocante. Fiquei impressionado com o uso singular, luxuoso, das suspensões por Purcell, uma parte fundamental do ornamento barroco no cravo, mas nas mãos dele as suspensões eram alongadas em modos musicais dilacerantes, tortuosos, especialmente nos tons menores. Comecei a experimentar, e a primeira vez que usei suspensões com sucesso, em "The kids are alright", foi principalmente para sugerir um clima barroco.

* * *

Belgravia, um bairro rico onde as mulheres em casacos de pele me empurravam para fora da fila como se eu não existisse, só deixava mais escancarado o abismo de gerações que eu tentava descrever. Trabalhei em "My generation" durante todo o verão de 1965, viajando pela Holanda e Escandinávia (provocamos um tumulto de rua na Dinamarca). Produzi várias letras e três demos bem diferentes. A sensação que começou a se definir em mim não era tanto a indignação para com os representantes do *establishment* ao redor de meu apartamento em Belgravia, mas o medo de que sua doença pudesse ser contagiosa.

Que doença era essa? Na verdade, tratava-se mais de uma questão de classe que de idade. A maior parte dos jovens à minha volta naquela área afluente de Londres trabalhava para se transformar na classe dominante, o *establishment* do futuro. Eu sentia que o rebuscamento de seus costumes e princípios antiquados eram como uma morte, ao passo que eu me sentia vivo, não apenas porque era jovem, mas realmente vivo, sem o fardo da tradição, da propriedade e da responsabilidade.

O Who tocou em uma série de festivais de verão, alguns em cidades da orla marítima, as quais evocavam recordações felizes de infância com a banda de papai. Fomos convidados para tocar na Suécia, onde Chris achava que podíamos nos apresentar sem nosso equipamento habitual, o que se mostrou uma ideia maluca. Tomar equipamento emprestado das bandas que abriam nossos shows, cujos integrantes mal falavam inglês, e tentar explicar que teríamos de destruí-lo todo, pois era o que o público esperava, simplesmente não funcionou. Foi uma excursão frustrante. A imprensa sueca parecia realmente ansiosa para ver algumas guitarras destruídas e foi explícita em sua decepção.

Retornamos à Suécia para três shows em outubro, e, em uma infeliz repetição de má sorte, nosso equipamento se extraviou, de modo que repetimos shows insípidos com equipamento emprestado. Keith, John e eu tomamos muitas pílulas de anfetamina nessa viagem, desencadeando papos constantes e sem sentido, e, na Dinamarca, esgotado por nossa hiperatividade, Roger finalmente reclamou. Quando Keith contestou, Roger o esmurrou, deixando seu nariz sangrando e transformando em melodrama o que teria sido apenas uma briguinha.

Um dado importante sobre essa explosão foi a reação de Keith. Em vez de responder com humilhação, pareceu ficar sóbrio. Ficou claro que ele estava prestes a estabelecer um limite que Roger jamais cruzaria novamente.

Keith e John disseram que não queriam mais trabalhar com Roger, mas, após um longo período de incerteza, Chris se encontrou com Roger e pediu a ele que nunca mais tornasse a usar suas habilidades de luta para ganhar uma discussão. Roger concordou, e, com isso, Keith e John decidiram deixar o incidente para trás.

Ao voltar da Suécia, gravamos a versão final de "My generation". Kit tinha ouvido minha primeira demo, uma versão muito inspirada por "Young man blues", de Mose Allison, canção que mais tarde introduzimos em nosso repertório de palco. O vocal em minha demo foi gravado imitando Mose, relaxado e confiante. Kit não tinha realmente achado a canção promissora, mas Chris aconselhou-me a tentar uma segunda demo com um fraseado de guitarra mais pesado. Então Kit concordou, observando que a música era bastante repetitiva e precisava de várias modulações – mudanças de tom – para ganhar vida.

Isso me preocupou um pouco, em parte porque eu via Ray Davies como um mestre da arte da modulação e não queria ser acusado de copiá-lo. Chris detectou uma gagueira em meu vocal na segunda demo, e então toquei para ele "Stuttering blues", de John Lee Hooker. Roger vinha experimentando gaguejar no palco desde que Sonny Boy Williamson Jr. juntou-se a nós na gaita em nossas primeiras apresentações no Marquee: Sonny Boy usava ritmicamente a gagueira quando cantava. Antes de concluir a terceira demo, experimentamos até a gagueira se tornar exagerada e óbvia. Nessa demo final também criamos espaço para um solo de baixo de Entwistle. John estava se destacando como um baixista revolucionário da época, e eu queria promover seu incrível jeito de tocar.

Eu ouvia muita música nova. Londres estava cheia de lojas de discos especializadas, e visitei todas elas. Um ponto alto daquele verão foi o show de Miles Davis no Carnegie Hall, em 1964, apresentando sua maravilhosa interpretação de "My funny valentine", o que me levou a seu álbum *Sketches of Spain*. Também descobri *Gesang der Jünglinge*, de Stockhausen, e ouvi pela primeira vez algumas óperas de Wagner. O melhor de tudo: encontrei dois discos excelentes dos Everly Brothers. Um se chamava *Rock and soul*, o outro,

Rhythm and blues. Notando a influêcia de R&B e soul music entre os grupos da "invasão britânica" aos Estados Unidos, os Everly Brothers, cuja sucessão de singles de sucesso me embalou no final dos anos 1950 e no início dos 1960, gravaram com seus próprios e incríveis músicos de estúdio de Los Angeles e Nashville para nos mostrar como era possível obter melhores resultados.

Os Everly Brothers tocaram vários clássicos de R&B, mas foi seu material original – ou o material pouco conhecido que eles apresentaram como cover – que achei excepcional. "Love is strange" é uma sinistra canção *bluegrass* que os Everlys transformaram em um mostruário de guitarras elétricas rangentes e vocais anasalados. "Man with money", composição dos Everlys, é magnífica. Sua interpretação de "Love hurts", de Roy Orbison, também era excelente. Roger, John e Keith adoraram as novas faixas tanto quanto eu, e por isso incorporamos as três canções em nosso repertório. Havia poucos artistas que eram unanimidade em nossos gostos, e os Everly Brothers estavam entre eles.

Perdi contato com Barney. Sentia falta dele e de outros amigos da escola de arte, mas imaginava que ficaríamos separados por um período breve. Eu ainda achava que a banda teria uma carreira curta e depois acabaria, e assim eu poderia voltar aos meus estudos, instalações e futura vida de artista. Foi então que nosso querido gerente de produção, Mike Shaw, adormeceu ao volante de uma minivan enquanto transportava iluminação de palco para uma das outras bandas de Kit e Chris, no norte. O acidente lhe custou uma fratura no pescoço, e ele ficou tetraplégico.

Fui com a assistente pessoal de Chris, Patricia Locke, visitar Mike no Hospital Stoke Mandeville. Apesar de não sentir nada do pescoço para baixo, Mike insistiu que precisava tocar os seios de Patricia – o que ela corajosamente tentou facilitar, e Mike corajosamente tentou realizar. O senso de humor sustentaria Mike ao longo de muitos anos difíceis de adaptação. Mas o efeito de sua limitação sobre o Who, e sobre Kit e Chris, foi terrível. Ele era verdadeiramente adorado por todos, e nenhum de nós havia deparado com semelhante dificuldade até então.

No dia 2 de novembro, em um show de retorno comemorativo ao Marquee, tocamos as três canções dos Everly Brothers, bem como a versão final de "My generation", pela primeira vez ao vivo, logo após seu lançamento.

Eu tinha vinte anos. Muitos de meus amigos estavam casados; alguns até tinham filhos. Mas eu ainda não reunia coragem para procurar meninas e correr o risco da rejeição.

Keith, John e eu compramos um carro funerário Packard V12 1936 por trinta libras, voltamos com ele de Swindon para casa e estacionamos perto de meu apartamento. Em algum momento, ele desapareceu. Achei que tivesse sido roubado, mas, quando registrei a ocorrência, a polícia me disse que ele fora rebocado. Alguém importante havia dado queixa.

Do nada, recebi um telefonema de um homem que queria comprar o Packard. Revelou-se então que ele havia sido confiscado a pedido da rainha-mãe da Inglaterra. Ela tinha de passar por ele todo dia e reclamava que o veículo a lembrava do enterro de seu finado marido. A conta para recuperar o carro era de mais de duzentas libras, uma soma absurdamente grande, mas o comprador se oferecia para pagar a taxa se ficasse com ele em troca. Concordei e rancorosamente dediquei "My generation" à rainha-mãe.

Comprei um Lincoln Mark Continental II 1956. Eu não sabia nada sobre ele, mas o adorava – preto e de suspensão baixa, o cupê de duas portas parecia um Thunderbird avantajado. Eu não fazia a menor ideia de que tanto Elvis como Sinatra possuíam e amavam o mesmo carro. Logo depois que o comprei, a parte da frente desmontou, mas meu afeto não diminuiu.

O Who tocou "My generation" no *Top of the Pops* no dia 11 de novembro. Dois dias depois, voamos para Paris, tocando para uma multidão eufórica em La Locomotiva, animada por fascinantes estrelas do cinema francês. O single estava na quarta posição nas paradas quando, no dia 27 de novembro, Karen Astley, a amiga da Academia de Arte de Ealing que me havia dado um beijo de boa-noite, me ligou. Tivemos uma conversa longa, engraçada e mágica e decidimos começar a nos ver. Gostei de me sentir novamente um artista.

Com um single de sucesso e toda aquela exposição na TV, a banda estava em alta. Lembro-me de Kit trazendo Mick Jagger para Chesham Place e mostrando a ele "Magic bus", música em que eu trabalhava na época. Embora Mick fosse um amigo, eu me preocupava com a ideia de Kit estar colaborando com nosso concorrente mais sério. Também desconfiava que ele estivesse transando com Mick e senti um pouco de ciúme.

Mick é o único homem com quem eu já quis seriamente transar. Ele estava usando uma calça larga, estilo pijama, sem cueca; quando se inclinava para trás, eu não conseguia deixar de notar as linhas de seu pau longo e roliço estendido contra a parte interna de sua perna. Mick era claramente muito bem-dotado. Lembrava-me de uma foto de Rudy Valentino exibindo o seu equipamento do mesmo jeito. Na banda, todos passamos a ajeitar nossas partes daquela forma, especialmente no palco ou nas fotos.

Uma disputa legal estava sendo fomentada entre Kit e Chris e Shel Talmy. Descobriu-se que o contrato de Shel com a Decca Records era um acordo de sublicenciamento, de modo que o direito autoral que ele nos pagava era desprezível. A pendenga parecia ameaçar toda a nossa carreira, e fiquei bastante irrequieto, sem saber o que acontecia.

Para coroar essa ansiedade, esqueci para quem eu deveria pagar o aluguel em Belgravia e, com isso, parei de enviar os cheques. Tendo também perdido as chaves, conectei um arame fino, quase invisível, até a campainha da porta no andar de baixo. Juntando todos os arames, eu podia soar a campainha e entrar. Minhas idas e vindas sempre aconteciam de noite, e, assim, ninguém descobriu meu segredo. Quando trocaram a fechadura da porta do apartamento, presumi que alguém a havia trancado e, por isso, escalei o andaime na construção da embaixada adjacente e entrei em meu apartamento passando por uma portinhola no telhado.

No final, fui apanhado dentro do apartamento. O presidente da Catenian Association, proprietária e administradora do imóvel, era um sujeito decente e permitiu que Kit pagasse o aluguel atrasado para que eu pudesse recuperar meus pertences, incluindo guitarras e fitas demos de "Magic bus".

Apesar de ter um disco de sucesso, afundei em uma depressão. Para piorar as coisas, a revista *Observer* decidiu colocar o Who na capa e enviou um fotógrafo a Manchester, onde estávamos tocando no Jigsaw Club. Vesti o casaco com o pavilhão do Reino Unido que eu tinha encomendado a John, e, no hotel onde foi montada a sessão de fotos, Chris me colocou na frente do grupo. Graças às minhas aulas de fotografia, eu sabia como funciona uma poderosa lente grande-angular e o efeito que ela provoca quando apontada bem perto da face de um sujeito: o nariz parece dilatar-se. À medida que a câmera se aproximava mais e mais de mim, percebi o que os fotógrafos pretendiam; meu nariz, avantajado em qualquer lente, pareceria enorme. Tentei juntar coragem para pedir que se afastassem, mas eu era orgulhoso demais. Infelizmente, essa foto se mantém uma das imagens mais duradouras do Who daquele período.

No início de 1966, minhas primeiras guitarras Rickenbacker de doze e de seis cordas se foram, deixando-me com os restos de duas outras Rickenbacker de seis cordas, duas Danelectros e uma Harmony. Apesar de minha bravata, eu estava preocupado com a pilha crescente de partes quebradas e decidi tentar salvá-las. Eu também estava montando um sistema de música portátil, uma espécie de precursor do walkman.

Listei em meu caderno os discos ou artistas que queria ouvir: "Marvin Gaye, 1-2-3, *Mingus Revisited*, Stevie Wonder, *Jimmy Smith Organ Grinder's Swing*, *In Crowd*, *Nina in Concert* [Nina Simone], Charlie Christian, Billie Holiday, Ella, Ray Charles, Thelonious Monk Around Midnight e Brilliant Corners". Desenhei projetos para alto-falantes giratórios, que eu esperava usar em meu equipamento de palco, bem como esboços para um complexo sistema de alto-falantes de som *surround* para meu sistema hi-fi doméstico. E anotei isto:

> Acho que vou escrever um livro. Levará um ano para ser escrito. Será sobre o ano em que completar 21 anos, que será em maio deste ano. Vou dizer a verdade. Tenho vontade de gravar o que estou fazendo porque é muito importante, e no momento não tenho um amigo íntimo a quem possa revelar minhas preocupações.

8
Substitoot

Na primavera de 1966, quando a matéria de capa da revista *Observer* sobre o Who foi publicada, fiquei descontente com a imprensa. Deprimido e paranoico, impensadamente admiti, em rede nacional, que tomava drogas, embora ninguém parecesse se importar com isso. A própria matéria da *Observer* era um elogio rasgado a Kit e Chris, enquanto retratava o restante de nós como fanfarrões, esbanjadores, dândis e vagabundos. Durante pelo menos uma semana após a publicação perdi interesse pelo sucesso da banda. Isso pode parecer infantil, mas as polaridades de meu ego – tanto a grandiosidade artística como a reduzidíssima autoestima – foram poderosamente ativadas ao primeiro contato com a matéria da *Observer*.

Arranjei um novo apartamento na Old Church Street, em Chelsea, na cobertura de um prédio ao lado do estúdio de gravação Sound Techniques, achando que a barulheira noturna desse meu vizinho encobriria de maneira excelente minhas próprias atividades domésticas de gravação. O Tâmisa ficava a uns cem metros de distância, e eu perambulava regularmente por ali para contemplar o rio cinzento e serpeante. Muitas vezes pegava o carro e ia sozinho para a boate Scotch of St. James, onde me sentava com um uísque e uma Coca-Cola em uma mesa ocupada por gente como Brian Jones e os Walker Brothers. Não era bem a minha, mas eu ficava contente por sair e estar com pessoas que conhecia. Ali, Brian e eu vimos um dos primeiros shows de Stevie Wonder em Londres. Arrebatado pela música, por nossa adulação e por sua própria adrenalina, Stevie ficou tão eufórico que caiu do palco.

Uma noite, levei um bando de festeiros de volta a Chelsea e, para me exibir, dirigi rápido demais na chuva, deslizando em uma graciosa derrapagem em Hyde Park Corner, o que quebrou um eixo de meu Lincoln. O grupo continuou de táxi até meu apartamento, onde toquei o hino nacional às cinco da manhã, fazendo surgir de novo a ameaça de despejo.

"Substitute" começou como homenagem a Smokey Robinson, do mesmo modo que "Nineteenth nervous breakdown", dos Rolling Stones. ("Substitoot" se tornou uma gíria sublime, já que Smokey a usara em sua obra-prima "Tracks of my tears".) Armei meus dois gravadores de fita, agora estéreos, em meu novo apartamento e compus. Ouvia em minha própria voz a confusão de um jovem desempenhando um papel de maneira ansiosa, dando nova roupagem à música negra R&B americana com equipamentos mirabolantes e fingindo ser espontâneo e livre, quando, na verdade, precisava ser cuidado pela mãe.

Keith e John haviam forjado uma aliança movida a drogas com um mirrado e carismático traficante parisiense. Em vários shows em março eles apareceram com os olhos vermelhos e a face corada, excluindo Roger e eu de sua órbita decadente. Também nos vimos deixados de fora de uma conspiração. Acontece que Keith e John flertavam com a ideia de abandonar o Who e compor suas próprias canções, tocando surf music e se divertindo mais. Estar na banda em 1966 era desagradável, insatisfatório, e – com os processos legais da gravadora atingindo Kit e Chris – o dinheiro tornava-se escasso para meus parceiros da banda. (Até certo ponto, eu tinha o amparo dos direitos autorais, que estavam começando a entrar; a Performing Right Society pagava direitos apenas para compositores.)

Com meu primeiro pagamento, em abril, troquei meu Lincoln Mark II 1956 pelo mais novo Lincoln Continental 1963 conversível e comprei uma lancha de 28 pés, que atraquei no Tâmisa em Chiswick, perto de onde ouvi pela primeira vez a música celestial quando criança. Em uma das primeiras viagens do barco, levamos o agora cadeirante Mike Shaw para um passeio pelo rio.

Antes mesmo de o caso Talmy chegar ao tribunal, Kit e Chris mudaram seus escritórios para um espaço fornecido por Robert Stigwood ("Stiggy"), um dos primeiros produtores independentes de discos da Inglaterra. Lá eles criaram sua própria produtora, a New Ikon, como passo para um selo próprio de discos. Senti-me parte dessa nova iniciativa e passei muito tempo projetando um logotipo bacana para a empresa.

"Substitute" era o primeiro single do Who não produzido por Shel Talmy, e fui eleito para assumir essa tarefa. Kit e Chris usaram o selo Reaction, de Stigwood, para lançar o disco no dia 4 de março. A canção subiu rapidamente nas paradas. Shel reagiu movendo uma ação legal contra a distribuidora de Stigwood, a Polydor, e apresentou uma declaração juramentada alegando merecer a maior parte dos direitos autorais porque havia tido participação significativa na direção musical. Eu tinha trabalhado a partir de minha própria demo e, em meu testemunho juramentado, aleguei que, se o tribunal comparasse minhas demos com as de Shel, veria que todo o trabalho criativo fora feito por mim antes mesmo de ele ouvir as canções.

Em uma das muitas viagens do Who comecei a imaginar que minha maravilhosa nova namorada, Karen, estava me enganando. Keith passara por algo semelhante na primeira relação com sua esposa, Kim, que, como modelo profissional, certa vez tinha sido seguida até sua casa em Bournemouth por Rod Stewart. Esse tipo de pensamento paranoico, enlouquecido, me incitou a compor "I can see for miles", uma de minhas melhores canções do período. Rabisquei a primeira letra no verso de meu depoimento no caso entre Talmy e a Polydor. Talvez seja por isso que a canção, sobre as intuições ferozmente ciumentas de um parceiro corneado, adota o tom de uma inquisição legal.

O caso Talmy foi a julgamento, e Kit e Chris perderam. Minhas demos foram desqualificadas como prova, e Shel foi informado de que seu contrato era válido. Isso significava que estávamos ainda amarrados a Shel e aos parcos direitos autorais que ele nos pagava. Recorri à orientação de Andrew Oldham, que me levou para um passeio pelo Park Lane em seu imponente Rolls-Royce com chofer. Ele me disse que achava que seu amigo Allen Klein conseguiria exercer influência para quebrar o controle de Shel, mas, para fazer isso, talvez tivéssemos de cortar relações com Kit e Chris. Klein ainda não estava envolvido com os Beatles, mas era o editor norte-americano dos Stones e empresariava o grande Sam Cooke.

Allen Klein me enviou uma passagem de primeira classe para Nova York, e em junho voei secretamente para lá a fim de encontrá-lo. Klein veio me buscar em seu Lincoln Continental, exatamente como o que eu havia acabado de comprar, até na cor. Ele deixou claro que a única chance que eu teria para escapar do controle de Talmy era não reconhecer meu contrato com Kit e Chris. Se eu desse sinal verde, ele começaria os procedimentos e, depois, ele e Andrew Oldham – ainda empresário dos Stones na época – assumiriam o trabalho com o Who. Tomei o voo de volta e dormi mal no avião. Devo admitir que considerei seriamente recomendar à banda que demitíssemos nossos empresários. Amizade à parte, eu achava que o arranjo em que eles nos envolveram com Talmy era criminoso.

Guy Stevens, o DJ no Soho Scene Club que ajudara Peter Meaden a lançar os singles que ele havia composto para nós, era agora produtor de discos. Guy ouvira um boato sobre o envolvimento do Who com Allen Klein e, certa tarde, apareceu com seu chefe, Chris Blackwell, para implorar-me que os deixasse dirigir a banda. Ambos pareciam genuinamente preocupados. Klein tinha a fama de assumir controle absoluto sobre qualquer obra em que pudesse colocar as mãos – ou seja, ele era um editor de música como qualquer outro –, e por isso eu não estava entendendo o porquê daquele drama.

Quando os dois começaram a explicar por que eu devia evitar qualquer envolvimento com Klein, a campainha tocou. Era Kit, agitado, pois também soubera de minha viagem a Nova York. Guy e seu chefe se esconderam em meu escritório por meia hora, enquanto Kit lamentava os problemas que estávamos enfrentando e me pedia para lhe dar uma chance de esclarecer tudo. Para coroar essa série de eventos preocupantes, fui despejado de meu adorável apartamento de cobertura em Chelsea por fazer barulho demais. Furioso comigo mesmo, fui morar com meus pais até encontrar uma nova casa.

Um corretor imobiliário encarregado de me providenciar algum imóvel sem vizinhos vivos conseguiu uma suíte de último andar na esquina das ruas Wardour e Brewer, no Soho. Era um quarto maravilhoso, claro, com janelas em meia-lua. Um carpinteiro montou uma cama para mim e algumas prateleiras para meus gravadores e equipamentos de discotecagem, e o apartamento se tornou meu estúdio de gravação e boate pessoal, embora raramente eu dormisse lá.

Durante algum tempo, Karen dividiu aluguel em Pimlico com uma amiga, antes de seu pai lhe comprar um apartamento térreo em Eccleston Square, perto de Belgravia. Eu passava muito tempo no Soho – ia para lá para trabalhar ou quando Karen e eu discutíamos. À noite, o bairro era violento e sujo, mas quem vivia lá encontrava um jeito de se locomover sem ser notado.

Vizinho ao meu prédio estava o Isows, um elegante restaurante judaico cujo proprietário me permitia tomar café da manhã às quatro da tarde, inclusive aos domingos. Algumas vezes tentei entrar para a turma do Colony Club, onde os obstinados artistas boêmios bebiam e onde eu podia ver o genial pintor Francis Bacon e o jornalista Daniel Farson, do *Daily Mirror*, em profundas conversas. Eram ambos muito agradáveis, mas a mulher escandalosa atrás do balcão tirava sarro de mim, supondo que eu era garoto de programa por causa de minha calça justa e da camisa mod cor-de-rosa.

Certa vez estávamos em grupo em meu apartamento, fumando maconha e ouvindo discos no volume máximo, quando erguemos a cabeça e descobrimos um policial parado ali. Achei que seríamos presos, mas ele apenas procurava um assaltante que subira pelo meu telhado. A lei quase não vigorava no Soho, e eu adorava aquele lugar.

O estúdio era bem grande, e, com isso, eu podia tocar bateria e aprendi teclado em um pesado piano elétrico Hohner Cymbelet, que comprara de Jim Marshall. Empenhei-me muito em compor peças orquestrais e gravei um instrumental que chamei de "M": com base em uma peça para guitarra de doze cordas que compus à medida que tocava, durava sete minutos, com dinâmica ascendente e descendente reforçada com *overdubs* de percussão básica e uma guitarra adicional. Fiquei muito orgulhoso da gravação, que permanece como umas das melhores expressões de minha habilidade espontânea como compositor para guitarra.

Roger, enquanto isso, surtava sob a tensão do acidente de Mike Shaw e a necessidade de repreender Keith pelo uso de drogas. Ele faltava a vários concertos, e eu tinha de substituí-lo. Por volta de maio, evidenciou-se que ele havia resolvido deixar de vez a banda. Meu diário da época é venenoso em relação a ele e ao resto da banda, inclusive Kit e Chris. Também pego pesado comigo mesmo, desafiando-me a aprofundar meu estudo de Charlie Parker, Coltrane e Purcell e a desenvolver meu estilo de guitarra. Naquelas páginas, tenho um tom determinado e infeliz.

O racha na banda, iniciado quando Roger esmurrou Keith na Suécia, tinha se ampliado. Uma noite, Keith e John, com Jimmy Page, gravaram com Jeff Beck ("Beck's bolero"), e correu a notícia de que planejavam começar um novo grupo, batizado de Led Zeppelin. O primeiro show do Who depois do boato foi modesto e aconteceu em Newbury. Keith e John chegaram muito tarde – e muito bêbados. Roger e eu vínhamos segurando as pontas, tocando sem eles, o que era o padrão na época. Uma discussão subitamente irrompeu no palco, e – sem saber mais o que fazer – atirei a guitarra em Keith. Ele tentou jogar um de seus maiores tambores em mim e caiu no meio da bateria, cortando a perna. Estávamos todos extremamente cansados uns dos outros.

Alguns dias depois, esquecida a discussão, eu dirigia pela via expressa M1 de madrugada quando deparei com um acidente acontecido dez minutos antes. As luzes de alerta não estavam acesas, e, durante alguns momentos cruciais, ignorei um homem que acenava uma tocha, pensando se tratar de um pedido de carona. Quando acionei os freios, as rodas travaram, e o movimento do carro entrou em câmera lenta. No último instante de minha derrapada, bati com a traseira em um Jaguar que capotara e ainda continha dois idosos presos, aguardando uma ambulância. Eles já tinham múltiplos ferimentos, de modo que a colisão lhes provocou bastante dor. Senti-me péssimo por eles e envergonhado por meu hábito de dirigir muito rápido quando a estrada estava vazia. Fui condenado por negligência na condução de veículos e recebi uma multa pesada, embora não tenha perdido a carteira de habilitação.

A batalha legal com Talmy tinha sido perdida, mas só no Reino Unido. Allen Klein queria outro encontro comigo, e, assim, no dia 27 de junho de 1966, voltei para Nova York, dessa vez com nosso advogado, Edward Oldman. A reunião aconteceu em um iate fretado que navegava ao redor de Manhattan enquanto ouvíamos "Mandy" e outras canções que Klein agenciara. Foi a primeira vez em que estive em um iate de luxo, e fiquei surpreso por encontrar ali excelentes cabines-dormitório. O céu da noite de Nova York era vivo e cintilante, e, embora desconfiasse de Allen, fui cativado pela situação toda.

Outro inquieto voo noturno de volta e o acúmulo de frustração e esgotamento começaram a me abalar. Assim que aterrissei, dirigi até um show do Who em Sheffield, esquecendo a que distância ficava; quando cheguei, por volta das dez da noite, o resto da banda tinha desistido de mim e ido embora. Dei meia-volta e fui para casa também. Sem ter comido ou dormido por horas a fio, adormeci ao volante, acordando de cabeça para baixo em um canal, com gasolina gotejando no rosto e um policial me perguntando se eu estava bem.

Dei ao sujeito do guincho minha Rickenbacker de doze cordas como recompensa por me rebocar do fosso.

Minha viagem a Nova York e o interesse de Allen Klein deixaram claro que alguns empresários espertos acreditavam que logo invadiríamos a América. Ted Oldman havia informado a Kit e Chris que Klein tentava assumir o controle da banda, e eles logo negociaram um acordo extrajudicial com Talmy. Ele abriria mão de produzir a banda, e estaríamos livres para assinar um novo contrato com qualquer gravadora que escolhêssemos. Isso melhoraria as condições para todos os envolvidos. A banda conseguiria uma cota maior, e Shel teria uma comissão em todas as gravações futuras e também participaria de todas feitas durante o período de seu contrato original, sem ter de trabalhar ou custear nossas sessões.

Por esse contrato, Kit e Chris manteriam o controle da banda, mas na época não sabíamos nada do acordo punitivo que Kit teve de estabelecer com Shel. O verão se arrastava, e as bizarrices da banda no palco tornavam-se uma paródia de autodestruição com direito a fumaça e luzes. No encerramento do Windsor Jazz and Blues Festival, Keith chegou a tomar a frente do palco com um chicote e uma atriz loura usando traje de couro.

Em agosto, gravamos "I'm a boy" e "Disguises", com Kit finalmente na cadeira do produtor. Nosso novo contrato de gravação era com a Track Records, fundada por Kit e Chris com a promessa de que seríamos acionistas da empresa e também receberíamos direitos autorais. Era uma alegria trabalhar com Kit: ele tornava a gravação divertida e parecia estar chegando a um som mais melódico, embora Roger e eu ainda nos sentíssemos amarrados ao som rude, rígido, que tínhamos desenvolvido nos pequenos shows do Who.

Enquanto isso, eu estava ficando obcecado com uma ideia maior. Eu seria capaz de escrever uma ópera de verdade?

Enquanto "I'm a boy" era preparada para lançamento como o novo single da banda, Karen e eu fomos em férias para Cesareia, em Israel. As minissaias dela eram uma novidade que despertou muito interesse, em especial dos árabes, vários dos quais tive literalmente de rechaçar. Em certa ocasião, pedestres judeus, vestidos em roupas ocidentais, me repreenderam: "O que faz um jovem judeu permitir que uma garota tão atraente assim se vista de modo tão provocante?".

Quando voltei para casa, comecei a perguntar às pessoas o que estava acontecendo em Israel. Um de meus conselheiros legais, que se interessava por negócios internacionais, descreveu a tensão crescente entre Israel e o Egito, bem como a emergente ameaça comunista da China, país com um crescimento populacional tão rápido que, disse ele, logo dominaria o planeta. Isso foi a fagulha que desencadeou a ideia para minha primeira ópera, mais tarde intitulada *Rael*, cujo enredo trata de Israel sendo invadido pela China vermelha. No ano seguinte, desenvolvi a história e planejava concluí-la como uma composição operística padrão, fora de meu trabalho com o Who. Aluguei um piano de armário Bechstein na Harrods e o instalei no quarto de Karen, em seu apartamento em Pimlico. Lá compus as primeiras orquestrações para *Rael* utilizando um livro chamado *Orchestration*, de Walter Piston, ao qual ainda hoje recorro.

Após um verão de loucura profissional, que incluiu a primeira apresentação do Who no querido Palace Ballroom de minha infância, na Ilha de Man, concluí e montei demos para uma série de faixas destinadas ao segundo disco da banda. Comprei um violoncelo e o toquei em "Happy Jack", canção nonsense que compus a respeito de um bobo da aldeia da Ilha de Man. É a canção do Who favorita de Paul McCartney – sintomático, porque foi em parte inspirada por "Eleanor Rigby", que eu considerava uma pequena obra-prima.

Happy Jack wasn't old but he was a man
He lived in the sand at the Isle of Man
The kids all would sing he would take the wrong key
So they rode on his head on their furry donkey
But they never stopped Jack, nor the waters' lapping
And they couldn't distract him from the seagulls' flapping

[Jack Feliz não era velho, mas era um homem
Ele vivia na areia na Ilha de Man
Todos os meninos cantavam, e ele tirava a nota errada
Assim eles cavalgavam em sua cabeça em seu burro peludo
Mas nunca paravam Jack, nem o marulhar das águas
E não conseguiam distraí-lo da agitação das gaivotas]

Essas são as palavras originais, ligeiramente alteradas na versão do Who; a atmosfera da letra se pretende kafkiana.

Kit e Chris articularam um acordo para incrementar o avanço da New Action, sua nova editora de música. Eles me disseram que tudo dependia de John, Keith e Roger contribuírem, cada um, com pelo menos duas canções originais para o disco. Aceitei o esquema, já que meus ganhos de compositor sobre sucessos do Who haviam até então me protegido, e eu me prontificava a ajudar. Tenho certeza de que os membros da banda nunca viram esse dinheiro – ele era engolido pelas dívidas enormes que a essa altura todos tínhamos.

Expliquei meu método de trabalho para produzir demos para John Entwistle, que comprou um kit como o meu e compôs e gravou sua primeira canção, "Whiskey man", no quarto minúsculo da casa de seus pais, em Acton, que ele ainda usava como base. Fui a primeira pessoa na banda que a tocou. Uma semana depois, John adicionou "Boris the spider" à sua lista. Adorei ambas as canções. Ajudei na demo de Roger, "See my way", em meu estúdio no Soho; uma peça estilo Buddy Holly, foi fácil trabalhar com ela. Mas nesse período Roger não fez mais que uma canção, embora mais tarde compusesse outra para o Who, além das músicas de sua carreira solo.

Keith contou com a ajuda de John para juntar uma letra à canção "I need you", inspirada por uma apresentação dos Beatles no Ad Lib Club, em Londres, e eu gravei a demo com ele no Soho. Foi um pesadelo tentar definir a melodia, já que Keith era muito desafinado ao cantar. Sua segunda canção, tirada de uma trilha sonora que pipocava em sua cabeça, ele meramente assobiou para nós. Todos sabíamos que a tínhamos ouvido antes, mas não a identificamos no momento (era "Eastern journey", de Tony Crombie). Ela se tornou "Cobwebs and strange", uma bizarra melodia de marcha – foi muito divertido gravá-la, porque efetivamente marchamos pelo estúdio durante a sessão. John tocou trompete, eu toquei banjo, Keith, um surdo grande, e Roger, o trombone – com muito brilhantismo, achei. Sobrepusemos a banda à trilha de marcha. Adicionei flautim e, com os pratos de Keith, acabou soando como acompanhamento para um número de circo.

Fui convencido a não submeter nenhum material adicional para o segundo disco do Who, de forma a não abalar o equilíbrio necessário ao novo contrato de publicação da New Action. Por isso, nenhum de nossos singles recentes de sucesso figurou no disco. Em uma pressa maluca para preencher as lacunas deixadas por essa predeterminação, adicionamos "Heatwave", uma canção da Tamla [antigo nome da Motown Records] que sempre tocávamos no palco, mas restavam ainda dez minutos para preencher. Kit foi ao meu estúdio no Soho e toquei para ele alguns trabalhos em andamento, canções sobre coelhos, gente gorda e "Gratis Amatis", a ópera dedicada a Kit e a nosso querido amigo em comum, o escritor Lionel Bart. Kit perguntou se eu podia montar uma ópera-pop mais séria com várias linhas distintas, talvez baseada em "Happy Jack". Se eu pudesse, ela preencheria a lacuna toda de uma só vez, e o disco poderia ser lançado rapidamente.

Rápido, rápido, rápido. "A quick one" [Uma rápida] se tornou nossa nova palavra de ordem e o título do novo disco, quando finalmente foi lançado. Rabisquei algumas palavras e apresentei "A quick one while he's away". Ela ficou conhecida como a "miniópera" e está repleta de reflexões sombrias sobre minha infância com Denny.

Como grande parte dessa música fervilhava para sair de meu subconsciente, restou-me interpretá-la quase como qualquer outra pessoa faria. A miniópera começa com uma fanfarra: "dang, dang, dang, dang". Alguém "desapareceu por quase um ano" [*gone for nearly a year*]. Isso poderia ser atribuído ao abandono por parte de meus pais, nenhum dos quais me viu muito enquanto eu morava com Denny. Por causa disso, "seu choro é um som bem conhecido" [*your crying is a well-known sound*]. Esse choro era meu, entre os cinco e seis anos de idade, noite após noite, por meus pais, por meus amigos de Acton e por minha libertação de Denny.

Em seguida, a redenção prometida: traremos seu amor perdido para você, "daremos a ele asas de águia, e ele poderá voar para você" [*we'll give him eagle's wings, and he can fly to you*]. A essa altura de minha própria história, Rosie Bradley havia observado meu sofrimento e discretamente me prometera que telefonaria para papai e explicaria como Denny estava se comportando de modo maluco, e com certeza ele viria para me resgatar. De repente, a letra se torna sombria: "Menininha, por que você não para de chorar? Vou fazer você se sentir bem" [*Little girl, why don't you stop your crying? I'm gonna make you feel all right*]. Isso me assusta até hoje: a ameaça implícita de abuso, a menos que a criança coopere com o abusador. Mas "menininha"? Na minha cabeça, eu nunca estive sozinho quando morava com Denny – minha amiga imaginária permanente era uma irmã gêmea que sofria cada privação que eu experimentava.

Ivor, o maquinista [*Ivor the engine driver* é o título do quarto "ato" da miniópera], bem pode representar meu abusador: "Nós vamos consertar isso lá em casa, talvez" [*we'll sort it out back at my place maybe*] e "melhor ser boazinha com um velho maquinista" [*better be nice to an old engine driver*]. Denny recebia homens da garagem de ônibus e da estação ferroviária em frente a seu apartamento o tempo todo, e ainda tenho pesadelos em que a porta de meu quarto se abre no meio da noite e um homem e uma mulher indistintos estão em pé me observando, o perfume de erotismo no ar.

Finalmente a grandiosa orquestra assume: "violoncelo, violoncelo, violoncelo, violoncelo" [*cello, cello, cello, cello*]; uma grande celebração. Chega o salvador. De fato, minha relutante salvadora era mamãe, com seu amante e Jimpy a tiracolo, como pacificador. Papai estava esperando em casa para ver se mamãe cederia, deixaria seu amante e o aceitaria de volta, ou brigaria com ele pela minha guarda. Quando o som dos violoncelos rapidamente se eleva, o sujeito da ópera proclama: "Meus olhos me enganam, estou de volta a seus braços?" [*Do my eyes deceive me, am I back in your arms?*]. Sei que me senti como se tivesse sido resgatado do próprio inferno.

Em seguida, há um esclarecimento: "Senti sua falta e, devo admitir, beijei alguns..." [*I missed you, and I must admit, I kissed a few...*](Talvez isso se refira ao caso de mamãe.)

O mais perturbador de tudo é o verso: "Uma vez me sentei no colo de Ivor, o maquinista, e mais tarde tirei um cochilo com ele" [*I once did sit on Ivor the engine driver's lap, and later with him had nap*]. Então, subitamente, todo mundo é "perdoado", não uma vez, mas mil vezes, reiteradamente – como se não existisse perdão suficiente em um verso isolado. Quando eu cantava essa parte no palco, com frequência ficava furioso, açoitando a guitarra até não poder mais, freneticamente perdoando minha mãe, seu amante, minha avó, seus amantes e, acima de tudo, a mim mesmo.

Durante uma das sessões de gravação de *Quick one*, em outubro, encontrei Jimi Hendrix pela primeira vez. Ele vestia uma jaqueta militar imunda, com botões de latão e dragonas vermelhas. Chas Chandler, seu empresário, me pediu para ajudar o jovem tímido a encontrar amplificadores adequados. Sugeri o Marshall ou o Hiwatt (então chamado "Sound City") e expliquei as diferenças entre eles. Jimi comprou os dois, e, mais tarde, me recriminei por ter recomendado armas tão poderosas. Quando o vi pela primeira vez, não tinha a menor ideia de seu talento nem a menor noção de seu carisma no palco. Agora, claro, sinto orgulho por ter desempenhado um pequeno papel na história de Jimi. Kit e Chris o arrebataram para a Track Records – seu primeiro novo contratado.

Além de "A quick one while he's away", compus uma canção para o disco *Quick one*, "Join my gang", que nem apresentei, pois já tinha ultrapassado minha cota. Em vez disso, dei-a para Paul Nicholas, um cantor da gravadora Reaction que na época usava o pseudônimo de "Oscar" e era empresariado por Robert Stigwood ("Stiggy"). É uma canção espirituosa, e fiquei triste por ela não ter obtido sucesso. David Bowie, então desconhecido, me parou na rua em Victoria e me disse que havia gostado dela, e isso foi antes até de ser lançada – ele ouvira minha demo no escritório da nossa editora.

Em outubro e novembro excursionamos pela Europa: Inglaterra, Suécia, Dinamarca, França e Alemanha. Lembro-me de Berlim com cicatrizes de guerra e ainda inquieta; foi lá, no Hilton, que Keith começou a destruir quartos de hotel. Ele sentia tanto a falta de Kim e sofria tanto de ciúme paranoico que toda noite, depois do show, tinha de sair de seu cérebro só para dormir e sempre parecia a um passo de explodir num surto da mais perigosa raiva.

Em Amsterdã, após um show em uma emissora de televisão local, estávamos caminhando direto do palco do estúdio para o carro que nos levaria ao hotel, quando um jovem de ar durão me viu e perguntou se eu queria tomar um drinque com ele. Concordei no ato e – mesmo com Keith olhando, chocado e preocupado, gritando comigo para não ir – saí com o cara. Eu estava sem dinheiro, não sabia de nenhum detalhe do show marcado para o dia seguinte em Haia e não tinha ideia de quem era o cara ou quais eram as intenções dele.

Sua primeira pergunta foi "Você gosta de jazz?", enquanto bebíamos e ouvíamos sua impressionante coleção de discos do estilo, e logo fiquei embriagado. Depois de certo tempo, a noite se transformou em um borrão. Ele me mostrou um quartinho ao lado do cômodo em que estivéramos e adormeci. Acordei na manhã seguinte com um policial em pé, ao meu lado, perguntando-me quem eu era. A dona do apartamento não fazia a menor ideia de quem teria sido meu anfitrião. Depois de receber permissão para ir embora, encontrei a estação ferroviária e embarquei em um trem pulando uma cerca. O trem estava cheio de jovens soldados que nem sequer notaram minha presença. Eu estava invisível, mesmo usando roupa branca brilhante e no rosto ainda a maquiagem de palco, de ressaca e um pouco assustado.

9
Ácido no ar

Durante todo o ano de 1966 ouvimos rumores sobre uma nova droga chamada LSD, que prometia as experiências mais fantásticas. Era assustador, mas emocionante. Consegui algumas cápsulas da Sandoz, e Karen e eu, mais dois amigos da escola de arte, tomamos um microponto cada um e esperamos para ver o que aconteceria.

Quando a droga bateu, após cerca de uma hora, senti um pânico inicial. A seguir, no auge da viagem, perdi o autocontrole e sofri alucinações que duraram mais de uma hora. Depois disso, acalmei-me e fiquei num estado bem mais agradável. Senti-me criança novamente e passei as quatro ou cinco horas seguintes redescobrindo tudo que tinha como certo: estrelas, lua, árvores, cores, ônibus de Londres. Lembro-me de que fiquei espantado de como minha namorada era bonita. Por fim, comecei a me recompor, pedaço por pedaço.

Karen e eu fizemos apenas mais uma ou duas viagens de ácido juntos e, no total, fiz apenas quatro. A segunda viagem começou em Notting Hill. Caminhamos de lá até a Roundhouse na véspera de Ano-Novo de 1966, esperando a droga fazer efeito. No momento em que chegamos – o Who deveria se apresentar por volta de três da manhã –, eu estava saindo da viagem. Meu desempenho naquela noite, ao que dizem, foi destrutivo e irado, mas me sentia bastante chapado, portanto tenho certeza de que apenas executei meus movimentos habituais.

Em 6 de janeiro de 1967, perdi um dos únicos shows de minha carreira na banda, por causa do abuso de drogas. Foi quando fiz minha terceira viagem de ácido e me dei conta de que talvez não conseguisse dirigir quase quinhentos quilômetros até Morecambe, onde tínhamos de fazer um show. Em vez disso, fui ver o Pink Floyd tocar pela primeira vez no UFO Club. Syd Barrett estava maravilhoso, assim como os outros músicos. Apaixonei-me pela banda e pelo próprio clube, em especial por John Hopkins ("Hoppy", como era conhecido), que administrava o clube e ficava na recepção.

Fui de novo na noite seguinte. Dessa vez não usei ácido e levei Eric Clapton para ver Syd – que caminhava no palco (a cabeça *dele*, sim, no ácido), tocava um único acorde e o fazia durar cerca de uma hora, usando uma câmara de eco eletrônica chamada Binson. Quando ele de fato começou a tocar novamente foi muito inspirador. Roger Waters tinha a presença mais incrível, era muito bonito e deixou Karen bastante atraída. Achei-o um pouco assustador. Era evidente que ele seria a principal força motriz do Pink Floyd. O que ninguém conseguiria saber, já que a banda ainda não tinha gravado nada, era o quão gloriosa se tornaria grande parte de sua música quando a influência mais experimental de Syd desaparecesse.

Certa noite, um grupo de mods mostrou o pinto para Karen e suas amigas enquanto elas dançavam, alheias, em um barato de ácido. Eu vestia uma longa túnica psicodélica, e um dos mods me disse que eu tinha decepcionado o grupo. Retruquei que o mod já era e fiquei um tanto decepcionado quando, em vez de argumentar comigo, ele e seus parceiros simplesmente fecharam a braguilha e foram embora.

Em 1967, uma primavera amena trouxe flores precoces às ruas no gigantesco jardim de Eccleston Square. A família de Karen tinha uma casa nos trechos superiores do Tâmisa e passávamos os domingos lá, só aproveitando a passagem do tempo, a tranquilidade do rio e da zona rural, com longas caminhadas e conversas sobre toda espécie de assunto.

O novo *ethos* descontraído dos anos 1960 – amor livre, pílula anticoncepcional e todos em nossa nova turma londrina se comportando como se fossem subitamente lindos – afetava diretamente meu intenso temor de ser abandonado por Karen. Um dia, voltei tarde de um show e encontrei um homem conversando com ela em seu quarto. Havia um ar de intimidade entre eles, e ela estava particularmente bonita e corada. Após enxotá-lo, senti-me ciumento e antiquado: todo mundo andava compartilhando seus parceiros com outras pessoas.

Certa noite, ouvi novamente a demo de "I can see for miles". Não havia muita coisa que eu pudesse fazer para melhorá-la. Fiquei envergonhado pelo ciúme que a havia inspirado, mas considerava a canção uma arma secreta; quando foi devidamente gravada e lançada como single do Who, acreditei que conseguiríamos neutralizar toda oposição. Sabendo que gravaríamos um terceiro disco muito em breve, comecei a pensar no tipo de canção que queria reunir.

Durante o inverno de 1966-7 ouvi *Forest flower*, do saxofonista de jazz Charles Lloyd, em uma gravação de sua extraordinária apresentação no Festival de Jazz de Monterey, em setembro de 1966. *Forest flower*, como a obra-prima dos Beach Boys, *Pet sounds*, parecia perfeitamente ajustada aos novos tempos. Keith Jarrett era o pianista de Lloyd e, em dado momento do disco, começa a esmurrar o piano e a percutir as cordas. Senti que ali estava um músico totalmente de meu gosto, que tocava todo instrumento de maneiras despropositadas.

Keith Jarrett e eu nascemos no mesmo mês, e suas interpretações geralmente me levam às lágrimas do tipo reservado para a solidão embriagada. Venderia minha alma para tocar como ele – e não faço essa declaração de modo superficial. Enquanto ouvia esse gênio, eu me engalfinhava com o piano de armário que tinha enfiado na marra no quarto de Karen e, lenta e tortuosamente, comecei a encontrar algum caminho para a autoexpressão nas 88 teclas pretas e brancas (quantidade que muitas vezes, quando criança, achei insuficiente).

Minha amizade com Eric Clapton havia se aprofundado graças às nossas saídas juntos para prestar homenagem a Jimi Hendrix, que naquela primavera vinha fazendo seus primeiros shows sensacionais em Londres. Jimi Hendrix testava algumas de suas primeiras ideias de letra nos shows. Um amigo de Eric, o pintor e designer Martin Sharp, o ajudava a compor as canções, e suas letras eram muito ambiciosas e poéticas. Surpreendido entre dois grandes talentos emergentes da composição, senti-me desafiado a evoluir.

Ver Jimi tocar também foi desafiador para mim como guitarrista. Jimi tinha os dedos ágeis e experientes de violinista de concerto; era um verdadeiro virtuose. Eu me lembrava de papai e sua prática incansável, o tempo que ele levou para chegar a um nível em que podia tocar tão rápido que as notas formavam um som único. Mas com Jimi havia algo mais: ele casava o blues com a alegria transcendente da psicodelia. Era como se tivesse descoberto um novo instrumento em um novo mundo de impressionismo musical. Ele se superava no palco e parecia ser poderoso e másculo sem nenhuma agressividade.

Era um artista hipnotizante, e hesito em descrever o quanto era fantástico vê-lo tocar, porque realmente não quero levar sua legião de fãs mais jovens a sentir que perdeu a grande chance de testemunhar aquele talento. Todos nós perdemos a chance de ver algo. Eu perdi a chance de ver Parker, Ellington e Armstrong. E se você perdeu Jimi tocando ao vivo, saiba que perdeu algo muito, muito especial. Vê-lo em carne e osso deixava claro que se tratava de mais do que um grande músico. Ele era um xamã, e parecia que uma luz colorida cintilante emanava da ponta de seus longos e elegantes dedos enquanto tocava. Quando fui ver Jimi tocar, não tomei ácido, não fumei maconha nem bebi, por isso posso relatar com precisão que ele operava milagres com a Fender Stratocaster para destros, que ele tocava virada de cabeça para baixo (Jimi era canhoto).

Depois de ver Jimi ao vivo, raramente gostei de suas gravações, que, em comparação, soavam mais fracas. As exceções foram "All along the watchtower" e "Voodoo Chile", ambas faixas de uma gravação tardia, de 1968. Eddie Kramer havia produzido todos os discos de Jimi, mas as sessões para *Electric ladyland* foram as primeiras em Nova York. Foi lá que Jimi e Eddie começaram a se conectar naquele éter indefinível de áudio, no qual o potencial xamânico de Jimi finalmente pôde se expressar no vinil.

Enquanto me sentia estagnado pelo gênio psicodélico de Jimi, me vi igualmente fora do circuito quando as drogas se tornaram uma questão política para nós, do meio musical – Paul McCartney, por exemplo, havia dito na TV que a maconha deveria ser legalizada. Talvez eu me sentisse ameaçado por pessoas talentosas ou por aquelas com coragem suficiente para levar uma vida mais desregrada, e há alguma verdade nisso, mas eu me achava principalmente dessincronizado, alguns passos atrás. Essa sensação me havia sido instilada na adolescência, quando muitas vezes eu estava rodeado de jovens mais velhos e experientes. Contudo, meu respeito pelos mais velhos foi posto à prova quando Mick Jagger e Keith Richards foram detidos por posse de drogas.

Naquela época, era como se o sistema quisesse dar um exemplo ao mandar Keith Richards para a prisão e, no que talvez tenha sido o único ato de solidariedade política de Keith Moon, ele e sua namorada Kim se postaram do lado de fora do tribunal com faixas clamando por ponderação. Tudo isso me impressionava. Psicodelia, drogas, política e espiritualidade subitamente se entrelaçavam, e eu fazia o melhor que podia para acompanhar.

No momento em que Jimi Hendrix apresentava seus primeiros shows em Londres, em janeiro e fevereiro de 1967, minha percepção havia definitivamente se alterado por conta das duas viagens de ácido. Árvores despidas de suas folhas no inverno, por exemplo, começaram a parecer aquelas réplicas utilizadas pelos estudantes de medicina para observar as redes venosa e arterial dentro do pulmão humano; de fato, de repente eu via as árvores como aquilo que elas eram: máquinas de respiração planetária. Eu não era um doidão alucinado, mas o modo como olhava para as coisas estava evoluindo.

Karen e eu fomos visitar alguns novos amigos, o ilustrador Mike McInnerney e sua esposa Katie, que havíamos conhecido em um show do Pink Floyd. O apartamento deles ficava na avenida Shaftesbury. Na época Mike pintava o logotipo da Flying Dragon, loja de roupas destinada a competir com a Granny Takes a Trip. Falei algumas abobrinhas com Mike sobre as revelações que tive aos pés de Ron e Ralph, dos Blues Magoos, que haviam me apresentado as teorias da conspiração extraterrestre de George Adamski. Mike me indicou então um livro chamado *The god man,* escrito por um eminente jornalista inglês dos anos 1930 chamado Charles Purdom.

Abri o livro e vi uma foto de um camarada de aparência estranha, carismático, com um nariz grande, um tanto achatado, cabelos escuros e fartos e um generoso bigode. Era um mestre indiano, Meher Baba, que significa "Pai Compassivo". Li algumas linhas e descobri que o discurso de Meher Baba se encaixava perfeitamente na minha visão do cosmos. Ele ainda estava vivo naquela época, e Mike me disse que um grupo de amigos esperava em breve ir à Índia para conhecê-lo.

Na parede do quarto de Karen havia três cartões-postais com fotos vitorianas, em preto e branco, de atrizes em trajes sumários. Uma delas era Lily Langtry, amante do príncipe Eduardo, mais tarde rei Eduardo VII. Numa tarde ensolarada, enquanto Karen estava no trabalho, rascunhei uma letra inspirada pelas imagens e fiz uma demo de "Pictures of Lily". Minha canção pretendia ser um comentário irônico sobre as frivolidades sexuais do show business, em especial do pop, um mundo de imagens de cartão-postal para rapazes e garotos fantasiarem. "Pictures of Lily" acabou sendo, notoriamente, sobre um rapaz salvo da crescente frustração sexual adolescente quando seu pai lhe deu de presente cartões-postais com os quais podia se masturbar.

"Pictures of Lily" estava pronta para sair, mas não completei muita coisa além disso. Kit tinha ouvido a demo de "Glittering girl" e achou que ela poderia compor um single. Eu também tinha algumas letras sobre amor frustrado. Sempre disse que nunca havia composto canções de amor, mas a verdade é que elas raramente eram boas.

Enquanto eu trabalhava na demo, um crítico de jazz da *Playboy* ligou para perguntar se poderia levar Keith Jarrett até o apartamento de Karen para usar meu piano por algumas horas. Recusei. Estranho pensar que joguei fora a chance de ter uma das maiores apresentações particulares de minha vida, mas eu tinha certeza de que estava com um sucesso nas mãos e não queria distrações. Keith Jarrett veio então ao telefone e me fez algumas perguntas sobre meu método de gravação de demos. Contei que eu mesmo tocava todas as partes, e ele pareceu inspirado a fazer algo parecido. Em *Restoration ruin*, o disco que ele produziu no ano seguinte e que avidamente procurei, ele cantava, tocava guitarra, gaita, sax, piano, órgão, flauta, baixo, bateria e percussão com grande facilidade. É claro que foram os improvisos ao piano de Keith Jarrett que o tornaram tão amado; como Jimi, Keith é claramente transportado por aquilo que flui de seus dedos.

A chegada de Jimi Hendrix em meu mundo aguçou minha necessidade musical de estabelecer algum território legítimo. Em alguns sentidos, a interpretação de Jimi tomou empréstimos da minha – o *feedback*, a distorção, a guitarra teatral –, mas seu gênio artístico reside em como ele criou um som todo próprio: soul psicodélico ou o que chamarei de "blues impressionismo". Eric estava fazendo algo parecido com o Cream e, em 1967, a banda Traffic, de Stevie Winwood, lançaria *Mr. Fantasy*, levantando outro desafio incrível. Os músicos à minha volta estavam realmente decolando em uma nave espacial colorida, ascendente, abastecida pelas novas criações musicais de Jimi, Eric e Stevie – e, no entanto, as canções psicodélicas de Jimi, Eric e Stevie ainda se mostravam profundamente enraizadas no blues e no R&B.

Ao longo de seis anos em nosso circuito de bares e clubes, tínhamos apoiado – e mais tarde tocado ao lado de – algumas bandas extremamente talentosas. Cliff Bennett e os Rebel Rousers eram uma banda de R&B tão autêntica que era difícil acreditar que não fossem norte-americanos. The Hollies, Searchers, Kinks e Pirates mudaram a face do pop britânico, sem falar nos Beatles ou nos Stones. O sucesso "Needles and pins", dos Searchers, em 1964, criou o som de guitarra metálico mais tarde adotado pelos Byrds. Os Kinks haviam trazido sons orientais para o pop britânico já em 1965 com a hipnoticamente bela "See my friend". E havia dezenas de outras influências transformadoras à nossa volta.

Como muitos compositores, eu também ouvia jazz em busca de inspiração e ideias. Uma curta faixa de Cannonball Adderley chamada "Tengo tango" me deixou entusiasmado com seu poder dançante; a versão de Herbie Mann para "Right now" era um clássico do soft jazz; e *Eastern sounds*, do flautista Yusef Lateef, apresentando a trilha hipnótica "Plum blossom", tocada em uma ocarina, foi muito importante para mim".[3]

O que teria acontecido com as raízes "blueseiras" do Who? Alguma vez as tivemos? John e Keith sentiam uma ligação forte com o blues e o jazz? Roger se interessava somente pela modalidade rígida de R&B que propiciava um contraste para sua própria angústia masculina? Embora gostássemos de nossas sessões de gravação, parecíamos estar recorrendo ao solipsismo em busca de inspiração. Minhas canções eram antiguidades pop sobre temas tão amplos quanto pornografia leve e masturbação, crises de identidade de gênero, a nossa deturpação dos fatores de isolamento da doença mental e as – hoje bem estabelecidas – crises de identidade adolescente e questões de baixa autoestima.

Eu não sabia como compor sobre LSD, céu púrpura e amor livre. Apesar de minha admiração pelo jazz improvisado, não tinha a menor ideia de como trazê-lo para a sonoridade da banda. Não via como a banda The Who poderia se tornar admirada por sua musicalidade e ideologia, bem como por suas roupas, ideias, artifícios, influência pop art e agressividade.

[3] Ela foi usada como base para "I love my dog", lançada no outono de 1966 por Cat Stevens, e sucesso imediato. Cat (nascido Steven Georgiou, mais tarde rebatizado como Yusuf Islam) hoje paga direitos autorais atrasados para Lateef. Lembro-me dele com muito carinho – falei com ele certa vez na rua Brewer quando Cat não passava de um adolescente. Sua família tinha um restaurante perto da esquina de meu apartamento na rua Wardour. Ele é três anos mais novo que eu, e isso teria sido uma considerável diferença entre pessoas tão jovens. Cat tinha me surpreendido em meu grande Lincoln azul, parecia saber de mim e onde eu morava e disparou uma série de perguntas sobre composição e guitarras.

Por que isso importava? Não era suficiente que eu tivesse ajudado a descobrir o *feedback* de guitarra? Certamente eu tinha inventado o power acorde. Com Ray Davies, eu introduzira o acorde suspenso no pop inglês. Mas nada disso parecia bastante. Algo arriscado e novo estava acontecendo na música, e eu queria participar disso.

Enquanto Jimi Hendrix conquistava Londres, a primeira apresentação do Who nos Estados Unidos foi quase acidental. Frank Barsalona operava a Premier Talent, uma agência em Nova York. Ele soube da banda por intermédio de alguém do grupo de Brian Epstein e foi persuadido a nos incluir no anúncio de um festival anual de Nova York com o famoso Murray the K, o primeiro DJ norte-americano a se aproximar dos Beatles. Ele também havia recomendado a nova banda Cream, de Eric. Os shows foram planejados para ocorrer em um período de duas semanas, durante as quais deveríamos realizar seis apresentações por dia, prenunciando uma fase intensa de trabalho.

Estar de repente em Nova York foi o máximo para meus colegas de banda. Tendo feito duas viagens para lá por minha conta, nos encontros anteriores com Allen Klein, sentia-me bem à vontade na cidade. Keith e John estavam tão eufóricos que mal conseguiam se conter e imediatamente começaram a sua estada em grande estilo no Drake Hotel: Keith pedindo champanhe, e John, várias marcas de uísque, conhaque e vodca. A conta foi astronômica, e o garçom repreendeu Keith por lhe dar apenas uma gorjeta de vinte dólares. Comemos lá carne de qualidade pela primeira vez, moída em formato de um grande hambúrguer de quinze dólares. Acho que isso foi tudo que vivi durante minha estada.

Os shows em Nova York na primavera de 1967 foram um impacto tanto para o Who como para o Cream. Ao contrário da chateação que eu esperava, foi uma das quinzenas mais maravilhosas de minha vida e certamente o momento em que me apaixonei por Nova York, uma paixão que tem resistido ao teste do tempo.

No auditório da RKO na rua 58, onde os shows aconteceriam, reunimo-nos para uma passagem de som e um papo com Murray the K. A essa altura, ele perdera seu brilho de "Quinto Beatle"; sua peruca estava empoeirada, e ele suava muito. Insistia em ter um microfone banhado a ouro, que ninguém mais tinha permissão para tocar, bem como o maior camarim, que não lhe parecia satisfatório até que uma estrela fosse pendurada na porta. Seu discurso para as bandas despertou o pior em mim: odiei o que encarei como seu desvario inflado, ainda que eu soubesse que Murray the K tinha desempenhado um papel decisivo na divulgação da música britânica nas rádios norte-americanas. Ele parecia ter delírios de ser um grande *showman*. E talvez fosse.

Murray the K podia não estar em sua plenitude, mas realmente reuniu um fantástico grupo de músicos. Na programação regular estava Wilson Pickett, que se divertia em usar o microfone de ouro pessoal de Murray sempre que conseguia botar as mãos nele. Em um dia, Simon e Garfunkel viravam manchete; em outro, The Young Rascals. Era basicamente um festival de música pop. Desenvolveu-se um verdadeiro sentido de companheirismo que, no final, se estendeu ao próprio Murray.

O que é mais difícil de descrever é o que aconteceu na plateia durante aquela série de shows, simplesmente porque não estávamos lá nos assentos retráteis. Diz a lenda que, como um ingresso adquirido permitia ao público ficar o dia todo se quisesse, um grande número de jovens assistiu a todos os shows da programação, em parte para descobrir se, até o final das apresentações, o Who ficaria sem equipamento para quebrar.

Enquanto eu trabalhava nos bastidores com ferro de solda e cola, reconstruindo Fender Stratocasters arrebentadas, a base de fãs do Who em Nova York se formava a partir de generosidade e afeto nunca igualados em nenhum outro lugar do planeta. Se eu me instalasse na Quinta Avenida para pedir esmolas hoje, poderia viver o resto da vida da beneficência e da lealdade de nossos fãs de Nova York. Ainda conheço pelo nome ao menos vinte daqueles garotos da RKO. Conheço também pelo menos uma centena de rostos. Sei os nomes de alguns de seus pais. Diversos garotos vieram trabalhar para mim em várias épocas ao longo dos anos, e alguns escreveram livros ou fizeram filmes sobre nós. Outros simplesmente assistiam, cresciam e faziam tudo o que continuavam a fazer com a mesma insensatez que viram em nossas apresentações. Antecipamos um novo conceito: destruição é arte quando aplicada à música. Definimos um padrão: caíamos e levantávamos novamente. Os nova-iorquinos amavam isso e levaram esse padrão adiante conosco durante muitos anos, até que nós mesmos não fomos mais capazes de acompanhar.

Em nossa volta à Inglaterra, conduzi Eric Clapton e Gustav Metzger, o artista autodestrutivo cujas ideias foram minha primeira inspiração, ao Pavilhão

Brighton, onde tocaríamos com o Cream: Gustav faria a iluminação. Comparado às exibições de Jimi, achei o Cream um pouco árido quando tocavam um programa mais longo. Eu queria ver Eric fazer algo mais do que apenas solos de guitarra longos e prolixos, assim como queria algo mais de mim além de tolas canções pop e destruição no palco.

Foi a primeira vez que Gustav viu minha versão de autodestruição em processo, e, embora estivesse contente por ter sido uma influência tão poderosa, tentou explicar que, de acordo com sua tese, eu enfrentava um dilema: cabia a mim boicotar a nova forma pop comercial em si mesma, atacar o próprio processo que me permitia tal expressão criativa e não contribuir com ele. Concordei. Os artifícios haviam me dominado.

Lembro-me de ter ido a um almoço encontrar Barry e Sue Miles. Barry era fundador da Indica Bookshop, um estabelecimento radical que vendia livros e revistas relacionados a tudo o que era psicodélico e revolucionário. Ali conheci devidamente Paul McCartney, com sua então namorada, a atriz Jane Asher. Paul tinha ajudado a financiar a Indica e parecia muito mais politizado que qualquer outro músico de minhas relações. Era lúcido e perspicaz, bem como charmoso e essencialmente gentil. Jane era bem-nascida, muito educada e de uma beleza estonteante; por trás de seu recato exterior ardia uma personalidade forte, o que a equiparava a seu famoso namorado.

George Harrison chegou um pouco mais tarde com sua namorada, Pattie Boyd, que era franca e simpática. Tinha o tipo de rosto que a gente só via em sonhos, animado por uma vontade evidente de que todos gostassem dela. Karen estava comigo e, pela primeira vez, me senti parte da nova elite da música pop londrina. Ela, curiosamente, parecia mais à vontade que eu.

Vi Paul novamente no Bag O'Nails, no Soho, onde Jimi Hendrix fazia um show comemorativo de retorno à cidade. Mick Jagger chegou, ficou um pouco e depois se foi, imprudentemente deixando para trás Marianne Faithfull, sua namorada na época. Jimi se aproximou dela de mansinho após sua apresentação impactante e ficou claro, pelo modo como os dois dançavam juntos, que Marianne tinha as estrelas do xamã em seus olhos. Quando Mick voltou para buscar Marianne, deve ter se perguntado a razão de tantos risinhos abafados. No final, o próprio Jimi dissolveu a tensão, tomando a mão de Marianne, beijando-a e pedindo licença para vir falar comigo e com Paul. Mal Evans, o adorável *roadie* e ajudante dos Beatles, virou-se para mim e deu um grande e irônico suspiro "liverpooliano". "Isso é o que se chama trocar cartões de visita, Pete."

O Who tinha diversos *roadie*s de Liverpool nessa época, os quais pareciam compartilhar da premissa de que havia um abismo moral entre Londres e sua cidade natal. Um deles levou cinco ou seis de minhas guitarras Rickenbacker para seu pai consertar, e eu nunca mais as vi. Outro desenvolveu uma compulsão por roubar mobília de hotel, esvaziando um quarto inteiro certa vez, enquanto a banda ainda tocava no palco, muito perto dali. Ele levou até o guarda-roupa e a cama, que foram todos acrescentados à nossa conta do hotel. Quando eram repreendidos por esses furtos, eles davam a entender que estávamos exagerando.

Em compensação, Neville Chesters, nosso primeiro produtor oficial de turnês, era excelente e muito empenhado. No melhor dos casos, éramos difíceis de contentar, e a destruição constante de equipamento significava que muito do tempo livre de Neville era gasto na busca de reparos. Quando ele passou a conviver com Robert Stigwood e a aparecer vestindo ternos um tanto luxuosos, receamos que Stiggy lhe tivesse feito uma oferta irrecusável. Seja como for, nós o perdemos.

Descobrimos então o fantástico Bob Pridden, que ainda hoje é nosso engenheiro-chefe de som. O primeiro show importante de Bob deveria ter sido em Monterey, mas, por alguma razão, Kit e Chris acharam que deveríamos levar Neville para um último trabalho conosco. Depois disso não o vi mais, porém ele desempenhou um papel crucial no início de nossa carreira e deveria receber uma parcela enorme de direitos autorais por tudo o que fez.

Isso deve tirá-lo do esconderijo.

Voltamos aos Estados Unidos em junho, partindo no dia 13, dia seguinte ao aniversário de Karen, para tocar em Ann Arbor, Michigan, nosso primeiro show fora de Nova York. Depois, seguimos adiante para fazer quatro shows em dois dias no auditório Fillmore, de Bill Graham, em São Francisco. Cannonball Adderley estava no programa com seu irmão Nat, e eu não via a hora de dizer a eles o quanto amava "Tengo tango".

Bill Graham nos disse com firmeza que tínhamos de tocar duas séries de uma hora sem nenhuma repetição. Raramente tínhamos tocado mais de cinquenta minutos, e a maior parte desse tempo era preenchida por mim, fazendo a guitarra uivar. De repente, comecei a entender a razão do solo estendido de Eric Clapton. Ensaiamos e introduzimos material novo – a atenção da plateia do Fillmore e a excelência do sistema de som mais do que compensaram o trabalho adicional. Aquilo nos fez sentir, pela primeira vez, que estávamos tocando música de verdade.

O clima em Haight Ashbury era de paz e amor, com suas ruas cheias de jovens "chapados". Os únicos com quem se deveria tomar cuidado eram os muitos veteranos do Vietnã, atraídos pela promessa de sexo fácil. Em geral seriamente afetados por suas experiências de guerra, e apesar das drogas apaziguantes que tomavam, podiam ser bastante hostis. Certa vez, um cara agarrou o braço de Karen e não o soltava, olhando para ela como se tivesse encontrado a Virgem Maria. Chamei a atenção dele, afastando seu braço; por um segundo, seu rosto se endureceu, depois ele abriu um sorriso forçado e se afastou.

Foi no Festival Monterey Pop, no dia 18 de junho de 1967, que Jimi e eu duelamos. De fato, foi um debate sobre quem estava em primeiro, mas não exatamente pelo motivo que se poderia supor. Quando Derek Taylor, ex-relações-públicas dos Beatles que atuava em nome do festival, me disse que nos apresentaríamos imediatamente depois de Jimi, dois pensamentos me passaram pela cabeça. O primeiro foi que parecia errado que figurássemos mais alto no cartaz. Musicalmente falando, Jimi havia superado o Who; mesmo então, ele era muito mais importante em termos artísticos do que eu achava que jamais seríamos.

Também me preocupava que, se Jimi viesse antes de nós, ele poderia destruir sua guitarra, ou incendiá-la, ou sacar alguma outra proeza que deixaria nossa banda com ar patético. Nem mesmo tínhamos nossa Sound City nem as pilhas de caixas Marshall, porque nossos empresários haviam nos convencido a viajar com bagagem leve e barata. Jimi, de sua parte, tinha trazido todo o seu equipamento de som.

Derek Taylor sugeriu que eu falasse com Jimi. Tentei, mas ele já estava chapado. Não levou a sério a questão de quem entraria primeiro, preferindo, em vez disso, ficar por ali batucando em sua guitarra. Embora eu não me lembre de ter ficado com raiva, e estou certo de que não teria sido desrespeitoso, sabia que tinha de forçar Jimi a conversar comigo. Nesse ponto, John Phillips, do Mamas & The Papas, interveio, achando que não estávamos sendo "paz e amor" o suficiente. Sugeriu jogar uma moeda, e quem perdesse iria por último. Jimi perdeu.

Após sermos apresentados por Eric Burdon, detonamos um repertório rude e terminamos destruindo nosso equipamento. Os técnicos de som tentaram intervir enquanto entrávamos em nosso desfecho, o que apenas ampliou a sensação de bagunça. A plateia aplaudiu, mas muitos pareciam um pouco perplexos. Ravi Shankar estava aparentemente bastante transtornado por me ver quebrar a guitarra. Enxuguei-me com uma toalha e corri para a fileira da frente para assistir ao show de Jimi.

Era estranho ver Jimi em um grande festival de música após tê-lo visto em pequenos clubes londrinos. Muitos dos movimentos de Jimi no palco eram difíceis de entender de onde eu estava sentado. No espaço enorme, o som de Jimi não era tão sensacional, e comecei a pensar que talvez nossa banda não ficasse tão mal na comparação. Foi quando ele virou a guitarra para cima e começou realmente a se soltar: Jimi, o mágico, tinha feito sua entrada. O que era tão genial nele é que, não importa quantos equipamentos ele destruía, Jimi nunca parecia raivoso; ele sempre sorria de modo beatífico, e o resultado era que tudo o que fazia parecia estar bem.

A multidão, desanimada antes com as bobagens do Who, dessa vez reagia calorosamente. Quando Jimi ateou fogo em sua guitarra, Mama Cass, que estava sentada ao meu lado, disse: "Ei, esse lance de destruir guitarras é seu!".

Gritei de volta acima dos aplausos: "Era. Agora é de Jimi". E todas as palavras que eu disse foram sinceras.

Quando Karen, Keith Althan (nosso relações-públicas) e eu nos reunimos no aeroporto de São Francisco para o voo de volta, revelou-se que Keith também vinha trabalhando com Jimi, que supostamente também estava pagando seus honorários. Deixei claro para Keith que ele tinha agido de má-fé por não nos contar que atuava em nome tanto do Who como de Jimi em Monterey. Ele negou que tenha agido de modo incorreto e até hoje se defende.

Jimi chegou a saber de nossa pequena disputa no saguão do aeroporto e começou a me olhar com hostilidade. Caminhei até ele e expliquei que não havia nenhuma questão pessoal envolvida. Ele apenas girou a cabeça de um lado para o outro – parecia bem chapado. Querendo manter a paz, eu disse que tinha assistido e adorado sua apresentação e perguntei se ele me daria um pedaço da guitarra que tinha quebrado. Ele se inclinou para trás e olhou para mim, sarcástico: "O quê? E quer que eu o autografe para você?".

Karen afastou-me dali, receando que eu fosse explodir, mas a verdade é que apenas fui pego de surpresa. Ao contrário do que me disseram, Jimi deve ter ficado tão contrariado quanto eu pela manobra de inverter posições antes do show.

Quando Karen e eu embarcamos no avião em São Francisco, Keith, John e Roger pareciam não ter se tocado do que havia acontecido entre mim e Jimi. Tomamos nossos assentos na primeira classe da TWA, que naquele tempo eram voltados um para o outro, em torno de uma mesa. Keith Moon e John apresentaram grandes micropontos que todos havíamos recebido de Owsley Stanley, o primeiro químico clandestino a produzir LSD em massa, e Keith ingeriu um. Conhecidos como "Purple Owsleys", haviam sido amplamente consumidos no festival.

Quando o avião decolou, Karen e eu dividimos um microponto de ácido. John prudentemente relutou. Dentro de uma hora, minha vida viraria de cabeça para baixo.

10
Deus se hospeda em um Holiday Inn

A viagem de LSD no avião foi a experiência mais perturbadora que já tive. A droga bateu muito depressa e, embora Karen e eu tivéssemos tomado apenas metade cada um, teve efeito assustador. Desde então, consumidores de ácido experientes debocham do quanto fomos estúpidos, mas naquela ocasião Karen e eu achamos por bem fazer companhia a Keith e avaliamos que todos seríamos capazes de nos ajudar reciprocamente. De fato, Keith parecia reagir em total desobediência aos efeitos da droga, apenas de vez em quando perguntando quanto tínhamos tomado, para verificar se ele estava piorando – ou melhorando – em comparação a nós.

Em dado momento, tentei tranquilizar Karen, que estava apavorada, dizendo que a amava. "Ah!", zombou Keith, e John cinicamente aderiu. Roger, sentado do outro lado do corredor, pode ter achado aquilo tudo divertido, mas fui tranquilizado pelo sorriso dele. Após trinta minutos, a aeromoça, cujo nariz arrebitado lhe conferia uma aparência um pouco porcina, transmutou-se em um porco de verdade, correndo ao longo do corredor, resfolegando. O ar estava cheio de música indistinta, e me perguntei se eu estava vivenciando novamente minhas epifanias musicais da infância, mas por fim rastreei o som até o braço de minha poltrona. Depois de colocar um fone de ouvido, achei que conseguia ouvir cada saída de som do avião ao mesmo tempo: rock, jazz, clássico, comédia, musicais da Broadway e música country competiam pelo domínio de meu cérebro.

Estava prestes a realmente perder a cabeça quando flutuei para fora de meu corpo até o teto, permanecendo dentro da cabine do avião, e passei a observar como tudo mudava de escala. Karen e Pete estavam sentados abaixo de mim, agarrados; ela o estapeava com delicadeza, imaginando que tivesse caído no sono. De meu novo lugar estratégico, a viagem de LSD parecia terminada. Tudo estava quieto e em paz. Eu conseguia agora ver claramente, meus olhos estavam focados, meus sentidos restabelecidos, embora eu estivesse totalmente desencarnado.

Olhei para baixo e vi Keith palitando os dentes, algo que sempre fazia quando estava preocupado, e John lendo uma revista. Enquanto percebia isso, ouvi uma voz feminina dizendo gentilmente: *O senhor precisa voltar. Não pode ficar aqui.*

Mas eu estava apavorado. Se voltasse, sentia que poderia morrer.

O senhor não vai morrer. O senhor não pode ficar aqui.

À medida que vagava para baixo rumo ao meu corpo, comecei a sentir os efeitos do LSD batendo de novo. O pior parecia ter passado; quando me assentei, a experiência, embora radical, ficou mais parecida com minhas poucas viagens anteriores: tudo saturado de cores e sons maravilhosos. Karen parecia um anjo.

John Entwistle se casou com sua namoradinha de escola, Allison, no dia 23 de junho, enquanto a banda passava uma quinzena em Londres antes de regressar aos Estados Unidos para uma turnê de dez semanas, abrindo para o Herman's Hermits naquele que viria a ser seu canto do cisne. Nesse intervalo, Karen e eu procuramos um apartamento para morarmos juntos e encontramos um lugar perfeito na rua Ebury, mais perto de Belgravia. O apartamento correspondia aos três últimos andares de uma residência georgiana branca e encantadora, porém convencional. O contrato era curto e dava a impressão de ser uma ótima pechincha, mas o imóvel só estaria disponível no outono, o que parecia faltar um século para chegar.

Karen não excursionou comigo – os empresários dos Hermits não permitiram –, mas foi para Nova York, ficando com suas amigas Zazel e Val; quando a banda se aproximasse da cidade, eu tentaria me comunicar com ela. A certa altura, tive a impressão de que alguém vinha ativa e persistentemente dando em cima de Karen enquanto eu estava na estrada. Ouvi um boato de que um músico ou artista amigo do namorado de Zazel vinha se reunindo com eles quando saíam. No princípio senti um ciúme doentio, mas logo percebi que as coisas eram dessa forma. Se um de nós partisse, que assim fosse.

* * *

Deixamos Londres no início de julho de 1967 e só voltamos em meados de setembro. Essa foi nossa doutrinação na verdadeira América. Pousamos em praticamente todo distrito ou cidade importante e em muitos locais que jamais veríamos novamente. Nessa turnê ouvimos *Sgt. Pepper's lonely hearts club band* e pouca coisa mais. A repercussão que o disco provocou desafiava todos nós; ninguém acreditava que os próprios Beatles algum dia o superariam ou mesmo se dariam ao trabalho de tentar. Para mim, *Sgt. Pepper* e *Pet sounds*, dos Beach Boys, redefiniram a música no século XX: clima, essência, sombra e romance eram combinados em sentidos que poderiam ser reiteradamente descobertos. Nenhum dos discos produziu comentário político ou social profundo, mas o que importava não eram as ideias. Ouvir música havia se tornado uma droga em si mesma. Keith Moon se convencera de que era o "Mr. K" da canção "For the benefit of Mr. Kite", de *Sgt. Pepper*. Ele constantemente a tocava, e seu ego começou a sair de controle. Mas a música podia ser igualmente sobre Murray the K.

São Francisco estava cheia de gurus farmacêuticos, e podia-se argumentar que Nova York era a capital do mundo, mas alguns lugares entre as duas cidades pareciam reacionários ao extremo. No Sul, fomos expulsos de piscinas por termos cabelos compridos demais, além de quase sermos espancados por homens ofendidos com o que viam como nossa óbvia homossexualidade. Mesmo as mulheres, principalmente as mais velhas, eram francas em seu escárnio. Não tínhamos nos preparado para os preconceitos da classe média norte-americana.

No entanto, em um motel da Flórida, Herman (Peter Noone) fez sexo com uma jovem fã e sua bela mãe ao mesmo tempo. Quando as duas saíram juntas do quarto dele, ficamos olhando estupefatos. Em outra ocasião, em uma piscina, uma garota loura de biquíni agitava-se nervosa de um lado para o outro em volta de mim. Eu começava a cantá-la quando Roger me puxou para o lado e sussurrou: "Menor dá cana!". De biquíni, ela parecia uma mulher-feita.

De vez em quando, em raros dias de folga, ficávamos realmente bêbados. Um dia, Keith e eu caminhávamos pelo terraço do segundo andar de um Holiday Inn quando ele subitamente trepou no parapeito e saltou para a piscina lá embaixo. Fiz o mesmo, mas calculei mal – eu estava indo direto rumo à borda da piscina. Meneei o corpo enquanto caía e raspei a borda ao atingir a água, esfolando bastante as costas e um dos braços. Poderia ter fraturado o pescoço ou a escápula. Eu devia saber que não dava certo imitar as besteiras de Moon, embriagado ou não.

Roger e sua namorada norte-americana Heather, que tinha saído com Jimi Hendrix e Jeff Beck, entre outros, começaram um relacionamento, e ele parecia mais seguro de si e mais à vontade como cantor. As tensões do passado diminuíam. Nessa excursão não senti nenhuma necessidade de liderar a banda. Apenas tocava minha guitarra durante nosso aquecimento de doze minutos de abertura para os Herman's Hermits. Os shows representavam um estranho embate de culturas: nós esmagávamos nossas guitarras e gritávamos sobre nossa geração ressentida, ao passo que Herman cantava sobre alguém que tinha uma filha adorável e sobre o fato de que ele era Henrique VIII, em "I am Henry the Eight, I am".

Nessa turnê, tínhamos menos coisas a fazer do que gostaríamos. Li Heinlein e Borges e tentei ficar sóbrio. Embora hoje isso soe para mim como a vida perfeita, na época não pensava assim. Durante a primeira metade da turnê, não levei gravador; em vez disso, tracei projetos para meu estúdio em casa e comecei a considerar novos métodos de gravação. Mais tarde, eu descobriria que muitas das ideias que rabiscava no papel já estavam se tornando segredos da indústria, graças aos esforços de engenheiros que trabalhavam com Brian Wilson, dos Beach Boys, e com George Martin, o produtor dos Beatles.

Uma ideia consistia em isolar um solo de guitarra em um pedaço separado de fita de duas pistas, substituir todos os espaços no solo com fita vazia, inverter a fita e tocar um novo solo emparelhado ao primeiro, mas de trás para diante. Outra envolvia gravadores de *loop* operados por pedais; a sampleagem de fita foi inventada no Mellotron, uma espécie de órgão, usado pelos Beatles, que operava *loops* de fita acionados por um teclado convencional de piano. Também sugeri gravar *loops* de ruído branco e modulá-los para torná-los musicais. Eu ainda descrevia técnicas para criar efeitos radicais de reverberação usando *delays* de fita combinados com câmaras de eco, reverberação por meio de alto-falantes de órgão giratórios e de amplificadores de guitarra com o vibrato acionado. Todos esses efeitos se tornaram parte de meu arsenal criativo no estúdio caseiro.

Encomendei um pequeno transmissor de rádio de baixa potência, que simularia um verdadeiro som de rádio, para testar como minhas trilhas soariam se viessem a ser transmitidas. Também experimentei o efeito *flanger* em estéreo, tomando duas trilhas idênticas e fazendo-as entrar e sair de fase uma com a outra, para criar um efeito psicodélico. Construí um alto-falante em uma pequena caixa, anexada a um tubo que colocava na boca, permitindo-me "falar" música. Quando Frank Zappa se aproximou de mim de modo conspiratório no Speakeasy Club, em Londres, e descreveu essa nova invenção, fui educado o bastante para não lhe dizer que já a havia criado.

Em Nova York, fizemos um show em Long Island e depois fomos para o Village Theater, para abrir o show do Al Kooper's Blues Project. Na mesma noite se apresentou Richie Havens, um cara intenso, envolvente, um músico efervescente e único. Seu violão era normalmente afinado para determinado acorde, e ele cantava suas canções a plenos pulmões, com tanto vigor que parecia uma banda em si mesmo. Meu velho amigo Tom Wright dizia que, ao apertar a mão de Richie, você tinha de ser o primeiro a desfazer o aperto, caso contrário poderia ficar ali, contemplando seu sorriso radiante, por toda a eternidade.

Quando a turnê dos Hermits chegou ao Baton Rouge, o organizador nos advertiu dos recentes distúrbios raciais ocorridos ali: tínhamos de nos comportar e ficar vigilantes, para não nos metermos em encrenca. Havia a possibilidade de cancelamento do nosso show. Ficamos todos afoitos, mas não havia nenhuma tensão óbvia, nenhum problema visível. Estávamos cientes de que a questão racial havia se incendiado no Sul, mas na época não nos sentíamos parte da batalha.

Em agosto, voltamos a Nova York para fazer algumas gravações: "Mary Anne with the shaky hands", alguns *overdubs* adicionais em "I can see for miles" e uma versão de "Summertime blues". Durante esse processo, comecei a questionar pela primeira vez algumas decisões técnicas de Kit; ele tentava me afastar do processo de gravação, mas a essa altura eu conhecia bastante a respeito e tinha muito a oferecer. Considerei amadoras algumas de suas escolhas técnicas. Ele parecia pressionar os técnicos para baixarem seus padrões no sentido de obter mais nível em uma fita máster, provocando distorção e deixando todas as agulhas dos mostradores no vermelho. Por causa disso, muitas de nossas gravações da época não soam tão limpas como deveriam.

Não tínhamos ilusões de ganhar dinheiro nessa turnê. Simplesmente ainda não éramos muito conhecidos e estávamos em papel coadjuvante. Muitos dos shows tinham menos da metade da lotação; outros foram cancelados. Estou certo de que conseguimos alguns fãs no caminho, e provavelmente se espalhou a notícia de que éramos um grupo inglês expressivo, excêntrico. Mas dez minutos no palco, uma bomba de fumaça e equipamento destruído diziam muito pouco sobre o que o Who esperava se tornar.

O que *de fato* esperávamos nos tornar? Minha missão era embelezar as viagens de ácido de uma plateia que não mais se importava quando uma canção começava ou terminava? A canção em si tinha se tornado uma mera frivolidade? Considerem as belas cores. Eu adorava ficar chapado de maconha e ouvir meus dois discos favoritos, *Sgt. Pepper* e *Pet sounds*, e toda vez que os escutava percebia algo novo, mas gostaria de poder dizer que percebia algo importante. Esses dois excelentes discos indicavam o futuro, mas não forneciam ferramentas, códigos ou processos óbvios que levassem a uma porta. Eu desejava mais que apenas uma placa de sinalização apontando para o futuro – o que esses discos significavam para mim.

Brian Wilson dedicou-se a compor uma obra-prima que chamou de *Smile*, mas perdeu-se no transtorno mental e no excesso de ambição. Os Beatles dedicaram-se ao prematuramente abreviado *Magical mystery tour*, que supúnhamos ser a versão em filme de *Sgt. Pepper.* Ambos os trabalhos eram maravilhosos, mas deixavam claro que esses alquimistas do pop tinham fracassado em produzir outra coisa que não ouro: não tinham produzido o amor ou a paixão da Broadway, nem inspirado o humor ou a esperança da poesia beat, do bebop ou de Pete Seeger, com seu barco da paz no rio Hudson.

Enquanto os anos 1960 chegavam ao fim, eu me sentia como o mensageiro de Marte de *Um estranho numa terra estranha*, de Robert Heinlein, que jura que o segredo de toda a existência é simplesmente aprender a esperar.

Minha espera chegou ao fim no lugar mais improvável. Em um quarto de Holiday Inn, numa cidade de Illinois chamada Rolling Meadows – com uma cama vibratória grande demais, uma TV com tela embaçada, lençóis e toalhas que cheiravam levemente a algo quente, mas não exatamente vivo, um terraço que dava para o pátio de uma concessionária de automóveis, gafanhotos cricrilando no mato baixo, um distante trem de carga soando sua buzina, o silvo de pneus de um Buick passando na rua ali perto, a porta de um carro batendo e alguém gritando "Adeus a todos!" –, ouvi a voz de Deus.

Num instante, naquele lugar muito comum e numa hora sem nada de excepcional, eu ansiava por algum contato com uma força superior. Essa era uma epifania singular, solene – um chamado ao coração.

Por que Deus teria preferido esse lugar específico nos Estados Unidos? Porque era novo? Porque era muito ensolarado? Subitamente ficou claro que eu ansiava por uma ligação transcendental com o universo em si e com seu criador. Esse era o momento pelo qual eu tinha esperado. Minha mente vinha sendo iluminada pelos tempos psicodélicos, mas a revelação veio a mim na quietude e na ordem sedutora do Meio-Oeste americano.

Eu estava igualmente atraído por ambos os extremos, ansiando ao mesmo tempo pela vida bucólica tradicional que eu deixara para trás na Inglaterra, uma vida mansa de estudante de arte sincero e dedicado, a qual havia sido interrompida quase antes de começar por uma vida brutalmente apartada do mundo, forçada, dura, na estrada, longe dos amigos e entes queridos.

Enquanto eu fazia progresso em minha busca por sentido, Keith promoveu uma confusão com um bolo de aniversário, um carro, uma piscina, uma lanterna e a cabeça ensanguentada de um jovem fã.

Como foi divertido passar a vida fingindo que era divertido. Na verdade, esse dia sempre foi desagradável para mim, embora tenha se convertido em algo como uma piada apócrifa por todos os envolvidos.

Keith estava determinado a ter uma grande festa de aniversário, estimulado pela faixa do Holiday Inn do lado de fora do hotel: "Feliz Vigésimo Primeiro, Keith Moon". Na verdade, ele tinha apenas vinte. No momento em que cheguei ao salão de festa, o bolo estava espalhado pelo chão, pelas paredes e pelo rosto de Keith. Na piscina, um Lincoln Continental precariamente se equilibrava metade dentro e metade fora da água. Mais tarde, soube que Keith havia soltado o freio e levado o carro até lá. Eu tentava encaminhar Keith (a essa altura, furioso) de volta a seu quarto quando um jovem se aproximou pedindo um autógrafo; Keith atirou uma lanterna nele, atingindo-o na cabeça.

Em seguida, Keith ainda conseguiu perder alguns dentes, e foi somente porque estava no dentista que não acabou preso.

O Who foi banido para sempre dos Holiday Inns.

Paramos em Las Vegas no caminho de casa. Era o aniversário de dezenove anos de Herman. Embora preso ali, no calor abrasador, escrevi algumas letras e gravei três demos em um pequeno equipamento de gravação Wollensack. Eram elas "Tattoo", "Boats are coming in" e "Touring inside US" (citando diretamente uma das primeiras canções dos Beach Boys, "Surfin' USA"). "Tattoo" inspirava-se em acontecimentos recentes na estrada: éramos homens ou éramos alguma outra coisa?

Nos estúdios Gold Star terminamos "I can see for miles", que depois tocamos, com "My generation", em *The Smothers Brothers' Television Show*. Para efeito televisivo, Keith detonou uma exagerada carga de pólvora teatral, explodindo a banda inteira na frente de uma apavorada Bette Davis e um carinhosamente preocupado Mickey Rooney. Meu cabelo pegou fogo, e minha audição jamais foi a mesma. Keith às vezes era um pentelho, ainda que tivesse convertido esse programa de TV em um momento importante na história do pop.

Eu não via a hora de voltar para casa, para Karen, para o apartamento novo e para o novo estúdio em Londres. Mas, como o verão inteiro tinha sido gasto tão dissolutamente, precisávamos nos colocar em dia, o que significava que a banda planejava voltar direto para o estúdio. E, como essas sessões eram pagas, tivemos de fazer muitos shows britânicos ao mesmo tempo. Integramos uma excursão com um bando de grupos pop britânicos com sucessos nas paradas do Reino Unido, como se não tivéssemos aprendido nada em toda a turnê com os Herman's Hermits. Encabeçamos um rol de artistas que acreditavam, todos, que deveriam ser a atração principal: Traffic, The Herd, Marmalade e The Tremeloes, todos com legiões de fãs do sexo feminino gritando por eles do lado de fora, na rua.

Alguém gritaria pelo Who?

Cacete, como eu saberia? Eu ainda estava surdo.

No dia em que retornamos, em setembro, Chris Stamp me pediu para encontrá-lo na sede da Track Records, na rua Old Compton, onde ele me deu a lista de faixas propostas para o novo disco. Levei um choque. Tínhamos "I can see for miles", "Rael", "Mary Anne with the shaky hands", "Our love was", "I can't reach you", "Glittering girl", "Relax" e uma canção de John chamada "Someone's coming"; "Summertime blues" poderia ser colocada na lista tal como a havíamos gravado na turnê. Mas havia pouca coisa relevante, e somente "I can see for miles" parecia uma canção com potencial de sucesso.

Eu tinha composto bem pouco na turnê, tendo passado a depender muito de meu estúdio caseiro para criar. Disse a Chris que não estávamos prontos para lançar o disco; precisávamos de mais canções, e eu precisava de mais tempo longe de Keith e Holiday Inns para compô-las. Chris foi inusitadamente irredutível: aquilo era o que lançaríamos. De repente, percebi que ele estava então administrando um selo com uma programação a preencher, além de gerenciar uma banda. Em certo sentido, ele tinha passado para o outro lado do balcão.

Tirei um tempinho para considerar nosso dilema. Eu tinha composto duas canções que não constavam na lista de faixas de Chris. Havia feito a demo para "Tattoo" no meu quarto de hotel em Las Vegas durante nossas férias de três dias e uma canção chamada "Odorono", assim intitulada por causa de um desodorante. "Odorono" nos levou para a mais perfeita ideia pop de todos os tempos: transformaríamos nosso próximo disco em um veículo de propaganda. Quando ligamos para Kit para explicar, ele ficou tão entusiasmado quanto nós. Sugeri que cobríssemos os intervalos entre as canções com jingles, como se fôssemos uma rádio pirata comercial.

John e Keith compraram a ideia e, inspirados por "Odorono", começaram a compor jingles publicitários para todo tipo de coisas, como creme para pintas Medac, Premier Drums e Heinz Baked Beans. Mas quando o disco estava pronto para ser montado ainda sobrava espaço. A faixa de John também não estava boa, e por isso ele logo produziu uma demo para outra canção chamada "Silas stingy", que, para ser franco, soava igualmente excêntrica. Mas era óbvio que esse seria um disco muito excêntrico.

Roger produziu uma demo para a boa canção chamada "Early morning cold taxi". Ele disse que a havia composto com nosso *roadie* Cy Langston. Nós a gravamos, e ela se tornou uma séria concorrente a ingressar no disco, até que Cy não se conteve e revelou que a fizera sozinho. Quando ouvi isso, conversei discretamente com Roger, pedindo que ele deixasse a faixa para lá. Pensando bem agora, não sei por quê. Não havia nenhum território em jogo. Ainda não era incomum, nem considerado antiético, levar o crédito de composição ou publicação por fazer parte do processo de ajudar um compositor a ter uma canção reconhecida e gravada. Mas fiquei preocupado que Roger ficasse mal caso viesse à tona que ele havia contribuído pouco ou nada para a faixa, e Cy era sabidamente um linguarudo.

Achei difícil entender por que Roger não conseguia mais compor. Quando trabalhei com ele em meu estúdio caseiro em "See my way" para *A quick one*, ele havia sido prolífico. Talvez ele tenha achado muito complicada a tecnologia do estúdio. Se Roger e eu tivéssemos conseguido nos aproximar para trabalhar juntos no estúdio, a carreira do Who poderia ter se estendido um pouco mais. Mas também acredito que Roger gostava muito mais de ser um intérprete, uma voz, um instrumento. As habilidades necessárias para ser Sinatra ou Jack Nicholson são muito diferentes das de um Cole Porter ou um Orson Welles. Quando Roger escolhe o roteiro certo, ele é um gigante. Isso deve bastar para qualquer homem que deseje ser reconhecido como uma força no show business.

Na época, porém, Roger se preocupava com a direção que a banda estava tomando. Esse disco preocupava a todos nós.

Quando a gravação foi reiniciada, acrescentamos "Armenia", uma canção de meu ajudante de campo Speedy Keen. Foi a primeira vez que um forasteiro contribuiu com uma canção original para um disco do Who, e isso não aconteceu de novo. Kit me convenceu a fazer reparos em "Sunrise", balada jazzística que eu tinha composto para mamãe anos antes. Quando a toquei pela primeira vez para ela, não recebi de volta nenhum comentário – nem lisonjeiro nem desdenhoso. Essa é mamãe.

Acabei cantando mais que o normal nesse disco. Keith e John geraram um delicioso caos no estúdio tentando recriar com seus jingles o programa radiofônico de comédia *The Goon Show*. Em dado momento, propuseram um jingle para um revendedor de automóveis, na esperança de ganhar um Bentley em troca. Em vez disso, ele lhes deu algumas fotos pornográficas – temendo que se tratava do tipo errado de revendedor, os dois desistiram do jingle e pararam de atender seus telefonemas.

Chris havia levado o conceito do disco para alguns peixes grandes da publicidade, David King e Roger Law (que mais tarde seria coautor do programa de TV *Spitting Image*). King e Law propuseram o inspirado título *The Who sell out*, com uma ideia para a capa sobre a qual não tivemos informações antes de ir ao estúdio de David Montgomery, em Fulham, para a sessão de fotos. King, Law e Montgomery, contudo, agiam daquela maneira confiante e serena que os diretores de arte adotam quando estão com um sucesso garantido.

A capa seria dividida em quatro painéis, cada membro da banda anunciando um produto. Eu tive de tirar a camisa para "Odorono" e me preocupei em parecer magricelo. Roger teve de se sentar em uma banheira de latão com feijões cozidos quase congelados, generosamente doados pela Heinz. Keith se lambuzou com Medac, mas dessa vez a pinta que ele tratou era falsa (ele tinha mesmo propensão a enormes erupções no rosto). John conseguiu o melhor trabalho, posando com uma modelo loura seminua para um curso de fisiculturismo de Charles Atlas. Tendo recolhido genuínas identificações de estação e jingles da Radio London, Kit produziu rapidamente um sentido de integridade para o disco. Após a montagem e a mixagem final, atiramo-nos na divulgação em rádio e TV, em antecipação ao lançamento.

As resenhas de shows desse período me retratam com um humor constantemente grosseiro, em geral quebrando guitarras, claro, mas também dando cusparadas de raiva. Roger também parecia descontente no palco. Isso pode ter acontecido porque tínhamos nos acostumado a tocar discretamente na turnê dos Hermits e então estávamos de volta a nossos equipamentos britânicos, muito mais barulhentos, ou porque John havia comprado para si amplificadores mais altos. Em todo caso, eu estava feliz por ter voltado para Karen.

Anos depois eu descobriria que, na verdade, lutava contra alguma raiva psicológica que sempre precisara de controle, talvez de tratamento. Mas a raiva também parecia relacionada com um aspecto importante: frequentemente me sentia desvalorizado como artista de palco, sentia que minhas apresentações, por mais iradas que parecessem, eram mal interpretadas. Eu queria que meu trabalho passasse seriedade – inclusive despedaçando guitarras nos shows – e que fosse considerado parte de uma dedicação apaixonada a uma arte cênica em evolução.

Talvez eu estivesse levando a mim e o Who a sério demais, mas o que eu devia fazer? Transformar tudo em piada, simplesmente porque o restante do mundo encarava a música pop e a arte autodestrutiva uma tolice? É possível que nossos públicos não entendessem a importância da autodestruição, mas certamente pareciam experimentar alívio emocional quando quebrávamos nosso equipamento ao final do show. Claro que isso não fazia nada para silenciar nossos detratores, críticos eloquentes que não enxergavam mais longe que a ponta do nariz ao nos desacreditar como vândalos e desordeiros.

"I can see for miles" não subia nas paradas como single, o que foi um choque para mim, que realmente esperava que minha obra-prima nos arrebatasse para a glória eterna. Algumas semanas depois de seu lançamento, o padrinho de Kit, o compositor inglês sir William Walton, escreveu um bilhete congratulando-me pelas ambiciosas harmonias. Dessa vez, Kit havia feito um trabalho maravilhoso de gravação; o teste que trouxemos dos estúdios Gold Star na Califórnia ficou espetacular no lançamento do single em mono.

Entretanto, recebido no Reino Unido com uma reação morna, ele galgava as paradas lentamente. Receei que a Track não o estava promovendo devidamente; se fosse o caso, com quem poderíamos reclamar? Todos víamos a Track como nosso próprio selo na época. O single se saiu melhor nos Estados Unidos, mas ainda foi bem devagar. O quadro financeiro era sombrio. Como eu imaginara, a turnê com os Hermits na verdade havia nos custado dinheiro, uma ocorrência comum no final dos anos 1960 para artistas emergentes, porém desconhecidos. E agora estávamos gastando dinheiro com a gravação.

Nessa etapa de nosso desenvolvimento como grupo, vínhamos sendo definidos como a "banda mais barulhenta da face da Terra", tanto que isso havia se tornado parte de nossa identidade. Depois começamos a ouvir que o Vanilla Fudge havia nos eclipsado: eles tinham encontrado uma maneira de amplificar um órgão Hammond até os decibéis sonoros da guitarra de rock – quando tocavam em edifícios velhos, caía estuque do teto.

Estávamos realmente transtornados com isso. Por bobagem, fiquei um tanto raivoso. Tínhamos um show agendado no Saville Theatre, de Brian Epstein, com o Vanilla Fudge em outubro, e comecei a fazer declarações à imprensa de que tínhamos um truque especial na manga. Agora consigo ver que eu estava com medo de outra experiência *tête-à-tête* como a vivida com Jimi Hendrix Experience. Acabou que nos comportamos dessa vez como crianças de escola, enquanto o Vanilla Fudge de fato trouxe o teto abaixo; o prédio foi condenado logo depois. Embora eles fossem sensacionais ao vivo e o seu volume de órgão no palco provavelmente continue insuperável, o Vanilla Fudge não era Jimi Hendrix.

Pobre Jimi. Alguém deve ter dito a seus empresários que o Who tinha alcançado um público enorme ao viajar com os Herman's Hermits (errado!), de modo que o convocaram para abrir para os Monkees. Hoje é fácil esquecer o quanto os Monkees eram grandes na época. O disco deles tinha sido o número um em todo o verão, e sua série de TV – de que até os intelectuais mais sérios pareciam gostar – foi um sucesso enorme. Mesmo assim, a combinação deles com Jimi não é fácil de imaginar.

No Who, percebemos que precisávamos de algo muito especial se quiséssemos ter êxito em um sentido maior. Pessoalmente, eu estava perdido quanto ao que poderia ser esse "algo", e ninguém mais em nosso grupo criativo parecia ter uma resposta.

"Após perder um tempo precioso", escrevi no dia 4 de outubro de 1967, pouco depois da sessão de fotos para *The Who sell out*, "acho que é hora de uma verdadeira reformulação".

Regressamos aos Estados Unidos para uma breve turnê para comemorar o nono lugar de "I can see for miles" nas paradas, com a esperança de que o disco subisse mais. Provavelmente foi nossa participação em *The Smothers Brothers Show* o que mais contribuiu para o sucesso, mas Monterey também não tinha atrapalhado. Talvez a turnê com os Hermits tenha ajudado um pouco também – quem sabe? Em alguns shows abrimos para Eric Burdon and The Animals e The Association. Havia mais público e arrecadação, porém novamente achei que estávamos apoiando artistas inferiores a nós.

Em Nova York, encontrei-me uma noite com meu amigo Danny Fields no apartamento dele. Eu estava muito cansado, mas não conseguia dormir, e Danny me deu uma pílula, provavelmente um Mandrax, droga sedativo-hipnótica. Acordei no meio da noite, ainda em transe, com as mãos de Danny por todo o meu corpo, porém não o repeli. Gostei do que ele fazia, mas não o deixei me comer.

Quando saí de manhã, caminhando pelas ruas cheias de trabalhadores – um dos quais me acenou com um toque na aba do chapéu quando eu passava –, percebi que tinha cometido um erro. Eu queria me sentir à vontade com uma vida sexual não convencional e percebi que provavelmente era bissexual. Não havia por que se envergonhar disso – supostamente John Lennon havia contado a amigos comuns suas próprias experiências –, mas, mesmo assim, me sentia incomodado e hipócrita: eu não era gay o bastante para ficar à vontade com meus sentimentos homoeróticos.

A gravadora teve de esperar até dezembro para fazer o lançamento com as liquidações das marcas mencionadas em *The Who sell out*. Apesar da ambição do projeto, algum material precário – canções que careciam de força – foi incluído no pacote. Como *Magical mystery tour* dos Beatles, nosso disco parecia potencialmente brilhante, mas, em última análise, era inconclusivo. Quando finalmente foi lançado, tornou-se o álbum de venda mais lenta do Who no Reino Unido até então. Ficamos temerosos de ter negligenciado nossos fãs britânicos.

Algo interessante foram os shows universitários que fizemos nessa época – um novo tipo de apresentação que mudaria as coisas para a banda no futuro próximo. Mas, à medida que o Natal se aproximava, sentia-me deprimido. Chris ficou brevemente entusiasmado quando, por um momento, pensou ter arranjado um projeto de filme norte-americano de humor negro para a banda se lançar no cinema, mas não deu em nada. Houve até uma conversa sobre uma história em quadrinhos com o Who. Nosso *brainstorm* obviamente ainda acontecia na Track Records, mas foi difícil para mim obter muito consolo com aquilo.

Karen e eu nos estabelecíamos na rua Ebury, porém ali também tive um revés. Vínhamos nos empenhando em encontrar uma faxineira – todas insistiam em ver uma certidão de casamento antes de se comprometerem a trabalhar para jovens casais descolados –, por isso, quando encontrei pela primeira vez nossos amistosos vizinhos, solicitei sua ajuda e disse a eles que éramos casados. Levei Karen a um de nossos restaurantes locais favoritos, onde confessei o que eu havia dito. Será que precisávamos nos casar para sobreviver como membros da sociedade elegante?

Sentamos à mesa um de frente para o outro, comemos uma ótima refeição, bebemos uma boa garrafa de vinho e decidimos nos contentar – por enquanto – em fingir.

11
VIAGEM FANTÁSTICA

Uma mudança sutil no modo como Karen e eu nos relacionávamos me fez avaliar a situação com seriedade. Se algum dia eu iria ser marido e pai, não apenas brincar disso, precisava assegurar que o Who sobreviveria às mudanças que assolavam a indústria pop. Talvez tivesse de ser menos sério sobre a arte e mais pragmático sobre como vender discos aos milhões. Eu também tinha um senso agudo de responsabilidade e dever para com os membros da banda e nossa equipe, que, ao contrário de mim, não tinham a renda de direitos autorais a qual recorrer. Meu trabalho era compor os sucessos, e eu não vinha conseguindo apresentá-los.

Entretanto, eu acreditava que tudo o que tinha feito até aquele ponto – cada destruição de guitarra, cada traje estúpido, cada pretensiosa noção artística apropriada ou deixada de lado, cada linda garota a quem me recusara a responder por razões confusas de orgulho, pouco amor-próprio, moralismo ou lealdade para com Karen, cada experiência maluca intentada por prazer sexual ou diversão – tinha conspirado para me preparar para uma ofensiva maior sobre a indústria pop. Eu também acreditava que o público do Who gostaria de trabalhos mais longos, embora soubesse que isso significava brigar com as gravadoras, o pessoal de RP, a imprensa, promoters e nossos empresários, os quais tentavam me persuadir a manter as coisas simples e economicamente eficientes.

O Who tinha trabalhado incessantemente durante quase quatro anos e desfrutado do sucesso de vários singles. Eu havia mergulhado fundo em minha história pessoal e produzido um novo tipo de canção que, aparentemente, parecia pop rasteiro, mas no fundo poderia estar cheia de psicose sombria ou ameaça irônica. Tornei-me perito em conectar canções pop em série. No entanto, a banda precisava de uma grande compilação dessas canções para ascender no ramo musical em uma época em que o público expandia sua consciência coletiva e o LP tomava o lugar do single.

Tendo a acreditar que comecei a compor aquilo que acabaria se tornando *Tommy* por puro desespero. Mas somente em parte isso é verdade. Eu sabia que não funcionava mais apenas querer atender ao público jovem, o que me preocupava. Porém, tendo acabado de visitar a Califórnia, eu também sabia que as plateias pop começavam uma busca espiritual, como eu começara. Eu podia compor histórias e ver claramente dramas teatrais em minha imaginação. Ainda testaria se conseguiria realizá-las. Mas comecei a pensar sobre um projeto do qual eu não permitiria que ninguém me desviasse.

Karen e eu nos tornamos bons amigos do baixista Ronnie Lane e de sua namorada Susie. O cara mais chegado a Ronnie era seu colega do Small Faces, Steve Marriott. Ronnie gostava da mesma música que eu, curtia beber e fumar um baseado, era engraçado, sincero, artístico, criativo, talentoso e realista. Em certos aspectos, era da zona leste, tal como eu era um típico londrino da zona oeste. Nós nos dávamos bem, discutíamos muito, ríamos muito, podíamos até chorar juntos às vezes; era uma relação masculina moderna. Ele também foi o primeiro amigo que ouviu sobre meu interesse em Meher Baba sem rir de mim pelas costas.

De início, fui reticente quanto a entrar de cabeça na comunidade de Meher Baba, e Karen também tinha reservas. Ela ainda fazia parte do cenário hippie londrino, à luz do qual a rede de Meher Baba parecia pequena e estranha. Mesmo nossas pequenas reuniões em favor de Meher Baba eram excêntricas, com nosso anfitrião Mike McInnerney em sua escrivaninha pintando sob uma única lâmpada incandescente, enquanto sua esposa Katie punha para tocar discos de Van Morrison e preparava guisados gordurosos de urtiga. Havia gatos por toda parte, e eu espirrei o tempo todo durante nossa longa amizade com os McInnerneys. No entanto, fui poderosamente atingido pela sensação de que todos aqueles que havia encontrado relacionados a Meher Baba pareciam ser pessoas que eu conhecia de alguma outra vida, de outro lugar misterioso diretamente ligado à minha subjetividade.

Meher Baba nascera em 1894 e ainda estava vivo na época em que tomei conhecimento dele, morando em Ahmednagar, na Índia, onde um de meus heróis da adolescência, Spike Milligan, tinha crescido. Essa coincidência parecia um bom sinal. Meher Baba era filho de persas. Aos dezenove anos, conheceu uma velha chamada Hazrat Babajan, reputada como um dos cinco "Mestres Perfeitos". O beijo que ela lhe deu na testa liberou o destino do jovem, e ele se tornou Deus realizado. Quando ouvi essa história pela primeira vez, lembro-me de ter pensado que o muito imitado, mas inigualável, comediante inglês Tommy Cooper teria dito: "Deus realizado! É exatamente isso!". Achei a história difícil de entender.

Em 1925, Meher Baba decidiu parar de falar, embora continuasse a se comunicar utilizando um quadro do alfabeto e linguagem de sinais, bem como ensaios, livros e poesia. De 1931 em diante, ele fez dezenas de viagens ao Ocidente, fundando grupos, projetos e missões, especialmente nos Estados Unidos, país que ele afirmava ser o cadinho espiritual do futuro.

Nos anos 1930, em uma de suas primeiras visitas à Inglaterra, Meher Baba visitou a mãe de Delia DeLeon, jovem atriz e uma de suas primeiras discípulas britânicas, no hotel Star and Garter, em Richmond, onde ela residia. O hotel tem uma vista de toda a planície inundada entre Ham e Isleworth, com o Castelo de Windsor visível bem ao longe. Meher Baba parou em um terraço apreciando a paisagem por muito tempo. Quando entrou no aposento, Delia lhe perguntou o que tinha observado. Ele disse que estivera apenas planejando seu trabalho espiritual para os próximos duzentos anos.

Até 1967 Delia manteve unido um grupo de seguidores que chamavam a si mesmos de amantes do Mestre, com reuniões ocasionais na Poetry Society – da qual muitos membros, desesperançados com a política nos anos 1930, já tinham começado a olhar para o Oriente em busca de alternativas ao imperialismo e suas guerras. Quando Michael McInnerney trouxe uma delegação de jovens para uma reunião do grupo, Delia, aos 66 anos, subitamente soube por que o mestre que seguira por 35 anos havia insistido para que ela ficasse na Inglaterra e aguardasse suas ordens.

Os seguidores de Meher Baba falavam em reconhecer de imediato seu rosto, ou de sentir alguma ligação profunda com ele. Para mim, a química foi com aqueles que já o seguiam. Pareciam ser pessoas boas fora do comum, em termos políticos e sociais. Delia me disse que Tom Hopkinson, editor da

Picture Post, equivalente britânico da revista *Life*, seguia o Mestre. Isso foi importante para mim. Eu tinha crescido com a *Picture Post* e confiava na integridade de Tom. Encontrar pessoas racionais e inteligentes abertas a ideias espirituais me deu confiança para abordar diretamente aquilo a que o público do Who poderia responder melhor. E eu podia fazer isso sem me sentir um hippie. Coloquei uma cópia do livro de Charles Purdom, *The god man*, na bagagem para uma rápida turnê pela Austrália e Nova Zelândia, que The Who e Small Faces haviam programado para janeiro de 1968.

Quando recebi minha passagem para Sydney e vi que era de classe econômica, dei meia-volta para pegar um táxi do Heathrow para casa. Tinham nos prometido lugares de primeira classe. John Wolff (conhecido como Wiggy), nosso gerente de produção, veio atrás de mim, persuadindo-me de que se todos ficássemos juntos o voo passaria rápido. Wiggy tinha a tarefa de nos levar para os shows; embora não fosse sua culpa, o voo era assustador, com quatro paradas longas pelo caminho. Quando chegamos, esmigalhados após 36 horas de viagem, ficamos surpresos por encontrar um grupo agressivo de jornalistas que nos havia preparado uma inquisição. Roger usava um grande crucifixo na época, e um dos repórteres, visivelmente embriagado, chamou aquilo de hipocrisia religiosa. Fui questionado por parecer desleixado: "Você não pode nem escovar o cabelo para encontrar seus jovens fãs?". Não existia nenhum jovem fã em parte alguma, apenas aqueles idiotas, recém-chegados de uma longa passagem pelo bar.

Foi um choque para o qual poderíamos ter sido preparados: artistas muito mais convencionais que nós haviam sofrido destino similar. Os shows se mostraram tão difíceis quanto nossas viagens fajutas e insossas à Suécia. Dessa vez, tínhamos nossos grandes amplificadores e guitarras, mas não o grande sistema de PA que usávamos na Inglaterra para passar os vocais de Roger. O som não era bom. Quando começamos a quebrar equipamentos, os técnicos em cada local de show pareciam completamente surpreendidos, e os jornais começaram uma feroz campanha de ridicularização.

Na verdade, não demos a mínima. Os auditórios quase sempre lotavam, e nos divertíamos muito. Eu gostava de sair com Ronnie Lane. Steve Marriott conheceu uma garota encantadora chamada Rosie, e, quando conversamos, ela me perguntou sobre meus interesses pessoais. Quando contei que tinha decidido me tornar discípulo de um mestre indiano quase desconhecido chamado Meher Baba, ela disse: "Ah, claro. Eu também sou". Ela tirou do bolso e me deu um pequeno broche com a imagem dele.

Fiquei atordoado. Não fazia ideia de que Meher Baba tivesse feito várias visitas à Austrália – e então soube que lá havia vários centros do Mestre bem estabelecidos. Aquilo parecia extraordinário demais para ser coincidência e consolidou duas ideias defasadas em minha cabeça: que eu tinha feito a escolha certa em Meher Baba e a escolha errada em Karen, pois tinha diante de mim uma garota muito sensual que compartilhava plenamente meu novo entusiasmo espiritual. Como era de esperar, Rosie e eu acabamos dormindo juntos. Eu estava muito impressionado com ela, para quem compus uma canção (a qual nunca toquei para ela) chamada "Sensation".

She overwhelms as she approaches
Makes your lungs hold breath inside
Lovers break caresses for her
Love enhanced when she's gone by

[Ela arrasa enquanto se aproxima
Faz seus pulmões prenderem o fôlego
Os amantes soltam carícias por ela
O amor aumenta quando ela se vai]

Os fãs do Who reconhecerão a letra: adaptei-a com uma mudança de gênero para usá-la em *Tommy*.

Em um voo de Sydney até Melbourne, a comissária de bordo ficou incomodada conosco e, quando passou com o carrinho de café pelo corredor, não serviu ninguém da turnê. Quando o cantor inglês Paul Jones reclamou, ela disse que pensava que tínhamos nossas próprias bebidas, apontando para o músico australiano sentado próximo a mim, bebendo feliz sua própria cerveja. Quando Jones se irritou, ela correu para reclamar com o piloto, que saiu da cabine parecendo bravo e decidido. Claro que ele ficou do lado dela, dizendo-nos que assim que o avião aterrissasse seríamos detidos.

A verdade não renderia um capítulo muito interessante na história do rock 'n' roll, por isso, ao ser recontada na mídia, acabei me tornando a figura principal do incidente no avião. De fato, comecei a falar primeiro quando fomos detidos pela polícia depois da aterrissagem: desafiei-os a nos prender ou a nos deixar partir. Eles nos deixaram partir. Alguns dias depois, recebemos um telegrama do primeiro-ministro australiano informando-nos que, devido ao nosso mau comportamento, nossa arrecadação da turnê seria retida para indenizar os supostos danos. Ele também solicitou que nunca mais retornássemos à Austrália.

A notícia de nosso "mau comportamento" nos precedeu na Nova Zelândia. O gerente do hotel em Wellington nos advertiu, logo na chegada, de que não toleraria nenhum disparate. Como o serviço de quarto – e até mesmo uma tigela – foi negado, comi na pia o cereal matinal que comprei na loja da esquina.

Houve momentos mais leves. Steve Marriott fez uma festa de aniversário e decidiu dar uma de Keith Moon, atirando um televisor da varanda. O aparelho aterrissou na calçada no mesmo instante em que passava uma viatura. Os policiais foram diretamente para o nosso quarto, e abrimos a porta pensando que estávamos fritos. Para nossa surpresa, eram caras bem-humorados, nem mencionaram o televisor, desejaram um feliz aniversário a Steve e nos deixaram uma caixa de cerveja, para que "não pensássemos que os Kiwis eram tão inóspitos quantos os malditos Ozzies".

Quando nos preparávamos para ir da Nova Zelândia ao Havaí, Rosie desabou. "Todos me deixam para trás quando vão para casa." Eu estava infeliz também, embora furioso por ela ter usado a palavra "todos". Quando cheguei em casa, decidi que, em conformidade com nosso novo acordo – tínhamos prometido ser pelo menos absolutamente honestos –, deveria contar a Karen o que tinha acontecido. Em algum nível, eu provavelmente esperava que isso lhe fosse passar a mensagem de que eu não daria um bom marido e que talvez ambos devêssemos fazer outros planos.

Quando perguntei a Karen se podia falar sobre algo muito importante, ela se sentou no Trono do Mandarim Soo Choo, uma imponente poltrona de vime da Liberty's, um dos primeiros móveis que tínhamos comprado juntos para nossa casa nova. Ela se acomodou com as pernas cruzadas, parecendo realmente régia, para não dizer magnificente. Quando comecei a balbuciar, ela apanhou algo de seu colo. Era uma carta. Soube na mesma hora que era de Rosie. Em um instante, Karen havia derrotado o trunfo de minha confissão voluntária com seu próprio perdão. Não houve nenhuma grande moratória, nenhuma declaração ou intimidação dramática. Implícita na conversa tensa que se seguiu estava a expectativa de que agora pararíamos de fingir e nos casaríamos.

Pode parecer que concordei em me casar por culpa, mas, de fato, para mim era importante fixar-me na realidade de minha vida em Londres. A Austrália estava muito longe. Eu tinha sido tolo. Minha futura esposa era linda e inteligente, e tínhamos uma boa vida juntos. Isso não diminuía o prazer de meu namorico com uma garota exótica no outro lado do mundo, mas agora eu estava em casa, olhando para Karen, e me senti um sortudo danado por tê-la.

Eu tinha certeza de que as estações de rádio nos Estados Unidos adorariam *The Who sell out* – afinal, era um tributo ao seu poder e influência. Mas Joe Bogart, diretor da WMCA, a maior estação de rádio de Nova York, disse que nosso disco era "repugnante" e que tinha "sérias dúvidas de que alguém iria tocá-lo". Parecia que, mais uma vez, eu me equivocara.

Enterrando-me no trabalho, trazia meus irmãos Paul e Simon ao meu estúdio – ambos estavam ansiosos para ser músicos – e os gravava. Também gravei uma pequena joia de canção no estilo de Brian Wilson em *Smiley smile* chamada "Going fishing", sugerindo que até uma sardinha pode nos passar uma sabedoria valiosa se nos dispusermos a ouvi-la. Eu estava ficando meio mole. Fui a uma corrida de galgos com Chris Morphet, o que me rememorou minha infância com papai em White City. No aconchego da vida doméstica, compus duas canções, "Dogs" e "Welcome", esta última sobre o valor dos amigos. Quando toquei a demo para Richard Stanley, que se hospedara conosco por algumas semanas, ele achou que a canção era um convite velado para que participasse comigo de um *ménage à trois*.

O Who entrava e saía de sessões de estúdio nos primeiros meses de 1968, Kit como sempre empenhado em juntar algo do nada. Eu lidava bem com isso, mas estava secretamente planejando varrer toda essa tolice para o lado – e logo.

Fizemos de novo uma turnê pelos Estados Unidos no final de fevereiro, de ônibus. Em meu caderno, escrevi o primeiro esboço do que se tornaria *Tommy*. Fui alguns dias antes de nossos primeiros shows na Califórnia para encontrar Rick Chapman, que de Berkeley operava o Meher Baba Information. Ele me levou para nosso primeiro show em San José em seu velho e enorme

Lincoln Continental 1959. No caminho, explicou que Meher Baba incluía a maconha entre as drogas que desejava que os verdadeiros discípulos parassem de consumir, por isso comecei a me desabituar dela.

Rick fumava pequenos cigarros indianos chamados bidis, que usei durante muitos anos como substituto da maconha. Tinham um cheiro asqueroso, e o sabor era quase tão ruim quanto, mas o teor de nicotina era enorme. Ficamos na América do Norte até abril e fomos ao Canadá pela primeira vez, encontrando mods de verdade pilotando scooters em Edmonton e cerveja inglesa autêntica em Toronto.

Eu já estava entediado com a vida de turnê em ônibus, apesar de alguém na banda certa vez ter trazido uma garota extremamente bonita, efervescentemente doida. Keith tirou toda a roupa dela, amarrou-a em uma poltrona com fita adesiva e fingiu estuprá-la. Quando intervim, preocupado, foi ela quem me disse "cai fora".

A garota pintou o sete no ônibus, nua, durante sete horas entre Toronto e Edmonton, e eu estava bastante excitado. Quando chegamos ao hotel e ela bateu na porta do meu quarto, minha vaidade me venceu. De fato, Keith e John, que achavam que eu era muito presunçoso em relação a groupies, tinham pagado cem dólares para ela dividir sua gonorreia comigo.

Ela era magnífica. Fizemos um sexo espetacular. Peguei a doença, claro, e tive de tomar injeção. Mas não tinha como ficar com raiva. Essa era a "folia" do rock 'n' roll e, de certo modo, fiquei contente por ter sido incluído.

Karen Astley e eu nos casamos em 20 de maio, no dia seguinte ao meu aniversário. A festa foi realizada na casa de campo dos pais dela. Richard Stanley saltou na piscina de roupa, mas Keith Moon se comportou bem. Mamãe vestiu um chapéu perfeito. Linda e Lesley, duas jovens fãs mod, foram as únicas penetras.

O chofer do velho Rolls-Royce que contratei para o casamento era meu tio-avô Pat Dennis, irmão mais novo de vovô Maurice. Eu o conheci no momento em que estávamos a caminho da festa, quando ele se voltou e gritou uma saudação pelo vidro. Ele ficou extremamente bêbado na festa e, no fim da noite, tive de levá-lo para casa no Rolls.

Reduzi a bebida e parei de fumar maconha. Certamente eu estava mudando. Kit tinha um terrível desdém pelo meu interesse em Meher Baba e começou a fazer piadas sobre Karen e eu morarmos juntos em nossa nova casa georgiana em Twickenham, chamando-nos de Lord e Lady Townshend. Contou que, outro dia, estava debaixo de chuva esperando um táxi e nos viu passar direto por ele em meu Lincoln Continental, enquanto agitava os braços para chamar nossa atenção.

Em junho, no aniversário de Karen, comprei para ela um filhote de spaniel chamado Towser. Todos sabemos o que a aquisição de um cachorrinho significa para um jovem casal, e, com efeito, logo depois ela engravidou. Uma vida com crianças não era como Kit concebia um plano bem traçado. Ele achava que isso significaria o fim de minha carreira no Who. Em retrospecto, eu devia pelo menos ter esperado o caos que se seguiria.

Um dos importantes documentos a que me referi ao escrever *Tommy* era um diagrama que esbocei sobre o início e o fim de sete jornadas envolvendo renascimento. Eu buscava duas proezas ambiciosas ao mesmo tempo: descrever a relação discípulo/mestre e, em uma saga de reencarnação inspirada em Hermann Hesse, conectar as sete últimas vidas desse discípulo em um drama lírico que terminava em redenção espiritual. Em "Deaf, dumb and blind boy" [Menino surdo, mudo e cego], tomei emprestado ensinamentos de Meher Baba para apoiar ideias que vinha experimentando durante o ano anterior de psicodelia.[4]

Toda vez que a criança/discípulo Tommy renasce, volta com nova sabedoria interior, mas mesmo assim sua vida está cheia de luta. Como a ignorância do menino sobre seu crescimento espiritual é uma espécie de deficiência, decidi que meu herói surdo, mudo e cego podia ser autista. Desse modo, quando quis demonstrar o momento glorioso de sua realização divina, bastou simplesmente restabelecer a meu herói o uso de seus sentidos. Era um bom plano; a privação sensorial do menino funcionaria como símbolo de nosso próprio isolamento espiritual cotidiano.

No momento em que comecei a juntar o que precisava para dar sentido à minha história, o Who partiu em uma extenuante turnê pelos Estados Unidos, e, nesse processo, perdi um tempo precioso. Tinha conversado sobre ópera-rock com todos os que se dispuseram a escutar e, embora tivesse certeza de

[4] Mais detalhes sobre a gênese de *Tommy* podem ser encontrados em www.thewho.com.

que, como aconteceu com o *feedback* de guitarra, muitos outros namorassem a mesma ideia naquela época, esperava que seríamos a primeira banda de rock com um trabalho temático de porte. Mas, quando começamos a turnê, eu soube que isso não aconteceria.

Algumas fotos da turnê me mostram saltando a mais de um metro no ar com uma guitarra Les Paul e usando coturnos Doc Marten. Eu estava em ótima forma, e isso era uma coisa boa também, pois nos anos que viriam minha constituição de ferro e meu corpo atlético, adquiridos somente no palco com o Who, seriam minha única proteção contra os efeitos do abuso de álcool e do excesso de trabalho. Keith, igualmente em forma pelo trabalho de palco, tinha passado a ingerir complexos coquetéis de álcool e drogas. Um dos grandes consolos de estar em uma turnê chata era que, na maior parte do tempo, Keith era engraçado demais, tal como Wiggy, nosso produtor, que tinha sido promovido do cargo de chofer de John e Keith.

Pobre Wiggy. Seu pior momento foi a tentativa de nos levar de avião de Calgary até Saskatoon, no Canadá. No voo de linha, os carregadores não tinham conseguido acomodar nosso equipamento de palco no compartimento de bagagem. Passamos então o dia inteiro sem comer nem beber, esperando um velho avião de carga fretado para nos levar ao show com nosso equipamento. Quando chegamos lá, o público, mantido na espera durante quatro horas por um promoter nada disposto a devolver o dinheiro do ingresso, observou nosso grupo se dirigir tristemente para o palco para despachar meia hora de show, no qual, por ironia, usamos equipamento de som alheio. Por anos depois disso, Wiggy nos fez gargalhar com a simples menção ao show de Saskatoon – o que era um pouco injusto, na verdade, considerando quanto o público tinha sido paciente e compreensivo.

"Magic bus" foi lançada no final de julho nos Estados Unidos. No princípio não foi muito bem, mas depois se tornaria a canção mais solicitada em nossos shows, ao lado de "Boris the spider", de John. Em Detroit, me encontrei novamente com meu velho amigo da escola de arte Tom Wright, que então administrava o Grande Ballroom de lá. Ele morava na antiga pista de patinação, lavava seus moletons na pia do banheiro, comia atum na própria lata e nos emprestou patins para que deslizássemos pela enorme pista.

Fizemos vários shows com The Troggs, cujo single de sucesso "Wild thing" tinha sido emprestado de Jimi Hendrix. Um show com os Doors marcou a primeira vez que encontrei Jim Morrison, que foi atencioso, mas estava muito bêbado. Durante o show deles, uma menina subiu correndo no palco e tentou tocar o rosto de Jim. Ele se assustou e se equivou subitamente. Dois seguranças interpretaram mal a situação e atiraram a menina contra a barra de proteção, ferindo-a no rosto. Jim a içou de volta, e ela foi levada aos bastidores, onde outras pessoas e eu tentamos confortá-la. O incidente se tornou a inspiração para minha canção "Sally Simpson", de *Tommy*.

Na Califórnia, conheci um grupo inteiro de seguidores locais de Meher Baba graças a meu amigo Rick Chapman. Fiquei surpreso ao ver como eram numerosos. Eles não tinham sofrido lavagem cerebral, nem eram obviamente religiosos. Tinham levado uma vida dura, tomado drogas, feito muito sexo e decidiram se regenerar para seguir Meher Baba. Era um bando confuso, geralmente excêntrico (o que considerei positivo) e também muito verdadeiro. Quanto mais adeptos eu conhecia, e mais aprendia sobre Meher Baba, mais me convencia de ter encontrado um mestre genuíno.

Certa noite, em São Francisco, estive com Jann Wenner na casa de Jack Casady, do Jefferson Airplane. Jack e seus amigos cheiravam cocaína, enquanto Jann estava lá com seu amigo Boz Scaggs. Compartilhei minhas ideias sobre *Tommy*, aproveitando a oportunidade para repassá-las em minha cabeça.

"É uma história sobre um menino que nasce surdo, mudo e cego, e o que acontece com ele ao longo de sua vida. O menino é tocado por The Who. Ele é representado musicalmente por um tema que tocamos, que inicia a ópera em si, seguido de uma canção que o descreve. Mas tudo gira mesmo em torno do fato de que o menino existe em um mundo de vibrações. Isso permite que o ouvinte fique profundamente atento ao menino e a tudo o que ele é, porque ele está sendo criado pelas vibrações da música da banda à medida que tocamos".[5]

"É uma coisa muito complexa", disse eu, "e não sei se estou conseguindo passar."

Jann me garantiu que eu estava. Conversamos muito noite adentro. Ele gravou o que eu disse e publicou tudo um mês depois, distribuído por duas edições da *Rolling Stone*, a mais nova revista de São Francisco.

[5] A transcrição completa da entrevista com Jann Wenner está em www.thewho.com.

* * *

Em setembro de 1968, Karen e eu nos refugiamos em nossa nova casa em Twickenham. Durante os primeiros meses em que moramos lá, apaixonamos-nos inúmeras vezes pelo lugar. A casa tinha sido construída por volta de 1745. Sua estrutura era aconchegante e tradicional. Sobre o anexo de uma cozinha estreita, uma pequena antessala foi transformada em meu novo estúdio. A casa era pequena, e eu mantinha toda a minha tralha no porão. Tive de me acostumar a trabalhar em meu estúdio em condições precárias, com recursos limitados, mas Karen e eu estávamos felizes.

No inverno de 1968 experimentamos nossa primeira inundação séria. Uma chuva pesada tinha aumentado o volume do Tâmisa, que alcançou as janelas minúsculas do porão, e a água começou a se precipitar para dentro. Na rua, carros ficaram submersos, alguns sendo arrastados rio abaixo. As pessoas entravam em pânico, tentando salvar seus automóveis ou o que estava dentro deles – em alguns casos terríveis, seus filhos ou bichinhos de estimação. Eu estava em casa na hora, e em parte havia me preparado para o dilúvio, mas ficamos sem eletricidade durante a pior parte da inundação, e a água continuou a entrar.

A situação impossibilitou continuar meu trabalho normal de estúdio ou mesmo guardar meus instrumentos com segurança. Isso gerou em mim um estado de ânimo quase apocalíptico por várias semanas – previam-se mais enchentes, e uma delas tomou o porão novamente, dessa vez sem causar danos porque havíamos tirado de lá os objetos de valor. O tom bastante otimista de meus primeiros esboços de *Tommy*, com o herói buscando encontrar uma passagem através dos planos espirituais e reunindo afetuosos seguidores enquanto prosseguia, foi substituído por uma visão mais dura, mais próxima das pesadas lições do herói Sidarta, de Herman Hesse, aos pés do barqueiro.

Era esperar muito dessa casinha que ela fosse um lar e, ao mesmo tempo, um estúdio de gravação funcional. Meu kit de gravação estava agora espremido em uma extremidade da minúscula antessala, que eu havia transformado em minha sala de controle. No extremo oposto, meu piano de armário Bechstein – alugado da Harrods – mal cabia na parede dos fundos. Eu tinha em casa o mesmo sistema de som usado na estrada: as caixas de alto-falantes Sound Dimension originalmente se destinavam a ser usadas com órgãos, capazes de adicionar gloriosos efeitos retumbantes, bem como uma qualidade misteriosa ao violão. Às vezes, a casa inteira vibrava com o som das gravações. Meus vizinhos da frente estavam fadados a passar os próximos quatro anos escutando minhas demos e gravações experimentais, mas eles eram modelos de perfeição e não reclamaram nem uma só vez.

Um ano se passou desde que eu tinha apresentado a ideia de compor um ciclo de canções coeso, autônomo, com um tema espiritual. Embora estivesse trabalhando depressa e efetivamente produzindo canções em meu novo estúdio, sentia-me tiranizado por Kit. Assim que uma sessão de gravação estivesse ajustada, tivéssemos um som e ganhássemos algum ímpeto, tínhamos de voltar para a estrada.

A essa altura não ficaríamos mais sem grana. Nossos empresários muitas vezes diziam estar pagando pela destruição de nosso equipamento. Não estavam. Em todo caso, uma guitarra esmagada a intervalos de poucos dias acrescentaria apenas umas centenas de libras à conta. Se o custo financeiro de nosso número final de palco era muito exagerado, eu pagava por minhas guitarras com dinheiro de meu próprio bolso, enquanto Keith obtinha a maior parte de sua bateria quase de graça do fabricante, uma companhia inglesa chamada Premier.

Nossos empresários também culpavam Keith por despesas excessivas. De fato, ele retirava grandes quantias em dinheiro sempre que podia, mas tinha de pedir permissão. Kit era igualmente esbanjador e impulsivo. Mas o caos financeiro em torno da banda se devia a todos que trabalhavam à nossa volta e atrás de nós. Não era apenas em função dos membros do Who.

Kit e Chris abriram uma conta nas Bahamas para nossos ganhos no exterior. Meu sogro, o compositor Edwin Astley, foi sócio de um dos primeiros refúgios fiscais estrangeiros chamado Constellation. Esse arranjo permitiu a Edwin Astley autonomia para escolher seus trabalhos na televisão e levar uma vida confortável em uma Inglaterra que cobrava os impostos mais elevados do mundo. Nosso próprio esquema era uma atualização do Constellation, tornando-nos empregados de uma companhia de serviços que nos agendava turnês no exterior. O lucro após uma turnê estrangeira podia ser desembolsado de modo a conseguirmos a melhor alíquota tributária em casa. Infelizmente, nessa época nunca sobrava nenhum lucro a ser tributado.

Se tivesse sobrado, nosso objetivo não era trapacear o governo. Queríamos apenas que os ganhos inesperados de nosso trabalho no exterior fossem tributados como renda ao longo do tempo. Como eu digo, isso tudo tinha sido teórico, mas, quando começamos a gravar *Tommy* – que logo assumiu uma forma promissora –, comecei a ter a impressão de que em um futuro próximo eu precisaria de toda assessoria financeira que pudesse conseguir.

Muitas celebridades na música simplesmente optaram por deixar a Inglaterra, e não se tratava apenas de imposto: os Estados Unidos eram o principal mercado mundial para a música e, no fim das contas, o país onde o rock 'n' roll tinha começado. Considerei também me mudar para os Estados Unidos, mas não queria sair de casa. Tudo o que sou e fiz por mim mesmo, todo meu trabalho artístico, estava enraizado no estilo de vida britânico, nas duas guerras mundiais e no dano subjacente que haviam provocado em quatro gerações. Eu sabia que nunca deixaria a Inglaterra. Minhas raízes eram fundas demais.

Ronnie Lane e eu visitamos Mick Jagger enquanto ele gravava no Olympic Studios, para desenvolver uma ideia sobre a qual tínhamos conversado. Eu queria embarcar em uma grandiosa turnê de rock com todos os meus amigos. Era a fantasia que eu cultivara quando criança: ônibus de excursão com cinemas, piscinas e salas de recreação. Ronnie sonhou com algo mais rústico: barracas, lama e companheirismo desordeiro. Mick sempre havia sonhado em viajar em um circo, com animais, trapezistas, espetáculos para as massas. Depois de uma hora lançando ideias, ficou claro que aquilo só seria possível com uma quantidade extraordinária de equipamentos e a mais incrível organização. Simplesmente podia não ser viável.

Quando o Who, mais tarde, em junho, tocou no Shrine em Los Angeles, tivemos uma pausa bem longa antes que nossa excursão prosseguisse, na segunda semana de julho. Mick estava lá com Chip Monck, responsável por projetar um grande aparato de palco para a próxima turnê dos Stones, e nós três nos reunimos para rediscutir a ideia. Mick tinha dito a Chip o que queria, e Chip mencionou que vários grandes circos norte-americanos estavam em falência, colocando todos os seus equipamentos à venda. Havia enfermarias, salas de aula, cinemas, cozinhas, *jacuzzis*, jaulas para tigres – tudo em vagões luxuosos, minha fantasia da infância tornada real. O trunfo de Chip era que várias companhias cinematográficas se animavam com a ideia de filmar tal excursão e estavam prontas para investir. Mick e eu ficamos empolgados.

Algumas semanas depois, Chip nos trouxe de volta à realidade. Devido à precária condição da via férrea nos Estados Unidos, nossos trens só poderiam viajar a uma média de pouco mais de seis quilômetros por hora. Uma excursão completa nos tomaria vários anos a essa velocidade. Sem falar que a ideia de ficar preso em um trem vagaroso por diversos meses – com Keith Moon detonando o único banheiro e atirando coisas pelas janelas e Keith Richards usando heroína de todos os Hell's Angels que cruzassem seu caminho – não era nada atraente para mim ou para Mick. A ideia de todo esse pandemônio sendo filmado era uma ducha de água fria adicional.

"Acho que é melhor desistir dessa ideia", disse Mick.

"Talvez possamos fazer um show ou coisa parecida?" Eu tateava no escuro.

"Um programa de TV", disse Mick. "É isso o que vamos fazer."

Em 9 de dezembro, na véspera da gravação da TV,[6] reunimo-nos no Londonderry House Hotel para conversar sobre o programa. Mick ainda conduzia tudo; Keith Richards exibia um semblante pálido, mas tranquilo, tendo recentemente começado a usar heroína todo dia; e Bill Wyman e Charlie Watts estavam muito otimistas, como sempre. Brian Jones não foi. O diretor seria nosso amigo Michael Lindsay Hogg. O som seria gravado por Glyn Johns.

No programa estavam Eric Clapton, John e Yoko, Jethro Tull e – o mais empolgante para mim – Taj Mahal, cujo primeiro disco eu vinha ouvindo constantemente na última excursão. Um prazer inesperado era que Marianne Faithfull cantaria uma música. O único inconveniente – e muito triste – foi a chegada de Brian Jones. Fazia um ano ou mais que não o via. Ele chegou aos prantos, com olhos injetados, definhando sob o efeito de um complexo coquetel de estimulantes e tranquilizantes.

No primeiro dia de filmagem, em 10 de dezembro, Yoko foi genial, gritando com John na Dirty Mac Band: o seu papel artístico não era muito diferente do meu próprio trabalho autodestrutivo com o Who. Entretanto, para os céticos, nós dois pareceríamos bem idiotas muitos anos depois. A performance do Who em "A quick one while he's away" foi muito vigorosa; entramos no meio da tarde. Mas os Stones tiveram de trabalhar duro para dar vida a seu

[6] Esse filme chamou-se *The Rolling Stones Rock and Roll Circus*, mas só foi lançado em 1996.

repertório. Eles começaram muito depois, quando seus fãs já haviam sido despachados para casa. A essa altura, Brian era a imagem da aflição e do vazio. Ouvi Mick e Keith dizendo estar preocupados com ele, e o próprio Brian me contou alguns planos confusos para se retirar da banda; ele pensava em ir para Tanger, a fim de gravar músicos de lá.

Como os Stones tinham problemas, convoquei nossa equipe para ficar na plateia, todos nós bebendo conhaque para manter o interesse. Ficamos nisso até as quatro da madrugada, e mesmo Marianne parecia acabada ao final das gravações. Todos pareciam – exceto Mick. Ele tinha acabado de passar vários meses filmando *Performance*, o sombrio e imponente conto de fadas de Londres, com o câmera e diretor de fotografia Nic Roeg e o diretor Donald Cammell. Participar desse filme havia produzido um efeito profundo em todos os envolvidos, e Mick claramente havia crescido de maneira indefinível. Parecia diabólico, o cabelo tingido de preto, e ele totalmente focado nas câmeras, olhando sério através da lente para os que ele sabia que um dia o assistiriam. Seu desempenho ainda é extraordinário, ele não perde a concentração nem por um segundo.

Allen Klein perambulava pelo estúdio. Ele ainda estava profundamente imerso nos negócios dos Stones e era o produtor do evento. Quando veio me perguntar se eu continuava sem ganhar dinheiro, senti uma ponta de raiva. Sim, eu havia certa vez recorrido a ele em busca de ajuda, mas mesmo assim sua pergunta passava do limite. Ele disse que estaria sempre pronto para ajudar. Aborrecido, eu disse que, embora não estivesse ganhando dinheiro, nunca recorreria a ele. Ele tinha os Beatles e os Stones, mas nunca conseguiria o Who.

12
Tommy: os mitos, a música, a lama

Mitos surgiram em torno da gravação de *Tommy*. Um deles é que passávamos muito tempo no estúdio discutindo minhas ideias, na tentativa de me ajudar a resolver problemas. Isso acontecia de vez em quando, mas não com frequência. Roger se lembra disso assim, mas talvez seja porque, como vocalista, ele constantemente esperava longos períodos até completarmos as faixas sobre as quais ele cantaria. Keith disse que todos nos empenhamos como grupo para fazer *Tommy* acontecer. Como banda, isso é verdade, mas houve muitas vezes em que eu tentava explicar a meus parceiros os matizes mais pessoais da história de Tommy, e eles simplesmente não se interessavam.

Outro mito é o de que Kit completou e dirigiu a história em torno de *Tommy*. Ele datilografou o que decidimos juntos, mas só vários dias depois que o disco estava concluído e as faixas, sequenciadas. Ele fez isso, em parte, para proteger os direitos autorais teatrais.[7] Também o fez para dar à história um tratamento de filme, algo que a princípio eu não sabia. No entanto, não há dúvida de que Kit fez muitas sugestões valiosas – como a de que eu deveria compor uma abertura convencional citando os temas musicais importantes na ópera (a última peça que compus) e que a história deveria cobrir duas guerras em vez de uma, estrutura que Kit e eu impusemos ao conjunto de canções

[7] Nos Estados Unidos, o Library of Congress Grand Right é um direito autoral que agrega três vertentes criativas – música, letra e história. No Reino Unido, não existem tais direitos, mas em regra a forma é respeitada.

depois que o disco fora concluído. Kit também reconheceu o arcabouço subjacente a *Tommy* como solidamente biográfico. "A quick one while he's away", por exemplo, é minha própria história recontada como conto de fadas. Atento a esse aspecto, Kit astutamente o trazia à minha atenção sempre que meu processo criativo começava a divagar demais.

As faixas de *Tommy* foram bem projetadas, com sons comprimidos de bateria e baixo e sons acústicos expansivos de teclado e vocais, mas as guitarras elétricas rítmicas soavam fracas. Eu achava que tinha dois grandes pontos positivos como músico de estúdio. Era bom com violão e guitarra rítmica. Mas a IBC Recording Studios não tinha cabine de isolamento e, assim, ao fazer *backing tracks*, eu não conseguia acompanhar Keith e John com violão; eles tocavam alto demais. Kit me convenceu a cobrir toda a parte acústica proposta com uma guitarra fina, de volume baixo, que eu pretendia substituir por uma poderosa combinação de violão e guitarra base. Infelizmente, isso nunca aconteceu.

Entre os planos de Kit estavam arranjos para uma orquestra sinfônica. Sempre que mencionava isso, eu o chamava de lado e o questionava; esse era meu trabalho criativo, e eu acreditava que nós mesmos devíamos tentar tocar todos os instrumentos. Entretanto, em uma série de canções, eu percebia que Kit simplesmente não tinha deixado canais de gravação vazios suficientes para eu substituir e implementar devidamente meu trabalho de guitarra. Nosso tempo se esgotava. Eu achava abominável que Kit preenchesse com uma orquestra o espaço que me havia obrigado a deixar, mas Chris disse que Kit talvez estivesse se agarrando a uma oportunidade de impressionar os amigos de seu pai com uma ambiciosa paródia de ópera-rock orquestral.

Na maior parte do tempo, estávamos fortes, bem-humorados e, curiosamente, otimistas. A banda apoiava meus planos ambiciosos para uma ópera-rock tal como Kit, mas ele claramente acreditava que não criaria nada coerente sem um golpe de mestre próprio. Uma intenção inicial de Kit, com a qual concordei, era que eu interpretasse o papel da voz interior de Tommy, para o qual o *leitmotif* "*See me, feel me, touch me, heal me*" [Veja-me, sinta-me, toque-me, cure-me] era o refrão principal. Para confundir as coisas, eu também assumia o papel de narrador e deveria cantar "*Captain Walker didn't come home*" da canção "Overture", bem como o papel da enfermeira que entrega o bebê Tommy e canta a totalidade de "Amazing journey" e "Acid queen". (Acid Queen é uma prostituta cigana, traficante de drogas.) Eu gostava de cantar essa canção e durante anos interpretei o papel em todas as apresentações ao vivo com a banda. Como pai de Tommy, eu também cantava "Christmas".

O papel de Roger nessas gravações era o de Tommy quando jovem. Nessas montagens iniciais, sua primeira participação era "I'm free", o momento da realização. À medida que a gravação avançou, ele se empenhou muito para alcançar a voz suave, em falsete, usada no refrão principal de Tommy, "*See me, feel me*", para que pudesse cantá-lo em meu lugar, tornando as coisas menos confusas (existem várias versões nos arquivos de canções de *Tommy* nas quais cantei o refrão antes de Roger me substituir). Um dia ele conseguiu cantar todas as falas de Tommy da infância em diante, o que foi uma inovação crucial.

Propus incorporar ou adaptar canções que eu tinha ouvido pela primeira vez interpretadas por Mose Allison: tanto "Country shack" como "Eyesight to the blind" incluem as palavras *deaf, dumb and blind* [surdo, mudo e cego]. "Young man blues" era outra canção que eu sempre quis homenagear, como uma de minhas primeiras favoritas sobre a angústia adolescente. Mas somente a minha adaptação de "Eyesight to the blind" figura no disco concluído (o título provisório era "The hawker") e rendeu à família de Sonny Boy Williamson alguns trocados úteis durante os trinta anos seguintes.

Eu queria mostrar o herói de *Tommy* sofrendo abuso da parte de sua família, de amigos da escola e de traficantes de drogas. Não havia intenção de nenhuma mensagem moral; eu simplesmente queria demonstrar que meu herói era, segundo meu próprio padrão, uma criança normal do pós-guerra. Após muitas tentativas frustradas de lidar diretamente com a questão do abuso sexual, tive de desistir. Eu continuava voltando ao meu tempo de criança com Denny e o "tio" sinistro com bigode de Hitler, mas tendo exposto tamanho mal inadvertidamente em "A quick one while he's away", uma composição que pretendia ser alegre, eu não tinha autoconfiança suficiente para voltar a abordar o tema.

Recorri a John. Será que ele podia compor uma canção sobre um "tio" Ernie abusando de um menino? Não precisava ter nada de contato, apenas voyeurismo onanista. Ele disse que tentaria e voltou com "Fiddle about".

Gostei muito: era inquietante, cruel e forte, embora me entristecesse por parecer também converter em piada suja algo que eu mesmo havia achado tão perturbador quando criança. No entanto, cumpria muito bem a função, e fiquei aliviado por não ter de lutar com a questão.

John também assumiu a tarefa de compor uma canção para o filho de Ernie, Kevin, que tiraniza Tommy. O tratamento dado ao bullying era diferente do que eu dava ao abuso sexual, mas o tópico me impunha quase a mesma dificuldade; em várias gangues de jovens eu tinha participado de bullying, e achava doloroso pensar nisso. De novo, John fez "Cousin Kevin" cruamente cômico, mas dessa vez a música era canônica, mordaz, comovente e assustadora.

Poucos dias antes da montagem, mais duas mudanças vitais foram feitas. Uma surgiu porque senti que minha canção "Welcome" carecia de mordacidade. Estariam os seguidores de Tommy sendo meramente acalmados em um estado meditativo, relaxante? A acolhedora casa de Tommy era como uma igreja silenciosa ou um local feliz, estimulante, que os jovens verdadeiramente gostariam de habitar?

Foi Keith quem deu o necessário toque de mestre: a casa de Tommy não seria apenas uma casa, seria um acampamento de férias, um retiro como aqueles em eu havia passado muitos anos felizes quando criança. Depressa compus um trecho despretensioso sobre um acampamento de férias e dei a Keith o bem merecido crédito pela composição. Para confundir ainda mais os papéis cantados pelos membros do grupo, Kit usou minha demo no disco concluído, o que me fez assumir brevemente o papel de tio Ernie.

Eu estava trabalhando em meu estúdio doméstico no dia 1º de fevereiro de 1969 quando recebi um telefonema de Delia DeLeon. Ela me informou que Meher Baba tinha "soltado seu corpo" e perguntou se eu poderia participar de um encontro especial naquela noite, no centro do Soho. A reunião era para discutir como a morte súbita do Mestre afetaria os planos para o gigantesco *darshan* (concentração pública) programado para a cidade natal de Meher Baba, Ahmednagar, em março, que ele havia prometido após um longo período de reclusão. Expliquei que eu viajaria de carro para Newcastle no dia seguinte, um percurso de cerca de cinco horas, e não poderia comparecer.

Baba estivera adoentado, e sua morte não era inesperada, mas mesmo assim foi um choque terrível. Eu vinha planejando ir para a Índia com os

McInnerneys e Ronnie e Susie Lane. Karen, em seu mês final de gravidez, pretendia ficar. Nós não tínhamos conseguido encontrar Meher Baba, mas o havíamos seguido desde 1967, e fiquei transtornado porque tínhamos perdido nossa chance de conhecê-lo. Perguntei a Delia o que pretendia fazer; ela disse que iria ao *darshan*. E quanto a Mike e eu?, perguntei a mim mesmo. Devíamos ir com ela? Ferozmente independente como de costume, ela zombou: que sentido haveria? Também deve ter passado pela cabeça de Delia que Meher Baba, afinal, não estaria lá para nos encontrar – mesmo que tal raciocínio não levasse em conta a visão de sua família indiana, que achava que ele ainda estaria presente, ainda que não fisicamente.

Sob a pressão do prazo para concluir *Tommy*, cancelamos nossas passagens para a Índia naquela manhã com um misto de decepção e alívio. No dia seguinte, quando tocamos em Redcar, eu ainda estava entorpecido pela notícia sobre Meher Baba. Três membros da equipe de turnê juntaram-se a mim no Volvo para voltar a Londres; foi uma longa viagem, e durante todo o caminho houve um estranho silêncio. No dia seguinte, liguei para alguns amigos e descobri que o planejado *darshan* se realizaria. Desde o princípio esse tinha sido o desejo expresso de Meher Baba. Para Mike e eu, já era muito tarde para reprogramar. A tumba de Meher Baba, porém, seria aberta à visitação em março, estendendo-se por abril e mais além.

O Who havia passado seis semanas dos últimos quatro meses entrando e saindo dos estúdios da IBC para gravar *Tommy*. Kit trouxe Nik Cohn, o jovem crítico do *Guardian*, até a IBC para uma audição no dia 4 de fevereiro. Nik e eu nos tornamos bons amigos (ele era do círculo social de Kit e Chris), e passamos a frequentar o fliperama próximo à sede da Track, na rua Old Compton, para jogar pinball.

Ele estava escrevendo um romance pop chamado *Arfur: teenage pinball queen*. Um dia, Nik trouxe Arfur – a garota real que o inspirara – para me conhecer. Ela era baixa, cabelos pretos e curtos, bonita e rude em uma jaqueta jeans justa. Nós jogávamos furiosa e competitivamente, e ela me matava de rir ao manipular uma máquina com seis conjuntos de flippers. Depois de nossos jogos, Nik e eu em geral corríamos para almoçar no bar de ostras Wheeler's. Nisso éramos totalmente pop anos 1960 – pinball, ostras e casa Chablis.

Na audição particular, Nik disse que achava *Tommy* muito bom, mas que a história era um pouco austera e sem humor.

O rosto de Kit se contraía à medida que ouvia Nik confirmar seus piores temores. Por que Tommy tinha de ser um guru? Isso era tão antigo. Tentei explicar que Tommy era uma espécie de músico divino, que sentia as vibrações como sons e estimulava música no coração de seus seguidores. A expressão no rosto de Nik deixava claro que eu só piorava as coisas.

"Então você não vai fazer uma boa crítica?", provoquei Nik.

"Provavelmente não cinco estrelas."

"E se Tommy fosse um campeão de pinball, o que justificaria juntar tantos discípulos?"

"Bem, nesse caso, claro que conseguiria cinco estrelas – e uma bola extra."

No dia seguinte compus "Pinball wizard" e, em seguida, com muita pressa, editei uma demo básica em meu estúdio caseiro; havia violão e vocal em um canal, e um *overdub* com guitarra e *backing vocal* no outro. Os termos *pinball wizard* [mago do pinball] e *mean pinball* [pinball cruel] eram usados por Nik sempre que jogávamos. Nas três ou quatro semanas seguintes, foi relativamente simples inserir *pinball* em mais dois lugares na sequência de canções de *Tommy* e refazer os versos vocais necessários.

Dei um salto enorme para o absurdo quando decidi que o herói jogaria pinball sendo surdo, mudo e cego. Isso era bobo, tosco e confuso, mas também insolente, libertário e aventureiro. Não tive nenhuma dúvida de que, se não estava brindando o Who com uma obra-prima lírica capaz de mudar a vida das pessoas, com "Pinball wizard" eu garantia a eles algo quase tão bom: um sucesso.

Decidi que Mike McInnerney seria a primeira pessoa a ouvir. Mike e eu tínhamos passado muito tempo tendo ideias sobre a música para *Tommy* e o modo como as ilustrações feitas por ele a complementariam. Meher Baba ensinou que a vida como a conhecemos era "uma ilusão dentro de uma ilusão", uma perspectiva que Mike vinha desenvolvendo para a arte do disco. A capa e um dos painéis internos do álbum mostravam uma espécie de treliça pela qual os ouvintes tinham de passar a fim de alcançar a música lá dentro.

Tommy não tinha a intenção de ser um álbum pop. Minha nova definição para o que fiz era "rock", e músicos e jornalistas estavam começando a usar a palavra para descrever um movimento e uma atitude jovens, bem como a música popular preferida da época. Jann Wenner e seus redatores na *Rolling Stone* já adotavam o termo para descrever mais que um estilo de música, e quando a revista *Creem* surgiu, um pouco mais tarde, cunhou-se "punk rock" para definir a cena inteira que produzia indivíduos tão díspares quanto John Sinclair e Abbie Hoffman, de um lado, e Iggy Pop, de outro.

Meher Baba havia falado sobre "Deus jogando bolinha de gude com o Universo", e o elemento pinball ecoava isso em *Tommy*. Mike pensava em uma nova arte para a capa do disco, a fim de retratar o modo como a ilusão nos levava a acreditar que aquilo que víamos era real, mas ele estava ficando sem tempo. Seu trabalho de ilustração em guache era meticuloso e demorado. Em vez disso, então, ele decidiu criar uma foto e chamou um conhecido para fazê-la.

O problema para nós dois era descobrir qual seria a função de *Tommy*, a partir do momento em que Meher Baba se fora. Nunca pretendi que esse álbum fosse um veículo de proselitismo para Meher Baba, mas certamente tinha a intenção de refletir anseios espirituais daqueles tempos pós-psicodélicos. Os movimentos de juventude estavam se dividindo e se polarizando em dois campos – o político e o espiritual, e eu me via neste último. Discutimos se o nome de Baba devia ser creditado na capa e concordamos que sim, mas apenas como "Avatar".

No início de março, terminamos. A última faixa trabalhada foi "The overture", da qual fiz a demo completamente exausto.

Quando "Pinball wizard" foi pré-lançada no rádio, eu não estava preparado para as críticas por ter ousado compor uma canção sobre uma criança surda, muda e cega. Vários DJs da BBC se recusaram a tocar a faixa, com um ou dois deles fazendo declarações fortes, chamando-me de "doentio". Muitos atenuaram sua posição quando o disco foi lançado e puderam ouvir a faixa dentro do contexto. Mas a imprensa musical perseguiu *Tommy* desde então.

Com frequência sou descrito como "pretensioso", por compor um ciclo de canções encadeadas contando uma história (que foi mil vezes desconstruída por não se enquadrar nas regras estabelecidas dos roteiros de óperas). A peça foi chamada até de "peido cerebral" por certo crítico que, desde então, releguei ao pântano da memória. "Óperas-rock" já tinham sido feitas, com *SF Sorrow*, do Pretty Things, e *Excerpt from a teenage opera*, de Keith West. Os Kinks lançaram seu próprio *Arthur* no mesmo ano de *Tommy*, e com certeza ambos usávamos o termo ópera-rock, embora ironicamente. Sabíamos que aquilo estava mais para o teatro de variedades britânico do que para a *grand opera*.

Minhas canções para *Tommy* ainda tinham a função dos singles pop: refletir e lançar, fazer crer e inspirar, entreter e envolver. Mas essa tendência – de promover singles separados de um disco inteiro – começava a ser explorada na época do lançamento de *Tommy*. A mudança era necessária para nós, o que significava, é claro, tolerar um bocado de crítica. Se as canções ingênuas e bem-feitinhas que compus antes de *Tommy* tivessem feito sucesso, talvez eu nunca tivesse sentido a necessidade de tentar alguma outra coisa. Poderia ter mantido em segredo minhas ambições operísticas. Não há nada que eu admire mais que uma compilação encadeada de canções, vinculadas em tom e tema apenas por uma tese artística comum, não específica.

Mas a "pretensiosidade" de *Tommy* era necessária. Sem sua audácia para atrair tanto a atenção como a injúria, acredito que o Who acabaria por desaparecer ou tornar-se irrelevante. Em todo caso, gostei de compor canções servindo a um argumento. Foi como comecei, isso parecia funcionar para mim, e o resultado foram canções que de outro modo poderiam não ter sido compostas. Depois de *Tommy*, todo conjunto de canções que apresentei para um disco da banda era inspirado por uma ideia, uma história ou conceito com algum tipo de estrutura e forma dramáticas, nem sempre evidentes, mas presentes.

Experimentei algo muito peculiar quando minha filha Emma nasceu, no dia 28 de março. Primeiro, o médico chegou ao hospital e, depois de explicar como se desenrolaria o procedimento de indução, rompeu a bolsa de Karen para iniciar as contrações. Quando entrei no quarto para ampará-la, o local estava cheio de anjos. Eu não disse nada para não assustá-la, mas receei estar enlouquecendo. Quando me sentei segurando as mãos de Karen e trocamos um sorriso, o quarto vibrou com energia mágica. Imaginei se aquilo era um flashback de LSD. Um pouco mais tarde, quando Emma nasceu e foi colocada em meus braços, fiquei pasmo por ver pela primeira vez aquela coisinha linda. Ela parecia olhar para a minha alma através de meus olhos.

Naquele momento fui dominado por um sentimento totalmente inesperado. Senti um desejo premente de deixar o bebê com a mãe, correr o mundo lá fora e ganhar dinheiro. Foi como se eu tivesse o impulso primitivo do homem das cavernas de caçar e matar para prover comida à família. Alguns dias depois, dirigindo o carro com minha filha recém-nascida para casa, senti o compromisso: decidi que faria o que fosse preciso para ter sucesso.

Kit tinha deixado a primeira mixagem e edição de *Tommy* para nosso engenheiro Damon Lyon Shaw, dos estúdios da IBC. Quando ouvi pela primeira vez o álbum duplo, fiquei com o pé atrás. Kit remixara o disco inteiro para que o som da banda ficasse muito baixo atrás dos vocais, e algumas faixas pareciam carecer da energia que eu sabia que elas tinham produzido no estúdio. Mas o conjunto se sustentava melhor, e, depois de ouvir algumas vezes, concluí que Kit havia adotado a abordagem correta. A história de *Tommy* ficou bem fácil de acompanhar, e o encarte conteria as letras, além de imagens sensacionais; praticamente cada linha da letra podia ser ouvida com clareza na mixagem, e isso – no fim das contas – era tudo o que importava. O projeto de capa de Mike McInnerney foi um triunfo. Adicionava mistério e coerência, uma combinação aparentemente impossível. Impresso e seguro nas mãos, o álbum era um objeto bonito e autoexplicativo.

No dia 31 de março começamos a ensaiar em um auditório em West Ealing. Foram necessários apenas quatro dias para percebermos que *Tommy* seria uma peça maravilhosa para se tocar ao vivo. Depois do último ensaio, Keith me levou para tomar um drinque, olhou-me nos olhos e disse: "Pete, você conseguiu. Isso vai funcionar". Nossos ensaios foram uma revelação: a música de *Tommy*, quando tocada ao vivo, mesmo em um salão vazio, gerava uma energia extraordinária, crescente, e parecia possuir um poder inexplicável que nenhum de nós havia esperado ou pretendido.

À medida que os críticos se juntavam como uma matilha, uivando e ganindo, nós nos preparávamos para enfrentá-los. A única maneira de suportar os ataques seria fazer o primeiro show de *Tommy* em Londres exclusivamente para o inimigo, para as cínicas imprensa e mídia radiofônica britânicas. No dia 1º de maio, ocupamos o palco do Jazz Club, de Ronnie Scott, para estrear *Tommy* para jornalistas de música semiembriagados por drinques fornecidos por nós. Enquanto entrávamos, um ou dois gritaram: "Townshend, seu puto doente, quebre sua guitarra". O murmúrio da plateia começou a crescer, e a situação não parecia boa, por isso abafamos os opositores elevando o volume de nossos amplificadores e começamos a tocar.

No momento em que terminamos, todo mundo estava de pé. Tínhamos triunfado. A música funcionava.

Historicamente, nosso desempenho no palco girava em torno de uma espécie de competição infantil tipo "olha-eu-aqui" que funcionou bem de 1964 a 1968, quando nós quatro, ainda meninos, tentávamos chamar a atenção do público para nosso próprio jeito excêntrico. Eu pulava para lá e para cá, posava como um pentelho mod, contorcia-me para o lado, balançava o braço e lutava com minha pilha de Marshall. Roger agitava seus longos cabelos louros, girava as borlas de seu xale ou de sua jaqueta de camurça, enquanto cantava e produzia estática ou explosões pressionando seu microfone contra os pratos de Keith, que, por sua vez, tocava notas demais, fazia muitas caretas, atirava as baquetas e muitas vezes caía de seu tamborete, mas nunca perdia o compasso. John conseguia atenção simplesmente por ficar muito parado, os dedos voando como os de um taquígrafo, as notas num matraquear de metralhadora.

Mas quando apresentamos *Tommy*, em 1969, essa competição começou a desaparecer; trabalhamos muito mais como unidade, nos apoiando para tornar eficaz a jornada de interpretar e ouvir *Tommy*. Podíamos começar nossos shows com muito rock pesado barulhento, e talvez terminar desse modo também, com amplificadores desabando e a bateria ruindo em escombros, mas, enquanto tocávamos *Tommy*, nos convertíamos em músicos de verdade. Com isso, estar no palco com o Who era estar em um lugar melhor, embora fora do palco não houvesse essa unidade.

John parecia se aliar a Keith sem questionar, e era assim que caía em muitas das travessuras mais desastradas de nosso baterista. Roger estava quase sempre ocupado com uma garota estonteante, ou seja, não causava problema, tampouco era muito divertido. Eu sobrevivia sozinho, amparado por meu trabalho de estúdio, por Karen e Emma, e também por alguns bons amigos, e passava o tempo com jornalistas que me levavam a sério. Esses eram na maioria norte-americanos – vêm-me à cabeça John Mendelsohn, Danny Fields, Jann Wenner, Dave Marsh e Greil Marcus. Mas, mesmo na Inglaterra, quem escrevia sobre rock já vinha adotando uma abordagem menos sensacionalista. Os editores de revistas de música haviam percebido que seus leitores levavam a sério as bandas e os cantores de que gostavam.

A música pop evoluía, tornando-se referência para muitas mudanças sociais. À medida que os jornalistas perdiam a vergonha de falar seriamente sobre música, eu me sentia como se retornasse a terreno conhecido, no qual era aceitável falar de Bach, Charlie Parker e Brian Wilson como gênios, sem receio de parecer antiquado. No rádio também havia grandes inovadores que fizeram com que me sentisse valorizado, e eu passava muito tempo com eles, perpetuando os mitos sobre o Who e aprofundando o que era verdade, bem como ouvindo música e ideias que eles achavam importantes.

Em turnê, porém, eu não conseguia evitar a inabalável sensação de que havia uma festa para a qual eu não fora convidado porque não usava drogas e não me sentia à vontade com groupies. Meu problema com elas não tinha nada a ver com moralismo; eu simplesmente não entendia o que de fato elas queriam ou o que achavam estar fazendo. Ao conseguirem passar algumas noites com Daltrey ou Clapton, o que *fariam em seguida* para dar sentido a isso? Contariam a seus amigos? Fariam uma marca no salto do sapato? Qualquer mulher que dormisse com Eric era invariavelmente bonita, elegante e muito inteligente. O que a fazia seguir as bandas e rondar pelos bastidores esperando migalhas? Ou será que todos sonhamos em trepar com astros e estrelas para chamar a atenção, virar alvo de inveja e fofoca e ganhar reputação?

Keith costumava relacionar-se com as groupies mais conhecidas, a quem ele tratava como princesas, falando elegantemente como um lorde enquanto lhes servia Dom Perignon: era tão divertido que eu entendia por que elas gostavam de ficar com ele. John geralmente adotava uma garota durante uma excursão inteira e ela se tornaria muito conhecida de todos nós antes de desaparecer para sempre assim que a turnê se encerrava. Observei homens em bares de hotéis, caixeiros-viajantes ou executivos que participavam de conferências, conversando com mulheres que acabavam de conhecer, sem se importar se eram garotas de programa ou apenas solteiras em busca de diversão. Eu sabia do que eles precisavam e por quê. Mas, de algum modo, não conseguia entender isso em meus parceiros de banda.

Alguns músicos no pop e no rock enumeram suas conquistas sexuais em cifras que desafiam a imaginação. Minha prioridade era ser fiel a Karen, mas isso de algum modo fazia com que eu me sentisse excluído. Claro que todos os que conviviam comigo, os de fora da banda, acreditavam que sabiam como eu vivia e o que eu fazia; não era fácil renegar a lendária vida do rock 'n' roll.

Tampouco havia muito interesse em tentar explicar que, apesar de estar em uma banda de rock e quebrar guitarras, eu não tomava drogas e procurava ser um bom marido.

Eu sabia que tinha de voltar para trabalhar, mas deixei para o último minuto meu voo para os Estados Unidos. Nossos primeiros três shows foram no Grande Ballroom, em Detroit, onde tocáramos em julho do ano anterior. Joe Cocker and the Grease Band abriram para nós, e eu adorava vê-los. Também era uma chance de colocar a conversa em dia com meu amigo da escola de arte e mentor Tom Wright, que ainda administrava o Grande.

Toda noite, nosso técnico de som Bob Pridden e eu saíamos com Tom Wright, que ouviu *Tommy* e me deu sua crítica sem censura. "Pete!", disse ele abafando uma risadinha e acenando uma garrafa de uísque J&B para mim. "Uma ópera. Cara! Uma ópera, porra! O que você estava pensando?" Alguns minutos depois, olhou para mim sério, os olhos cravados nos meus. "Rainha do Ácido... cara! Quem era ela? Onde está ela?"

O Who foi a Boston para o Boston Tea Party, de Don Law, que oferecia uma mistura eclética de artistas de rock e jazz. Roland Kirk fez o show de abertura por três noites. (No ano seguinte, ele acrescentaria "Rahsaan" a seu nome, depois de ouvir a palavra em um sonho.) Eu era um tremendo fã dele e, um ano antes, querendo compartilhar minha paixão, levei Karen e uns amigos para vê-lo tocar em Londres, no Jazz Club de Ronnie Scott. Sentamos a uma mesa grande à esquerda do palco, bem na frente, enquanto Roland Kirk se apresentava, mostrando as mais extraordinárias proezas de musicalidade, jazz deslumbrante e perícia de *showman*. Sua habilidade era tocar dois ou três instrumentos ao mesmo tempo. Ficamos pasmos com ele.

Depois de 45 minutos, Kirk pareceu se entediar e sugeriu à banda (que incluía o baixista Malcolm Cecil, músico que lecionara com muito brilhantismo em Ealing) que fosse tomar um drinque, enquanto ele se dirigia ao piano. A improvisação de Roland era maravilhosa – ele tinha uma abordagem de dois dedos que lembrava Duke Ellington, de um jeito brincalhão. A certa altura, sussurrei ao ouvido de Karen: "Adoro isso, mas vou ficar contente quando ele apanhar o sax de novo". Ele se virou e lançou uma expressão feroz em minha direção. Ele me ouvira! Não sei bem como – por ser cego, sua audição talvez tenha se aguçado –, mas eu realmente tinha sussurrado.

"Desculpe, *Roland*", gritei, dizendo seu primeiro nome à moda da zona leste operária de Londres, que todos usávamos no clube do Ronnie para nos referir a ele. Kirk zombou, depois se levantou do piano e caminhou para trás até o meio do palco, onde enfiou seis instrumentos diferentes na boca e tocou enquanto cantava ao mesmo tempo. Ele me examinou por algum tempo, como se para se certificar de que eu estava satisfeito com aquela quantidade de sopro.

De volta a Boston, depois de termos apresentado *Tommy*, eu estava parado e exausto no camarim quando ouvi Roland Kirk abrir caminho gritando: "Onde está aquele branquelinho filho da puta que escreveu a coisa sobre o garoto surdo, mudo e cego?". Fiquei quieto, mas ele me ouviu respirando, veio em minha direção e me deu um abraço.

"Você não sabe como é, cara, mas você deu a nós, cegos, finalmente nosso próprio lance de ópera! Mas eu não sou mudo nem surdo."

"Desculpe, *Roland*", disse eu, no dialeto operário de Londres.

"Droga!", Roland voltou-se para mim novamente, fazendo cara feia e fingindo estar bravo. "Você é aquele branco filho da puta que queria que eu parasse de tocar o piano no clube do Ronnie, no ano passado." Recebi outro abraço, dessa vez quase fui esmagado. Ele se sentou nos bastidores para escutar *Tommy* nas três noites em que tocamos naquela semana.

Roland Kirk me ensinou que quando músicos apreciam os colegas nem sempre o fazem com palmas e abraços ou cartas de fã. Às vezes, meramente escutam. Se por acaso são cegos, escutam com acuidade.

Levar *Tommy* para Nova York, nosso lar espiritual nos Estados Unidos, era um salto sentimental para nós, e naquele momento eu estava começando a me sentir confiante, talvez um pouco convencido. No início de 1969 eu encarava a interpretação como sempre fiz – um músico profissional trabalhando duro com uma missão: chegar ao palco, fazer meu trabalho, voltar para casa. Nada de bis.

Eu tinha me frustrado com o caráter desorganizado e experimental dos shows de música pop no final dos anos 1960. Muitos produtores vinham direto da faculdade e tinham aprendido seu ofício no grêmio estudantil. Por trás dos cartazes psicodélicos e da atmosfera hippie, o modo como esses jovens trabalhavam gerava o caos – exceto onde havia dinheiro envolvido. Eles eram os prósperos empresários hippies do futuro, como Richard Branson e Harvey

Goldsmith. Apesar de minha irritação, nunca me senti violentamente irado, pelo menos não com aqueles que administravam esse novo negócio em que eu estava.

Mesmo com todas as suas raízes espirituais, *Tommy* está repleto de violência. Começa com bombas caindo, um jovem piloto da RAF perdido na batalha (talvez capturado como prisioneiro de guerra), um assassinato doméstico, intimidação, abuso sexual, uso excessivo de drogas por uma curandeira clandestina, tratamento médico inadequado para uma criança com deficiências e, finalmente, a revolta de uma população prejudicada a quem foi prometido o nirvana, mas, em vez disso, tem um emprego diário tedioso. Ao apresentar *Tommy*, muitas vezes eu parecia experimentar certo nível de perda de consciência. Mas não estava chapado, pelo menos não de drogas. Eu me mantinha muito focado. Ficava alterado com minhas próprias substâncias químicas fisiológicas – endorfina, dopamina, serotonina e epinefrina inundavam meu corpo.

Em Nova York, tínhamos três shows programados em Fillmore East. Na noite de abertura, mais empolgado que o habitual, vi que todos estávamos otimistas em relação ao show. No meio de uma sequência tumultuada, um homem apareceu no centro do palco, arrancou o microfone das mãos de Roger e começou a falar para a plateia. Ele não nos pediu para parar a apresentação. De fato, nem sequer se dirigiu a nós. Em um minuto estávamos trabalhando e, no minuto seguinte, lá estava aquele cara falando com a plateia – minha plateia.

Roger tentou pegar o microfone de volta, mas o homem o afastou. No meio de um solo de guitarra pesado, corri para lhe chutar a bunda com uma dupla voadora, mas quando me aproximei ele se virou e meu coturno Doc Martens alcançou suas bolas. Ele dobrou o corpo para a frente, os homens de Graham subiram correndo no palco e o retiraram. Continuamos a tocar. Só mais tarde descobri que tinha chutado um membro da Força Policial Tática que estava de folga, o qual estava lá tentando evacuar o teatro porque um incêndio havia irrompido na loja vizinha.

Fui passar aquela noite no apartamento de meus amigos Steve e Nancy Baron. Quando estava planejando a ida de Steve a Londres para gravar comigo no estúdio caseiro, Nancy entrou e disse que haviam expedido uma ordem de prisão para mim e também para Roger. Decidi esperar até a manhã para me apresentar.

Na delegacia, fui colocado em uma cela. A Força Policial Tática era uma unidade especial prestigiosa; o comandante, um homem alto de seus cinquenta anos e com uma cicatriz no rosto, entrou para nos intimidar com sua presença. Saí sob fiança, com o compromisso de comparecer ao tribunal no dia 27 de maio, no prazo de dez dias. Lamentei o incidente e fiquei transtornado com a reação da polícia e da imprensa: eu poderia ser até deportado e nunca mais conseguir visto de entrada no país.

Quando conversei com o oficial de polícia a quem feri, pedi sinceras desculpas, mas a essa altura o caso se transformara numa questão de orgulho, e ele não me olhava nos olhos. Na rua, em circunstâncias normais, se eu chutasse um homem treinado como ele, seria derrubado e imobilizado antes de meu coração bater duas vezes – ou poderia até levar um tiro, e ele estaria no seu direito ao fazer isso. Eu não conseguia explicar que minha adrenalina subira tanto no palco que mal me lembrava do incidente, nem tinha a menor noção da força de meu pontapé.

Liguei para Karen em Londres e expliquei o que acontecera.

"Pete, por favor, tenha cuidado", disse ela. "Sinto falta de você."

Ouvindo sua voz e o medo que havia nela, só queria desistir da vida de rock 'n' roll e ir para casa.

Fizemos mais dois shows no Fillmore e, de algum modo, consegui fazer um bom trabalho. Era meu aniversário na época e decidi novamente, como costumava fazer em momentos estressantes, jogar o destino para o ar e reverter a minha persona de palco agressiva. Eu tinha 24 anos. Eu era um homem. Eu sobreviveria.

Tommy foi lançado nos Estados Unidos no dia 17 de maio; no Reino Unido, seis dias depois. Em 25 de maio, o Who se apresentou pela primeira vez com o Led Zeppelin. Três semanas depois, Roger e eu fomos a uma audiência preliminar do tribunal em Nova York, onde nosso advogado nos informou que a carga política sobre a questão diminuíra e que as acusações provavelmente seriam retiradas. Mesmo assim, teríamos de regressar a Nova York para o compromisso com o tribunal. Aliviados, continuamos a tocar uma série de shows que ainda vejo como momentos decisivos de nossa carreira. Nossas apresentações, sempre agitadas e cansativas, continham ainda mais foco e concentração, exigidos para dar a *Tommy* o que lhe era devido no palco.

Após nosso show ao ar livre com o Led Zeppelin, em Columbia, seguimos para o Kinetic Playground, em Chicago. A Orquestra de Buddy Rich abriu para nós, e Keith conseguiu falar com seu ídolo depois do primeiro show. O solo de bateria de Rich nesses dois shows deixaria qualquer baterista de rock parecendo um chimpanzé. Joe Cocker também estava entre as atrações, e passei um dos melhores momentos de minha vida ouvindo e tocando com ele.

Em São Francisco, discutimos com Bill Graham a conveniência de fazer dois shows por noite – com *Tommy* isso não funcionaria –, mas ele foi irredutível. Então, fizemos nosso primeiro segmento bem curto como um desafio a sua pseudoautoridade, e, com isso, o público, descontente, ficou do lado dele.

Bill Graham estava acostumado a dizer aos músicos o que fazer, o que e por quanto tempo tocar e o que vestir. Em troca, ele garantia camarins limpos e ótimos sistemas de PA, além de pagar bem. Bill não sabia o que fazer conosco. Ele era um sujeito realmente durão, mas por algum motivo me adorava e deixava o barco correr quando eu o desafiava. No final, concordou que fizéssemos uma única apresentação por noite. Apresentamos *Tommy* nas duas noites seguintes e, daquela ocasião em diante, quase nunca mais fizemos dois shows por noite, sob nenhuma circunstância.

De volta a Nova York, nosso comparecimento ao tribunal foi angustiante. As acusações contra Roger foram retiradas, mas eu fui acusado de mau comportamento, a menor infração legal nos Estados Unidos, semelhante a uma "reprimenda" no Reino Unido, e paguei uma multa de 75 dólares. Aliviado, apesar de secretamente esperar não obter outro visto de entrada para os Estados Unidos, de modo a poder estar com minha família que crescia, disse aos amigos que nunca mais queria voltar ao país.

Antes de voar de volta, em 23 de junho, sentei-me com Frank Barsalona, nosso agente em Nova York, em seu apartamento, e com John Morris, produtor que me sondou para participar do festival que passou a ser conhecido como Woodstock. Parecia monumental, corajoso e empolgante, mas estava marcado para dali a apenas alguns meses – muito cedo para mim. Recusei. Eu era pai pela primeira vez, e Karen acabara de passar dois meses sozinha com uma recém-nascida em uma nova casa. Eu a tinha apavorado com minha detenção e precisava dar segurança a ela e ao bebê.

Frank, bastante animado, disse que eu seria um tolo se rejeitasse – seria o evento de rock da década, se não do século. Respondi que de forma alguma consideraria tocar: estava decidido. Eu já tinha enfrentado Bill Graham, Frank não me intimidava. Então, ele foi até a porta do apartamento e a trancou com uma fechadura de segurança, dirigiu-se até a janela e jogou as chaves na rua. Disse que eu não sairia até que concordasse em participar. Esperei o fim dessa situação absurda por duas ou três horas, enquanto John Morris tentava mediar. Depois de perder o voo para Londres, finalmente fingi concordar, só para escapar.

Mas Frank me passou um contrato para assinar, antes que eu fugisse. Rabisquei minha assinatura, sabendo que só podia comprometer a mim mesmo, sem vincular a banda. Porém alguns dias depois, sem meu conhecimento, Chris Stamp também assinou o papel, em nome do restante da banda.

Quando cheguei em casa, Karen estava extremamente cansada, o que não era de admirar. Dei o melhor de mim para ajudar com Emma, mas francamente acho que não fiz muita diferença. Delia DeLeon queria que eu conhecesse sua irmã Aminta, uma violoncelista dona de um Stradivarius que integrara o primeiro grupo de mulheres jovens ocidentais reunidas em torno de Meher Baba, no início dos anos 1930. Por insistência de Delia, Aminta organizou em sua casa uma pequena recepção ao ar livre para seguidores de Baba. Karen e eu fomos até lá, levando Emma em um carrinho de bebê. Na sala de visitas de Aminta, vi o magnífico Stradivarius. Parecia incandescente. Pisquei como um personagem de desenho animado e olhei outra vez. Havia outro foco de atenção na sala. Próximo ao violoncelo, sentada, estava Rosie, a garota da Austrália para quem compus "Sensation" (agora incorporada a *Tommy*).

Apresentei-lhe minha esposa e o bebê; ela não disse nada, mas continuou ardente. Senti que a vida conspirava para me ensinar uma lição. O fato de Karen ter encontrado a carta de Rosie me fez realmente encarar o que eu desejava da vida e com quem eu queria passá-la. Não tive nenhuma dúvida de que a garota estava incomodada naquele momento, e senti pena dela, mas o artista desalmado em mim se regozijou porque, de nossa ligação, eu tinha produzido uma boa canção.

* * *

Para mim, conseguir um single de sucesso após *Tommy* foi algo que achei que jamais poderia acontecer novamente. Mas com "Something in the air", escrito por meu amigo e baterista/cantor Speedy Keen, eu havia empregado todas as minhas habilidades para burilar essa canção que tinha muito potencial para tocar no rádio. Eu a produzi para a Thunderclap Newman, banda formada sob a liderança de Speedy, gravei nos estúdios da IBC depois das sessões de *Tommy*, e ela foi quase diretamente para o primeiro lugar nas paradas do Reino Unido.

Fui com a Thunderclap Newman para o set de *Top of the Pops* comemorar a primeira participação da banda no programa. Eu estava nos bastidores, achando estranho não precisar aparecer na TV para receber meu pagamento, mas meio que gostando da ideia, quando um velho amigo me chamou para falar sobre o rumor de que Brian Jones tinha sido encontrado morto. Os detalhes em torno do fato demorariam a surgir, e a verdade sempre seria difícil de estabelecer. Apenas fiquei sentado lá, em silêncio, atordoado. Não podia acreditar que Brian estivesse morto. Eu não o via desde a filmagem de *Rock and Roll Circus*, quando ele se mostrara tão indisposto e transtornado. Sabia que recentemente havia abandonado os Stones, o que deve ter sido muito doloroso para quem havia sido o líder original da banda.

Dois dias depois, em 5 de julho de 1969, o Who se apresentou no Royal Albert Hall, no primeiro *Pop Proms*. Estávamos no programa com Chuck Berry. Tinha havido certo impasse com Chuck sobre quem devia encabeçar o cartaz, por isso concordamos que ele fecharia o show das 17h30, e nós o das 20h30. Peguei meu irmão Simon, então com oito anos de idade, e deixei-o aos cuidados de David Bowie. Do outro lado da rua, no Hyde Park, os Stones tinham feito seu primeiro show sem Brian Jones, com Mick Taylor na guitarra. Eles tocaram à tarde, e com isso um bom número de seu público cativo foi assistir também ao nosso show tardio, todos já um tanto alterados.

À medida que os espectadores começaram a ficar agressivos, atirando coisas no palco, Roger apanhou uma moeda e veio falar comigo.

"Ela foi afiada, Pete", disse ele. "É como uma navalha." Conseguimos concluir nosso show, esquivando-nos de moedas voadoras sem nos machucar, mas por muito tempo permanecemos banidos do Royal Albert Hall. A administração do local considerou que de algum modo tínhamos incitado o público, ainda que o pandemônio tivesse ocorrido antes de começarmos a destroçar nosso equipamento.

Depois do show, resgatei Simon dos cuidados de Bowie. Ambos disseram a mesma coisa: "Eu vou fazer isso". David queria dizer que criaria discos conceituais baseados em personagens imaginários. Simon queria dizer que seria músico de rock. Enquanto descia com Simon um lance de escadas, cruzei com a garota "Sensation" da Austrália, que estava a minha procura. Tivemos uma conversa breve, embaraçosa, no patamar da escada, enquanto *roadies* agitados carregavam equipamentos. Perguntei se ela estava bem.

"Eu não via a hora de encontrar você novamente", disse ela. "E então, na festa da Aminta do Stradivarius, aquela era a esposa, com o bebê."

A esposa e o bebê tinham ficado em casa naquela noite. De repente, senti que não podia esperar mais para reencontrá-las. A garota ardente da Austrália devia ser a última garota com quem dormi antes do casamento, e eu pretendia, sinceramente, nunca mais enganar Karen.

Eu precisava dar a Karen a notícia do iminente retorno do Who aos Estados Unidos. Concordamos que tínhamos passado muito tempo separados e que iríamos juntos, levando Emma conosco. Voamos para Nova York e fomos de carro para Woodstock.

O Who tocaria no segundo dia do festival, o último show de sábado à noite, depois de Sly and the Family Stone e Janis Joplin. Alguém sugeriu que, devido a problemas nas estradas locais, devíamos sair cedo para nosso show. Karen e eu decidimos que o bebê precisava de paz e tranquilidade, por isso eu iria sozinho para o festival. Calcei meus coturnos, vesti meu macacão branco e entrei com a banda em uma limusine. Nosso motorista disse que os helicópteros tinham parado de voar quando a companhia fretada percebeu que não seria paga. Isso atraiu a atenção de Wiggy: ele era responsável por receber nosso cachê.

Gastamos noventa minutos para percorrer três quilômetros e meio ao longo de uma estrada tão barrenta que, vez por outra, transeuntes tinham de ajudar a desatolar o carro. A estrada estava forrada de motocicletas e carros abandonados, alguns ainda contendo barracas e outros pertences. Parecia uma fuga em tempo de guerra. John e Keith se comportavam estranhamente no carro. Apesar de termos ficado apenas quinze minutos no hotel, eles tinham conseguido drogas.

A cena que nos saudava na área dos bastidores do festival era horrorosa. Todo o estacionamento era uma pasta de lama grossa, gelatinosa. A equipe de produção estava coberta dela, e ao caminharem de um lado para outro no palco, espalhavam barro por toda parte. Quando saí do carro, deslizei e afundei até os joelhos.

Não havia camarins disponíveis, de modo que fomos para uma barraca com uma chaleira, saquinhos de chá, café solúvel e uma máquina de café. Servi-me e, em alguns minutos, percebi que a água tinha sido batizada com ácido. Estava bem diluído, mas, assim que a droga bateu, após cerca de vinte minutos, notei uma foto de Meher Baba afixada no alto de um poste de telégrafo. Foi um momento maravilhoso. A imagem era onipresente na época: Meher Baba quando jovem, bonito, cabelos longos, parecido com Cristo. Foi como um sinal para mim de que tudo estaria bem.

Então sobreveio a tragédia. Enquanto eu contemplava a foto, um jovem, descalço e sem camisa, claramente fora de si, saltou para o teto de uma ambulância estacionada sob o poste do telégrafo e graciosamente escalou uns nove metros. Assim que tocou a foto, ele gritou e caiu para trás, aterrissando no topo da ambulância. O poste, na verdade, era de uma linha de energia elétrica. Os paramédicos correram para atender o jovem inconsciente. Quando entrei na barraca de primeiros socorros para investigar, pensei que se tratava do set de filmagem da série *M.A.S.H.* Havia camas de campanha por toda parte, principalmente com jovens em *bad trips*, alguns feridos, mas principalmente garotos sofrendo ataques de pânico.

Do lado de fora da barraca, vislumbrei os rostos de John e Keith me espiando pela janela traseira de um furgão. Eles acenaram e riram: mais tarde descobri que naquele momento os dois estavam sendo chupados por garotas.

Caminhei sozinho na beirada do campo principal, onde a maior parte do público se juntava. Corria o boato de que mais de 1 milhão de pessoas tinha vindo para Woodstock, e parecia que metade desse número se espalhara sobre a colina. A luz caía depressa quando observei uma estranha cena no bosque: fadas nuas dançavam entre árvores, e traficantes carregavam bandejas com baseados já enrolados, tabletes de ácido, haxixe, maconha e papéis para enrolar.

Quando atravessei o bosque, topei com a área aberta onde a maioria dos campistas se instalara. Milhares estavam sentados ouvindo a música que pulsava do palco colina acima, como se estivessem em um anfiteatro natural. O sistema de som não era ruim, mas tampouco tinha sido projetado para cobrir uma área tão extensa. Ocasionalmente alguém tentava me envolver, alguém chapado, sorridente e gentil; outras vezes um garoto superexcitado como aquele do poste, exigindo dinheiro ou drogas, ameaçando com violência, depois rindo e fugindo a toda velocidade, como um duende do bosque.

O destaque daquela noite tinha sido Sly and the Family Stone, que havia estimulado a multidão em um frenesi lamacento com "I want to take you higher". Em vez de tomar ácido, eles devem ter cheirado cocaína: a música era urgente, sombria e poderosa. A essa altura, nas primeiras horas da manhã, Janis Joplin encerrava seu bis, "Ball and chain", que iria coroar o último número antes do nosso. Ela tinha sido extraordinária em Monterey, mas nessa noite não estava em sua melhor forma, provavelmente devido à longa espera para entrar no palco e à quantidade de bebida e heroína que havia consumido nos bastidores. Mas, mesmo em uma noite ruim, Janis era incrível.

À medida que se aproximava nossa vez, preocupava-me a perda de efeito das luzes de palco. Perguntei a alguém a que horas o sol nasceria. Quando instalamos nosso equipamento e começamos a tocar, algumas pessoas acomodadas em sacos de dormir principiaram a esfregar os olhos. Como sempre, eu estava martelando os pés como um pônei espumante, lutando para manter minha Gibson SG afinada, constantemente manipulando os amplificadores.

O iluminador escolhera lâmpadas brancas para Roger, de modo que seu cabelo comprido e encaracolado parecia fogo dourado. Ele quase sempre cantava com os olhos firmemente cerrados. De repente, alguém apareceu aos pés de Roger segurando uma grande filmadora. Roger quase tropeçou no cara, que empurrei de volta para a área da imprensa, na frente do palco. Era Michael Wadleigh, filmando o documentário que tornaria Woodstock uma lenda.

Vulnerável, Roger se movia em direções que pareciam significar algo mais profundo. Seu microfone girando e as poses míticas sugeriam frustração e dor; seu suor, um brilho angelical que evocava as pinturas de um velho mestre. Em contraste, John e Keith estavam descontraídos. Eles haviam tomado ácido e se enturmado com os fãs, e isso saltava à vista. Músicos qualificados que eram, porém, ainda conseguiam seguir meu comando.

Quando começamos a tocar "Acid Queen", entrei na personagem, imaginando-me como a cigana perversa que prometia tirar Tommy de sua condição autista, mas, na verdade, era um monstro sexual, usando drogas para dominá-lo. Quando caminhei para o pedestal do microfone, alguém entrou na minha frente, tentando parar a música. Era Abbie Hoffman. "Isto é um pote de merda", gritou ele no microfone, acenando os braços para o público. "Meu amigo John Sinclair [*o poeta de Detroit*] está na cadeia por causa de um baseado ruim e..." Ele não conseguiu ir mais longe.

Ainda tocando a introdução de "Acid Queen" e ainda me sentindo malévolo, empurrei Abbie para o lado usando a cabeça de minha guitarra. Uma ponta aguda de uma das cordas deve ter perfurado sua pele porque ele reagiu como se fosse picado, recuando para sentar-se de pernas cruzadas ao lado do palco. Fez cara feia para mim, e seu pescoço sangrava.

Terminei a música e fui verificar como ele estava. Pedi desculpas.

"Vai se foder", esbravejou em resposta, abandonando o palco.

Sempre fui absurdamente territorial quanto ao nosso espaço de apresentação. Isso pode ter sido instilado em mim quando ainda garotinho, com a banda de meu pai, os Squadronaires, mas, por algum motivo, o palco era sacrossanto.

Quando chegamos a "I'm free", a maior parte do público estava de pé. Antes que me desse conta, Roger estava cantando "See me, feel me, touch me, heal me" para hordas de jovens que, de repente, percebiam que *Tommy* era uma música inconscientemente projetada para esse tipo de festival, para esse momento específico, para *eles*. A certa altura Keith gritou: "Pelo amor de Deus, Pete. Chega!". Entrei em um solo de guitarra demorado, rico em *feedback*, quando o céu atrás da encosta começou a empalidecer com os primeiros sinais da alvorada. Entusiasmado porém exausto, bati com a guitarra no chão algumas vezes, atirei-a para a plateia, e o Who voltou para Londres.

Algum tempo ainda se passaria até percebermos que nossa apresentação em Woodstock, que poderia facilmente nunca ter acontecido, nos elevaria à aristocracia norte-americana do rock, na qual permaneceríamos ano após ano, até o século XXI. Não era apenas o Who; todos os que se apresentaram em Woodstock alcançaram um status mítico assim que o filme foi lançado. Quem esteve lá reviveu, com o filme, o que mais lhe agradou. Muitos que não tinham ido sentiram genuinamente que lá estiveram. Woodstock – uma merda na avaliação de pelo menos duas pessoas mal-humoradas que haviam ocupado o palco, Abbie Hoffman e eu – passou a representar uma revolução para músicos e amantes de música. Hoje acontecem mais de 450 festivais de música por ano só na Inglaterra. Woodstock, com sua maravilhosa edição, se tornou um modelo para tais eventos. E foi o filme de Mike Wadleigh que selou seu legado. Ele fez até a lama parecer boa.

Quando os anos 1960 chegaram ao fim, os membros da banda tinham descoberto seus respectivos modos de sobrevivência, no palco e nos bastidores. Estávamos muito felizes, e com razão. Albert Goldman, o normalmente cáustico crítico de música do *New York Times*, escreveu em 30 de novembro de 1969 sobre nossos shows no Fillmore, em Nova York. Afirmou que o Who estava "agora no palco mundial do rock, numa aura de fama, glória e ouro".

Depois de Woodstock, em especial depois do lançamento do filme, esperava-se muito de nossas apresentações ao vivo. O filme havia transformado Roger em astro. No palco, sempre se esperava uma guitarra despedaçada, embora por pura birra eu às vezes pousasse calmamente a guitarra ao final do show, saboreando os resmungos de decepção. Havia ainda o julgamento de que o Who era uma banda oportunista – jaquetas com a bandeira do Reino Unido e camisetas pop art substituídas por cabelo comprido e guitarras destruídas –, e muitos músicos não nos consideravam comparáveis a uma banda séria inspirada no blues, como o Cream.

Houve uma calmaria criativa de minha parte após *Tommy*, provocada pela tumultuada enxurrada de shows após seu lançamento, depois de Woodstock e da onda ascendente de entusiasmo desencadeada pelo filme sobre o festival. Não havia tempo para fomentar ideias para canções, e após nossos shows pouca energia restava para me sentar e tocar guitarra. Entretanto, perto do final de cada exibição da banda, eu dedilhava algumas frases, muitas vezes agachado em um joelho, com o público calado, esperando a explosão que viria. Em uma audição única, Keith e John se intrometeram vigorosamente, tocando como se tivéssemos ensaiado a improvisação durante um mês. Nós éramos coordenados e improvisávamos de tal modo que tudo o que Roger tinha a fazer era inserir alguns gemidos e gritos, portar-se de maneira esplendorosa, e estávamos completos.

O que valia a pena repetir eu usava nos shows posteriores; depois, ao longo de uma semana mais ou menos, Roger ou eu compunhamos os devidos versos para aquelas canções. Desse modo, desenvolvíamos novas canções no palco – e também inventávamos uma nova forma de rock, embora na verdade não percebêssemos isso na época. O Led Zeppelin mais tarde adotou uma fórmula parecida; não sei se eles tinham o estilo tão livre quanto o nosso, mas o efeito era semelhante.

Nossa gravadora exigia que cooperássemos no combate às gravações piratas de nossos shows. O que ela não entendia era que as gravações não autorizadas eram feitas tanto por produtores quanto por fãs. Bill Graham gravou quase todos os shows que contratou, muitas vezes usando um estúdio no local. Bob Pridden, nosso técnico de som, às vezes encontrava conectores inseridos nos cabos de palco que conduziam a compartimentos provisórios de gravação. Um desses estúdios, no Fillmore East em Nova York, não tinha sido autorizado por Bill Graham, que como produtor do show se encarregou de atirar os piratas e seu dispendioso equipamento pela escada de incêndio. Não acho que algum de nós na banda sabia ou se importava com o que poderia acontecer com toda essa música gravada cinquenta anos depois. Graham, porém, sabia que era importante, tendo chegado até a filmar certas apresentações, discretamente.

Soube por um fã que gravações clandestinas da banda estavam sendo amplamente distribuídas: seis canções apresentadas em Monterey em 1967; a segunda noite da temporada de dois dias em abril de 1968 no Fillmore East (ocasião em que fomos expulsos de nosso hotel favorito em Nova York, quando Keith explodiu bombinhas no elevador em que estava a esposa do gerente); um show em Nova York abrindo para os Doors; outro no Central Park; dez shows de qualidade e interesse variados de 1969, inclusive nossa apresentação no Fillmore, quando chutei o policial de folga; e Woodstock, onde fiz o mesmo com Abbie Hoffman e Michael Wadleigh.

As demos de *Tommy* tinham sido, em parte, gravadas em meu estúdio antigo, no último andar da casa na rua Ebury, em Londres, e concluídas em meu novo e apertado estúdio em Twickenham. Minhas gravações domésticas podiam soar tão bem quanto as que produzíamos no estúdio profissional de múltiplos canais, mas em geral o equipamento ainda era caro, pesado e – o pior – delicado. Dois gravadores Vortexion estéreo da banda – boas máquinas britânicas para serviço pesado, com componentes de classe militar – eram bastante resistentes, de modo que sugeri a Bob Pridden que levássemos um para gravar todos os shows na turnê pelos Estados Unidos. Teríamos apenas um mix estéreo, mas ele podia ser refinado ao longo da excursão, e poderíamos conseguir uma gravação realmente sensacional para entregar à Decca, a fim de derrotar os piratas logo de cara.

Em setembro de 1968, antes de lançarmos *Tommy* – acompanhando rumores que eu mesmo alimentara de que planejávamos lançar um disco ao vivo antes de começar um novo trabalho de estúdio depois de *Tommy* –, a Decca pôs no mercado uma estranha coletânea de faixas chamada *Magic bus: The Who on tour*. Lançada na intenção de capitalizar os rumores, não continha uma única faixa ao vivo, apenas um apanhado de singles, lados B e algumas faixas aleatórias de discos.

Dessa vez, no outono de 1969, eu estava convencido de que teríamos o disco que queríamos. Bob gravaria trinta shows ao todo. Não dava para imaginar como ele conseguiria um bom som usando um único gravador de fita, o mix de PA e um ou dois microfones adicionais, mas ele o fez. A banda estava tocando muito bem, e as gravações de Bob eram magníficas. Escutei algumas faixas no quarto dele no hotel. Juntos, com planejamento e entusiasmo, nós o resolvemos, tecnicamente falando.

Logo depois do Natal de 1969, com a atemorizante perspectiva de vários shows de *Tommy* nas elegantíssimas casas de ópera da Europa pairando sobre nós, reuni-me com Bob. Ele tinha ficado enfurnado em um estúdio escutando meticulosamente cada uma das trinta apresentações que havia gravado.

"E aí, o que temos?"

"Definitivamente há um disco aqui", disse ele.

"E qual show você classifica como o melhor?"

"São todos surpreendentes, Pete."

"Mas qual se destaca?"

"Todos eles meio que se destacam. São todos fantásticos."

"Então devemos simplesmente escolher um ao acaso?", retrucou meu eu habitual rigoroso. "Vamos olhar em suas anotações."

A expressão preocupada de Bob revelou o dilema: ele não tinha feito nenhuma anotação. Afinal, compilar discos não era o que ele fazia para viver. Eu havia lhe pedido para escutar e me dizer o que achava, e foi isso o que fez. No entanto, fiquei irado; não havia tempo suficiente para repassarmos trinta shows. Além disso, tínhamos mais oito gravações que Bob fizera na Inglaterra – incluindo o show mais recente no Coliseu de Londres. Para escutar 38 shows, eu teria de passar cinco dias em um estúdio. Mesmo com anotações, eu perderia o fio da meada. Esse disco ao vivo nunca sairia se não fizéssemos alguma coisa, e logo.

"Depois das casas de ópera, temos algum show que poderíamos gravar aqui no Reino Unido, usando um equipamento profissional móvel?"

"Leeds e Hull – fim de semana do Dia dos Namorados", respondeu Bob.

"Alugue um equipamento de oito canais, grave os dois shows; eu mixarei os dois em casa em meu novo gravador de oito canais, e o melhor das duas noites terá de valer." Eu tinha acabado de aprimorar meu estúdio doméstico com um gravador de fita profissional de múltiplos canais e nova mesa de mixagem.

Bob estava ansioso novamente. "O que faço com as fitas ao vivo da turnê?"

Ainda irritado, tomei uma das mais estúpidas decisões de minha vida.

"Destrua", disparei e, antes de sair da sala, proferi uma advertência. "E se alguma vez ouvir falar de pirataria de alguma dessas fitas, eu saberei de onde ela saiu."

Isso foi terrivelmente injusto com Bob, o mais leal de todos os colaboradores e amigos da banda. Também foi uma decisão idiota em termos comerciais e históricos. Faz tempo que sou o protetor-chefe dos arquivos da banda, e aqueles shows do verão de 1969 nos Estados Unidos teriam constituído um conjunto fabuloso para colecionador. Eles incluíam as sete apresentações gravadas em nossa semana de *Tommy* no Fillmore, em Nova York, e duas maravilhosas no Boston Tea Party, bem como outras noites sensacionais.

Bob fielmente as destruiu em uma fogueira em seu jardim. Durante o processo, ele me telefonou para perguntar se poderia preservar apenas uma fita para a posteridade. Tolo e sarcástico até o fim, zombei dele.

"Ah! Mas qual você vai preservar, Bob?"

Quando cheguei no refeitório da Universidade de Leeds no Dia dos Namorados de 1970, onde seria feita a primeira das duas novas gravações ao vivo, fiquei surpreso por não ver nenhum tipo de veículo móvel. Minha expectativa era a de que usaríamos o recém-construído Rolling Stones Mobile. Em vez disso, um técnico principiante dos estúdios Pye apareceu em um furgão com um monte de tralhas em caixas de alumínio e começou a instalar tudo em uma sala nos bastidores. Não parecia muito melhor que o equipamento básico que Bob e eu tivemos para a turnê norte-americana, e esperei que não ocorresse nenhum problema.

A cantina da universidade não era particularmente grande, e a multidão apinhada tornava a atmosfera intensa e abafada. As massas universitárias em geral eram irreverentes e barulhentas, mas em Leeds respeitaram o fato de que estávamos gravando e se comportaram muito bem. O som no auditório também era bom. Toquei com mais cuidado que o habitual e tentei evitar as notas insignificantes que muitas vezes ocorriam quando eu tentava tocar e saltar ao mesmo tempo. No dia seguinte, tocamos um repertório similar na prefeitura de Hull. O local também tinha uma boa acústica para rock alto, mas pareceu menos intenso que na noite anterior.

Eu tinha algumas semanas livres de compromissos para mixar e editar as duas novas fitas, porém elas só me tomaram dois dias. O primeiro rolo que montei, de Hull, não tinha nenhum canal com baixo. Se tivesse escutado os rolos posteriores teria descoberto que era apenas um problema intermitente, que a performance de John tinha sido gravada com segurança à medida que o show prosseguia. Mas parecia um problema tão espinhoso de ser corrigido que logo passei para Leeds. Ali, o problema era que os *backing vocals* não tinham sido gravados corretamente. Programei uma sessão nos estúdios Pye, toquei a *backing track*, e John e eu simplesmente cantamos juntos. Cobrimos os *backing vocals* em uma única tomada, preservando o caráter exclussivo do show.

Não discuti com ninguém o que colocaríamos no disco. Não sei bem por que decidi não incluir nenhuma música de *Tommy*. Consertei alguns defeitos aqui e ali, antes de perceber que a gravação toda estava arruinada por altos cliques. Cada um precisava ser eliminado da fita máster, e havia cerca de cinquenta dessas rebarbas. Muitos outros cliques secundários e ruídos durante trechos de silêncio entre as músicas eu simplesmente não poderia consertar. Chris adicionou uma nota no selo do disco sugerindo que haviam sido deixados deliberadamente. Uma decisão questionável que tomei foi não tentar "adensar" o aplauso do público. Não havia nenhum canal destinado a gravar somente a plateia, por isso apenas deixei como estava, um recurso defeituoso, porém certeiro.

Nenhum de nós na banda estava preparado para a resposta esmagadoramente positiva a *Live at Leeds*. Tínhamos imaginado que seria como um disco de entressafra, para acalmar a Decca e aplacar nossos fãs. Mas ele nos catapultou para outro nível. Há pouca dúvida de que a energia movida à guitarra pesada no disco (as principais canções que escolhi incluir), combinada com a musicalidade brilhante de John, Roger e Keith, inspirou a revolução do heavy metal que logo se seguiu. Os improvisos apresentados por volta do fim do disco e no solo em "Young man blues" lançaram mil bandas que exploravam mais guitarra, nas quais a força bruta seria o principal componente da música.

Afora "Amazing journey", não havia nenhuma outra canção de *Tommy* no disco, e o lado mais suave, mais melódico do que fazíamos na época foi deixado de lado. Led Zeppelin também estava trabalhando com um som de palco poderosamente propulsor, mas Jimmy Page optara por seguir a tradição de Eric Clapton e Jimi Hendrix. Em comparação, *Live at Leeds* é mais direto e espontâneo. Nossa intenção era simplesmente arrebatar os fãs.

Nik Cohn, cuja conversa comigo tinha ajudado a tornar *Tommy* acessível e menos grave, escreveu no *New York Times*: "*Tommy* é a primeira obra-prima formal do rock. *Live at Leeds* é o holocausto definitivo do rock pesado. É o melhor disco de rock ao vivo já realizado". Essa foi uma resenha gloriosa, mas, depois do sucesso crítico de *Tommy*, ela estabeleceu um marco da altura do céu que eu precisaria transcender com a gravação seguinte do Who.

Eu conseguiria fazer isso? E se conseguisse, o que mais teria a provar? Para onde mais minha vida poderia ir?

Segundo Ato
UM HOMEM MUITO DESESPERADO

Focusing on nowhere
Investigating miles
I'm a seeker
I'm a really desperate man.
– "The seeker"

[Voltado a lugar nenhum
Investigando distâncias
Sou um buscador
Sou um homem muito desesperado.]

Inside outside. Leave me alone.
Inside outside. Nowhere is home.
– "5:15"

[Dentro fora. Deixe-me em paz.
Dentro fora. Lugar nenhum é lar.]

13
Vida doméstica e solidão

Éramos estrelas do rock. Todos nós – Keith, John, Roger e eu – tínhamos motivos para nos alegrar, embora cada um de nós logo fosse passar por algum tipo de dificuldade ao lidar com nossa recém-descoberta fama. O que havia acontecido? Éramos bem-sucedidos. Esse sucesso mudou tudo para nós, para a banda e para Kit e Chris.

No final de 1969, os Rolling Stones tinham passado por uma tragédia terrível, estigmatizante, quando eclodiu uma briga em seu show em Altamont, São Francisco, e um membro dos Hell's Angels, contratados como seguranças, foi filmado apunhalando um homem até a morte. Era como se "Sympathy for the devil" estivesse voltando para assombrá-los. No princípio de 1970, os Beatles se separaram. Em contraste, o Who parecia ter os deuses ao seu lado.

Voltando a 1965, quando eu acreditava que o Who duraria apenas alguns anos, fiquei pasmo com a mudança em nossa sorte. Durante os primeiros cinco anos de carreira, lutamos para competir com bandas como Move, Kinks, Pretty Things, Cream, Jimi Hendrix, Free e Small Faces e não disputávamos a mesma liga dos Stones ou dos Beatles. Então, subitamente, estávamos por nossa conta. Isso não significava ocupar o topo do pódio, mas sim que estávamos em mar aberto quando muitos de nossos colegas, igualmente sérios, pareciam lutar para se manter flutuando ao lado de pesos leves do pop, como Dave Dee, Dozy, Beaky, Mick e Tich, ou The Herd. Essas bandas eram boas, mas não tinham nenhuma ambição. Só queriam singles de sucesso. Mas em 1968 ter um single de sucesso parecia quase irrelevante – no máximo uma realização duvidosa – e em pouco tempo algumas das maiores bandas de rock esqueceriam totalmente das paradas de sucessos.

Entretanto, na primavera de 1970, na esteira de *Tommy* e *Live at Leeds*, sem nenhum outro projeto musical naquele momento, nenhuma ideia imediata para um novo trabalho de grande escala, eu estava emocional e espiritualmente instável. É provável que esse tenha sido o período mais intenso, vigoroso e bem-sucedido da carreira do Who, e, no momento em que tudo desacelerou um pouco, todos os olhos se voltaram para mim, o compositor.

A atenção era desafiadora, parecia uma honra, e claro que eu estava empolgado com a ideia de criar um projeto novo, instigante, mas era também inquietante e assustadora. Daí para a frente, minha vida esteve sempre permeada pelo paradoxo do sucesso e da criatividade. Diariamente, quando me esforçava para ter ideias, procurando no fundo de mim mesmo – e no mundo ao meu redor, no passado, no futuro, na banda, nos fãs e na própria música – por algum tipo de impulso para inspiração, minhas ações às vezes pareciam desordenadas e absurdas.

Não se tratava de esquizofrenia clínica, embora em certo sentido produzisse em mim grandes oscilações de humor e comportamento compulsivo. Eu ainda era um jovem, aprendendo um novo ofício enquanto seguia adiante, e realmente não entendia as pressões sobre mim ou o dano e a confusão que eu poderia causar para aqueles ao meu redor, em especial para Karen.

Meus anseios espirituais, e o contínuo apego a Meher Baba, estavam constantemente ameaçados por ambições demasiado terrenas, minados pelo ceticismo residual e pela ambivalência e desafiados por meus desejos sexuais. Eu não sabia então que Meher Baba teria se preocupado menos com sexo que eu, desde que eu fosse sincero quanto a amá-lo e aceitá-lo como meu Mestre.

Até os vícios que me contaminariam durante anos pareciam não ter nenhuma regularidade ou lógica. Eu podia ficar sóbrio e responsável durante dias, semanas, meses, até anos. Podia comportar-me com dignidade e assumir uma gama de compromissos ambiciosos que me levariam a novos círculos exaltados, não só em termos musicais como também intelectuais. Eu podia me esforçar para alcançar – e até dar o primeiro passo para – atos radicais em nome da mudança social. E eu podia também me comportar, francamente, como um completo imbecil.

Em retrospecto, posso ver que o caráter desesperado, caótico e cada vez mais fragmentário de minha vida nos vinte anos seguintes estava sombriamente previsto na letra de uma canção que eu logo iria compor.

À medida que a primavera de 1970 se arrastava, eu negligenciava o dentista, raramente cortava o cabelo e nunca consultava o médico. Tentava manter a banda gravando e, em dado momento, convidei meus parceiros para virem a meu estúdio doméstico para uma semana de trabalho. Mas todos tínhamos ideias modestas comparadas a *Tommy*. Meus melhores esforços foram "The seeker" e "Naked eye".

Eu vinha compondo puramente por diversão – estávamos todos tentando nos divertir juntos também, como banda. Talvez seja por isso que não me ocorreu até que ponto as palavras de "The seeker" – canção sobre um homem que eu podia ver em minha imaginação quando a compus, aquele veterano do Vietnã de olhar alucinado que agarrou Karen quando fizemos nosso primeiro passeio turístico em Haight Ashbury – refletiam o impasse que eu enfrentava.

People tend to hate me
'Cause I never smile
As I ransack their homes
They want to shake my hand

Focusing on nowhere
Investigating miles
I'm a seeker
I'm a really desperate man

I learned how to raise my voice in anger
Yeah, but look at my face, ain't this a smile?
I'm happy when life's good
And when it's bad I cry
I've got values but I don't know how or why

I'm looking for me
You're looking for you
We're looking in at each other
And we don't know what to do

[As pessoas tendem a me odiar
porque eu nunca sorrio
Quando saqueio suas casas
Elas querem apertar minha mão

Voltado a lugar nenhum
Investigando distâncias
Sou um buscador
Sou um homem muito desesperado

Eu aprendi a erguer a voz com raiva
Sim, mas olhe pra mim, isso não é um sorriso?
Fico feliz quando a vida é boa
E quando é ruim eu choro
Tenho valores mas não sei como ou por quê

Estou procurando por mim
Você está procurando por você
Estamos olhando um para o outro
E não sabemos o que fazer]

Minha postura característica no palco – os saltos, o *windmill* e as guitarras destruídas – era até agora uma exibição puramente física de fanfarronice viril, embora em um nível psíquico o vândalo irado, o arruaceiro, houvesse se fixado na minha alma, e eu ainda não soubesse qual era a fonte de toda aquela energia.

Aquele vândalo irado de certo modo também tinha penetrado na alma da banda, mas nesse caso os efeitos eram em grande parte positivos. *Live at Leeds* nos fez perceber a potência que possuíamos como músicos e artistas de palco. O Who era uma unidade, uma máquina, uma força da natureza. Como compositor, eu estava só começando a entender a maneira de aproveitar o poder de nosso som de palco e equilibrá-lo com luz e sombra ao fazer um disco. Curiosamente, as variações de humor e tom em um álbum logo seriam descartadas. Bandas de enorme sucesso como AC/DC fariam disco após disco usando precisamente o mesmo grau de intensidade.

À medida que o número de grandes grupos de rock se multiplicava, cada um reivindicava para si um lugar disponível no campo sonoro e o defendia. Todo artista perdido no território alheio pareceria culpado pela falta de coerência. Havia agora duas expectativas em relação ao Who que eu prontamente podia identificar em nosso público, mas não tinha a menor ideia de como conciliar. Uma era a de que em nosso próximo disco produziríamos alguma nova ideia audaciosa, um novo *Tommy*. A outra era que esse disco abalaria as estruturas, assim como *Live at Leeds*.

Se a banda estava tocando como uma unidade, suas bases e seu direcionamento pareciam mais em desacordo que nunca. Se Roger e eu (bem como os fãs do Who) nos sentíamos libertados pelo poder cru de *Live at Leeds*, Kit ainda estava correndo atrás dos artifícios pop. Ele sempre incitava Keith a fazer as acrobacias publicitárias mais desenfreadas e me instigava a dar declarações cada vez mais arrogantes para a imprensa.

Em junho de 1970, Bill Graham convenceu o diretor do Metropolitan Opera a hospedar *Tommy*. Nossos shows lá não me agradaram muito, embora eu estivesse orgulhoso e confiante de que aquele era nosso lugar. No Fillmore East, durante nossa turnê de *Tommy* em 1969, um sorridente e elegante Leonard Bernstein me segurou pelos ombros, me encarou e me perguntou se eu entendia a importância do que tinha realizado. Naquela mesma semana, Bob Dylan veio assistir ao nosso show. Ele falou muito pouco, mas esteve lá, o que significava bastante.

No Metropolitan Opera fizemos nosso habitual show vigoroso, mas com duas apresentações em uma noite. Também tocamos um breve bis após o primeiro show, o que era bastante incomum para nós. Depois do segundo show, ainda melhor, concluímos com uma explosão final de energia, como corredores de maratona cruzando a linha de chegada. Tínhamos dado tudo; a exaustão era física, emocional e criativa. Mas muitas pessoas na plateia haviam comprado ingressos para as duas apresentações (os rostos nas dez fileiras da frente mal mudaram naquela noite) e, tendo desfrutado de um bis anteriormente, esperavam outro depois da segunda apresentação também. Continuaram a gritar enquanto trocávamos as roupas encharcadas de suor por outras limpas e planejávamos relaxar no hotel.

Mas Bill Graham tinha outras ideias. Após quinze minutos de plateia aplaudindo e batendo os pés, ele decidiu que devíamos voltar ao palco. Pedi a ele que convencesse o público a ir embora; ele se recusou, então eu mesmo fiz aquilo. Quando a multidão entendeu o que eu estava dizendo, começou a vaiar. Atirei o pedestal do microfone para dentro do poço da orquestra e saí apressado. Eu sabia que tínhamos feito um bom trabalho. Passando por Bill no corredor, encarei-o. "É fácil nos fazer entrar, Bill", disse eu. "É muito mais difícil nos fazer sair." Eu ainda tinha ressentimentos pelo fato de o pessoal de Fillmore East não ter nos avisado sobre o incêndio nos bastidores em 1969, quando fui parar no tribunal por chutar aquele policial.

Bill Graham deu um passo em minha direção com os olhos duros como aço, porém relaxou, deu de ombros e permitiu que eu vencesse. Foi legal da parte dele, porque era um homem muito poderoso – e um pugilista que normalmente ganhava as lutas.

Logo estávamos dando um novo salto de grandeza, indo da famosa casa de ópera norte-americana para um estádio de beisebol na periferia de Los Angeles. Os Beatles tinham tocado no Shea Stadium, de Nova York, em 1965, mas isso ainda era raridade entre as bandas de rock. John Sebastian abriu para nós, e foi perfeito para o clima de evento de "tragam cobertores e sentem-se na grama". Ele era generoso e talentoso, um fantástico gaitista além de hábil compositor.

O conselho de Kit em nosso primeiro ano juntos tinha sido o de correr para o palco como se fosse o lugar onde mais quiséssemos estar no mundo. Ele nos aconselhou a valorizar roupas diferentes para usar no palco e a fazer movimentos exagerados que permitissem que nossa energia fosse vista até por quem estivesse na fileira do fundo de um grande auditório. Eu sempre preferia branco ou azul-claro e geralmente vestia calças brancas. Keith fez o mesmo durante muitos anos. Roger se fazia parecer maior vestindo muitas franjas, que combinavam com seu cabelo comprido. John vestia trajes feitos sob medida, ternos com a bandeira do Reino Unido e, mais tarde, um traje de couro com um esqueleto branco pintado em escala.

Mas o que realmente nos fazia trabalhar com grande fôlego, independente do quanto éramos barulhentos e do caráter épico de algumas canções, era a forma física que exibíamos: Keith atirava as baquetas para o alto e parava em pé diante da bateria; Roger balançava seu microfone e golpeava os pratos com ele; eu saltava, chutava o ar e girava meu braço no movimento *windmill*. E ao longo disso tudo, como se para ancorar a experiência, John permanecia como um carvalho no meio de um tornado.

Nossos dois shows seguintes foram no aconchegante Berkeley Comunity Theater, pequeno, moderno, com paredes de painéis de madeira leve e acústica brilhante. Esses shows também eram produzidos por Bill Graham, que pareceu determinado a sanar a desavença entre nós. Ele não só providenciou os mais deliciosos fondues de carne e de queijo para a banda, como também, solícito, preparou pessoalmente algumas porções para mim.

Na primeira noite, quando Roger cantou "See me, feel me, touch me, heal me", as luzes se apagaram e um facho muito concentrado iluminou seu rosto. Então, enquanto nos lançávamos na lenta subida final, uma cortina atrás de nós se elevou, e três grandiosos refletores, do tipo usado nas grandes estreias cinematográficas no Hollywood Boulevard, vagaram pela plateia com seu clarão branco e quente. Por um momento, a plateia não soube o que fazer com aquilo, mas as pessoas aos poucos se levantaram, reconhecendo que a música pertencia tanto a eles como a nós, até que cada um dos presentes estivesse de pé. Foi um brilhante exemplo de projeto de iluminação.

A verdadeira surpresa ainda estava por vir. Na segunda noite, após outro show bem-sucedido, Bill me chamou para contar que, se tivéssemos espaço em nosso caminhão, os refletores seriam nossos. Não havia, mas contratamos um caminhão especial para levá-los. Bill Graham havia se redimido.

Em Los Angeles, ficamos em um motel com quartos dispostos ao redor da piscina. John Sebastian apareceu para uma visita com sua nova namorada. Catherine era uma loura estonteante, com olhos penetrantes e uma boca incrível, sempre sorridente. Ela parecia jovem demais para ele, provavelmente com dezoito ou dezenove anos, mas afora isso era o par perfeito para o carismático Sebastian. Eles tinham comprado uma pequena casa em Tarzana e eram obcecados pela arte do *tie-dye*: instigado por Catherine, John me pediu um de meus macacões brancos, que eles customizaram e coloriram para mim.

John também queria me mostrar sua última canção, um trabalho em andamento. Apanhou uma guitarra e arrastou sua cadeira para perto de mim – como inglês, achei que um tanto perto demais. Olhe para as fotos de John e o jovem Dylan tocando juntos no sublime livro de fotos de Doug Gilbert, *Forever Young*. Eles estão cada um sustentando o olhar um do outro, a apenas algumas polegadas de distância. Compartilham um grau de intimidade pelo qual eu ansiava, mas com o qual era incapaz de lidar na realidade. John me encarou, prendeu meu olhar e começou.

"Welcome back", ele cantou. A canção era adorável, mas me deixou em excruciante desconforto, parecendo estar dirigida especificamente a mim. Lembrei de meu amigo Richard Stanley e de como ele havia me levado a mal quando toquei para ele "Welcome", de *Tommy*. Agora era a minha vez.

Catherine se reclinou na cama parecendo Marilyn renascida. Eu teria de bom grado olhado para ela, mas os olhos sérios de John me prenderam. Quando a canção se encerrou, ele perguntou o que eu achava. Eu tinha alguma coisa a contribuir? Estava prestes a gritar. Por algum motivo, esse grau de intimidade entre colegas músicos e compositores nunca me havia sido possível. Sufocado por sentimentos, não fui capaz de dizer uma palavra. Catherine se levantou, eles se despediram afetuosamente, pegaram meu macacão branco e partiram.

Sozinho em meu quarto, bebi demais aquela noite e tentei descobrir por que, depois de meia garrafa de conhaque, senti tamanho pesar por não conseguir lidar com a coautoria. A verdade é que, embriagado ou sóbrio, isso está fora de meu alcance emocional. Sou um solitário, e em nenhum outro momento estou mais sozinho do que durante o processo de criação. Dormi, exausto, e sonhei com a namorada do John Sebastian.

Na manhã seguinte, voltei-me para enfrentar o raio de sol fluindo pelas cortinas finas do motel. Meu coração disparou: havia uma sombra na janela. Alguém estava ali. Não. Um cadáver. Alguém, algum idiota maluco, havia se enforcado bem do lado de fora de meu quarto. Consegui imaginar a corda amarrada na armação do toldo acima de minha porta, a cabeça pendida, o torso, as pernas, os pés. Tenso, observei e não vi nenhum movimento pelas cortinas, exceto o de uma sombra tremeluzente – o balanço suave, quase imperceptível, de um corpo na brisa. Isso, pensei, é o que acontece quando você detona a moralidade básica, mesmo em sonho. Saltei da cama, agarrei o telefone e disquei para a recepção. "Uma coisa terrível, terrível", foi tudo o que consegui dizer.

Quando ouvi os passos do gerente do motel se aproximando, nervosamente abri a porta e espiei pela janela.

Keith? Kit?

Era meu macacão recém-tingido em *tie-dye* recheado com jornal, com direito a uma grande cabeça de abóbora de Halloween e um par de botas alaranjadas.

Não era para toda parte que os benefícios de nossa nova fama nos acompanhavam. Em Memphis, fomos expulsos de um avião e ameaçados de prisão. O piloto havia saído de sua cabine com as faces vermelhas para perguntar quem tinha usado a "palavra com b". Eu levantei a mão – tinha dito a Pete Rudge que *Live at Leeds* iria "explodir como uma bomba", e a jovem comissária de bordo entreouviu o que eu disse e não entendeu o significado britânico da palavra. Ela estava em prantos.

Alguns dias depois, estávamos em Cleveland com nossos amigos Joe Walsh e James Gang, que fizeram os shows de abertura durante cinco apresentações em junho e julho. Meu velho amigo Tom Wright, dos tempos da escola de arte, viajou de Detroit para ver os shows em Cincinnati. Tenho uma gravação em cassete da noite inteira, com Joe Walsh e eu tocando violão juntos, trocando canções e ficando muito bêbados.

Em Columbia, Maryland, organizei a compra de um reluzente motorhome Dodge Travco e o traslado para a Inglaterra. Liguei para Karen e contei a ela, jurando que tínhamos como pagar e que eu encontraria algum lugar para estacioná-lo em nossa estreita rua suburbana. Ela adorou a ideia.

Depois do show de Columbia, uma das groupies brincalhonas de John se enroscou comigo; em uma névoa de embriaguez, eu não disse para ela dar o fora. De fato, meu coração acelerou de expectativa e indecisão. Conversamos por algum tempo em meu quarto e ficou claro que era bem culta e inteligente. Eu podia ter pedido a ela – de modo suave e delicado, claro – que saísse, mas não pedi. Depois que ela tirou as roupas e eu a tomei nos braços, discretamente a chamei de diabo. O que ela pensou que eu queria dizer com aquilo?

Uma semana depois, eu estava em casa. Tinha exigido uma folga de duas semanas da turnê, e Karen encontrara uma cabana de férias para alugar em uma ilha chamada Osea, no estuário Blackwater, em Essex. Todas as propriedades na ilha, inclusive aquela que alugamos, mostravam-se melancolicamente deterioradas, e o tempo estava péssimo. Towser, nosso spaniel, correu para o mar e agarrou um pedaço pesado de madeira flutuante, grande demais para ele. Pouco disposto a soltar, ele começou a se afogar, e tive de mergulhar para salvá-lo. Nesse processo, engoli uma pequena água-viva; o mar estava cheio delas.

A cabana não tinha TV nem rádio. Fazia tanto frio que ficávamos grudados, fazendo amor apaixonadamente, mas batendo os dentes, como camponeses russos em um romance de Tolstói. Karen disse que nossa segunda filha, Minta, foi concebida lá, provavelmente com a ajuda da proteína de água-viva.

Embora esse tempo devesse ser uma folga, eu havia dado a mim mesmo a missão criativa de musicar a Oração Universal de Meher Baba. Tive sucesso, e isso foi como um sinal cósmico. Um outro trabalho que trouxera comigo nas férias era jornalístico. Ray Coleman, editor do *Melody Maker*, havia me encomendado escrever artigos quinzenais sobre música ou qualquer outro assunto de meu interesse. Eu tinha gostado de resenhar alguns discos em 1969, elogiando os álbuns de estreia de Mott the Hoople e King Crimson. Também tinha passado a escrever cartas para os jornais de música sempre que alguma coisa me irritava. "Pete! Você esteve escrevendo cartas de novo!", diria Ronnie Lane. Keith Richards me enviou um bilhete manuscrito me convidando para ser seu correspondente.

Meu primeiro artigo para o *Melody Maker*, escrito durante as férias em Osea, foi publicado logo depois. "Estou começando minha primeira coluna nesse massudo periódico em ambiente particularmente estranho... longe dos sons do tráfego londrino e de Keith Moon, em uma ilha no estuário Blackwater chamada Osea." E seguia com uma propaganda descarada de meu amigo Joe Walsh e da James Gang.

Por que mesmo eu fazia aquilo? Eu tinha um trabalho cotidiano em uma banda, e meu tempo livre estava quase totalmente tomado. Eu participava da Associação Meher Baba e frequentava suas reuniões; desenvolvia a Trackplan (empresa que formei com o produtor de discos John Alcock para construir estúdios caseiros para meus amigos popstars); gravava um disco com Thunderclap Newman; e ainda me envolvi com uma cooperativa de cinema chamada Tattooist, compondo trilhas para seus filmes e até proferindo uma palestra em uma academia de arte. Mas quando o Who estava em um período mais tranquilo, eu era incapaz de reduzir a marcha e passar um tempo em casa. Eu era um *workaholic* fugindo do presente, e provavelmente do passado, porque algo em minha vida me deixava intranquilo – eu era um homem muito desesperado.

Em uma época em que podia ter sido muito feliz, eu me envergonhava por ser um adúltero e, estranhamente, me sentia culpado por meu sucesso profissional.

Ao escrever para o *Melody Maker* pude pelo menos ser honesto quanto a um de meus principais defeitos: eu adorava me expressar. Mas era mais que apenas isso. Em seu manifesto para o curso básico da Academia de Arte de Ealing, Roy Ascott usava a palavra *feedback* em um contexto criativo. *Feedback*, dizia ele, podia ser visto como o modo como um artista poderia evoluir e aprofundar um projeto criativo, mediante a observação das reações daqueles que visualizavam ou participavam de seu trabalho. Com *Tommy*, testei esse artifício com Kit e incluí Richard Stanley e Mike McInnerney. Mesmo antes que meus parceiros de banda tomassem conhecimento do processo criativo de *Tommy* e ajudassem a fazê-lo acontecer, eu havia feito *brainstorm* com dois jornalistas inteligentes e de mente aberta: Jann Wenner e John Mendelsohn, da revista *Rolling Stone*.

Por meio de meus artigos de 1970 na *Melody Maker* eu esperava fazer isso novamente, mas com um foco mais claro. O *feedback* de que havia desfrutado com Jann e John seria substituído pelo dos fãs do Who, que leriam e se envolveriam com minhas ideias. Eu reproduziria suas respostas nos artigos do *Melody Maker* e estabeleceria um fértil laço criativo que forneceria ao Who material para abastecer nossa criação.

Em tudo isso eu negligenciava um fato importante. Se não conseguia compartilhar minhas ideias nem com os caras da banda (eles relutavam muito em abraçar meu estranho e muitas vezes incompreensível processo criativo), como esperar que nossos fãs me ajudassem? Os jornalistas com quem trabalhei estavam habituados ao *brainstorm* e ao risco criativo. Os fãs deram sua resposta quando o Who foi em frente e fez tantas apresentações espetaculares de *Tommy*, sublinhando meus objetivos originais e dando-me a sensação de que desde o princípio eu sabia para onde estava indo com aquele trabalho – quando de fato tinha sido um salto no desconhecido. Eu podia alcançar os fãs da banda por meio do *Melody Maker*, mas como eles iriam me responder de volta?

Concebi a ideia de *Lifehouse* em agosto de 1970 em meu novo e grande motorhome, no qual morei alguns dias depois de tocar no terceiro festival da Ilha de Wight. Embora a história completa demorasse mais um ano para tomar forma, tratava-se essencialmente de uma distopia: um argumento de pesadelo global, uma recriação moderna de *Admirável mundo novo*, de Aldous Huxley. Meu herói em *Lifehouse* seria um homem bom, um espírito evoluído que comete um erro grave e sofre as repercussões cármicas. No futuro sombrio que eu visualisava em *Lifehouse*, a humanidade sobreviveria ao desastre ecológico inevitável vivendo em reclusão, com ar filtrado em trajes que mais pareciam uma vagem, sendo entretidos por uma sofisticada programação fornecida pelo governo. Como em *Tommy*, o isolamento das pessoas, em minha história, seria o meio para sua transcendência.

Em meu esboço, eu abordava algumas das maiores angústias da época. Quando o ecossistema da Terra entrasse em colapso, seus habitantes teriam de reduzir de forma drástica suas demandas sobre os recursos mundiais. Somente pela submissão a um estado policial sobreviveríamos. Os governos aliados do mundo uniriam forças para exigir que as pessoas comuns aceitassem um longo período de hibernação aos cuidados de computadores, a fim de permitir a regeneração do planeta.

Mas o que tornaria suportável a hibernação compulsória, plugada em um computador central chamado The Grid?[8] Apenas a experiência virtual, transferida por tecnologia digital. E o que libertaria as pessoas dessa hibernação forçada? Música ao vivo e a Lifehouse. O rock logo seria identificado pelos controladores da Grid como subversivo – e estritamente proibido – devido ao seu potencial para despertar as massas adormecidas.

Um grupo de renegados e nerds montaria um concerto de rock, experimentando complexos sistemas de *feedback* entre a plateia e os músicos, e conseguiriam "hackear" o Grid. Pessoas de toda parte seriam atraídas para a

[8] Sistema hoje conhecido como internet.

Lifehouse, onde cada uma entoaria sua própria canção para produzir a música das esferas, uma harmonia sublime que se tornaria o que chamei de "a nota perfeita". Quando as autoridades tomassem de assalto a Lifehouse, todos teriam desaparecido em uma espécie de nirvana musical.

The mysticism of sound, livro escrito nos anos 1920 por Inayat Khan, um músico que se tornou mestre espiritual sufi, foi minha inspiração para a solução musical da história. O cerne de minha ideia era que podíamos todos ouvir essa música – e compô-la – se apenas escutássemos de verdade.

A ideia de desolação distópica que somente poderia ser redimida por fantasia criativa[9] encontrava ressonância em mim em um nível profundo, pessoal, psicológico. Eu sabia que havia um elemento maníaco-depressivo em minha personalidade, uma oscilação sazonal em meu comportamento entre períodos de desolação emocional (hibernação forçada) e a atividade criativa dinâmica (Lifehouse) que servia para me tirar do vazio. Sempre contei com minha imaginação e criatividade para me ajudar nos períodos mais duros, os dias mais sombrios de minha infância e, mais tarde, na escola, na academia de arte e nos primeiros tempos com o Who. Passei a recorrer a esse mecanismo para me resgatar do perigo da depressão.

Antes que conseguisse concluir a história, o Who estava de volta à estrada, fazendo uma turnê de dez dias pela Europa. O primeiro show foi em Munique, onde, durante a parte de improvisação de "My generation", comecei a experimentar um trabalho de guitarra totalmente novo. Queria levar a banda para um terreno musical mais profundo, e meus três parceiros de banda se esforçavam para encontrar um caminho para chegar ao que eu estava fazendo. No restante dos shows nessa turnê e em um concerto que se seguiu no Reino Unido, continuei a insistir na criação de efeitos hipnóticos de arpejo em minha guitarra, levando à elevação de frases pesadas. Bob Pridden passou a atuar como uma terceira mão para mim: ele instalou uma série de efeitos complexos de ecos tremulantes e, escutando com muito cuidado o que eu tocava, os inseria em momentos perfeitamente escolhidos.

O som que eu ouvia no palco era maravilhoso, sublime, estratosférico, inebriante. Um crítico musical, elogioso em outras circunstâncias, comentou

[9] Para uma completa exposição sobre o conceito e a história de *Lifehouse* e suas várias encarnações, ver www.thewho.com.

que minha improvisação derivava para demasiadas tangentes, as quais eram justamente o que eu tentava explorar.

Em meu segundo artigo para o *Melody Maker*, publicado algumas semanas depois do Festival da Ilha de Wight, comecei a minha experiência de *feedback* criativo.

> A ideia é esta: há uma nota, uma nota musical que forma de algum modo a base da existência. Os místicos diriam que é OM, mas estou falando de uma nota MUSICAL. [...] Você a ouve? Pois acho que você devia ouvir, em especial se faz parte do público alegadamente musical que lê *Melody Maker*. Provavelmente todos os músicos ou amantes da música, isto é, pessoas com ouvidos treinados, meneiam o corpo pra lá e pra cá. Todos a ouvem. Os músicos precisam aprender a escutar antes de poderem começar a aprender a tocar. Acho que é a parte mais difícil, a parte da escuta. Talvez seja por isso que tanta gente envolvida com música goste de fumar maconha, ela ajuda a escutar.[10]

Anteriormente naquele ano, dei uma aula na Academia de Arte de Winchester sobre o uso de gravadores de fita por não músicos. Na plateia estava Brian Eno, que cita essa aula como o momento em que percebeu que podia fazer música mesmo sem ser músico. Eu queria ir mais longe. Incentivar nosso público a participar do que eu fazia compondo e escrevendo letras e contribuir para o som que produzíamos no palco era uma parte importante da segunda fase de minha ideia. Eu acreditava que os sintetizadores possibilitariam que não músicos expressassem sua criatividade, mas primeiro eu mesmo precisava aprender a manejá-los como leigo.

Encomendei um dos primeiros e pequenos sintetizadores de uma companhia britânica chamada EMS. Antes que a máquina (a "Putney") fosse entregue, recebi o manual, que se tornou crucial. O texto começava com uma descrição simples de como se produz o som, como ele viaja pelo ar e como é eletronicamente reproduzido. Diagramas claros me facilitaram entender a física básica subjacente ao som musical. Em minhas anotações, eu

[10] *Melody Maker*, 19 de setembro de 1970.

imaginava a integração prática dos sintetizadores no formato normal de uma banda de rock.

Imaginei o Who tocando com sons de sintetizadores rítmicos ou *backing tracks* pré-gravadas em fita. A essa altura, os músicos sabiam como fazer *overdub* em um estúdio de gravação, ou seja, tocar com música pré-gravada, mas em shows eram os bateristas que definiam o tempo e o andamento de determinada canção. Em meu estúdio doméstico, toquei para Keith algumas demos com *backing tracks* editadas em sintetizador. Foi impressionante ver a desenvoltura com que Keith conseguia acompanhar, e percebi que era assim que ele sempre havia tocado conosco, mais acompanhando que marcando o compasso dado por John e por mim.

Enquanto percorríamos a Europa em turnê, tentando nos divertir com absurdas travessuras de astros do rock, eu me tornava cada vez mais determinado a criar algo verdadeiramente espetacular para o projeto seguinte da banda. Precisei de três dias para escrever *Lifehouse*, de 28 a 30 de setembro de 1970. Rabisquei um resumo para me orientar e enviei uma cópia para Chris.[11] Eu precisava explicar a ideia geral subjacente a *Lifehouse*, em especial para Chris, e por isso produzi também uma relação completa do que achava que precisávamos para dar vida à história. Descrevi os sistemas de som de que tínhamos necessidade, como gravaríamos o trabalho em andamento, os instrumentos musicais necessários, como coligir os dados para refletir musicalmente cada membro da plateia e como a filmagem poderia ser feita.

Estávamos prestes a entrar em ensaio técnico naquela semana para testar um novo equipamento de iluminação e o desenho de palco. Usei esses ensaios para dar o tom de *Lifehouse* para a banda, mas então ficou evidente que eu tinha pisado na bola logo de cara. Ao me referir ao som do universo inteiro como uma única nota e sugerir que quando nos juntávamos em um show de rock estávamos dando os primeiros passos para recriar essa nota, eu os confundi.

[11] OVERTURE: Os agricultores – Vida – Beleza – Celebração.
LIFEHOUSE: A Cidade – Rock – Juventude contra finanças – Indivíduos trabalhando para o conjunto.
GLORIFICAÇÃO: Eles desaparecem – triunfam, deixando todos para trás.

Mesmo hoje, críticos que gostam de contestar a viabilidade do projeto *Lifehouse* falam desdenhosamente da ideia da "nota única", em que eu baseava minha tese no velho artigo da *Melody Maker*, relacionando-a com a noção hippie de um acorde universal, algo que nem cheguei a mencionar. O Moody Blues havia testado esse tipo de composição mística, e gostei muito de sua magnífica música melódica na época, mas eu estava tentando evocar o estilo de Inayat Khan em meus primeiros versos e *brainstorms* sobre *Lifehouse*.

A canção "Pure and easy" era a base para *Lifehouse*, tal como "Amazing journey" havia sido para *Tommy*. Mas por trás do mote havia um ideal muito mais desafiador e a possibilidade de uma realidade mais sombria. A canção se refere à nota única, mas também à morte da civilização pela decadência de nosso planeta.

There once was a note
Pure and easy
Playing so free
Like a breath, rippling by
The note is eternal
I hear it, it sees me
Forever we blend
As forever we die

[Havia ali uma nota
Pura e simples
Soando tão livre
Como um alento, ondulante
A nota é eterna
Eu a ouço, ela me vê
Eternamente nos fundimos
Eternamente morremos]

Confusos com minha apresentação, os caras da banda não entenderam. "É como tentar explicar energia atômica para homens das cavernas", disse eu a Karen quando cheguei em casa. Ela tentou me tranquilizar. "Eu também não sei se entendo, mas tenho fé em você, Pete – e acho que eles também têm. O que você não pode é empreender uma experiência tão enorme sem esperar dificuldade alguma."

Karen sempre ficava do meu lado quando eu reclamava dos problemas com a banda. Mas ela também dava suas próprias opiniões e me ajudava a ver que, embora muitas vezes fosse difícil, valia a pena. Ela geralmente parecia desempenhar o mesmo papel encorajador da mulher de um mineiro, que ao voltar para casa depois de um dia enfiado na terra precisa apenas de carinho. Também tentava me trazer de volta ao presente, para os prazeres cotidianos de dar banho nas crianças, levar o cachorro para passear, preparar uma refeição, tomar uma taça de vinho e fazer amor na hora de dormir, mas meu desejo era ir para meu estúdio, tentar encontrar algum modo novo de transmitir minhas ideias – e quase sempre era isso que eu fazia.

Hoje tenho mais clareza sobre como meu processo de compor canções evoluíra naquela época, mas eu vinha fazendo isso profissionalmente havia apenas seis anos e ainda estava me acostumando ao enorme salto técnico que dei ao incorporar um gravador de fita de múltiplos canais ao meu estúdio doméstico. O acesso a meu primeiro sintetizador foi importante também. Assim que eu pensasse em uma boa ideia musical, já podia trabalhar sobre ela com muito mais rapidez e eficiência, e minha prática de composição podia se tornar mais ambiciosa.

Dito isso, eu precisava de mais tempo e não estava conseguindo. Isso em parte se devia à pressão das constantes turnês. Apesar do orgulho por ter criado *Tommy*, estávamos todos cansados de apresentá-la, mas as plateias internacionais ainda demonstravam um insaciável apetite pela ópera-rock. Para culminar, Karen engravidou novamente no outono de 1970. Ela tinha 23 anos, já era mãe de uma menina de um ano e tinha de aguentar um músico de rock compulsivo vivendo e trabalhando em sua casa. Eu estava com 25 – um jovem ainda atacado por ansiedades e inseguranças, que não fazia a menor ideia de como conciliar uma família em crescimento com as novas pressões em torno do Who. Em consequência disso, percebi que estava vivendo em uma bolha de negação: eu dizia para os caras da banda que eles vinham em primeiro e em casa que minha família era a prioridade. Eu não admitia que, se servisse bem a uma, provavelmente falharia com a outra.

Nessa bolha, por incrível que pareça, eu continuava a assumir cada vez mais trabalho.

14
A terra entre

No outono e no inverno de 1970 comecei a experimentar episódios maníaco-depressivos regulares. Para me acalmar, eu bebia. Um episódio assim aconteceu depois de um concerto no Norte, quando, em vez de retornar ao camarim após um impactante show experimental, fiquei vagando pela plateia. Eu pretendia me entrosar, encontrar alguma ligação com o público em conformidade com as pretensiosas ideias congregacionais que eu havia defendido em meu segundo artigo no *Melody Maker*. Em vez disso, entrei em uma briga e dirigi para casa a uma velocidade perigosamente alta. Errei o caminho, perdi a consciência e só voltei para minha família nas primeiras horas da manhã. Na época, fazíamos um show a cada três dias em média, e sempre que dispúnhamos de algum tempo livre, eu logo achava alguma coisa para fazer. Provavelmente eu estava esgotado.

Pete Kameron, um homenzinho estranho que parecia um gnomo, a quem Chris e Kit tinham contratado como gerente, veio de Nova York para ouvir meu conceito sobre *Lifehouse*. Tanto Chris como Pete Kameron sugeriram que minhas ideias complexas para esse álbum realmente precisavam de uma estrutura teatral e que talvez fosse bom fazer um workshop com esse material no Young Vic Theatre.

No dia seguinte, tive meu primeiro encontro no recém-inaugurado Young Vic. Frank Dunlop, um amigo de Kit, era o diretor artístico do teatro e nos demos muito bem. Meu estado mental, porém, ainda estava desequilibrado, e com a cabeça literalmente estourando com novas ideias – a maioria delas amorfas –, ainda tentei comemorar o Natal e o Ano-Novo com minha família. Acho que não tive condições de contribuir muito.

Eu tinha quase concluído *Lifehouse* ao final de 1970. Depois de trabalhar exaustivamente, estava paranoico, sem dinheiro à mão e, apesar do apoio de minha família, me sentia solitário. Mesmo assim, me animava com *Lifehouse* e queria terminá-la. Meu ânimo chegou ao pico quando comecei a explorar as relações entre a magia espiritual da música e os avanços da física. Infelizmente, não vinha tendo sucesso em me comunicar na linguagem que adotara – parte ficção científica, parte conversa mística, além dos vislumbres visionários do papel que os computadores podiam desempenhar no futuro da música eletrônica.

As demos de *Lifehouse* foram gravadas, em sua maioria, em janeiro e no início de fevereiro de 1971. Eu interpretava todas as partes em cada canção, empenhando-me muito para conseguir um bom som de bateria. Alguns dias antes da data prevista para iniciar as oficinas no Young Vic, publiquei meu sétimo artigo no *Melody Maker*.

> A música que tocamos precisa ser a de amanhã, as coisas que dizemos têm de ser de hoje, e o motivo para se preocupar é de ontem. A ideia é fazer o primeiro superastro de verdade. O primeiro astro de verdade que pode realmente ficar de pé e dizer que merece o nome. O astro seríamos todos nós.
>
> O Young Vic se torna a "Lifehouse", o Who, os músicos, e o público se torna parte de uma fantasia. Nós inventamos a fantasia em nossas mentes, o ideal, e agora queremos fazê-la acontecer de verdade. Queremos ouvir a música com que sonhamos, ver a harmonia que experimentamos temporariamente no rock se tornar permanente e sentir as coisas que estamos fazendo para MUDAR a face do rock e, então, talvez até as pessoas.

No primeiro dia no Young Vic, Kit passou e admirou quatro pinturas enormes que eu encomendara de meu amigo, o artista excêntrico John Davis. Cada uma representava um membro da banda, suas famílias e o modo como levavam a vida. Enquanto Bob e eu nos empenhávamos para fazer funcionar o sistema de PA quadrifônico, Kit desapareceu e não o vi durante todo o workshop no Young Vic. Em compensação, Hoppy (John Hopkins), de meus tempos do clube UFO, sorria maliciosamente enquanto se deslocava com sua equipe e suas câmeras de vídeo. "Isso é radical, Pete!"

Hoppy era uma voz solitária. Roger, John e Keith pareciam totalmente perplexos. Frank Dunlop, diretor artístico do Young Vic, permaneceu ao lado de Chris com cara de quem comprou um bilhete vencido de loteria: ele tinha reservado uma semana inteira para os workshops, mas em poucas horas ficou claro que nada ali seria feito para provar coisa alguma a alguém.

O segundo dia foi tão infrutífero quanto o primeiro. Conseguimos interpretar algumas canções sobre uma trilha pré-gravada, mas nenhuma música nova foi produzida; a plateia reunida não recebeu acesso a instrumentos eletrônicos ou mesmo pandeiros para acompanhar. Qualquer ideia de fazer música que incluísse a plateia – que chegava a menos de trinta pessoas[12] – teve de ser descartada.

Precisávamos de mais tempo e dinheiro para fazer esse trabalho do jeito que eu tinha imaginado. Fomos parar no pub local, onde Chris explicou que Kit precisara voltar para Nova York, pois estava a meio caminho de produzir um disco. Perguntei sobre alguns recursos prometidos da Universal para o *Lifehouse*, e Chris foi evasivo. Quando "Amazing Grace" na voz de Judy Collins começou a tocar na jukebox do pub, Keith apertou o botão para pular a faixa. "Nós não vamos ouvir esse lixo!", anunciou. Um sujeito com ar durão, sentado ao bar, girou a cabeça e calmamente mandou Keith colocar a música de volta. Keith obedeceu. Foi como se, no final das contas, não fôssemos fazer nenhuma alteração musical significativa no público à nossa volta.

O impacto que experimentei depois do segundo dia no Young Vic foi imenso: minhas ideias fantásticas haviam trombado com a realidade. A composição pretensiosa, minhas teorias rebuscadas no *Melody Maker*, os roteiros, a tecnologia, reuniões para levantar dinheiro da Universal, as canções, a luta tortuosa para fazer um trabalho criativo decente em meio ao excesso de shows – tudo foi em vão. O Who fez mais uma apresentação de fim de semana no Young Vic, tocando um monte de sucessos anti-

[12] O primeiro workshop foi realizado durante o dia, e, por isso, apenas pessoas desocupadas participaram. Além disso, receosos de superlotação, não fizemos nenhum anúncio dos eventos. Assim, na verdade, ninguém sabia o que estávamos fazendo. Meu plano inicial era deixar os workshops crescerem exponencialmente.

gos. Entendi que tinha de desistir do projeto de *Lifehouse*, ou começar tudo de novo.

Eu me preocupava com a privacidade de minha família em nossa casa minúscula, especialmente na época que Karen estava grávida de sete meses. Os fãs haviam começado a bater na porta. Às vezes, eu conseguia ser atencioso, mas, se interrompiam o trabalho, eu ficava irritado, o que podia se converter em discussões violentas, perigosas, na soleira da porta. Os fãs se sentiam autorizados a ocupar meu tempo simplesmente por terem me localizado e vindo de longe me visitar. Karen e eu também tínhamos nossa privacidade invadida por hippies da comunidade vizinha da ilha de Eel Pie. Eu nunca estava por perto o bastante para dar segurança à minha família e não gostava da ideia de contratar profissionais para fazerem o serviço.

Karen se esforçava para me apoiar, mas eu vinha trabalhando em uma verdadeira redoma desde o fim do último verão. Eu não conseguia explicar a ninguém o que sentia. Ainda sofria acessos de ansiedade maníaco-depressiva, ouvindo vozes e música, tendo visões. Meu único remédio era o álcool. O mais desanimador era o fato de que, quando escutava minhas demos, não conseguia imaginar como melhorar as composições, por mais que tentasse. Durante o dia, infalivelmente eu passeava com o cachorro, subindo e descendo as margens do Tâmisa. Tentei trocar ideias com colegas, mas, em vez de me inspirarem, só pioravam as coisas. Era um beco sem saída entre mim e os compositores: busquei seu apoio, e eles só se dispunham a concedê-lo se eu explicasse o que queria fazer em linguagem simples.

O fracasso de *Lifehouse* em inspirar a banda do jeito que me inspirava foi particularmente surpreendente, porque eu empreguei as mesmas técnicas que usara para fazer *Tommy*. Mas elas não funcionaram dessa vez. Uma diferença importante foi Kit não estar mais em minha órbita. De certo modo, ele cumpria o papel que Jimpy tivera para mim na infância – colega de aventuras e catalisador criativo. Mas Kit me transferira para Pete Kameron. Sem o apoio e o entusiasmo de Kit, perdi a convicção na viabilidade de *Lifehouse*, tal como meu mundo se tornara cinzento com a partida de Jimpy.

Chris tentou segurar a barra em Londres, mas, sem que eu soubesse, as drogas haviam rachado o Who por completo. Todos em nossa equipe administrativa viviam anestesiados ou eufóricos; era a história estereotipada de decadência do rock e de grandiosidade movida a ego, e cada estrato de nossa operação havia se contaminado.

Kit disse ao pessoal da Universal que eu tinha pirado. Nesse ponto, ele não estava muito equivocado. Mas também afirmou algo muito longe da verdade: que *Lifehouse* era o título provisório de oficinas de música que se destinavam, na verdade, à produção de um futuro filme de *Tommy*. Mais um prego no caixão de meu projeto original.

No período, eu quase não tinha contato com os outros três membros da banda. Nem mesmo me alegrei com a chegada de meu novo grande sintetizador de estúdio da ARP, de Boston. Ele foi entregue pelo músico e programador Roger Powell, que entendeu completamente *Lifehouse* e ofereceu muitas ideias maravilhosas, mas parecia tarde demais. Brinquei um pouco com o grande sintetizador, porém já tinha perdido o ânimo para isso.

Na mesma semana, do nada, recebi um telefonema amigável de Kit. Ainda em Nova York, seu entusiasmo era nítido. Ele tinha descoberto um estúdio novo e empolgante chamado Record Plant, projetado pelo brilhante técnico em acústica Tom Hidley. Ciente de que eu adoraria o local, ele sugeriu que eu organizasse um rápido ensaio da banda com as canções que já tinha aprontado e voasse até lá para gravar.

Uma prece que eu jamais fizera tinha sido atendida. Fiquei tão eufórico que, ao levar o cachorro para um passeio, chorei e ri de alívio enquanto circundava o parque local. Kit, o querido Kit, viera em meu resgate. Nova York. A primavera. Que remédio podia ser melhor?

O Record Plant era tudo o que Kit dissera. A grande sala de controle tinha uma mesa impressionante. Tom Hidley havia projetado seus próprios alto-falantes com *tweeters* em madeira; tinham volume alto, mas o som era muito bom. O estúdio tinha duas cabines de isolamento – o que não era comum na época –, possibilitando que *backing tracks* com violão ao vivo e um vocal principal fossem gravados simultaneamente com a seção rítmica.

As canções que considerava prontas para gravar já tinham sido tocadas algumas vezes pela banda durante os caóticos workshops no Young Vic, de modo que foi fácil deixá-las "no ponto" em uma sala normal de ensaio. Todas ficaram sensacionais tocadas ao vivo: "Won't get fooled again", "Behind blue eyes", "Baba O'Riley", "Love ain't for keeping", "Let's see action" e "Getting in tune". Algumas fitas de teste circularam (e mais tarde foram pirateadas) contendo canções que eu não tivera tempo de ensaiar no Reino Unido, mas a banda as havia escutado – entre elas estavam "Bargain", "Pure and easy", "Going mobile", "Greyhound girl", "The song is over", "Teenage wasteland" (uma versão alternativa de "Baba O'Riley"), "Mary", "Too much" e "Time is passing".

Jack Adams, o novo engenheiro de som de Kit, era um velho amigo – tínhamos trabalhado juntos em um pequeno estúdio em Nova York em algumas canções com meu amigo Steve Baron. Jack sempre dizia que odiava rock pesado – ele preferia R&B –, por isso fiquei surpreso ao vê-lo atrás da mesa. Lembro-me de ele exigindo que a caixa da bateria soasse como um "pau duro", e ele conseguiu um som espetacular.

Depois da sessão, tentei me acalmar com uma bebida, como sempre. Roger havia se enganchado com um de seus contatos, e Keith e John simplesmente sumiram pelos clubes de Nova York. Passei a manhã seguinte no quarto do hotel, repassando letras, tentando descobrir como convencer Kit a desfazer aquela confusão acerca do filme de *Lifehouse*.

Nos primeiros dois dias no estúdio, Kit não deu as caras. Eu sabia que ele estava hospedado no mesmo hotel que nós – um de nossos favoritos, o Navarro, de frente para o Central Park. No terceiro dia, Kit chegou ao estúdio com sua assistente pessoal, Anya Butler. Fiquei surpreso ao vê-la, não sabia que ainda trabalhavam juntos. Kit estava elegantemente trajado, mas com migalhas de comida, como sempre, o eterno cigarro na mão, o sorriso enviesado para um lado e pronto para ação. Jack já tinha um som para a banda e começamos com "Behind blue eyes", que de fato ficou muito boa.

À noite, Andre Lewis, tecladista que tinha trabalhado com Patti LaBelle, fez o órgão para "Getting in tune". O primeiro sinal da perturbação mental causada pelas drogas em Kit surgiu quando, com a banda curtindo a extensa coda, ele apareceu carregando um pedaço de papel em que rabiscara uma espécie de comando. Ele corria pelo estúdio, agachando-se, como se isso o tornasse invisível, e mostrava sua instrução para os músicos, um de cada vez. Quando chegou a minha vez, esforcei-me para ler o que estava escrito. Ele trouxe o papel para bem perto do meu rosto e, por fim, quando consegui ler, desmoronei – em parte rindo, em parte exasperado, enquanto a música vacilava até parar. O bilhete dizia: "Isto é GENIAL! Continue tocando".

Keith pareceu o mais transtornado com a inoportuna intervenção de Kit. Depois de finalmente entrarmos em sintonia, ser atrapalhado naquele ponto era como um coito interrompido. Kit e Jack desapareceram então por cerca de meia hora, enquanto um assistente tocava de novo os três ou quatro *takes* da coda. Eu esperava poder editar a conclusão da música com um *take* anterior, mas os andamentos eram todos ligeiramente diferentes entre si.

Quando Kit e Jack regressaram, havia a energia habitual de Jack, porém Kit se mostrava visivelmente transfigurado. Estava pálido, o rosto caído. Ele afundou em uma cadeira, acendeu um cigarro e fechou os olhos. Depois que todos os músicos haviam se atropelado de volta ao estúdio, procurei por Kit e percebi que tinha desaparecido novamente. Desisti e voltei para o hotel.

Meus sentimentos eram muito confusos. Estava grato a Kit por conseguir as sessões em Nova York. Ele o havia feito para reacender as paixões da banda e me apoiar em minhas ambições desvairadas, mas não parecia saber lidar com o vício em heroína, recém-adquirido. Dormi mal aquela noite, tive sonhos vívidos povoados por fantasmas. Tal como reanimava espíritos doentes durante o dia, a energia efervescente de Nova York parecia se alimentar da fragilidade humana à noite.

Acordei cedo para uma linda manhã de primavera, decidido a ver Kit e falar com ele. Anya marcou uma reunião para o meio-dia. Pedi café e juntei minhas anotações. Se Kit estava em apuros, o estado de meus papéis revelava os meus próprios problemas. Rabiscos, resenhas, atualizações, edições, rascunhos de letras e *brainstorms* confusos sobre *Lifehouse* – estava tudo embolado. Meu novo plano era abandonar o filme de uma vez por todas, mas pedir a Kit para me ajudar a criar uma sequência coesa para as canções que pudesse sugerir um enredo subjacente – como ele havia feito com *Tommy*.

Impaciente, uma hora antes do combinado, subi correndo a escada de incêndio até o quarto de Kit, alguns andares acima do meu. Anya e Kit tinham quartos vizinhos, e suas respectivas portas estavam abertas para aproveitar a brisa que soprava pelo corredor. Quando me aproximei, ouvi a eufórica voz de Kit.

"Se Townshend acha que pode vir aqui se pavonear em meu novo mundo e assumir o comando, está enganado." Ele estava extremamente zangado. Dava para senti-lo andando a passos largos, de um lado para o outro do quarto.

"Kit", argumentava Anya, "a música é ótima. Pete está apenas..." Quando entrei no quarto, ele me viu e, sem saber se eu tinha ou não ouvido seu delírio, esboçou um sorriso e se virou para o outro lado.

"Kit está me chamando de 'Townshend' agora?", murmurei para Anya. Eu nunca ouvira ele me tratar pelo sobrenome. Eu o adorava e me senti terrivelmente traído. Anya tinha aberto a janela por completo e, na distância, o parque se espraiava como um lago verde. Uma música encheu minha cabeça, e o ar ao meu redor dançou em luzes tremulantes à medida que caminhei para a janela e contemplei a vista. Tive uma sensação de ausência de peso e, naquele momento, parecia não ter a menor relevância se estava vivo ou morto. Quando comecei a tombar para a frente entre o céu e o inferno, Anya subitamente me agarrou pela manga. Ela me fez rodopiar de volta.

"Pete", bradou ela. "Que merda está fazendo?" Voltando a mim, fugi do quarto.

Mais tarde falei com Roger e disse que estava abandonando as sessões de gravação. Liguei e marquei um voo de volta. Ao longo da tarde, minha cabeça continuava a rodopiar. Eu não estava bebendo nem tomando drogas, mas em dado momento imaginei o quarto lotado de agentes e investidores da Universal e da gravadora Decca. Eu os ouvia murmurar que eu os tinha humilhado, que eu era um fracasso e que pagaria por isso. À medida que os fantasmas em meus sonhos ganhavam vida, comecei a ser espancado por dois brutamontes mafiosos... quando alguém bateu na porta. Arrastei-me para o banheiro, e meu nariz realmente estava sangrando. Lavei-me rapidamente e abri a porta.

Era Devon, uma amiga de Roger e Heather. Eu a tinha visto algumas vezes com Roger, normalmente nos bastidores do Fillmore. Ela era uma beldade, deslumbrante, o rosto ligeiramente etíope. Devon disse que tinha vindo me oferecer ajuda e me estendeu um lenço para enxugar o filete de sangue de meu nariz. Eu devia estar patético.

"Desculpe, Devon, você não pode me ajudar", disse eu. "Estou realmente fodido aqui."

Enquanto eu dizia isso, ela esticou os braços para mim. Em meus sonhos mais desenfreados, eu teria conseguido lidar com uma mulher daquelas, mas na realidade ela me assustava. Também fiquei desconfiado.

"Foi Roger quem mandou você?"

"Roger? Eu fiquei sabendo pela Anya, que disse que você tentou saltar pela janela."

Eu ainda estava confundindo sonhos e realidade. "A Universal tem um contrato para me assassinarem", sussurrei. "Fui ameaçado pela máfia. Kit está por trás de tudo isso."

Devon ainda tentou me abraçar enquanto eu falava sem parar, mas a empurrei para longe.

Ela ficou compreensivelmente furiosa. "Eu já ajudei um dos maiores músicos deste mundo de merda durante um colapso nervoso", ela esbravejou, começando a contar que tinha sido namorada de Miles Davis – e eu sabia que isso era verdade –, mas eu não estava para conversa.

"Obrigado. Muito obrigado, Devon, mas você precisa ir."

Ela não disse mais nada, empinou o corpo com orgulho e saiu majestosamente, enquanto eu balbuciava meus agradecimentos.

No dia seguinte, retornei a Londres. O Who ainda tinha um disco para fazer. Não era apenas uma questão contratual; mais de dois anos entre um álbum e outro era muito tempo. Tentei recrutar o engenheiro de primeira linha Glyn Johns (nosso antigo produtor e ex-vocalista de The Presidents) para trabalhar com Kit em Londres, a fim de concluir o que tínhamos começado em Nova York, mas Glyn não via com bons olhos a parceria com Kit. Glyn era meu modelo do que deveria ser um bom produtor – alguém que dirige a música e cria o som certo –, e havia grande respeito mútuo e carinho entre nós. Éramos ambos impacientes no estúdio, perfeccionistas que trabalhavam depressa. Foi seu talento como engenheiro de som nas primeiras gravações do Who com Shel Talmy que as fez soar tão sensacionais.

Glyn escutou as fitas da Record Plant, concordou que eram boas e foi direto ao ponto, dizendo que podia fazer melhor. Ele também achava que começar a zero reenergizaria a banda inteira. Concordei. Algumas complicações políticas logicamente irromperam do outro lado do Atlântico envolvendo Kit e os créditos sobre o controle da produção, mas Chris contornou a situação. Eu ainda me agarrava à débil esperança de que poderia sequenciar as canções de *Lifehouse* e revelar o significado da história por trás delas. Havia canções suficientes para um álbum duplo e várias letras que eu sabia que eram muito promissoras, desde que sobrasse algum tempo para concluir mais demos. Imaginei um encarte na capa em que, no mínimo, eu pudesse publicar meu manifesto em defesa da ideia de *Lifehouse*.

A gravação com Glyn nos estúdios Olympic imediatamente demonstrou uma abordagem superior à de Kit. Depois de duas semanas, tínhamos faixas prontas suficientes para começar a pensar no álbum. Apresentei a Glyn minhas ideias para sequenciar. Foi então que me choquei com sua intransigência. Sequenciar o disco para servir a uma história abalaria um dos maiores princípios de Glyn, que era sequenciar um disco para servir à música. Glyn me convidou para um café, a fim de lhe explicar *Lifehouse*.

Fiz o melhor que pude, mas *Lifehouse* não era mesmo uma ideia fácil de detalhar em poucos minutos. Glyn – que tinha se concentrado muito ao ouvir – respondeu de seu jeito tipicamente direto: "Pete, não entendi uma só palavra do que você disse". Sua perplexidade foi outro prego no caixão. Por incrível que pareça, meu esgotamento e minha decepção deram lugar a uma enorme sensação de alívio.

Logo depois de começarmos a gravar com Glyn, em abril, tivemos mais um compromisso de fim de semana no Young Vic – um evento para angariar fundos que coincidiu com o nascimento de minha segunda filha, Minta. Fumei um charuto no palco e anunciei sua chegada tal como aquele mensageiro de motocicleta tinha anunciado meu próprio nascimento a papai na Alemanha: "É uma menina!". Tocamos "Won't get fooled again" pela primeira vez em público, com a *backing tape*, e causamos impacto. O restante foi meio bagunçado, e tratamos os vários shows que se seguiram como testes, quase ensaios para os dois elementos do projeto *Lifehouse* que eu me recusava a abandonar – sintetizadores e fitas de apoio. Os shows foram cuidadosamente espaçados, com intervalo de dois ou três dias, e dosados para nos permitir fazer um bom trabalho de ensaio em estúdio.

Nos ensaios, ficou óbvio que usar sintetizadores parecidos no palco não funcionaria. Eu precisava de um sintetizador pré-configurado para cada canção (não havia como recuperar trechos naqueles sintetizadores primitivos).

Mas as *backing tapes* haviam se mostrado válidas no Young Vic, e Keith podia tocar excepcionalmente bem para um andamento pré-gravado, algo que todo bom baterista sabe fazer hoje, mas que era inédito em 1971. À medida que chegávamos ao auge da gravação com Glyn, lentamente aumentamos a frequência de apresentações, todas no Reino Unido. Roger dizia que trabalhar nas canções em shows antes de gravá-las era seu método favorito, e Glyn frequentemente obtinha de nós boas performances de estúdio em um ou dois *takes*.

Em julho, em uma festa na casa maravilhosamente excêntrica de Keith, em Chertsey, lançamos o novo disco. *Lifehouse* se tornou o pateticamente intitulado *Who's next*. A capa do álbum, em minha opinião, era uma piada de mau gosto. Na parte da frente, posávamos próximo a um obelisco contra o qual tínhamos mijado. A parte de trás nos flagrava putos da vida no camarim, após um show. A capa quase fedia a urina. Fiquei totalmente pasmo quando tantos fãs e amigos que eu respeitava adoraram o título e o projeto gráfico da capa.

Eu estava petulante, mas me recuperei conforme percebia que, por algum milagre, Glyn reunira em um único disco, a partir dos escombros de *Lifehouse*, aquilo que seria o primeiro material da banda a ser corretamente gravado em muito tempo.

Joseph Strick, o escritor, diretor e produtor de cinema norte-americano, veio me visitar várias vezes em Londres. Seu filme *Ulisses* havia sido muito prestigiado, e ele desejava levar *Tommy* para as telas. Suas ideias eram sombrias e interessantes, e ele estava ávido para abraçar o projeto, mas eu dispunha de muito pouco tempo para atendê-lo. O Who tinha uma turnê pelos Estados Unidos agendada para começar em 29 de julho, e no dia 16 minha família viajaria para Nova York no transatlântico *Queen Elizabeth II*.

Minha amiga, a artista Johanna Freudenberg, providenciara uma casa para ficarmos durante o verão em Bayshore, em Long Island. Sua família possuía uma casa de veraneio ali perto e ficaríamos próximos da praia. Uma série de shows havia sido organizada, todos a uma cômoda distância de Nova York. Emma tinha então dois anos de idade; Minta estava ainda em um carrinho de bebê. Em julho, decididos a tentar conciliar família e turnês, Karen e eu chegamos a Nova York e ocupamos a casa.

O primeiro show foi em Long Island, em Forest Hills, a uma breve viagem de carro de Bayshore. No palco, senti um alívio de claustrofobia, raiva, frustração e depressão à medida que a música do Who – e meu condicionamento físico – convertia emoção em paixão e alegria movidos a adrenalina. Bebi Rémy Martin puro no palco naquela noite e pedi para ter sempre uma garrafa próxima ao meu amplificador.

Terminei esse show destruindo duas guitarras, atirando uma para o ar e, em homenagem ao famoso torneio de tênis local, usei a outra como raquete. Depois que saí do palco e minha adrenalina começou a baixar, decidi não voltar para Bayshore. Wiggy tinha hospedado a equipe em um hotel nas imediações, já que teríamos outro show no mesmo local dentro de dois dias. Preferi então tomar uns drinques com Wiggy e Bob Pridden, ouvir um pouco de música e deixar a adrenalina diminuir antes de voltar para minha esposa e meus bebês. Deitei na cama de Wiggy para descansar.

No rádio, ouvimos que, fora do estádio, um guarda fora apunhalado até a morte por um fã inconformado porque não havia mais ingressos. A culpa era atribuída à violência de nosso show. Fiquei profundamente abalado. Até aquele momento eu estava prazerosamente embriagado. Quando comecei a pensar em ir para casa, a garota de Maryland (aquela a quem chamei de diabo) surgiu na porta parecendo um anjo. Ela estava em um vestido florido de verão, os seios firmes e altivos debaixo do tecido fino.

Em poucos segundos, nosso reconhecimento se tornou um reencontro sexual. Depois de resistir a Devon e ao consolo que ela poderia ter me proporcionado, dessa vez decidi deixar rolar – e paguei um preço completamente diferente. Eu sabia que viver uma mentira me devoraria por dentro, e foi o que aconteceu. Muita gente à minha volta achava que eu exagerava nesse tipo de coisa e, em retrospecto, concordo com isso. Afinal, eu era um jovem astro do rock. Mas meus padrões não eram altos, apenas confusos.

Minha capacidade para beber no palco era enorme, principalmente se fosse conhaque, mas ainda hesitava em usar as drogas que meus amigos consumiam: a cocaína rolava em toda parte nos bastidores, e tanto Keith como John a combinavam com Mandrax, o que não podia fazer muito bem a seus corações. Roger fumava um pouco de maconha e às vezes bebia, mas não precisava necessariamente de um pico – as garotas sempre queriam fazer sexo com ele. No dia seguinte, fui à famosa loja de música Manny's, em Nova York, e torrei 30 mil dólares em guitarras, um ato simbólico de descarada autocomplacência que eu mal podia me permitir.

No palco, em Chicago, Roger tentou me levar a assumir o controle de meu som. Nem tomei conhecimento, mas comecei a girar como um dervixe. Ele ficou irado e chutou meus amplificadores, derrubando um membro da equipe que estava de pé atrás do equipamento. Mais tarde naquela noite, sem que eu soubesse, por frustração, ele socou uma janela de vidro.

Pouco a pouco, músicas de *Tommy* se insinuavam de volta em nosso repertório, normalmente compilado por Roger alguns minutos antes de cada show. Ao final da excursão, estávamos tocando uma espécie de pot-pourri de *Tommy* salpicado de outras mais pesadas que ficaram famosas com *Live at Leeds*. As novas canções de *Who's next* demoraram a se tornar conhecidas e a se consolidar, mas tivemos o consolo de voltar ao Reino Unido a tempo de ver esse álbum chegar ao primeiro lugar nas paradas.

O Who passou então a viver no esplendor compatível com nosso status de astros do rock. Keith tinha a Tara House, seu grande imóvel em Chertsey. Roger adquiriu uma bela residência do século XVI em Sussex e esbanjou dinheiro em sua ampliação. John adquiriu carros avariados, dezenas de baixos e instrumentos de metal, malas feitas sob encomenda e uma nova casa, bem modesta, na zona oeste de Londres. Karen e eu queríamos construir uma casa e estávamos procurando terreno; queríamos que fosse perto da família dela e de sua casa de campo no alto Tâmisa. Pretendíamos também manter a casa em Twickenham. Embora fosse muito pequena, nós a adorávamos.

Depois de algumas tentativas frustradas, encontramos "O Templo", um agradável recanto ribeirinho em Cleeve, no Tâmisa, oito quilômetros à jusante da casa de meus sogros. Mantivemos a cabana e os anexos originais, mas derrubamos a casa principal (com a intenção de substituí-la por algo mais atraente). Com três açudes próximos à cabana, o lugar era inspirador. Nosso jardineiro nos indicou um livro sobre a área que descrevia linhas de força estendendo-se entre Stonehenge, Glastonbury e Goring, "onde um templo estava antes situado próximo à travessia do rio e de várias trilhas pré-históricas". Eu tinha tropeçado casualmente em um local promissor para meu novo estúdio – um ambiente criativo, estimulante e com direito a energias ancestrais.

* * *

Depois do fracasso de *Lifehouse*, Chris Stamp estava decidido a encontrar um esboço de filme que apresentasse a banda, trouxesse Kit de volta ao combate e impulsionasse um novo salto gigante para todos nós. Ele recorreu a Nik Cohn, o crítico prodígio que havia inspirado a ideia do pinball de *Tommy* e abençoado *Live at Leeds* no *New York Times*. Chris o contratou para nos aconselhar e, talvez, redigir um roteiro.

No fim do verão e no outono de 1971 tivemos vários encontros com Nik. Eu soltei pequenas bombas em nossas conversas e tirei fotos com minha nova câmara Nikon. Uma das fotos é de Chris e Nik no escritório da Track, na rua Wardour; eles estão jovens e sorridentes. Chris se mostra, como de hábito, bonito, o cabelo um pouco comprido na frente, com uma longa franja para o lado. Nik está com seu cabelo louro, encaracolado e fora de moda, e de óculos, o rosto de Mr. Punch [antigo personagem de teatro de marionetes inglês].

Chris e Nik estavam meio chapados de cocaína no meio do dia, chutando ideias na frente de uma lousa onde haviam escrito a giz um fragmento lírico de Stephen Stills. Nunca me senti participando dessas discussões.

O produtor Lou Reizner desejava gravar uma versão orquestral de *Tommy*. Eu o encontrei em novembro e, como tinha esquecido totalmente as próprias ambições de Kit para sua implementação orquestral, dei a Lou minha bênção. Quando Kit soube, ficou profundamente magoado – e mais outro obstáculo foi colocado entre nós. *Tommy* era principalmente trabalho meu, e, assim, eu não tinha necessidade alguma de sentir culpa, mas Kit havia desempenhado um papel importante.

Antes que fôssemos para os Estados Unidos, tocamos no campo de críquete Oval com o Faces. Rod Stewart chutou bolas de futebol para a multidão, e o clima festivo continuou durante horas após o evento, enquanto Kit ficou na caça do produtor que havia fugido com o dinheiro, destinado a uma entidade assistencial. Eu estava embriagado quando atravessei raspando os portões de saída com meu motorhome norte-americano, com menos de uma polegada de folga para cada lado.

A turnê norte-americana começou em Charlotte, Carolina do Norte. Aproveitei a oportunidade para visitar a casa de Meher Baba na vizinha Myrtle

Beach. Alguns versos da canção "Who are you" referem-se à minha experiência de caminhar pela primeira vez na floresta de lá.

I know there's a place you walked
Where love falls from the trees
My heart is like a broken cup
I only feel right on my knees
I spill out like a sewer hole
Yet still receive your kiss
How can I measure up to anyone now
After such a love as this

[Eu sei que há um lugar em que você caminhou
Onde o amor cai das árvores
Meu coração é como uma xícara quebrada
Só me sinto bem de joelhos
Eu transbordo de um buraco de esgoto
Mesmo assim ainda recebo teu beijo
Como estar à altura de alguém agora
Após um amor tão grande como este]

Eu estava desolado. Tentei dormir em uma das cabanas simples de hóspedes, dispostas em torno do lago isolado no coração da propriedade. Na manhã seguinte, antes de me juntar à banda em Charlotte, mostraram-me a casa modesta de Meher Baba. Minha cabeça corria na frente para o show que eu tinha de fazer naquela noite, quando de repente minha guia abriu uma porta. "Aqui", disse ela dramaticamente, "é onde dormia o amado Baba. Fique a sós aqui algum tempo." Ela saiu do quarto e fechou a porta atrás de si.

Eu não tinha a menor ideia de como me comportar, o que fazer, como rezar. Meus amigos que tinham visitado a tumba de Meher Baba na Índia se sentiram profundamente comovidos quando recostaram a cabeça na tampa de mármore da lápide. Assim, ajoelhei-me e repousei a cabeça na extremidade da cama. Nada aconteceu. Esperei um pouco mais, na expectativa de... Eu não sabia do quê. E então tive uma visão: Meher Baba, como o jovem soberbo que ele tinha sido em sua mocidade, deitado de bruços na cama, nu, e eu era seu amante. A visão era menos uma memória específica e mais uma sensação familiar, de algum modo vinculada à minha infância. Levantei e me afastei da cama, chocado e um pouco envergonhado.

O álcool ajudava. Em Miami, com uma ligeira ressaca e viajando em um Pontiac conversível alugado, ergui-me para sentir o ar quente. Era sublime: o cabelo ao vento, Moby Grape no rádio, Wiggy costurando no tráfego como em um hipódromo. Depois de nosso primeiro show, um amigo rico do produtor nos convidou para uma festa em sua casa nas Keys, que era dominada por uma enorme piscina coberta. Eu estava bêbado o bastante para nadar pelado pela primeira vez em minha vida na companhia de quinze ou vinte outros jovens. Tomei o rumo da sauna – e lá estava ela de novo, a menina "diabo" de Columbia. Perguntei-me se eu estava sendo seguido. Dessa vez, porém, em vez de voltar-se para mim ela começou a acariciar a garota que eu havia perseguido até ali.

Corri de volta para a piscina e nadei toda a extensão sob a água, os olhos firmemente cerrados, só para emergir entre as pernas de outra loura voluptuosa e sorridente. Eu realmente não sabia administrar de jeito nenhum essa coisa de infidelidade rock 'n' roll.

Eu só tinha ficado longe de minha família por uma semana. Fazia meu trabalho, arrumava e desarrumava a mala e esperava uma boa noite de sono sem ser interrompido por Keith destruindo seu quarto. Beber era uma necessidade a cada show, mas eu sabia que, quando voltasse para minha família, poderia trabalhar a sério e me comportar.

Tínhamos dois shows em Nova Orleans, nossa primeira vez lá. Quando chegamos, fui recebido por Chris Stamp, que havia trazido Nik para que pudéssemos continuar o *brainstorm* para um filme que envolvesse a banda. Chutei um título provisório: "Rock is dead, long live rock" [O rock está morto, vida longa ao rock]. Eu também tinha algumas anotações para um álbum duplo sobre a decadência do rock 'n' roll em conflito com suas raízes jovens, idealistas. Eu não tinha deixado minha mente vagar demais, mas Nik e Chris estavam contentes por terem algo em que trabalhar. Nik começou imediatamente a entrevistar os outros três membros da banda, fazendo anotações.

Nos bastidores, em Los Angeles, era evidente que a banda tinha atingido um novo patamar. Fascinantes atrizes de Hollywood entravam e saíam de nosso camarim, e Mick e Bianca Jagger assistiram ao nosso show ao lado do palco. Vesti uma coroa que tinha encontrado em um guarda-roupa teatral e perguntei a Mick o que ele achava.

"É difícil levar você a sério, Pete", disse ele ternamente. "Você parece uma vagina."

Fizemos dois shows em São Francisco, onde desenvolvi um pouco mais a ideia para o projeto *Rock is dead*. Em vez de me limitar a um álbum duplo, cada membro da banda comporia (ou seria curador de) um lado de cada disco. Isso lembrava 1966, e o antigo plano de Kit e Chris em que cada membro da banda comporia um quarto das canções. Enquanto isso, Nik e Chris trabalhavam em segredo na preparação de um filme chamado *Rock is dead (rock lives)*.

O *briefing* do roteiro era assim expresso: apresentar o Who de um modo simples, acessível, em caracterizações vívidas e brilhantes. Nik tinha se empenhado muito nisso, cuidando para que um documentário estilizado sobre a banda não fosse apenas divertido, mas também ajudasse a explicar por que o rock aconteceu. Eu precisava de ajuda, e Nik a ofereceu. Depois de meus tsunamis teóricos com *Lifehouse*, as notas introdutórias de Nik eram uma aula de concisão.

> O Who trabalha hoje por mais tempo e com mais empenho que qualquer outra banda tão importante; tocou para mais pessoas, em mais noites, em mais locais e sob mais pressão que qualquer outra, até que seus integrantes passaram a condensar a quase totalidade do rock, passado, presente e futuro, em si mesmos. Assim, se alguém captar seu desenvolvimento, não se tratará simplesmente de uma história sobre quatro garotos crescendo e ficando ricos. Em parte, é isso, mas também se torna uma metáfora para o rock em geral – seu público, seu contexto e seu tempo. Nos termos mais simples, o objetivo de *Rock is dead* é apreender o Who e, ao fazer isso, apreender a própria essência do rock.

Eu não podia esperar um começo mais positivo de Nik. De fato, com o tempo, muito do que ele previu para o Who aconteceu.

As entrevistas que Nik havia realizado em nossa recente excursão emolduraram os retratos literários que ele criou para cada membro da banda. Para mim, constituíam uma leitura sóbria, e decidi não compartilhar o esboço com meus companheiros de banda, com medo da mágoa que isso poderia provocar.

Pensando bem agora, essa pode não ter sido a melhor decisão, mas no momento parecia correta. Claro que ninguém que olhasse para o Who nesse período teria visto comédia, desatino, hipocrisia, grandiosidade, infidelidade e compaixão, misturados com estádios lotados em vigorosos shows de rock, mulheres disponíveis e vultosas quantias em dólar. O esboço de Nik, depois de sua introdução inteligente e incisiva, remexia em tudo isso.

O Who era realmente bem ridículo. Como principal idealizador da banda, eu sabia disso desde o começo. Coloquei o rascunho de lado em uma pasta e nunca mais me referi a ele.

15
Veículos

Eu bebia, parava, aí bebia de novo, parava outra vez. Era preto e branco, de maneira intermitente, em casa ou em turnê. Eu tendia a beber pesado, mas poucas vezes conseguia ficar embriagado. As opções que isso me dava – ficar aceso, apagado ou meramente entorpecido – me ajudaram a passar por alguns anos difíceis.

No começo de 1972, Emma estava com dois anos e meio, Minta com seis meses. Pelo menos tínhamos uma babá para ajudar, Trisha, que também era minha secretária em meio período. Trisha era animada, resiliente e nada deslumbrada por mim. Era fã de Bowie e me irritava com suas descrições arrebatadas da brilhante maquiagem que ele usava como Ziggy Stardust. Provavelmente eu a irritava ao alegar que a inspiração para isso era *Tommy*.

Enquanto planejava minha visita para a Índia e ruminava sobre a ascensão de Ziggy Stardust, começamos a passar fins de semana no Templo, em Cleeve. Nunca pretendemos que fosse uma residência permanente – queríamos ficar em nossa casinha georgiana na suburbana Twickenham. A cabana tinha correntes de ar, era fria, desagradável e tosca. Eu a odiava. Mas ficava a poucos metros do rio, de frente para os prados meridionais e as colinas ondulantes de Streatley, na margem oposta, e quando o sol saía era muito agradável. O rio era atrativo, assim como em Twickenham, onde, mesmo com as paredes derrubadas por Karen, vivíamos apertados como sardinhas em lata.

Por morarmos em uma casa modesta, eu podia dizer o que quisesse sobre qualquer coisa que me ofendesse nos ricos – independentemente de quem fossem. Poucos amigos nossos tinham casas luxuosas. Ninguém da banda enriquecera. Roger comprou sua bela residência da era Tudor por uma quantia irrisória e fez grande parte da reforma sozinho. A Tara House de Keith era esplêndida e maluca, mas hipotecada. John estava contente por viver em Ealing em uma casa semigeminada, a modéstia compensada pelos Cadillacs na garagem e pelos muitos fármacos guardados em seus respectivos porta-luvas. Nossos carros – detonados, vistosos ou insípidos – eram todos comprados a crédito. Tínhamos trabalhado duro. Tínhamos desfrutado do sucesso. Mas concretamente ainda estávamos quebrados.

Meus dois irmãos ainda moravam na avenida Woodgrange com meus pais, no apartamento acima daquele onde Barney e eu vivemos por algum tempo. Mamãe tinha acolhido um número incontável de músicos e dado à minha babá Dot uma casa, para ela passar sua velhice, assim como para tio Jack. Sempre havia gente por perto, e a convivência era intensa. A avenida Woodgrange era um beco sem saída, meus pais conheciam todos na rua, e todos os conheciam. Minha fama era algo que todos os vizinhos desfrutavam. Todos podiam conversar sobre o patifezinho catarrento que eu tinha sido quando menino.

Se algum fã do Who aparecia na porta, meus pais o recebiam. Eles mantinham a casa aberta. Papai tocava cada vez menos e cada vez mais jogava bilhar e golfe, lentamente se permitindo se aposentar. Mamãe dirigia cada vez mais e raras vezes parava. Boa contadora de anedotas, ela ria muito e era adorada por seus amigos, mas ainda podia explodir de raiva sem motivo. Aprendi muito observando meus pais. Juntos, eles pareciam me mostrar o caminho do meio, a trilha budista para a libertação interior.

Na comemoração do aniversário de papai, em 28 de janeiro, ele me convenceu a tomar uísque. Eu tinha conseguido me manter longe do álcool por um mês, mas papai era persuasivo – e um bebedor homérico. No dia seguinte, com uma ligeira ressaca, parti em peregrinação para a Índia.

Eu tinha sido convidado por Sarosh Irani, o membro da família de Meher Baba que organizara as celebrações do falecimento do Mestre. Quando cheguei, o pessoal de Meher Baba sugeriu que eu tocasse algumas canções. Nessa primeira viagem toquei "O Parvardigar", minha versão de "The master's prayer" e "Drowned", que apareceria em *Quadrophenia*. Enquanto tocava diante do túmulo onde jazia o corpo de Meher Baba, tive uma visão momentânea dele, sentado em uma poltrona, acenando com a mão de um lado para o outro como um metrônomo. Na gravação que fiz, é possível ouvir que saltei um compasso diante da visão.

Minha submissão espiritual a Meher Baba diante do túmulo foi carregada da mesma dificuldade que senti ao lado de sua cama, na casa em Myrtle Beach: tudo o que eu podia pensar envolvia ideias lascivas. Ainda não tenho a menor noção de onde vinham, mas certamente me impossibilitavam de transcender como os outros peregrinos. Mesmo assim, eu estava encantado, não só pelos discípulos de Meher Baba e seguidores próximos, mas também pela própria Índia.

Fiquei na vila de Sarosh em um luxo relativo, e sua esposa Viloo gentilmente cuidou de mim. Mas foi uma estada curtíssima. Eu tivera uma sensação mais profunda da presença de Meher Baba em Myrtle Beach e, embora significasse muito para mim encontrar vários de seus discípulos indianos, o que mais apreciei nessa viagem foi que ela pareceu muito normal, natural, delicada, real e acolhedora.

De volta a Londres, Lou Reizner começou a gravar seu disco orquestral de *Tommy* em abril. Fiquei incomodado com o desejo de Lou de dar a Roger o papel de Tommy; aquela podia ser a oportunidade de trazer uma voz nova, diferente. Mas assim que ouvi os primeiros testes de Roger mudei de opinião. Ele crescera muito como cantor, e ouvi-lo no contexto de uma orquestra era a prova positiva de que se tratava da escolha perfeita.

Lou convocou um grande time de celebridades para atuar ao nosso lado. Não cheguei a trabalhar com os arranjadores e participei apenas da primeira e da última das sessões no estúdio Olympic. Achei a primeira horripilante. Quando David Meesham começava a reger a Orquestra Sinfônica de Londres, tendo o lendário Keith Grant como engenheiro de som, uma bateria e um baixo se sobrepunham, amplificados. O detalhe orquestral se perdia em seu bramido, e o efeito era terrível.

Keith Grant fez o melhor que podia, mas não ficou bom. A gravação aconteceu em poucos *takes*, porém não consegui encontrar nada de útil para dizer a respeito. Lou Reizner demitiu o coordenador musical por ele ter incluído bateria e baixo elétrico ao vivo e entregou o trabalho a Will Malone. Embora emocionante em comparação com a primeira tentativa, suas peças também soavam mais como rock 'n' roll de verdade. Mesmo assim, não voltei ao estúdio até a última sessão.

As primeiras apresentações ao público de *Tommy* orquestral aconteceriam mais tarde, naquele ano.

Assim que Karen, as meninas e eu nos instalamos devidamente na cabana de Cleeve, em junho de 1972, eu quis equipar o estúdio. Tinha a mesa de mixagem Neve pronta para funcionar e imaginava fazer sozinho a instalação, como havia feito em todos os meus estúdios domésticos anteriores. O trabalho acústico, porém, era tedioso, e a instalação elétrica, complicada. Em vez de oito canais eu estava lidando com dezesseis e, com um console de mixagem maior e suas muitas conexões adicionais, a quantidade absurda de cabeamento estava além das minhas habilidades. Trisha sugeriu que talvez eu quisesse conhecer um amigo dela, Rod Houison, músico e engenheiro de som que podia cuidar da instalação do estúdio e também atuar como meu chofer e guarda-costas.

Gostei de Rod no ato. Para facilitar a viagem de Twickenham até o estúdio, comprei uma limusine Mercedes Grand 600. Esse carro extraordinário, com suas seis portas, vidros escuros e TV, tornou-se o parceiro cotidiano de Rod. Ele trabalhava seis dias na semana, dirigindo diariamente de Londres para Cleeve e vice-versa, rodando uma média de 1.500 quilômetros por semana.

Com Rod ao volante, eu também podia sair em segurança com os amigos para beber. Sentava-me no banco traseiro como um idiota, bebendo conhaque, ditando respostas a cartas de fãs e ouvindo música bem alto. Às vezes, para deixar claro que quem estava no carro não era um magnata, ditador ou papa, mas sim um astro do rock, eu abaixava o vidro e espichava para fora meu coturno Doc Marten.

Tive outra epifania naquele mês de junho, menos teórica que a que havia gerado *Lifehouse*, mas igualmente arriscada em termos pessoais. Se eu fosse criar material novo para o Who, tinha de assumir o controle total. Eu sabia que seria trabalho duro, mas estava recuperado o bastante de *Lifehouse* para tentar um novo disco. Música e história: eu o manteria sucinto, simples e eficaz.

Também percebi que havia algo importante no roteiro de *Rock is dead*, de Nik, que eu tinha deixado passar. Os quatro membros da banda eram muito diferentes e, a essa altura, mesmo que ainda relativamente jovens, extremamente excêntricos. Isso propiciava a nossos fãs caminhos contraditórios para ingressar em nossa música. O tratamento de Nik me ajudou a perceber que nós, do Who, éramos *veículos* para nossos fãs. Os shows nos davam uma sensação de ser preenchidos e reabastecidos; levávamos essa energia dos fãs e a usávamos para potencializar a apresentação seguinte. Sem shows, perdíamos nossa função.

Nas reuniões da banda experimentava uma estranha dualidade. Eu conseguia me ver como o guitarrista da banda. Executava o meu trabalho, raramente fazia um show ruim e colhia minha cota de louvor. Encarar a mim mesmo como um igual dentro da banda era bom para minha humildade. Havia dezenas de guitarristas muito melhores que eu. Mas, quando participava de entrevistas coletivas à imprensa, de repente eu assumia o papel de condutor da direção musical da banda. Uma nova voz começava a falar, e, como alguém possuído, frequentemente eu ficava surpreso com o que ela dizia. Como, por exemplo, nesta declaração em uma entrevista a *Rolling Stone*, em maio de 1970:

> Acredito que o rock pode fazer qualquer coisa, é o veículo definitivo para tudo. Para dizer qualquer coisa, para derrubar qualquer coisa, para construir qualquer coisa, para matar e criar. É o veículo definitivo absoluto para a autodestruição, o que é o mais incrível, porque não existe nada mais eficaz que isso, não em termos de arte, em todo caso, ou o que chamamos de arte. Você simplesmente não pode ser autodestrutivo com a mesma eficácia se for escritor, por exemplo, ou pintor, você simplesmente não pode ter certeza de que nunca mais, porra, irá levantar a cabeça de novo; ao passo que se for um astro do rock você pode.

A dualidade seguia quando eu fechava a porta do estúdio e começava a compor e gravar novas canções; nessa hora, o Who se tornava uma espécie de cliente. Foi com essa mentalidade que voltei a *Rock is dead*. O vislumbre fornecido por Nik dos quatro personagens radicais do Who era tudo o que eu tinha. Como poderia compor algo novo e imponente para a banda e, simultaneamente, fazer cada membro se sentir parte do processo?

Minha ideia era nos levar de volta às raízes. Éramos diferentes então; havíamos sido assimilados pelo mod e precisávamos fazer isso de novo. Pelo menos, eu precisava. Eu tinha crescido em uma gangue quando garoto, correndo livre pelas ruas de Acton com quatro anos de idade. Quando se faz parte de uma gangue, logo se encontram as partes que não se encaixam em você. Esses aparentes defeitos podem se tornar preciosos: são o que o tornam interessante e útil.

Então, o que isso significava para mim? Toda a zombaria da banda por minha devoção a Meher Baba deixou claro que meu anseio espiritual e minha crescente preocupação de que eu carecia de propósito não caberiam na "gangue" Who. Naquele verão, escrevi a seguinte reflexão:

> O rio me faz pensar nos velhos tempos. De algum modo, aqueles dias na água foram os melhores, com um primeiro amor, cheio de potencial. As coisas deveriam ter saído melhor. Essas sensações resultavam em mais desespero. Não mental, não de problemas do coração, não físicos, não de frustração. Era, isto sim, um desespero espiritual profundo, repugnante. Repugnante porque não pode haver resposta. Por que devia eu me importar, se eu tinha que cortar o cabelo?

Esse seria o primeiro verso da canção "Cut my hair", que brotou da dissonância cognitiva entre minhas preocupações mundanas e meu desespero espiritual. Também me referia a *Tommy*, deixando claro que, dessa vez, eu queria tentar ficar *dentro* de meu herói durante a ópera inteira. Eu prosseguia: "Remonte os últimos anos da adolescência de um garoto até o momento em que ele experimenta um monte de coisas que o detonam. Assumirei uma abordagem de quatro ângulos. O garoto é – meio que – *quadzrofênico*".

Essa é a primeira menção ao que se tornaria o título provisório para *Quadrophenia* (com o abandono do "z"). Nesse primeiro esboço, não há nenhuma elaboração do contexto que depois se tornou tão fundamental, mas eu já via meu novo herói como um mod.

> Ele passa por uma série de tentações. Ele percebe o que nele provocam as quatro facetas de seu caráter. O bom, o mau, o romântico e o louco se juntam. O seu triunfo é estranho, ele se sente extasiado por descobrir todas as suas partes combinadas. Ele também está triste por estar nostálgico novamente, olhando para trás. Algo o faz querer voltar à vida.

Meu herói era alguém que eu ainda abraçava forte.

* * *

Depois da ruína de nossas férias na ilha Osea e Bayshore, Karen e eu concluímos que precisávamos de férias familiares de verdade. Usaríamos o motorhome norte-americano e levaríamos toda a comida de que nossas filhas precisavam. Queríamos sol, por isso decidimos ir para o Sul da França e reservamos um lugar para nos instalar próximo de Marselha. Construí uma cama permanente para Minta na traseira do veículo, juntando partes do triciclo de Emma e de minha guitarra, e partimos. O impulso nos levou pelo interior da França, e cada parada no caminho era uma nova aventura.

Às vezes, eu dirigia à noite enquanto minha família dormia. Era estimulante deparar com pequenas aldeias, onde depois da meia-noite famílias inteiras ainda se sentavam do lado de fora das casas, as luzes convidativas, tomando vinho, se divertindo e aproveitando a fresca. Quando fazíamos compras, Karen e eu enchíamos enormes cestas com garrafas de vinho local barato. Fazíamos amor quando as meninas estavam dormindo. Foi um tempo feliz.

Na França, eu geralmente tentava afastar minha nova ideia da cabeça, mas nos passeios longos permitia que ela aflorasse. *Quadrophenia*. Eu queria fazer um disco para marcar o décimo aniversário do Who. Queria um substituto para *Tommy* em nosso número de palco. Eu também buscava uma maneira de apaziguar quatro egos excêntricos, gerar otimismo e nos reagrupar. Eu acreditava que tinha uma última chance de fazer algo que pudesse nos manter unidos. Meus parceiros de banda praticamente não me ouviam mais.

No dia 2 de agosto, Bob Pridden ligou, com certa aflição, para falar de Eric Clapton. A companheira e futura esposa de Bob, Mia, era grande amiga de Alice Ormsby-Gore, então namorada de Eric, e estava muito preocupada que o casal tivesse sucumbido ao uso prolongado de heroína. Alice, a filha mais nova de Lord Harlech, conhecera Eric quando tinha apenas dezesseis anos. Bob perguntou se eu podia ir com ele e Mia avaliar a situação.

Naquela noite, nos encontramos em um pub próximo da casa de Bob, em Ripley. Chovia muito, por isso ficamos retidos. Só perto da hora de o pub fechar fomos para a elegante casa de campo Arts and Crafts, de Eric, ali perto. Ligeiramente bêbado e elogiando a perfeita aderência à estrada molhada de meu

Porsche, perdi o controle do carro em uma pista rural e quase matei a todos nós. Acabamos entre duas árvores, mas milagrosamente escapei de ambas. Chegamos à casa de Eric às 23h30. Não percebi, na ocasião, a ironia de um bêbado aparecer para oferecer ajuda a um drogado.

Chegamos com Alice, que voltava de Londres, para onde tinha ido a fim de arranjar mais heroína. Eric estava ouvindo Bill Withers e J. J. Cale, deitado e alegre. A casa era a típica mansão de Surrey; Eric ainda vive lá, acho que é uma das maiores da Inglaterra. Ele estava engraçado, atencioso e gentil, seu jeito habitual. Dois refinados cães da raça weimaraner entraram e saíram galopando enquanto ele colocava lenha na lareira.

Alice tirou um cochilo quase de imediato. Bob, Mia e eu não sabíamos como lidar com usuários pesados de heroína. Tudo o que eu sabia era que Eric tinha deixado de fazer shows e achava difícil gravar. Eric me mostrou o pequeno estúdio em sua garagem, que tinha uma mesa Helios e um gravador de fita de oito canais. Era o máximo. Ofereci-me para trabalhar com ele em algumas faixas recém-começadas. Ninguém mencionou a heroína ou o motivo de nossa visita, mas, aparentemente, todos sabíamos. Quando Bob e eu partimos às cinco da manhã, eu levava dois carretéis de fita debaixo do braço e intuía que talvez pudéssemos resgatar Eric por meio da música.

Por volta do fim da turnê de verão do Who na Europa, persuadi Eric e Alice a se juntarem a nós em Paris, achando que isso poderia animá-lo a tocar diante de grandes multidões novamente. O Who estava agendado em um megaevento durante o dia, a Fête de L'Humanité, patrocinada por um jornal comunista homônimo para levantar fundos para o partido. Não soube disso até pisar no palco e ver todas aquelas bandeiras vermelhas.

Eric e Alice, em trajes maravilhosos, ficaram do lado do palco. Mesmo chapados eles eram elegantes e gentis, mas, em dado momento – provavelmente por causa de meus saltos e corridas pelo palco com meu macacão, lançando granadas de mão imaginárias –, Eric começou a rir sem parar.

"*Você* devia tentar manter esta porra de banda em movimento", gritei para ele por cima da barulhada.

Em um único mês de 1972 ocorreram vários incidentes que deveriam ter me alertado para ir mais devagar. Uma noite, quando meu motorista Rod ficou em casa tratando uma gastroenterite, dirigi a Mercedes em excesso de velocidade, fui perseguido pela polícia local e detido. Passei a noite em uma cela e, em seguida, enfrentei uma sessão no tribunal. Finalmente, quando meu processo por alta velocidade na Mercedes foi a julgamento, tive minha carteira de habilitação cassada.

Em um jantar familiar com amigos, alguém fez um comentário dizendo que os homens eram todos iguais. Reagi dando uma violenta pancada e quebrando várias peças da porcelana que Karen adorava. Claro que eu só tentava ser irônico, mas acabei me comportando mesmo como um completo idiota.

Depois de jantar com a família de Karen em Moulsford, fiquei irritado com nossa amiga artista Johanna Freudenberg por ralhar com seu companheiro, Chris Morphet, sobre o jeito como ele dirigiu no curto trajeto de volta a Cleeve. Assim que voltamos, saltei para dentro do meu Porsche e o trombei de propósito em uma árvore na calçada. Nem eu mesmo entendi naquela hora se aquilo serviria como uma lição a Johanna.

Depois de um passeio de barco com a família, chamei papai de covarde por ser subserviente à mamãe. E certa noite em Cleeve, quando meus pais foram passar o fim de semana como convidados, recriminei mamãe por mais de uma hora, até que papai intercedeu, e eles se recolheram. Sentei-me com minha garrafa de conhaque, em lágrimas. Na manhã seguinte, Johanna comentou que não sabia que eu era capaz de tamanha "emoção latina". Era uma gentileza da parte dela – eu tinha sido um imbecil.

Houve tempo suficiente na primeira metade de 1972 para me recuperar do excesso de trabalho e da intensa pressão relativa à carreira da banda. Isso não aconteceu. Quando comecei *Quadrophenia* para valer, já estava exausto. A estreia da versão orquestral de *Tommy* de Lou Reizner, no teatro Rainbow, em dezembro, devia ter sido uma noite maravilhosa, mas se tornou apenas uma desculpa para comemorar e beber – e, com isso, estragar tudo.

Eu tinha escrito a letra interminável de "Sally Simpson" em um caderninho para refrescar minha memória, e, em dado momento da noite, alguém – por travessura ou cleptomania – arrancou metade das páginas. Ou assim imaginei. Em vez de voltar ao início da canção quando a interpretava para os convidados da festa, simplesmente fingi limpar o traseiro com o caderno e o atirei do palco para a plateia. As páginas se soltaram no ar, e só então percebi que tinha interrompido a canção antes do fim: os versos que eu queria da letra estavam anotados em páginas um pouco mais adiante.

* * *

Grande parte dessa obscuridade contaminou meu trabalho. Nossa cabana rural não ajudava. Depois do pôr do sol ela ficava sombria e deprimente. O rio não mais cintilava a luz e gotículas de água; à noite, era apenas borrifo gelado, vento glacial. Não admira que Jimmy, o mod em *Quadrophenia*, saindo da crisálida durante aqueles meses de outono e inverno, fosse um babaca tão lamuriento.

Quadrophenia não é uma narrativa direta, mas uma espécie de visão onírica distorcida. O perfil traçado por Nik dos quatro elementos da banda, reunido em Tommy em *Rock is dead*, tornou-se Jimmy em *Quadrophenia*, e tudo de que meu herói precisava era alguns dias para encontrar um jeito de se recuperar de ser um fã do Who. Eu queria que todos os que ouvissem o disco enxergassem a si mesmos e sua própria história, inclusive cada membro da banda. Se o meu mal-estar, e o de Jimmy, era espiritual, então os membros do Who simplesmente teriam de combatê-lo com força, porque me parecia que o mal-estar de nossos fãs provavelmente era da mesma espécie.

Apesar do fracasso de *Lifehouse*, eu ainda estava convicto de que, de alguma maneira, extrairíamos energia criativa de nossos fãs. Nós nos descobriríamos neles.

16
Um mendigo, um hipócrita

No início de 1973, fiz várias visitas à casa de Eric Clapton, mas nada tinha mudado. Lord Harlech, pai de Alice, encontrou-se comigo lá um dia. A situação era tensa. Enquanto Alice estava fora da sala, Eric contou ao pai dela seu receio de que, se parassem de usar heroína, o relacionamento poderia mudar, com o fim da paixão dele por ela. Harlech delicadamente deixou claro que, naquele momento, sua única preocupação era com a vida deles. Mais tarde, ele me ligou e propôs que, para ajudar Eric, eu devia lhe pedir para se apresentar em janeiro no Rainbow, para uma entidade beneficente apoiada por Lord Harlech.

Quando Eric em princípio concordou, comecei a montar uma banda. Recorri primeiro a Ronnie Wood, que respondeu com energia positiva, generosa. Convidamos Jim Capaldi, baterista do Traffic, e Steve Winwood. Rick Grech, do Family, a quem eu adorava, tocaria o baixo. Ele me apresentou ao *poppers* (nitrato de amila líquido), dizendo-me que era inofensivo, nem mesmo era uma droga de verdade. Eu não me drogava desde 1967, portanto minha tolerância era baixa e fiquei impressionado pelo simples poder de acelerar o fluxo de sangue para o cérebro.

Começamos os ensaios na residência de Ronnie Wood, The Wick (casa que eu sempre tinha amado e sonhado em comprar). Stevie Winwood não apareceu. Speedy Aquaye, que tocava conga com Georgie Fame, tocou com Jim Capaldi na bateria. Ron Wood tocou em apoio a Eric, principalmente guitarra slide. Toquei guitarra base, mas recorrendo ao meu estilo barulhento habitual. Eric tinha uma ideia muito clara do que queria fazer, e muito depressa começamos a tocar como uma banda. A sala de ensaio era oval, com três conjuntos de portas francesas que davam para o jardim e uma vista ampla do Tâmisa. Krissy, esposa de Ronnie, sentou-se em um tamborete sorrindo como um anjo, trajando um vestido florido, o cabelo louro emoldurando seu rostinho de menina, que destoava tanto de seu corpo estonteante como de seu espírito travesso. Ela conferia àquela *jam* um clima que teria sido perfeitamente adequado na Califórnia.

Faltando apenas alguns dias para fazer a passagem de som em um teatro de verdade, não havia ainda sinal de Stevie Winwood. Liguei e o ameacei, e no dia seguinte, conforme o previsto, ele chegou com seu órgão Hammond. Dali em diante, a banda decolou para as nuvens. Sempre houve uma ligação profunda entre Eric e Stevie; eles tinham tocado juntos no Blind Faith e trabalhavam em parceria intuitivamente.

A passagem de som foi tranquila. Na noite do show, apareci na casa de Ronnie Wood em minha limusine Mercedes 600 e nos amontoamos todos dentro dela. Parecia um evento épico. Ronnie Lane e sua companheira, Katie, chegaram juntos para o passeio. Stevie enrolou um baseado, e eu dei a primeira tragada em mais de cinco anos longe da maconha.

O show, no dia 13 de janeiro de 1973, transcorreu sem falhas, e o clima foi excelente. Todos que compareceram tiveram algo de bom para contar. Ron Wood fez uma assombrosa troca de solos com Eric em "Layla", e estendemos a canção por dez minutos (ela foi editada para o lançamento do álbum ao vivo). Sem nenhum salto pelo palco, não fui afetado pelo surto habitual de adrenalina que eu tinha com o Who, o que me permitiu apreciar cada nota da música tocada naquela noite. O palco parecia se elevar ligeiramente à medida que terminávamos.

Eu tinha participado da criação de uma nova banda, de cabo a rabo. Sabia precisamente como tocar minha parte como um sólido guitarrista-base, e minha contribuição tinha sido valiosa. Não trabalhava assim desde os primeiros tempos do Who e foi realmente muito bom.

Assim que o show terminou, retomei a rotina de beberrão, vinho em casa com a família, conhaque em meu estúdio quando estava compondo. Retornei a *Quadrophenia*, a história ainda inacabada, procurando um gancho simples com o qual poderia encadear toda a música.

Comecei a experimentar os efeitos da abstinência de *poppers*. Eu me sentia deprimido, trágico, perdido, desesperado e com frio. Em um fim de semana escuro e úmido de inverno, na cabana em Cleeve, com o rio inundando parte dos gramados, o vento uivando pelas toscas portas e janelas, minha memória me levou a uma noite singular quando eu tinha dezenove anos.

Era 1964 e eu havia dormido algumas horas sob o píer de Brighton com minha amiga da escola de arte, a bela e ruiva Liz Reid. Tínhamos ficado juntos durante uma noite divertidíssima no Aquarium Ballroom, depois de nosso show e de uma batalha de rua entre mods e rockers na via à beira-mar. Caminhando ao longo da praia no escuro, sob o píer, tentando nos proteger da garoa, topamos com um grupo de rapazes mod com seus blusões. Eles riam à medida que as ondas chegavam, deixando seus pés molhados. Sentamos com eles por algum tempo. Estávamos todos de bode após tomar *purple hearts* (drinamyl), os estimulantes descolados da época.

À medida que me lembrava daquela noite, uma sensação de queda e vertigem transbordava como a enchente lá fora – senti aquela mesma sensação de depressão e desamparo. Mas também revivi o calor romântico da lembrança de tirar uma soneca no trem, voltando para casa de manhãzinha, com Liz a meu lado. Por um breve tempo, ambos nos sentimos como mods. Havia algo maravilhoso naquilo tudo. Também nos apaixonamos, e mesmo assim não tive outro encontro com Liz, nunca mais. O momento com ela estava congelado, exaltado, e sempre seria especial.

Na casa em Cleeve, o rio se agitava na escuridão, quando olhei em volta e percebi que havia preparado – ou detonado – o terreno para esse momento de epifania durante vários meses. Eu não estava realmente só: tinha uma esposa, filhos e amigos adormecidos no piso superior da cabana. Apanhei um caderno e, ansiosa e rapidamente, enquanto ainda estava nesse clima triste, solitário, rabisquei a história apresentada na capa interna do vinil original de *Quadrophenia*.

Era a história de Jimmy, um jovem mod desesperado, estirado em uma pedra na chuva, imaginando se encontraria redenção ao ver sua patética vida narrada pelos quatro membros da banda que ele outrora sentira que o refletiam, mas agora se mostravam apenas amados e perdidos, tal como ele tinha amado e perdido tudo o que mais lhe importava como adolescente mod.

* * *

Eu queria que *Quadrophenia* fosse lançado em som quadrifônico, quatro canais representando as quatro facetas de meu herói Jimmy, cada um tomando a forma de um membro do Who. À medida que a gravação se desenvolveu, ficou claro que, em termos técnicos, *Quadrophenia* seria um projeto complicado, audacioso. Eu pretendia seguir o exemplo do disco de Walter Carlos, *Sonic seasonings*, com extraordinárias paisagens sonoras entre as faixas, dando o tom para minha história simples. Eu desejava capturar o mar furioso em som quadrifônico.

Meu estúdio em Cleeve seria uma maravilhosa suíte de mixagem quadrifônica, mas não conseguiria acomodar a banda toda para a gravação. Eu precisava de um amplo estúdio comercial, cuja sala de controle incluísse um conjunto de alto-falantes quadrifônicos em que pudesse confiar. Nada desse tipo existia em Londres, e, por isso, teríamos de fazer o que eu tinha feito em Cleeve: construir um estúdio. Recorri a Wiggy.

Wiggy, nosso dedicado gerente de produção, movido a técnica, aparentemente maluco, tinha começado na banda como motorista de Keith e John (um batismo de fogo), passou a cuidar da iluminação e, depois, a organizar as turnês, reservando hotéis, fazendo planos de viagem e pagando fiança para nos tirar da prisão – isso quando não estava conosco dividindo a cela.

Expliquei a Wiggy que o estúdio em Cleeve seria bom para mixar, mas que a sala de gravação era basicamente uma garagem de trator. Ele me convidou para visitar as instalações de armazenagem e arquivo de fitas da equipe de turnê, em Thessaly Road, Battersea, que na verdade era um amplo salão de igreja repleto de equipamentos para turnês.

"É uma pena não termos tempo suficiente para transformar esse prédio em um estúdio para gravar as faixas", lamentei.

Wiggy apertou os olhos. "Para quando você quer isso?"

"Tipo... agora?", respondi, em tom de desculpa.

"Agora", repetiu ele.

"Isso seria bom."

Seis semanas mais tarde, depois de Wiggy ter empregado uma turma de trinta trabalhadores de um circo fora de temporada, e com considerável ajuda de John Alcock, da Trackplan, o Who mudou-se para lá. A grande sala de estúdio era completa, maciçamente à prova de som, forrada por tacos, com duas cabines, uma para piano de cauda, outra para violão, e outro ambiente menor que também servia para gravar vocal-guia. Era perfeito para nós. Acredito que o Ramport – nome pelo qual o estúdio ficou conhecido – foi o primeiro de Londres a oferecer três cabines desse tipo. Aquilo significava que podíamos gravar bateria, baixo, piano e violão simultaneamente com um vocal-guia.

O som era glorioso. Contratamos o *mobile* de Ronnie Lane e o usamos para gravar as trilhas básicas até que o trabalho e a acústica em nossa própria sala de controle estivessem resolvidos.

Para a capa do álbum *Quadrophenia*, achei que precisávamos de uma abordagem que fosse fotográfica, verdadeiramente autêntica no detalhe. Glyn Johns, que coproduziu *Who's next*, sugeriu seu amigo Ethan Russell para fotografar a capa do álbum, em 1971. Embora pessoalmente eu não tivesse gostado daquela capa com a mijada do obelisco de *Who's next*, eu adorava Ethan e seu trabalho e sabia que ele era perfeito para criar algo sério sobre um jovem mod.

Barney tinha retornado a minha vida por volta de 1967, época em que Karen e eu ficamos interessados em LSD e Meher Baba. Ele também se tornou seguidor do Mestre Silencioso. Daí em diante, víamo-nos com frequência, e eu o considerava inestimável em todos os assuntos relativos ao Who. Para as fotos de *Quadrophenia*, ele ajudou a reunir alguns consultores mod e um grupo de pessoas para posar como modelos. Meu irmão Paul e Janie – futura esposa de Simon – também estavam no elenco. Parecia um assunto de família.

Gravar *Quadrophenia* com o Who foi uma experiência festiva. Sem carteira de motorista, eu viajava de lancha pelo Tâmisa para ir e voltar do estúdio Ramport, em Battersea. Dentro do estúdio, troféus da banda decoravam as paredes – discos de ouro, prêmios e suvenires, a maior parte dos quais eu nunca tinha visto. Uma maleta contendo um bar inteiro estava sempre ao lado da cabine do piano. Eu bebia Rémy Martin de meio em meio litro, usando uma caneca bojuda, antiquada e pesada, emprestada do pub local. A bateria de Keith ficava de frente para a enorme janela de vidro entre o estúdio e a sala de controle, John instalava-se à sua direita e eu, à sua esquerda – tal como no palco. Quando Roger vinha, ocupava a cabine para voz ao lado da sala de controle.

O estúdio estava repleto de instrumentos exóticos que raramente tocávamos: marimbas, metalofones, xilofones, vibrafones, gongos, kits de bateria e tímpanos. (Ao final do álbum, Keith os percutia por toda parte.) Havia também um órgão Hammond, pianos elétricos, um belo piano Bösendorfer, guitarras, amplificadores e todo tipo de coisas estranhas. Wiggy as comprou na loja de música Manny's, em Nova York, e pôs as despesas na conta de uma turnê.

A sala de controle – concluída em junho, cerca de um mês depois que começamos a gravar – foi embelezada com gravadores de fita Studer novinhos. Havia uma reserva de três itens para todo dispositivo complementar considerado necessário. Tínhamos uma mesa Helios azul magnífica, excêntrica, item obrigatório no rock daquela época. Em lugar dos dois (ou no máximo quatro) grandes alto-falantes monitores habituais, nossa sala de controle tinha doze JBL 4320! Quatro pares na frente, dois pares atrás. O nível de som era monstruoso.

Havia um botão na mesa com a advertência "Não aperte". O botão não tinha nenhum propósito além do de dar choque e potencialmente induzir a um ataque cardíaco. Se apertado, uma explosão nuclear estremeceria a sala em uma leitura de cerca de 138 decibéis. O efeito mandaria a maioria das pessoas normais para o chão, em lágrimas.

Por ironia, devido aos protestos dos mineiros do Reino Unido, desencadeados por desastres nas minas e condições precárias de trabalho, houve greves generalizadas enquanto gravávamos o álbum *Quadrophenia* em 1973, e tivemos de trabalhar no regime de três dias por semana, imposto pelo governo visando economizar energia.

Depois de duas semanas de preparo, a gravação em Ramport começou de verdade em 22 de junho. Kit fingiu ser o produtor do álbum durante as primeiras semanas. Chegando embriagado, normalmente muitíssimo atrasado, ele às vezes trazia comida deliciosa, mas desnecessária, do estiloso restaurante AD8, de South Kensington, do qual era sócio. Ele rabiscava suas habituais anotações incompreensíveis nas caixas de fita e, por algum tempo, impediu que nosso engenheiro de som Ron Nevison realizasse corretamente seu trabalho.

Ao final da segunda semana, eu estava farto. Kit vinha desconcentrando o processo de gravação e apagando fitas enquanto eu estava fora da sala. Simplesmente explodi. Prestes a esmurrá-lo, o demiti. Durante semanas depois disso, recebemos a visita de traficantes de heroína irritados tentando encontrá-lo.

Ramport começou a ganhar vida nova. Eu adorava trabalhar lá. Wiggy e Keith contratavam mulheres magníficas, sensuais, para ajudar na administração do estúdio. Três garotas locais sentavam-se à mesa atrás da janela da sala de controle, observando-nos tocar, os olhos arregalados, impressionadas. Não havia plateia melhor.

Quando começou a trabalhar nas partes com metais, John juntou pelo menos vinte ou trinta magníficos trompetes, trompas e trombones de chave. Ele conseguia tocar todos eles, escrevendo suas partes em partitura como um compositor ortodoxo e dedicando-se por inteiro à gravação até que seus lábios começassem a adormecer. Era maravilhoso trabalhar com ele, disciplinado, divertido e inspirado. O que John arranjava em uma gama inteira de instrumentos de metal exóticos se encaixava perfeitamente em meus arranjos para sintetizador e cordas. Os membros do Who ainda tinham aquela importantíssima capacidade ao fazer música: um escutava o outro.

Estabelecemos como regra na gravação descarregar uma enérgica fúria musical o tempo todo. Não precisávamos de faixas descartáveis para diversão, não precisávamos de luz e sombra, ironia ou humor. Um berro simbólico de Daltrey poderia transmitir uma gama incrível de emoções humanas: tristeza fulminante, autopiedade, solidão, abandono, desespero espiritual, a perda da infância, bem como a mais óbvia raiva e frustração, alegria e triunfo.

É fácil fazer graça com a angústia daqueles anos de adolescência em que todos nos sentimos incompreendidos, mas ela é real e leva meu herói Jimmy à beira do suicídio. Quando, no fim da versão em disco da história de *Quadrophenia*, Jimmy rouba um barco e o leva para uma rocha no meio do mar, seu grito angustiado, porém jubiloso, "*Love reign o'er me*" [O amor reina em mim], sugere que ele finalmente consegue integrar suas múltiplas personalidades. Mesmo como autor e compositor, eu percebia que não tinha o direito de decidir se Jimmy devia ou não pôr fim a sua vida. Deixei-o decidir por si mesmo.

A gravação foi concluída em 1º de agosto. A mixagem começou em meu estúdio caseiro dois dias depois. Fiquei entusiasmado com esse passo e não via a hora de criar as paisagens sonoras que transformariam a música que tínhamos acabado de gravar em uma jornada sonora estonteante. Quando terminada, ela nos forneceria uma peça de ópera-rock com coesão suficiente para substituir – e até superar – *Tommy* como o núcleo de nossa performance no palco.

Passei parte do verão gravando efeitos sonoros: chuva, tempestades, trovão, trens, tráfego e, claro, o mar. Também encarreguei um locutor de rádio de cobrir as batalhas entre mods e rockers nas praias, e gravei a mim mesmo caminhando ao longo de uma praia, entoando os primeiros versos de "Sea and sand", para usar como um prelúdio. Gravar pássaros alçando voo foi uma boa ideia, e tive sorte ao me aproximar de um bando de gansos com meu barco. Esse tipo de projeto é quase tão gratificante para mim quanto compor música.

A mixagem foi feita de 3 de agosto a 12 de setembro. Houve algumas pequenas pausas para negócios, família (era tempo de férias) e atualização na tecnologia quadrifônica que, eu esperava, me permitiria remixar em quadrifonia assim que completássemos o estéreo. Esse foi o trabalho de estúdio mais criativo e exigente que eu já fizera.

Até então, em meados de setembro de 1973, cada parte do meu plano em desenvolvimento para *Quadrophenia* havia se desenrolado gloriosamente. Afora ocasionais travessuras de Keith, a banda tinha me apoiado, dando-me espaço criativo e realizando o mais incrível trabalho de estúdio. Tudo o que precisávamos era de um mês e poderíamos ter terminado de maneira adequada. Em lugar disso, fiquei chocado ao ler na imprensa que a data de lançamento do álbum duplo no Reino Unido tinha sido anunciada para dali a menos de um mês, em 13 de outubro, com a primeira data da turnê pouco mais de duas semanas depois.

Eu ainda tinha de completar as mixagens quadrifônicas que, segundo calculava, tomariam, sozinhas, cerca de um mês. E eu imaginava que o resto do trabalho a fazer – masterizar o álbum estéreo em Los Angeles, masterizar uma versão quadrifônica, preparar *backing tapes* quadrifônicas para nossos ensaios, ensaiar e colocar o show na estrada – nos consumiria ainda o inverno inteiro. Imaginei que provavelmente viajaríamos com o álbum na primavera de 1974, mas os idiotas da Track não podiam perder o lucrativo período de vendas do Natal e forçaram a prematura data de lançamento.

Devo dizer, em sua defesa, que a essa altura os idiotas da Track estavam tão enterrados financeiramente no vermelho quanto nós da banda, e por isso sua decisão talvez fosse necessária para manter a companhia funcionando. A construção do estúdio Ramport custara 330 mil libras na época da inauguração (seria quase dez vezes mais em valores atuais). Roger estava no limite. Ele vinha alimentando sérias dúvidas sobre a honestidade de nosso empresário.[13] Os gastos pesados – de nós, seus colegas de banda, e de Wiggy com o novo estúdio – o estavam deixando maluco.

A tensão aumentava para mim também. Perdi as estribeiras quando, sem ter dormido nada, corri de Cleeve para Shepperton com fitas de palco que tinham consumido 48 horas para ser preparadas e Roger reclamou que esperara demais e estava de saída para casa. Não era culpa de Roger, mas o ataquei, enquanto uma equipe de filmagem registrava para a posteridade cada um de nossos movimentos. Roger reagiu nocauteando-me.

Alguns observadores afirmam que cheguei embriagado. Sim, Bob e eu tínhamos comemorado o término das fitas de palco com conhaque em minha limusine, porém naquela ocasião o que estava me afligindo não era a bebida, mas principalmente o esgotamento e a frustração.

A reação da crítica ao lançamento de *Quadrophenia*, em outubro de 1973, foi relativamente fria comparada ao sucesso estrondoso de *Tommy*, mas ao longo dos anos ele passou a ser visto como superior tanto em termos musicais quanto conceituais – e como minha "redenção" após o colapso de *Lifehouse*.[14] O encarte do álbum termina assim:

> E é por isso que estou aqui, a droga do barco perdeu o rumo e estou preso aqui, nessa chuva chata, com minha vida relampejando diante de mim. Só que ela não está relampejando, está rastejando. Lentamente. Agora são apenas os ossos expostos do que sou.

[13] Embora tivesse demitido Kit como produtor, ele ainda era nosso empresário e tínhamos contrato com a gravadora Track, o selo de Kit e Chris.

[14] Comercialmente, o álbum alcançou a mais alta posição de todos os discos do Who nos Estados Unidos, o segundo lugar, e a longo prazo conquistou o reconhecimento que eu esperava. A IGN, por exemplo, colocou *Quadrophenia* em primeiro lugar em sua lista dos maiores álbuns de rock clássico de todos os tempos.

A tough guy, a helpless dancer.
A romantic: is it me for a moment?
A bloody lunatic. I'll even carry your bags.
A beggar, a hypocrite, love reign over me.
Schizophrenic? I'm Bleeding Quadrophenic.

[Um sujeito durão, um péssimo dançarino.
Um romântico: serei eu por um momento?
Um maldito lunático. Eu até levarei suas sacolas.
Um mendigo, um hipócrita, o amor reina sobre mim.
Esquizofrênico? Sou um maldito quadrofênico.]

Roger era o péssimo dançarino; John, o romântico; Keith, o maldito lunático; e eu, desnecessário dizer, era o mendigo/hipócrita. Mas os quatro aspectos da múltipla personalidade de Jimmy, o mod, de certo modo, seriam *todos* encontrados em mim, e eu os conhecia desde sempre.

Eu tinha torrado dinheiro criando um sistema de PA quadrifônico semelhante ao usado na época pelo Pink Floyd. Mais uma vez, Roger preocupou-se com o custo, estando particularmente sintonizado com o caos financeiro que nos rodeava. Todos tínhamos uma queixa permanente contra Kit e Chris, por conta de termos permitido sete anos antes que nosso contrato de gravação fosse concedido à Track (em vez de diretamente à Polydor). Pensávamos que seríamos sócios ou acionistas, porém isso nunca aconteceu. Jimi Hendrix era de longe seu maior contratado, mas eu lhes havia trazido dois artistas número um nas paradas, Arthur Brown e Thunderclap Newman, e não tinha recebido nada em direitos autorais.

Eu também cobria parte das despesas diárias de Keith, emprestando-lhe dinheiro que eu recebia de volta com esforço nas reuniões da banda com os contadores, às quais ele raramente comparecia. Kit e Chris não procuravam esconder suas dificuldades, ou dependências, na época. Eles tinham contratado dois subgerentes: Peter Rudge (que por algum tempo passou a administrar o escritório dos Stones em Nova York) e Bill Curbishley, um amigo de infância de Chris.

O próprio Keith enfrentava enormes problemas pessoais nessa época. Todos sabíamos que ele era louco por sua esposa Kim, por isso era difícil entender o que ele queria, circulando com outras garotas por toda parte, comportando-se como se estivéssemos em turnê. Enquanto isso, meu melhor amigo, Barney, começou a passar muito tempo na Tara House – aparentemente para se encontrar com Keith, mas Barney se apaixonara por Kim.

Quando Kim saiu de casa em outubro e entrou com o pedido de divórcio, Barney pediu meu conselho. Queria minha permissão para ir atrás dela – ele estava terrivelmente dividido entre a lealdade para com a banda e sua nova paixão. Roguei-lhe que não se envolvesse na separação, já que isso significaria eu ter de escolher entre ele e Keith. Barney deu algum tempo a si mesmo, considerando meu pedido, e perdeu sua chance. Kim ficou com Ian McClagen (Mac), do Faces. Uma semana depois, Kim e Mac já formavam um casal. Fugiram juntos para algum lugar, deixando Keith fazendo ameaças de morte enquanto Barney voltava para Jan.

Não foi a primeira vez que me ocorreu que eu não precisava olhar muito além da vida ao meu redor para encontrar os ingredientes de uma ópera-rock – ou pelo menos de uma telenovela-rock.

Ouvi Keith no concluído álbum *Quadrophenia*. Sua execução era excelente, mas ele me preocupava: tinha perdido seu primeiro grande amor, e eu sabia que o impacto em sua autoestima seria imenso – e foi.

Quando finalmente começamos a turnê no Reino Unido, enfrentamos as mais complexas dificuldades técnicas. Minha expectativa era usar quatro telas no palco nas quais projetaríamos, de algum jeito, a história. Fizemos várias experiências, mas simplesmente não havia tempo para conseguir que funcionassem de maneira correta.

Até a música era problemática. Keith, que tinha sido tão brilhante tocando com as *backing tapes* em *Who's next*, não se entendia com as *stage tapes* preparadas para *Quadrophenia*. Nosso sistema de som quadrifônico também era complicado. Em quase todos os auditórios menores do Reino Unido era difícil encontrar posições seguras para os dois sistemas de alto-falantes traseiros. Eles precisavam ser pendurados bem no alto, e nem sempre era possível instalá-los corretamente em tempo hábil.

O que se seguiu foram algumas das mais vergonhosas apresentações de nossa carreira. Eu estava extremamente desolado por termos produzido uma gravação excelente que, no entanto, não nos propiciava a nova apresentação de ópera-rock de que tanto precisávamos. A sensação era de desapontamento, a mais desastrosa das emoções. Minha raiva no palco com o Who sempre fora, em sua maior parte, encenada, mas minha frustração transbordou de verdade com as apresentações ao vivo de *Quadrophenia*. No *Top of the Pops*, perdi a paciência e esmaguei uma guitarra de estimação (presente de Joe Walsh) e, em Newcastle, empurrei e derrubei todo o nosso equipamento de som, em um acesso de fúria.

No entanto, o primeiro a pirar foi Keith. Em novembro, no Cow Palace, em São Francisco, ele desabou no palco depois de tomar três cápsulas de tranquilizante para elefante. Tive de arrastá-lo de volta à bateria quando ele voltou a si, mas, em seguida, ele desmontou novamente. No princípio, pensei que estivesse fazendo cena. Quando consciente, ele vivia brincando, e, por isso, no palco tratei o desastre todo como diversão. Só fiquei transtornado mais tarde, quando ficou claro que ele tomara uma substância muito poderosa e potencialmente fatal.

Foi o primeiro show em toda a nossa carreira do qual tivemos que desistir porque um de nós tinha pisado na bola. A excursão norte-americana para promover *Quadrophenia* continuou após o colapso de Keith no Cow Palace, e tanto Roger como eu sentimos necessidade de explicar a história antes de cada show e às vezes até entre as canções apresentadas no palco. As críticas foram variadas, principalmente boas, mas Robert Hilburn, em Los Angeles, sempre efusivo, ficou incomodado com a "impressão de que o ímpeto – e, com isso, a importância – do grupo está declinando".

Em Montreal, Keith promoveu uma festa em uma suíte elegante do recém-inaugurado hotel Four Seasons. Havia pilhas de comida por todo lado. Em determinado momento, um pouco de ketchup, como sempre se recusando a sair da garrafa, terminou na parede. Achei que ficou esteticamente agradável. "Alguém deveria emoldurar isto", eu disse.

Keith, concordando, passou os olhos pela sala. Retirou um quadro da parede, arrancou o retrato que ele continha e segurou a moldura no alto para o borrão de ketchup. Houve aplausos. Lembrando-me de minha primeira aula na Academia de Arte de Ealing, agarrei uma faca para bife, apunhalei minha mão e esfreguei o sangue na parede. "Isto é uma linha!" Houve mais aplausos.

Seguiu-se um tumulto geral. O que havia começado como piada terminou com um sofá atirado da janela para os belos jardins do pátio. Quando o sofá explodiu através do vidro temperado, revelando pequenas lagoas, samambaias e árvores em miniatura no jardim, o silêncio reinou por um momento. Bem defronte a nós estava a recepção do hotel, atrás de uma parede de vidro. Os funcionários olharam chocados para nós; devolvemos o olhar, igualmente horrorizados enquanto aos poucos recuperávamos os sentidos.

Três policiais que falavam francês atenderam ao chamado e assim que entraram em nosso quarto foram revistar minha bagagem. Encontram algumas revistas de mulheres peladas, que agitaram como se tivessem descoberto um esconderijo de partes decepadas de cadáveres. Confessei que havia participado da destruição. (Posso até ter murmurado algo sobre arte, já que estava ainda um pouco bêbado.)

"Então", disse um deles, em inglês, olhando para o meu passaporte. "O chutador de tiras." Ele passou a tagarelar em francês, de modo que não entendi muita coisa. Era óbvio que não se tratava de um elogio. Conduziram-me para uma sala no porão do hotel, mas felizmente, quando se aproximavam de mim, ameaçadores, o gerente geral do Four Seasons, que tinha sido tirado da cama, passou pela porta.

"O que está acontecendo aqui?", disse ele em francês.

"É um interrogatório", esbravejou um dos policiais.

"O quarto destinado à polícia fica em cima", disse o gerente, com firmeza. Ele lhes deu o número do quarto, esperou ali mesmo até que a polícia saísse e trancou a porta do porão atrás de mim. Provavelmente me salvou de um sério espancamento.

Cada um dos convidados de nossa festa foi fichado e colocado na cadeia, inclusive Roger, que nem tinha participado da farra. As celas da delegacia estavam abarrotadas, e tive de dividir uma delas com o ajudante de Keith, Pete Butler. Revezamo-nos para dormir no banco duro. O paraplégico Mike Shaw viajara conosco, limitado a uma cadeira de rodas e incapaz de entrar ou sair da cama sem ajuda. A polícia o deixou no hotel, mas levou sua enfermeira conosco.

Peter Rudge, que tinha aderido à baderna, conseguiu ligar para o produtor dos shows na cidade, que pagou os prejuízos do hotel. Mais tarde, quando vi uma foto do quarto, fiquei chocado. Tudo nele estava destruído.

* * *

Assim que voltamos para a Inglaterra, Lou Reizner organizou um segundo show beneficente de seu *Tommy* orquestral. Recusei-me a participar, mas compareci de bom grado. Foi a primeira vez que vi Roger do ponto de vista da plateia. Ele se projetava na multidão, seus olhos fixos no centro da plateia, mas mesmo assim parecia se dirigir a cada um de nós. Sua técnica era a de um ator experiente no palco.

"Ele realmente é muito bom, não é?", exclamei para Karen.

Seguiu-se uma pequena série de shows do Who em Londres, levando-nos diretamente até o Natal. As críticas começavam a ficar muito severas; algumas eram apenas ruins. Comparados a outras bandas, ainda éramos bons, mas começávamos a desandar.

Não era porque não dedicássemos toda a nossa energia no palco. Fazíamos apresentações longas, às vezes até durante duas horas e meia. Mas todos percebíamos que, por mais que nos empenhássemos, *Tommy* tinha sido, em grande parte, o elemento de nossa performance que, de 1969 até 1972, nos ajudou a conseguir críticas tão positivas.

Quadrophenia fracassara em substituir *Tommy* como o diferencial de nossos shows.

17
Cuidado com o que você deseja

Tommy estava destinado a virar filme. Desde 1969, vários produtores, roteiristas e diretores manifestaram sério interesse em apresentar um roteiro decente – Joseph Strick provavelmente se destacava entre eles –, mas nada se firmou. Kit aferrava-se a seu sonho de dirigir, ainda que, em 1973, usasse heroína todo dia. Ele e Chris haviam brigado.

Todos ainda adorávamos Kit. Ele continuava dando um jeito de reconquistar nossa afeição, fazendo-nos rir com histórias fabulosas de seus disparates. Eu o havia perdoado, apesar de certo mal-estar que persistia entre nós. Ele continuava engraçado, inteligente e atencioso, mas se eu estava ressentido pelo excesso de turnês que haviam comprometido meus projetos criativos, ele se remoía por eu tê-lo expulsado do estúdio de gravação.

Uma tarde, em junho de 1973, eu caminhava pela rua Wardour, gravando, na expectativa de algo que simbolizasse o momento mod do Soho e que pudesse ser incluído na paisagem sonora de *Quadrophenia*: um grito, uma conversa flagrada entre rapazes negociando drogas ou seus corpos, algo romântico, uma barbada para uma corrida ou notícias de um evento badalado, prestes a acontecer. Eu usava fones de ouvido, carregava um gravador de fita estéreo e estendia adiante um microfone estéreo. Mantinha a cabeça baixa, insinuando furtivamente o microfone entre grupos de pessoas paradas conversando. De repente, em meus fones de ouvido captei uma voz familiar. Era Chris. Fazia uns dois meses que não o via. Ele estava conversando sobre *Tommy*. Desliguei o microfone.

Chris tinha acabado de participar de uma reunião com Michael Carreras, da Hammer Films, e eles vinham tentando me localizar para que me juntasse a eles. Chris me levou para um drinque e disse que Kit se opunha a qualquer acordo que não o remunerasse por seu argumento para o filme, mas, apesar de suas ameaças de litígio, as coisas pareciam promissoras. (O argumento foi algo que Kit e eu montamos juntos em uma hora, em meu estúdio em Twickenham.)

Um pouco mais tarde, Robert Stigwood entrou como produtor do filme, substituindo a Hammer Films. Considerei isso um passo positivo, não só porque Stiggy era amigo de Kit e prometeu ser atencioso com ele, mas por causa de nossa antiga relação. Acredito que Carreras tinha sugerido Ken Russell como diretor; eu era fã do trabalho de Ken, que ia dos sérios documentários *Omnibus*, de meados dos anos 1960, sobre compositores, a filmes irreverentes sobre música e arte, no final dos anos 1960 e início dos 1970. Gostei especialmente de seus filmes sobre Delius e Elgar e do então mais recente título, *Savage Messiah*.

Ken Russell não teria considerado dirigir *Tommy*, não fosse pela versão orquestral de Lou Reizner. Por isso, quando nos encontramos pela primeira vez na casa de Ken, em Ladbroke Grove, foi aquela versão que escutamos. Ele foi perspicaz ao me inspirar a usar orquestra e também rock para a trilha sonora. Como exemplo de quão poderosa e brutal a música orquestral podia ser, me fez ouvir *Carmina Burana*, de Carl Orff. Eu disse a ele que poderia orquestrar minha música usando sintetizadores, e, depois de visitar Ramport várias vezes, Ken finalmente pareceu convencido.

Por acaso, Ken estava presente quando gravamos "Drowned", de *Quadrophenia*, e durante uma chuva torrencial um buraco no telhado encheu de água a caixa do piano. "Cuidado com o que você deseja", disse Ken, enquanto enxugávamos tudo. "Você está enveredando na arte da composição, Pete – tanto a sombria como a divina."

Uma das primeiras mudanças que Ken quis fazer foi aproximar a história de uma espécie de versão moderna de *Hamlet*, com o amante da mãe de Tommy matando seu pai – no disco, era o contrário. Fiquei preocupado a princípio, mas depois entendi que o pai morto se tornaria um símbolo do "Mestre" que Tommy vê em seus sonhos.

Houve várias outras mudanças: Ken precisou rechear muitas partes da história e introduzir novas cenas, que exigiriam música original ou estendida. Por mais mítico, absurdo e exagerado que o filme possa ter sido em alguns sentidos, o desfecho permaneceu fiel ao disco e centrado nos benefícios espirituais de crescer em circunstâncias problemáticas. Eu estava entusiasmado e intrigado quanto aos desdobramentos daquela adaptação.

Tão logo Ken rascunhou um roteiro básico, comecei a esboçar letras para as cenas adicionais. À medida que as concluía, eram adicionadas ao roteiro que Ken organizara em duas colunas: ação à esquerda, letra à direita. Nenhum diálogo. Ramport era o local óbvio para gravar a música, e Ken desejava ter toda a trilha definida antes de rodar o primeiro fotograma. Ron Nevison, que realizara um maravilhoso trabalho em *Quadrophenia*, foi o engenheiro de som. Reuni diferentes grupos de músicos para cada momento musical. Como Keith passava uma temporada em Los Angeles, experimentei outros bateristas. Normalmente começávamos a trabalhar à tarde para que Ken pudesse assistir, pois ele tinha de lidar com um volume enorme de trabalho de pré-produção pela manhã. Começamos a gravar no início de janeiro de 1974.

Bill Curbishley assumiu efetivamente a gestão do Who um pouco antes, naquele mesmo ano. Roger o adorava, e todos nós gostamos de seu jeito direto, mas precisei de mais tempo que os demais para confiar inteiramente nele. Bill tinha uma conduta inusitada e atraente, como a de um refinado, porém agressivo, instrutor de boxe. Ele logo se tornou fã da banda e passou a entender sua dinâmica e seus segredos, mas ficou menos intimidado ou atemorizado que Pete Rudge. Se Chris e Kit tinham permitido que os abismos entre os membros do Who se alargassem, Bill tentava criar pontes. Em suas cartas, costumava se dirigir a nós em conjunto, como banda, fazendo circular cópias de todos os documentos importantes.

Se o Who vivesse em um paraíso fiscal, teríamos ficado milionários em 1969. Bill Curbishley sabia disso, e sua prioridade era ver cada um de nós financeiramente seguro. Havia duas maneiras de encarar os caprichos financeiros da banda. Uma delas era trabalharmos o máximo e o mais pesado possível porque precisávamos de dinheiro – isso agradava aos fãs e também mantinha a banda unida. A visão contrária, a minha, era que a pressão de ter de gerar uma renda bruta anual suficiente para todos nós acabaria por nos dividir.

Bill percebia que precisava solucionar essa situação. Embora não fosse um pensador criativo como Lambert e Stamp, era muito culto, escrevia poesia e encarava seu trabalho administrativo como um jogo de xadrez. A diferença esmagadoramente positiva entre Bill e seus antecessores era que ele sempre se certificava de que as finanças estavam bem acertadas. Depois que Bill assumiu o comando da administração do Who, minhas preocupações com dinheiro se encerraram.

Stiggy dedicou-se a definir o elenco do filme com Ken Russell, e eu comecei a interferir. Discordei deles quanto à inclusão do veterano ator Oliver Reed (interpretando o padrasto de Tommy), bem como das escolhas mais hollywoodianas de Ann-Margret e Jack Nicholson. A explicação de Stiggy sobre o *star system* de Hollywood foi sucinta e convincente: "Nós temos que tê-los".

Eu sabia que Oliver Reed não cantava, mas, conforme eu entornava Rémy Martin e tortuosamente o instruía verso a verso, ele fez a sua parte no estúdio, e isso funcionou incrivelmente bem. Alguém me informara que Jack Nicholson tampouco tinha formação de cantor, mas ele se saiu maravilhosamente bem. (Jack não parava de zombar de meu espanto ao vê-lo cantar como um *crooner* dos anos 1950 de nível internacional.)

Sobre Ann-Margret eu não sabia nada, só achava sua voz muito "teatro musical" para *Tommy*. Mas ela me convenceu no momento em que começamos a gravar, demonstrando paixão, uma sensibilidade absurda e uma grande capacidade de se apropriar das canções. Ela cantava com a dicção clara do teatro – mais para Ethel Merman que para Tina Turner –, mas funcionou bem. E, claro, ela tinha atuado em um filme com Elvis! O Who era café-pequeno na comparação, mas mesmo assim ela foi respeitosa e extraordinariamente dedicada no estúdio.

Claro que com Elton John, Tina Turner e Eric Clapton, por serem músicos, foi mais fácil trabalhar, e todos eles foram magníficos. Tina vinha passando por dificuldades, mas mal dava para perceber: como a Acid Queen, ela estava eletrizante. Roger, um ator nato, criou um novo tipo de personagem para Tommy que também foi extremamente convincente.

A gravação da trilha de *Tommy* continuou em Ramport em março e abril. Keith tinha um papel atuando (como baterista) no filme de Mike Appleton,

Stardust, uma sequência de seu *That'll be the day*, de modo que precisei recorrer a outros bateristas: Kenney Jones (The Faces), Mike Kelley (Spooky Tooth) e Tony Newman (Sounds Incorporated). Eric Clapton passara um bom tempo do ano anterior tentando se recuperar. Parte de seu tratamento esteve a cargo de Meg Patterson, terapeuta cuja NeuroElectric Therapy (NET) reduzia os sintomas da abstinência de drogas. Eric disse que não havia se submetido a nada do gênero, mas, de qualquer maneira, tratou-se com Meg.

Stiggy, empresário de Eric, insistiu para que ele assumisse um papel em *Tommy*. Eric não estava muito interessado, mas aceitou, em parte por mim, já que eu o havia ajudado com o show Rainbow. A canção que ele tocaria era "Eyesight to the blind", e Eric queria criar uma nova frase melódica para a canção a fim de torná-la sua; gostaria que sua guitarra fosse duplicada pela clavineta, o teclado elétrico notoriamente usado por Stevie Wonder. Como Stevie por acaso estava na cidade, Eric me levou ao Island Studios para tentar convencê-lo a trabalhar na trilha.

Juntos no carro, a caminho do estúdio, lembrei Eric que, inicialmente, Stigwood havia sugerido que Stevie assumisse o papel de Mago do Pinball. Ken e eu tínhamos ficado confusos: um músico cego interpretando o papel de um vidente campeão de pinball que é derrotado por um menino surdo, mudo e cego? O que não sabíamos era que o próprio Stevie havia se interessado pelo papel e ainda estava considerando a ideia quando ouviu falar de minha objeção. Seu irmão, que administrava seus negócios, lhe disse que eu me opunha a que interpretasse o papel porque ele era cego. Pura verdade; não fazia sentido, dada a linha da história.

Considerando esse fato, não fiquei surpreso quando chegamos ao estúdio e Stevie me ignorou. Ele foi gentil com Eric, mas se recusou a participar; partimos sentindo-nos quase tão rejeitados quanto Stevie sem dúvida se sentira por minha causa. No final, tentei imitar na trilha seu inimitável wah-wah de clavineta, o que certamente não foi fácil.

Elton John assumiu o papel do Mago do Pinball. Pediu para usar sua própria banda e que o produtor Gus Dudgeon gravasse sua faixa. Elton chegou ao estúdio Battersea em uma limusine Phantom 5, semelhante à usada pela rainha Elizabeth; eu não tinha visto nenhuma no mundo do rock desde a de Andrew Oldham, em 1967. Foi uma revelação observar a rapidez e a eficiência com que Elton e sua banda trabalhavam, definindo uma trilha guia com solos, vocal principal e *backing vocals* em menos de quatro horas.

As filmagens de *Tommy* começaram no final de abril. Achei Ken Russell bombástico, enérgico, engraçado, incansável e inspirador. Ele tinha uma atenção obsessiva para o detalhe e o planejamento que agora entendo como necessário a todo grande diretor, além da capacidade de se adaptar às circunstâncias.

Nunca tive um momento ruim com Ken. Durante toda a filmagem, ele só dormia cerca de quatro horas por noite, e nas primeiras seis semanas fiz o mesmo. Nossas reuniões de roteiro para os *takes* do dia seguinte se estendiam até as duas da manhã, e às seis ele já estava a postos para nos encontrar no café da manhã. Sobrevivi com conhaque. Não faço a menor ideia de como ele conseguia.

De fato, Ken exigia muito de seus atores e deixou alguns deles esgotados. Mas, entre um *take* e outro, eu podia ficar do lado e descansar, se quisesse. Quando filmamos nossas próprias sequências como The Who, simplesmente me comportei tal qual o arrogante astro do rock semiembriagado que eu era. Embora Eric Clapton não estivesse louco para atuar no filme, ele fez sua parte. A cena que Ken compôs para "The hawker", a canção baseada em "Eyesight to the blind", era ambientada em uma igreja, tendo como tema o vodu. Arthur Brown, John Entwistle e eu juntamos-nos a Eric como seus ajudantes, todos vestindo camisolões soltos. Parecíamos perfeitos idiotas. Senti-me um pouco envergonhado por Eric. Meu velho amigo Arthur Brown, cuja canção "Fire" esteve em primeiro lugar nas paradas do Reino Unido, conhecia vodu como um xamã de Nova Orleans e parecia estar à vontade. Ken lotou a igreja com paraplégicos de verdade e pessoas com deficiências em cadeiras de rodas; parecia que não ia dar certo, mas todos eles desfrutaram muito seu dia de filmagem.

Eric voltou ao estúdio para completar a gravação. Depois que terminamos, ele me disse que estava tomando coragem para falar com Pattie, esposa de George Harrison e musa de "Layla", e implorar para que deixasse seu marido. Eric perguntou, então, se eu poderia acompanhá-lo em uma visita ao casal e passar algum tempo com George, para que ele ficasse a sós com Pattie.

Isso não foi difícil. George ficou contente em conversar comigo sobre misticismo, música indiana e até sobre seu uso de cocaína. Eu achava difícil seguir seu raciocínio de que em um mundo de ilusão nada importava, nem riqueza nem fama, abuso de drogas ou alcoolismo – nada a não ser o amor a Deus. Sentamos em seu maravilhoso estúdio de gravação e conversamos durante duas horas. Eu me apaixonei por George naquela noite. Seu humor sardônico, lento, "liverpooliano", era encantador, e sua dedicação espiritual, absoluta: jovens seguidores *hare krishna*, que moravam na casa, entravam e saíam enquanto conversávamos.

George levava uma vida tranquila; Friar Park, sua enorme mansão, era labiríntica, e o saguão de entrada parecia um enorme teatro, com suas galerias ricamente decoradas. Talvez Pattie tenha se sentido mais aliviada por sair da casa do que por deixar George – estupendo jardineiro, o grande amor dele na verdade era Friar Park.

Naquela noite, Eric conversou com Pattie sobre seus sentimentos e, mais tarde, reconheceu que aquele foi um momento crucial no relacionamento. Pattie acabou deixando George para ficar com Eric, que celebrou divertindo-se o máximo que conseguia sem usar drogas. Pattie parecia feliz e livre. Desde que a conhecera, nunca a tinha visto sorrir do modo como sorria com Eric.

Em um restaurante de Chelsea, pouco depois da filmagem da cena de Eric em *Tommy*, Karen e eu fomos convidados para jantar com Bob, Mia Pridden, Eric e Pattie. Os quatro chegaram meia hora atrasados, completamente bêbados, usando máscaras de gorila. Depois de tantos anos exposto a proezas semelhantes de Keith, minha reação foi deliberadamente indiferente; sem pestanejar, perguntei aos quatro gorilas o que eles gostariam de beber. Eric achou que eu estava bravo por algum motivo e ficou um pouco envergonhado – mas foi um prazer ver o quanto ele estava feliz.

O trabalho de pós-produção na trilha musical do filme *Tommy* se mostrou altamente exigente. Por volta do fim das últimas sessões de gravação em Ramport, dedicadas em especial a gravações de *backing vocals* e amplificação das cenas de multidão, uma das cantoras me falou sobre um evento beneficente na Roundhouse do qual o artista principal, Tim Hardin, acabara de desistir de participar. O objetivo era comprar um ônibus para crianças carentes, por isso aceitei fazer o show sozinho, no lugar dele. Decidi usar *backing tapes* para algumas canções que eu queria apresentar e passei a trabalhar em sua preparação. Totalmente equipado em meu estúdio, avancei depressa. Mesmo assim, levei vários dias para montar material suficiente para tornar a apresentação interessante. Senti-me sob pressão porque, com as notícias de minha presença, todos os ingressos haviam sido vendidos.

Essa foi minha primeira apresentação solo, e me ative a canções que adorava. "No face, no name, no number", do disco *Mr Fantasy* do Traffic, "Big boss man", de Jimmy Reed, e "Amoureuse", de Kiki Dee, foram inseridos em meio a uma lista de clássicos do Who. Meu momento favorito foi topar nos bastidores com o grande excêntrico do jazz inglês George Melly, que disse ter aguardado ansiosamente meu show.

A Roundhouse, então ainda não restaurada, tinha a atmosfera e o cheiro de uma antiga garagem de locomotivas – o que de fato era. A multidão ficou sentada o show inteiro, algo que eu não via desde as primeiras apresentações da banda na Califórnia. Infelizmente, um bêbado sentado bem próximo à frente do palco não parava de exigir que eu tocasse "Underture", de *Tommy*. Ele era persistente e irritante. Quando gritou seu pedido uma vez a mais do que mandava a prudência, saltei do palco, agarrei-o pelo pescoço e estive prestes a esmurrá-lo. Seu amigo, também embriagado, mas ligeiramente mais coerente, interveio.

"Não precisa fazer isto, cara", proferiu quase indistintamente. "Somos apenas fãs."

Acalmei-me, regressei ao palco e pedi desculpas (embora o camarada que eu havia ameaçado continuasse a pedir "Underture" até o fim do show). No mais, foi um evento marcante para mim. Fiquei surpreso com a facilidade com que consegui prender a atenção da plateia sem usar amplificação pesada e contente por cantar bem o bastante para ir até o fim. E a entidade beneficente conseguiu seu ônibus.

Enquanto o filme *Tommy* ficava pronto, Bill Curbishley almejava que o Who se apresentasse nos principais estádios de futebol do Reino Unido. Ele pode ter sido incentivado por nosso sucesso em Anaheim, na Califórnia, mas nenhuma banda britânica jamais havia tocado em um estádio de futebol do Reino Unido, nem mesmo os Beatles.

Ele garantiu o agendamento de um show em The Valley Charlton, onde seu irmão Alan jogava (e mais tarde dirigiria o time). O show em Charlton foi marcado para um dia entre um compromisso relacionado ao filme, que eu ainda estava acompanhando, e um trabalho de quatro dias em Nova York. Era também a véspera de meu aniversário de 29 anos. Eu não estava apenas embriagado na hora do show – estava *trêbado*. Felizmente, deu tudo certo.

Também fizemos uma apresentação gratuita em Portsmouth para o elenco do filme. Foi a primeira vez que Ann-Margret nos viu no palco e ficou assombrada conosco. Eu também fiquei, no mínimo pelo fato de ter conseguido me apresentar. Semiembriagado, eu sabia que o público estava na nossa antes de começarmos, mas me sentia contente por entreter a equipe com quem tínhamos trabalhado por tanto tempo, muitos dos quais jamais haviam visto uma apresentação nossa. A banda inteira tocou bem, mas Roger se destacou; durante a filmagem ele constantemente se saiu bem e estava em grande forma física. Como sempre, ele deu tudo no palco.

Depois do show, nosso advogado Ted Oldman nos apresentou um documento que, segundo ele, nos asseguraria os direitos sobre *Tommy*. Recusei-me a assinar. Ted simplesmente esperou até que eu estivesse bêbado o bastante e colocou um pedaço de papel em branco sobre a parte de baixo do contrato. Assinei, afastei a folha em branco para revelar o truque, cuidadosamente rasguei minha assinatura e entreguei o contrato de volta para ele.[15]

Após alguns ensaios, fomos juntos para Nova York para quatro dias no Madison Square Garden, em junho. Nosso hotel habitual, o Navarro, estava sitiado por fãs. Alguns críticos que resenharam o show reclamaram que não tínhamos introduzido nenhuma música nova desde *Quadrophenia*, então lançado havia nove meses. Alguns fãs da fila da frente me acharam com pouca energia e começaram a gritar comigo, ordenando-me que saltasse. Fiquei chateado com isso, sentindo-me um palhaço, mas mantive a calma. No geral, porém, os shows foram bons.

[15] Havia muitos contratos para assinar, mas não firmei a cessão do direito autoral a Kit e The Who (eu considerava o trabalho inteiramente meu). Em uma data posterior, *veiculou-se* que eu havia assinado esse contrato específico na presença de minha agente Judi Waring, mas minha assinatura estava grampeada sobre a base das outras assinaturas, e Judi nem sequer estava no show. Assim, ambos concordamos que a assinatura deve ter sido literalmente recortada de um contrato diferente.

As filmagens de *Tommy* continuaram enquanto estávamos fora, mas dei um jeito de assistir a todas as tomadas maiores: "Acid Queen" com Tina Turner, "Go to the mirror", com Jack Nicholson, e "Champagne" e "Smash the mirror", com Ann-Margret. Voltei com apenas um dia para lidar com um acúmulo volumoso de problemas musicais e mudanças de roteiro.

O último período de filmagem foi em agosto de 1974. Já exausto dos arranjos musicais de pós-produção, eu parecia um cadáver e me sentia mal. Durante essas tomadas, comecei a perceber exatamente quantas horas seguidas cada uma das pessoas da equipe dedicava ao trabalho. Enquanto isso, Keith e Oliver Reed estavam em um hotel de Portsmouth fazendo o diabo. Tentei farrear um pouco também, aceitando o desafio para uma competição contra um dos técnicos mal-encarados da iluminação. A missão era beber metade de um balde de Guinness. Meu desafiante conseguiu dois terços antes de desistir. Consegui quase o mesmo e depois vomitei tudo no balde.

Quando disse a Ken que eu tinha comprado um barco, ele foi mordaz. "Que inferno!", franziu o cenho. "Meu pai tinha um iate e só consigo me lembrar de que ele o vivia polindo."

Toda pessoa que já teve barco conhece o fenômeno: você começa com um modelo pequeno e fácil de manejar, depois consegue um ligeiramente maior, depois outro um pouco maior, depois maior, até que atinge o descontrole total, vende tudo e compra um barco tão pequeno quanto aquele com que começou. Eu estava no barco número dois. Não vendi minha lancha: deixei-a com meu pai para que ele pudesse superar o velho *Liz-O*, nosso primeiro barco juntos, de 1967, que tinha afundado em seu ancoradouro no Tâmisa. Eu queria um barco capaz de cruzar o Canal da Mancha, com duas cabines dormitórios. Encontrei uma traineira Grand Banks de 36 pés, cujo dono aceitara meu Rolls Mulliner coupé como parte do pagamento.

Oliver e Keith estavam dispostos a navegar. O problema era que ainda participavam das filmagens, de modo que concordamos com um breve passeio noturno. Nosso grupo – Ollie, Keith, Jason (meu novo motorista) e sua bela namorada Carla, Barney e eu – foi de balsa até o Grand Banks às oito da noite. Com várias garrafas de Navy Rum, consideramos que estávamos equipados para uma viagem por mar. Assim que embarcamos, dei as instruções a Jason.

"Vamos fazer uma visita a Cowes", disse eu, despreocupado. Ida e volta davam uma distância de menos de quinze quilômetros.

"Primeiro, preciso de uma previsão do tempo." Pude ver que ele estava nervoso.

"Você tem certeza de que é um marinheiro experiente?"

"Ah, claro", garantiu ele. "Só quero entrar em contato com a guarda-costeira."

Ficou claro que ele realmente não sabia como operar o rádio. Enquanto ele perdia tempo ali, Keith soltou o escaler, que foi logo levado para alto-mar pela maré vazante.

"Desculpem, amigos!" Ele estava extremamente contente consigo mesmo. "Parece que estamos encalhados."

Ollie enrolou um baseado, o que surpreendeu a todos. Até agora apenas o tínhamos visto beber cerveja e comer curry. Sobrou para mim consumir o rum. Eu não sabia que gostava de rum até que me vi totalmente nu, brindando à *Mafuta*, meu novo barco.

"Muito bem, Pete", disse Ollie, olhando para a minha "bagagem".

"Pelo menos alguém finalmente fez algo sensato", respondi. Esperava que todos os demais fizessem o mesmo, de preferência Carla, suponho.

Keith teve uma ideia melhor. "Eu vou nadar até a praia", declarou simplesmente. Antes que algum de nós conseguisse detê-lo, ele mergulhou. Dentro de poucos segundos, estava longe de vista no breu dos atracadouros.

A maré estava vazando a cerca de cinco nós, e fiquei preocupado com ele. Ollie tomou uma atitude: resgataria Keith. Num instante, ele se foi também.

Minha resposta foi a melhor de todas. Fui para a cama.

Quando acordei na manhã seguinte, apenas o fiel Barney ainda permanecia comigo. Ainda confortavelmente bêbado do rum da noite anterior, eu estava extremamente bem-disposto. Barney me disse que Keith tinha chegado à praia, conseguido um escaler e voltado para resgatar todo mundo. O escaler de *Mafuta* tinha sido recuperado por alguém do iate clube, que muito gentilmente o amarrara de volta ao barco, e assim Barney e eu remamos até a praia.

Chegamos à filmagem a tempo de encontrar Roger sentado em um telhado, gesticulando sinais para a assembleia de seguidores convencidos de que precisavam se fingir de surdos, mudos e cegos para seguir Tommy. Era uma cena muito comovente, filmada quase totalmente em silêncio até que o som de uma mini-harpa brilhou sob o sol da manhã.

"Que música linda", disse eu, esquecendo-me de que a tinha composto.

O contraste entre mim e Roger era, a essa altura, impressionante. Ele se mostrava belo, bronzeado, saudável, vivo, alerta e em forma. Eu estava quebrado, remelento e de ressaca. E, para piorar, sabia que a parte mais dura de meu trabalho no filme ainda estava por vir, pelo menos em termos técnicos.

Assim que a fase de pós-produção começou, minha carga de trabalho tornou-se inimaginável, mas eu estava totalmente comprometido em restabelecer algum sentido musical às novas e ampliadas cenas de Tommy, acrescentando orquestrações, solos de guitarra e arranjos vocais adicionais. Alguém sugeriu que o filme fosse dublado em surround, e eu embarquei na ideia rapidamente. Para o trabalho de dublagem quadrifônica, precisávamos de uma mesa especial, e por isso usei minha grande Neve, instalada em Cleeve. Nada parecia me impedir de envolver minha casa em qualquer projeto no qual eu estivesse trabalhando.

Terry Rawlings, nosso editor de música, apresentou-me a John Mosely, que cuidava do Command, estúdio de gravação próximo ao Piccadilly Circus, em Londres. Ele havia se encontrado com Ray Dolby, o famoso criador do sistema Dolby de redução de ruído, a quem eu conhecia por intermédio da Trackplan e de nossas excursões pelo Tâmisa. Às vezes autoritário e difícil, Mosely era tecnicamente brilhante e inspirado, e nos ajudou a criar ajustes de surround que funcionavam. Ele entendia do negócio.

Ray Dolby achava complicado trabalhar com John Mosely, que, por sua vez, desejava amarrar o sistema Dolby a sua própria patente (Quintaphonic) para som surround –, e tenho certeza que Ray tinha suas próprias ideias quanto a isso. Quando os dois brigaram, preferimos usar o sistema DBX de redução de ruídos em nossas trilhas, e nas principais salas ele funcionou muito bem para reproduzir a dinâmica do rock.

A dublagem foi concluída em meados de dezembro. Durante algum tempo, afora *Fantasia*, o primeiro e único filme surround em cinco canais codificado em matriz foi *Tommy*. Aprendi mais trabalhando nesse filme do que jamais precisei saber sobre som e edição de cinema. Empreender os aspectos técnicos era desafiador e empolgante, mas extremamente cansativo, e prometi a mim mesmo que jamais trabalharia em outra trilha sonora de filme. Com certeza, eu nunca teria conseguido sem Terry Rawlings.

Enquanto eu me engalfinhava comigo mesmo para compor canções para o Who no início de 1975, os outros três membros da banda estavam iniciando as mais intensas atividades de suas respectivas carreiras. Esse trabalho paralelo havia criado raízes enquanto *Tommy*, o filme, era produzido. Roger concordou em protagonizar o filme seguinte de Ken Russell, *Lisztomania*. John não teve nenhuma função duradoura em *Tommy*, por isso, enquanto esperava que o restante de nós terminasse o filme, levou a sério sua carreira solo, compilando material suficiente para dois discos em rápida sucessão. Começou também a produzir outras bandas.

Keith também fez seu primeiro disco solo, e nós dois nos juntamos a Eric Clapton durante alguns dias de sua turnê de retorno. Keith me apresentou sua nova namorada, Annette Walter-Lax, uma modelo sueca. Ele parecia muito feliz, e ela evidentemente o adorava. Isso era um bom presságio; parecia que Keith afinal se recuperaria da perda de Kim.

Como banda e negócio, o Who estava com o pé no freio. Kit estava causando problemas jurídicos e confundira totalmente nossos advogados em torno de quem possuía os direitos autorais de *Tommy*. Keith continuava desastrosamente irresponsável com dinheiro, e achei que ele desperdiçava seu tempo tentando ser um astro do cinema. John, em minha opinião, se mostrava impaciente e muito ambicioso em seu voo solo, mas senti que ele teria o bastante quando a banda recomeçasse suas atividades. Roger havia se empenhado muito em *Tommy* e se tornado um verdadeiro ator, mas fiquei irritado quando aceitou participar de *Lisztomania*. De modo egoísta, parecia-me que o Who subitamente adquirira papel secundário nas buscas individuais dos membros da banda.

Apesar de minha melancolia, compus canções para o Who em meus poucos dias de folga. Essas peças brutas seriam desenvolvidas em meu estúdio doméstico em fita de dezesseis canais, mas só depois de aprovadas por Roger. Eu não via sentido em concluir demos de canções que ele não iria cantar. Antes da estreia de *Tommy*, eu tinha trinta canções e peças instrumentais para Roger escutar. Eu o visitei uma noite em Shepperton, onde ele estava filmando, e mostrei-as a ele. Tomamos um drinque juntos e, depois, deixei com ele dois cassetes, para que escutasse novamente sozinho.

Ele me ligou no dia seguinte, muito entusiasmado com o que tinha ouvido. Eu havia apresentado um amplo leque de material, algumas faixas otimistas, outras com influência de R&B, um pouco de reggae, algumas de tom muito leve e outras introspectivas ou iradas. Eu estava surpreso com as canções de que ele mais havia gostado – as iradas, cínicas e depressivas. A música, porém, apenas em parte estava completa; mais uma vez o que eu precisava era um contexto, um tema ou conceito definidor que as tornasse uma unidade.

As canções que Roger selecionou podiam ter sido aquelas de que ele mais gostava, mas, dentro do grupo, foram mais tarde descritas como uma espécie de "bilhete de suicídio"[16] meu e mais adequadas a um disco solo. Eu não me sentia absolutamente um suicida, mas estava terrivelmente cansado.

Em uma entrevista a Roy Carr, do *New Musical Express*,[17] descrevi como sentia que o Who estava estagnado:

> O que posso lhe dizer é que quando fazíamos shows neste país, na primeira metade do ano passado, eu estava totalmente deprimido. Eu sinceramente sentia que o Who entrava no palco toda noite e, por amor aos fãs duros na queda, copiava o que o Who costumava ser.

Em retaliação, Roger deu uma entrevista defendendo-se e me atacando por arruinar shows em que estava bêbado. Posso ter estragado uma canção ou duas, mas nunca um show inteiro. Nenhum de nós levava a sério esse tipo de coisa no final das contas, mas quando se tratava do Who ambos ficávamos claramente confusos e um pouco perdidos.

[16] http://en.wikipedia.org/wiki/the_who_by_numbers.
[17] "The punk as godfather", entrevista publicada no *New Musical Express* de 31 de maio de 1975.

18
O agente funerário

Havia um aspecto de *Tommy* que me preocupava. Eu estava zangado com Ted Oldman, apesar de meu carinho por ele como amigo, por tentar (sem sucesso) se aproveitar de minha embriaguez para me fazer assinar o documento que transferiria os direitos sobre a obra para Kit. Ted representava Lambert e Stamp, bem como a banda. Quando Kit começou a alegar nos jornais que possuía os direitos autorais de *Tommy*, a ficha caiu e recorri à ajuda de Sam Sylvester, um dos principais advogados do ramo de entretenimento. Tínhamos sido apresentados pelo contador do Who, David Rosten. O conselho de Sam era lidar rapidamente com a questão de Lambert e Stamp.

Passional quanto à música e às artes, Sam não era fã de rock, mas, quando examinou meu trabalho em busca de contexto artístico e significado, pareceu encontrar. Ele era profundamente religioso – não ortodoxo, mas patriarca de uma família judia devota e praticante – e muito perspicaz. Assim que se tornou meu amigo e representante legal, tive a garantia de uma vida longa.

Tenho certeza que Bill Curbishley aprendeu muito com o modo como Sam lidava com os caprichos de nossos já excessivamente complicados contratos de gravação e publicação. Nos Estados Unidos, Ina Meibach propiciava um amparo legal similarmente atencioso. Com o passar do tempo, a amizade que crescia entre Ina e Sam me favoreceu sem alienar os outros membros da banda. Enquanto lamentava a perda de Kit como meu Svengali e de Chris como meu conselheiro em todas as coisas bacanas, Bill, Ina e Sam dotavam-me de um estilo totalmente diferente de gerenciamento da vida.

* * *

Foi Ronnie Lane que me incentivou a considerar "Squeeze box" para o disco. A canção estava "encostada", nem mesmo incluída entre as que eu havia submetido à aprovação de Roger. Eu a havia composto só para me distrair e exibir minhas habilidades com o acordeão que comprei em uma loja de instrumentos local. Certa noite, toquei para Ronnie minha demo, e ele a adorou: disse que parecia uma polca country & western maluca. Ele também achava que estava na hora de eu desistir do Who.

Ronnie Lane me conhecia muito bem e me respeitava como músico, não apenas como um encrenqueiro do rock. Eu sabia que era capaz de articular com mais clareza minhas ideias como artista sem a pressão da banda, mas tinha esperança de que um filme de *Tommy* atendesse essa necessidade. Ken Russell fizera um trabalho de primeira, mas durante a dublagem final do filme percebi que ele tinha deixado passar um ponto-chave no cerne de minha ópera-rock: a obra originalmente falava do fim dos ditadores e dos que se autoproclamavam messias. De algum modo, Ken Russell, dezoito anos mais velho que nós, estava do outro lado do abismo de gerações. Ele conhecia em primeira mão os rigores da guerra: tinha sido bombardeado, metralhado e prestara o serviço militar tanto na Royal Air Force como na marinha mercante do pós-guerra. Mas tinha pouca noção da vergonha e da raiva pós-guerra da geração seguinte, ou do modo como a recusa desses sentimentos por nossos pais talvez precisasse ser enfrentada por nós para ser digerida.

O filme *Tommy* estreou no cinema Ziegfeld, em Nova York, em 18 de março de 1975. John Mosely e eu ainda trabalhávamos para ajustar o sistema de som do cinema quando chegou a minha hora de desfilar sobre o tapete vermelho.

Assistindo ao filme, vi minha vida passar diante de mim, mas a reação do restante do público foi, a princípio, bem estranha. Os primeiros trinta minutos eram ambientados em um típico acampamento de férias britânico do pós-guerra, com o qual os espectadores norte-americanos não tinham como se identificar. A grande revelação era a belíssima interpretação de Tina Turner em "Acid Queen". A trilha que eu montara com Ronnie Wood tinha um corte Rolling Stones, e, de repente, o sistema de som mostrou seu valor. Quando a canção terminou, a plateia exclamou sua aprovação. Depois disso, toda canção recebia aplauso, até as seções de ligação.

No final do filme, senti que tínhamos acertado de algum modo. O teste real seria na estreia em circuito comercial, mas a primeira reação certamente foi animadora. A trilha sonora foi direto para o segundo lugar nas paradas de LPs.

No dia seguinte, voamos a Los Angeles para a estreia na Costa Oeste, no Grauman's Chinese Theatre, com direito a holofotes varrendo o céu. Depois veio a estreia em Londres, na Leicester Square. As críticas eram variadas, mas não me importei. O filme arrecadava enorme receita bruta, e a prestação de contas de Stigwood conosco era muito rápida. Tínhamos nos acostumado a esperar de seis a nove meses após uma turnê para colher os frutos de nossas apresentações, de modo que foi um choque ver milhões de libras somando-se na conta bancária do Who logo depois de o filme ter sido lançado. Era um bom problema para se lidar, mas havia a preocupação de que a renda fosse tributada ao máximo, caso um de nós escolhesse sacar os lucros pessoalmente. Não tínhamos nenhum esquema tributário em curso e – afora Keith, que preferia viver na Califórnia – nenhum desejo de nos mudar para um paraíso fiscal.

Roger ainda estava envolvido nas últimas semanas de filmagem de *Lisztomania* com Ken Russell. Quando a banda se reuniu nos estúdios Shepperton para uma gravação, Roger chegou em um helicóptero Jet Ranger bimotor – e anunciou que era dono da bela aeronave. Trinta minutos depois, ele partiu voando. A casa de Roger ficava em West Sussex, logo o helicóptero certamente era útil, mas todos achamos aquilo estranho. Com o lançamento do filme, Roger se tornara ostensivamente rico, um superastro objeto sexual de adolescentes, com helicóptero incluído.

Keith se roeu de ciúmes – ele e Roger pareciam sempre competir em exibições do tipo "o meu é maior que o seu". Ficou olhando o helicóptero de Roger desaparecendo ao longe, e dava para sentir sua ansiedade por fazer algo igualmente impressionante.

E eu, ansiava por alguma coisa? Só que meu cabelo parasse de cair.

Tentei meditar. Uma noite de verão, incapaz de dormir, levantei com o sol, às 5h30, desci para a sala de estar, fiz chá e me sentei diante de uma janela aberta na frente da casa. O sol baixo da manhã brincava no teto à medida que os reflexos oscilantes da superfície do rio dançavam com as sombras dos cantos.

Pus uma almofada no chão, sentei com as pernas cruzadas e tentei esvaziar a mente. Depois de alguns minutos, passei para uma espécie de estado de luz branca. O sol aquecia minhas pálpebras cerradas. Após dez minutos de meditação, falei:

"Caríssimo Baba! O que devo fazer? Aceitarei sua resposta."

Imediatamente ouvi uma voz dizer: "Volte para o Who até segunda ordem".

Não era o que eu esperava ouvir.

"Como saberei que isso é o que você quer? Dê-me um sinal."

Naquele momento, na janela bem à minha frente, surgiu um homem ruivo com o cabelo todo desgrenhado e sem camisa. Seu rosto estava sujo, os olhos eram pretos, ardentes e vivos. Ele olhava diretamente para mim. "Eu ouvi você", disse ele.

Levantei-me num salto, corri para a porta e captei o breve vislumbre de um homem fugindo para o rio. Eu o havia visto algumas vezes, dormindo sobre jornais e caixas de papelão em nosso pequeno jardim da frente. Devo tê-lo despertado com minhas orações.

The Who by numbers foi surpreendentemente bem recebido. Roger ficou irritado comigo, mas eu sabia que isso era uma reação às minhas entrevistas.[18] Eu não esperava que ele as levasse tanto para o plano pessoal, mas levou. Foi nossa advogada de Nova York, Ina Meibach, que, após me ouvir falar sobre o abismo que havia se aberto entre mim e Roger, aconselhou-me a tentar dar mais controle a meu parceiro.

"Controle?", perguntei. "Controle de quê? Tudo o que ele parece querer fazer no momento é processar Kit e Chris."

"Não estou falando de questões legais", disse ela calmamente. "Estou falando da banda."

"Nenhum de nós controla esta banda. Ela é incontrolável."

"Posso lhe dar só um conselho? Pense nisso."

"Está bem", respondi.

"Deixe Roger ganhar", disse ela. "Uma vez só, deixe-o ganhar."

[18] Por exemplo, a entrevista dada a Roy Carr intitulada "The punk as godfather" (*New Musical Express*, 31 de maio de 1975).

Eu já havia passado por isso antes e, ao conceder um papel a Roger na direção criativa da banda daquela vez, nós a mantivemos unida. Por isso eu sabia que Ina havia me dado um bom conselho.

Escrevi a Roger para me desculpar, oferecendo-me para apoiá-lo em qualquer coisa que ele quisesse fazer. Não existia nenhum objetivo oculto nisso, era apenas tempo para tentar algo diferente. Estava na hora de me alinhar com Roger, em lugar de continuar com John e Keith na velha e consolidada facção da "linha de defesa" que não vinha dando certo. Na questão de nossa administração, também chegara a hora de me acertar com Roger e seu compromisso com Bill Curbishley, em vez de continuar esperando o retorno salvador de Kit e Chris. Com uma pequena ajuda de Ina, de repente me dispus a tentar novos métodos.

Sem nenhum esforço, controlei meu vício em álcool. Simplesmente parou. Poucos dias depois de escrever a Roger, minha cabeça começou a clarear. Com isso, veio o pensamento: *preciso de férias. De longas férias.* Tomei um voo com minha família para Washington e depois fretei um Learjet para nos levar até o pequeno aeroporto próximo de Myrtle Beach. No Centro Meher Baba, recebemos a Cabana da Lanterna, uma requintada habitação junto ao grande lago, no centro do terreno. Jacarés se aqueciam nas margens; havia beija-flores e cobras; o próprio ar transmitia uma poderosa doçura, que quase melava. À medida que caminhava pela praia intocada, sentia-me ligeiramente emocionado. Eu a havia visitado antes, mas nunca me hospedado.

Foi uma estada maravilhosa. Nós quatro caminhávamos, tomávamos sol e nadávamos. Emma e Minta conheceram algumas crianças de sua idade. Em certa ocasião, enquanto estavam nadando, Karen e as meninas enfrentaram dificuldades com uma poderosa ressaca, mas consegui guiá-las de volta à praia. Foi o único choque de realidade em meio a uma experiência onírica.

Na turnê da banda realizada no outono de 1975, montamos o primeiro espetáculo no mundo a utilizar lasers de alta potência para efeito dramático. Não tínhamos a menor ideia de quanto custaria, mas, quando nos imaginamos no palco, banhados por raios místicos, nem ligamos. Na primeira noite que utilizamos os lasers diante de uma plateia, no dia 18 de outubro, no Granby Halls, Leicester, lembrei-me de como os três grandes holofotes dados de presente por Bill Graham haviam melhorado o final de *Tommy*.

Wiggy usou seu modesto laser de quatro watts, disperso por uma lente de movimentos rápidos controlada por microprocessador, para criar um ventilador ao redor da cabeça de Roger Daltrey enquanto ele cantava "See me, feel me". À medida que o ventilador se alargava, criava uma espécie de teto fantasmagórico sobre o público. Era mágico. Para Roger, porém, havia um lado negativo: para obter um melhor efeito visual, os lasers eram projetados através de uma névoa de óleo, que irritava sua garganta.

Na véspera do primeiro show no Granby Halls, a raiva de Keith entrou em ebulição. Ele tinha se frustrado por ver milhões de libras gastas em recursos que manteriam nossa equipe de turnê empregada pelos dez anos seguintes, mas não lhe trariam nada pessoalmente. Preso pelo mau tempo em um aeroporto da Escócia, ele foi até o balcão da British Airways e falou com tanta brutalidade com os funcionários que acabou preso.

Como nenhuma companhia aérea nos transportaria depois desse incidente, o restante da excursão exigiu uma aeronave fretada, que nos custou o lucro de toda a turnê pelo Reino Unido e pela Europa, uma soma equivalente hoje a cerca de 2 milhões de libras. A resposta de Keith foi um riso de escárnio. "Sem problema, caro rapaz", ele disse. "Podemos deduzir tudo isso do imposto de renda."

No camarim, após um show no estádio Belle Vue, em Manchester, Roger e Keith estavam se divertindo com algumas garotas que o segundo havia conhecido quando trabalhara ali com o ídolo das adolescentes David Essex, no filme *Stardust*. Percebi uma garota sentada à minha direita, olhando fixamente para mim.

"Você", ela disse, me medindo, "parece um agente funerário."

Até o pontapé inicial do punk rock britânico existiam apenas dois concorrentes à nossa coroa: Rolling Stones e o iniciante Bruce Springsteen. Bruce tinha sido celebrado no *New York Times* em outubro de 1975 com a manchete: "Se não existisse um Bruce Springsteen, os críticos o inventariam". Concordei: na minha cabeça eu já o havia inventado, e Johnny Rotten também. Eu via ambos, Bruce e Johnny, garantindo minha extinção, ou pelo menos me obrigando à aposentadoria precoce, uma ideia que me despertava sensações confusas.

O rock para mim era pegar fogo no palco, ir além da conta. Os Stones pegavam fogo porque Mick Jagger nunca relaxava, nunca perdia o foco no palco e gastava milhões em cenografia. Springsteen pegava fogo porque acreditava apaixonadamente na importância do público e na história que o público precisava ouvir. Seus shows em geral duravam mais de duas horas. Ele trabalhava no palco do mesmo jeito que eu: até a completa exaustão. E também honrava o estilo vocal de Roger, vindo a um só tempo do coração e dos pulmões.

Em outubro de 1975, ao definir planos para shows fora dos Estados Unidos, Bill Curbishley sugeriu que poderíamos tentar nos lançar no Japão por volta da época da estreia do filme *Tommy* por lá. Eu não conseguia perceber como teríamos condições de abrir novos territórios sem que um de nós caísse morto – e eu receava seriamente que seria eu. Não tínhamos nem como acompanhar a demanda do Reino Unido, da Europa e dos Estados Unidos e, se abríssemos novos territórios como Japão, Austrália e América do Sul, poderíamos nunca mais obter um tempo de folga.

Nos bastidores, Roger e John alertavam Bill que a vida de Keith corria risco e que era preciso mantê-lo em turnê, para que pudéssemos vigiá-lo. Eu não tinha tanta certeza. Achei que isso era uma desculpa, que só queriam ficar o tempo todo viajando. Keith me havia dito muitas vezes que estava em apuros, mas no fundo eu achava que ele só queria nos tapear com aquela história. Era um cara esperto.

Após um show em Baton Rouge, Keith expulsou uma garota de seu quarto. Por volta de meia-noite, encontrei-a chorando no saguão do hotel. Ela tinha acabado de dizer a Nik Cohn (que seguia nossa turnê para escrever um artigo para uma revista), que Keith "arrancou meu coração e jogou fora, como um brinquedo quebrado". Ela tinha cabelos ruivos manchados, lábios vermelhos brilhantes, olhos bonitos e vestia shorts jeans desfiados e uma blusa curta vermelha. Parecia uma *bargirl* do Texas. Sua maquiagem estava borrada nos olhos, e, quando perguntei se ela se sentia bem, a garota logo se recompôs e sorriu para mim.

"Ei", disse ela, rindo. "Não se preocupe comigo. Esta não é a primeira vez que sou expulsa do quarto de um astro do rock por falar demais. Mas ele nem mesmo transou comigo primeiro." Seu sotaque era melódico, ligeiramente sulista, o tipo de sotaque norte-americano que, ao ouvido inglês, soa culto e sofisticado.

Alguma coisa nela me deixava à vontade. "Você precisa de um táxi?"

"Keith me pagou o transporte desde a Carolina do Sul, querido. Mais de mil e quinhentos quilômetros de distância".

Imaginei que podia ser um pouco mais próximo que isso, mas não discuti. Como sempre, me sentia perdido nos Estados Unidos, sem nenhuma noção real de minha localização, a menos que estivesse ao lado do mar.

"Posso pedir um quarto para você?"

De repente, ela se levantou, agitou o cabelo, pareceu recuperar inteiramente a compostura, sorriu para mim, tomou minha mão e me levou para o elevador.

"Melhor ainda", disse ela, "vou ficar com você."

Assim começou uma amizade que durou mais de quinze anos. Donna Parker era, como eu, uma fã dos Kinks e discípula de Ray Davies.

"Tem alguma coisa para beber?" Ela circulava pelo quarto como uma pantera.

"Eu não bebo", respondi. "Pelo menos, não no momento. Mas posso arrumar algo para você."

Ela pediu J&B e Coca-Cola. Encontrei duas garrafas e adicionei gelo de uma máquina no corredor. Ela era engraçada, sensual e esperta, enquanto folheava meu exemplar de *O velho e o mar* do jeito experiente de alguém que obviamente lê muito.

Ela tentou avançar, e eu recuei, tentando provar que estava acima daquilo tudo. Se estivesse bebendo, teria sucumbido. Ela sorriu para mim com muita doçura, deitou-se em uma das camas do quarto e logo adormeceu sem tirar a roupa. Passei a noite inteira com uma furiosa ereção, esforçando-me para não esticar a mão e tocar seu corpo fabuloso. De manhã, ela passou um longo tempo no banheiro. Mal consegui acreditar na transformação.

"Sim, querido", falou de modo arrastado, a mão nos quadris como Marilyn Monroe e fazendo uma imitação ofegante. "Eu lavo bem as mãos, não é?"

Na bolsa, ela tinha levado um pequeno vestido florido que ficava bem justo na cintura. Suas pernas eram espetaculares.

"Me dê seu endereço", disse eu. "Quero ver você de novo." Na recepção do hotel, impensadamente dei a ela o endereço de minha casa – e 150 dólares para o voo de volta. O recepcionista fez cara de quem sentia cheiro de ovo podre.

"Não é o que você pensa", disse a ele. "Apenas conversamos."

Donna olhou para mim, incrédula.

"Conversamos?" Ela entrelaçou seu braço no meu e começou a me levar para fora; depois, voltou-se para o recepcionista e gritou: "Trepamos cinco vezes, até ele chorar chamando a mamãe!".

Isso me fez sentir como um astro do rock.

Durante nossa turnê norte-americana, Keith ficou visivelmente triste. Ele era quase sempre engraçado, mas havia um novo limite. Seu coquetel de drogas tinha se tornado mais complexo, e seu guarda-costas, Pete Butler (apelidado de "Dougal"), não tinha mais nenhuma influência sobre ele.

Um dia, em dezembro de 1975, em algum lugar no Meio-Oeste, Keith informou que promoveria um banquete para si mesmo. Dougal telefonou para cada um de nós cerimoniosamente, convidando-nos para o aniversário de Keith. Quando mencionei que essa data era em agosto, fui informado de que se tratava de um evento especial para um grande amigo dele, que tinha perdido o dia certo.

Um quarto no hotel tinha sido reservado para o jantar, com um impressionante arranjo de flores variadas no centro da mesa. Um a um, chegamos e tomamos nossos lugares. Havia vinho e champanhe excelentes nos baldes de gelo e um murmúrio de expectativa. De repente, Wiggy se levantou.

"Aqui está ele! Feliz aniversário, Keith."

Keith vestia uma roupa absurdamente pomposa: paletó de smoking, sapatilhas pretas de veludo, uma camisa branca com cachecol preto largo. Usava vários anéis, que pareciam muito caros, e correntes com medalhões de ouro.

"Que flores adoráveis", disse ele gentilmente. "Obrigado, Dougal." Ele escolheu uma flor do arranjo e a comeu – uma brincadeira habitual dele, mas sempre muito engraçada.

"Caríssimos fãs!" Fez uma mesura enquanto se dirigia a nós, falando com um sotaque inglês muito elegante. "Como é adorável da parte de vocês se reunirem assim. Venha, querida..." Ele conduziu uma linda garota loura de cerca de dezessete anos até uma cadeira vaga.

"Minha queridíssima amiga Kathy, uma atriz esperando fazer grande sucesso em Hollywood, faz aniversário quase no mesmo dia que eu. Assim, esta é uma celebração conjunta."

Pelo menos dava para saber quando Keith mentia. Sorri para ele, que me olhou de volta friamente. Keith voltou-se para Kathy, servindo-lhe vinho, ajeitou sua cadeira, mostrou a ela o menu e sussurrou-lhe uma sugestão de prato. Ela se comportava como uma jovem estrela mimada em um filme antigo. Sobrando, todos conversávamos entre nós mesmos. Relaxei um pouco após a excelente refeição, assumi meu papel habitual de coadjuvante cômico de Keith e bati com o garfo em meu copo para propor um brinde.

"Eu gostaria de propor um brinde", disse em voz alta. A mesa tinha ficado barulhenta com risadas muito altas. "A Keith! A Kathy! Em seu aniversário, que esta data se repita muitas vezes!"

As pessoas se levantaram e repetiram a saudação. Keith se ergueu com falsa modéstia e gesticulou para que todos se sentassem. Sondou a sala, segurando seu copo e disse: "Tenho um segundo anúncio a fazer. Estou deixando a banda, deixando o Who".

Todos pensamos que Keith estava fazendo graça, mas ele continuou muito sério. "Recebi a oferta de um papel em um novo filme de Marty Scorsese e instruí meu agente a aceitar."

Ele se sentou, virou-se para Kathy e sussurrou-lhe algo em tom conspiratório. Ela deu uma risadinha. Achei que Keith estava levando a piada longe demais.

"Keith, estamos no meio de uma turnê..."

Assim que disse essas palavras, me senti um estúpido.

Keith virou-se para mim. "Cumprirei minhas obrigações com esta turnê", continuou ele, "e depois acabou. Peço a vocês que ergam seus copos para mim e me desejem sorte."

Kathy, alheia à gravidade da situação, levantou festivamente seu copo e olhou para Keith com adoração. Abaixou o copo quando percebeu que ninguém mais pretendia juntar-se ao brinde. Fiquei furioso.

"E agora?" Reclamei. "Você come outra flor?" Minha ênfase cínica estava na palavra "flor", mas fiz um gesto indicando Kathy.

"Não!" Keith estava bem tranquilo. "*Você* come uma flor." Ele indicou com um gesto o buquê.

Eu não ia recusar o desafio. Apanhei uma flor do arranjo, coloquei-a na boca e comecei a mastigar. Todos me observaram por alguns segundos, depois perderam o interesse. Keith ficou me avaliando; afinal, ele era perito em comer flores.

Minha garganta de repente começou a queimar, depois inchou, e minha respiração ficou oprimida antes de se transformar em uma espécie de sibilação de morte. Eu era alérgico a algo que tinha colocado na boca e estava começando a sufocar. Ninguém parecia ter entendido isso, exceto Keith. De repente, ele pulou sobre a mesa e olhou diretamente para meu rosto.

"O que está acontecendo?"

"Estou sufocando, porra", arfei.

"Fique calmo", ele disse. "Apenas fique calmo. Alguém chame uma ambulância. Ele não está bem."

Todos ficaram de pé em um salto, e alguns se espalharam para buscar socorro, mas antes que a ajuda chegasse, minha garganta começou a desinchar um pouco.

"Está tudo bem", ofeguei. "Minha garganta inchou, mas parece estar melhorando. Porra! Isso foi assustador." Olhei para Keith. Dava para ver em seu rosto que ele estava realmente muito preocupado.

"Obrigado", disse eu.

Keith sentou-se diante mim, observando minha recuperação, certificando-se de que eu estava bem, lágrimas em seus olhos. De repente ficou óbvio o quanto ele me adorava e se assustara por mim. Ele pareceu pensativo por um momento. Depois se levantou e falou com a sala.

"Champanhe!", gritou ele, com sua habitual fanfarronice. "Dom Perignon. 1924."

"Keith", balbuciei. "Nós não queremos comemorar sua saída da banda."

"Eu estava tirando sarro de você, parceiro. Tentando impressionar a adorável Kathy aqui. Na verdade, ela não sabe quem é o Who. A tolinha só sabe de Hollywood."

Kathy olhou de um rosto para outro, incrédula, como se dissesse:

"Essas pessoas são doidas?"

19
Enfim, confortável comigo mesmo

"Acho que estou apaixonado."

Eu conversava com Murshida Duce, chefe do movimento sufi na Califórnia. A garota por quem me achava apaixonado era Donna Parker. Descrevi o que aconteceu, e Murshida disse que era apenas uma paixão repentina. Eu sabia o que ela queria dizer, mas não era como parecia. Eu estava doido por Donna, e nós nem tínhamos transado.

Tinha levado meus problemas com álcool para quem julgava ser uma autoridade mais alta, buscando ajuda com a família de Meher Baba em Myrtle Beach e na Califórnia, e isso funcionara para mim. Havia reduzido minhas bebedeiras a quase nada. Murshida Duce me apresentou ao dr. Wong, um herborista chinês que me prescreveu seu chá especial, feito para as minhas necessidades, pela infusão de ervas e plantas colhidas nas montanhas da China. No primeiro dia em que bebi o chá, senti-me como o Super-Homem. Jamais saberei o que havia ali, mas bebi aquela infusão antes de cada show ao longo do ano seguinte, e, sempre que obtinha um lote novo, meu desempenho ganhava energia e ímpeto adicionais. Minha performance no palco no final de 1975 foi, segundo a maioria das críticas, exemplar, abastecido pelo chá do dr. Wong em lugar de conhaque. As aflições de Keith, porém, continuavam.

Durante a segunda etapa da turnê norte-americana The Who by Numbers, em Boston, no dia 9 de março de 1976, Keith desabou após duas canções. Foi muito preocupante. Nossos fãs reagiram mal e depredaram parte do edifício e alguns trens do metrô. Nosso primeiro show em Nova York, no Madison Square

Garden, aconteceria no dia seguinte, mas Keith ainda estava mal. Não era uma turnê longa, porém várias dificuldades adicionais de última hora na estrada levaram ao remanejamento das datas dos shows.

Bob Pridden tinha conseguido aumentar o nível das duas pilhas de alto-falantes *sidefill*, caixas colocadas nas laterais do palco voltadas para os músicos, o que ajudava a reforçar os vocais de Roger e possibilitava que ele se ouvisse acima do novo e estrondoso equipamento de John. De repente, talvez enquanto Roger girava o microfone, os *sidefills* gritaram por cerca de cinco segundos, levando-me a ajoelhar de dor. O ruído acidental me pegou totalmente de surpresa. Meu ouvido esquerdo parou de funcionar. Depois de alguns dias, ele recuperou parte da função, mas, já danificado pela explosão de Keith em *The Smothers Brothers' Television Show*, nunca mais seria o mesmo.

Em São Francisco – onde ocuparíamos por dois dias o Winterland, de Bill Graham, uma casa de show que eu adorava –, o dr. Wong me mandou um estoque de seu chá recém-preparado. Naquelas duas noites, fiquei parecendo um louco, pulando sem parar. Por volta do fim do show, em que improvisei sem parar e inventei novos riffs com energia aparentemente ilimitada e sorridente, Keith implorou para que eu parasse. Ele estava exausto e ainda tocava com lampejos do antigo gênio, mas algo parecia seriamente errado.

Babajan, a lancha Skaggerak de 25 pés que eu usava para ir trabalhar em *Quadrophenia*, pertencia agora a papai e ainda ficava em um atracadouro diante de minha casa em Twickenham. O atracadouro era alugado para mim por Bill Sims, um homem das marés, paciente e vagaroso. Ele possuía licenças de ancoragem em toda a extensão que vai da ilha Eel Pie até Syon Reach, cerca de cinco quilômetros de rio.

Perguntei a Bill sobre uma estranha propriedade que tinha visto em minhas viagens pelo rio. Parecia ter sido construída nos anos 1950, em alvenaria, com três portas duplas de madeira abrindo para o rio, obviamente fora de uso.

"É minha", respondeu. "Eu a construí no terreno da empresa da família, próximo à velha travessia de balsa de Syon; antigamente ficava ali nossa companhia de barcos de corrida."

"O que você pretende fazer com ela?"

"Nada."

"O que acontecerá com ela?"

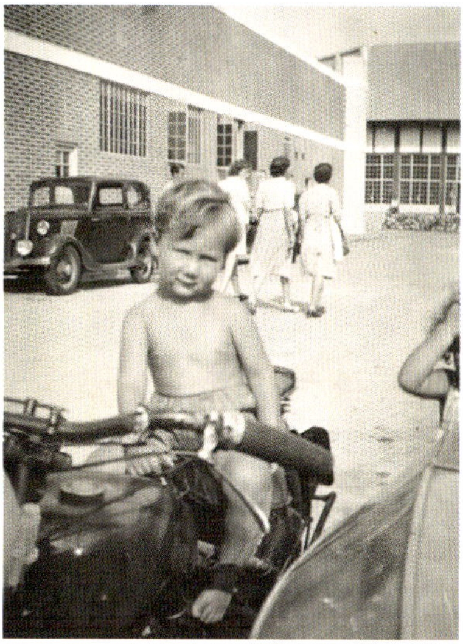

ACIMA: Papai (à esquerda) em fila desorganizada da Força Aérea Britânica, Alemanha, 1945.

ALTO, À DIREITA: Eu aos dois anos, agosto de 1947.

ESQUERDA: Minha tia Trilby em 1947. Ela foi a primeira a me incentivar musicalmente.

DIREITA: Minha avó Denny (à esquerda) com meu tio, Maurice, e a mulher dele, Joyce, no início da década de 1950.

ABAIXO: The Squadronaires, com papai tocando sax (ao centro).

ABAIXO, À DIREITA: Eu e meu cachorro Bruce na *Acton Gazette*.

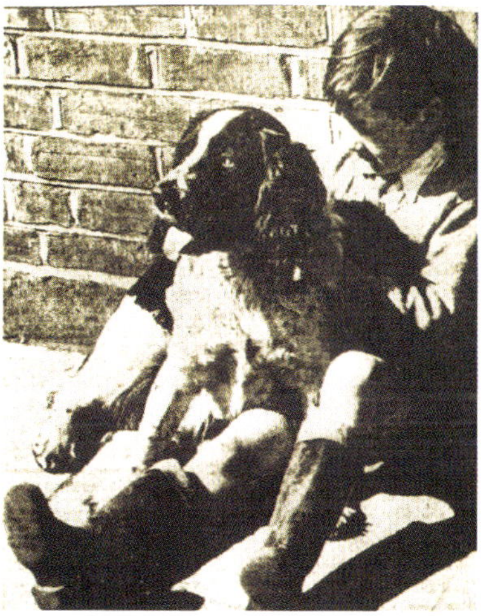

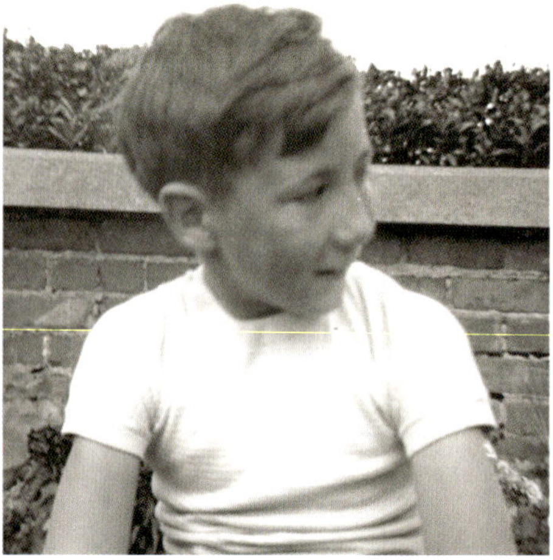

ACIMA: Meus pais e avós paternos, 1945.
A partir da esquerda: Betty, Cliff, Horry e Dot.

NO ALTO, À DIREITA: Eu no jardim dos fundos da minha casa em Acton.

ACIMA: Jimpy e eu.

NO CENTRO, À DIREITA: A partir da esquerda: papai, meu irmão Paul, mamãe e eu em 1959. A chegada de Paul fez com que nos sentíssemos uma família de verdade.

DIREITA: Tocando banjo, c. 1958. Eu parecia um garotinho. John Entwistle, já com mais de 1,80 m, está de costas para a câmera e usa um chapéu de feltro.

Tocando músicas dos Shadows com Mick Brown e Peter Wilson, 1961.

GAZETTE AND POST, THURSDAY, SEPTEMBER 6, 1962

Two band impact!

TOWN HALL DANCE GALA SWINGS WITH NEW LOOK

SOFT lights, hot music and big names brought about a "spectacular increase in attendance from the usual figure of a hundred-plus to more than 317" at the Gala Ball at the Town Hall on Saturday.

Licence

Acton jazz and jive group, the "Detours," at last found their way to a local booking on Saturday when they were the second band at Saturday's Gala Ball at the Town Hall. Left to right: Roger Daltrey (18), Colin Dawson (19), Peter Townsend (17), Doug Sandom (18), and John Johns (17)

Após o show com a Ron Cavendish Orchestra no Acton Town Hall, em 1º de setembro de 1962, aparecemos no jornal como The Detours Jazz Group.

The Detours, c. 1961. Roger me deixou entrar na banda em dez segundos: "Consegue tocar Mi? Consegue tocar Si? Sabe tocar 'Man of mistery', dos Shadows? E 'Hava Nagila'? Está bem, então. Vejo você no ensaio na casa do Harry".

ACIMA: Foto para a revista *Seventeen* no Blaise's Club, em Londres, final de 1964.

ESQUERDA: Usando meu casaco mod, 1964.

ABAIXO: The High Numbers, 1964. Pete Meaden nos convenceu a gravar com esse nome. "Numbers" era o termo empregado para um subgrupo mod que ficava abaixo dos "faces", líderes da moda.

ABAIXO, À DIREITA: Karen Astley, Richard Barnes (Barney) e Liz Reid no Sid's, 1964.

Dançando no Scene Club, Londres, em 1964, com meu amigo Barney à esquerda. John é o de jaqueta, Keith está à esquerda e Roger em primeiro plano. Entre mim e Roger está Pete Meaden, ainda nosso empresário em 1964.

The Who, em Londres, em foto de Tony Frank para uma revista, 1965. Nesse ano tocamos na Holanda e na Escandinávia, causando arruaça na Dinamarca.

NO ALTO, À ESQUERDA: No Pavilion, em Bath, 10 de outubro de 1966.

NO ALTO, À DIREITA: Karen e eu nos bastidores depois de um show, novembro de 1965.

EMBAIXO: Os empresários do Who, Chris Stamp e Kit Lambert. Eles tinham origens bem diferentes. Chris era filho de um barqueiro do Tâmisa; Kit, de Constant Lambert, diretor musical do Royal Ballet.

CENTRO, À ESQUERDA: The Who e Jimi Hendrix no Saville Theatre, 29 de janeiro de 1967.

ESQUERDA: Com Mick Jagger, antes de nossa quarta participação no *Top of the Pops*, 10 de junho de 1965.

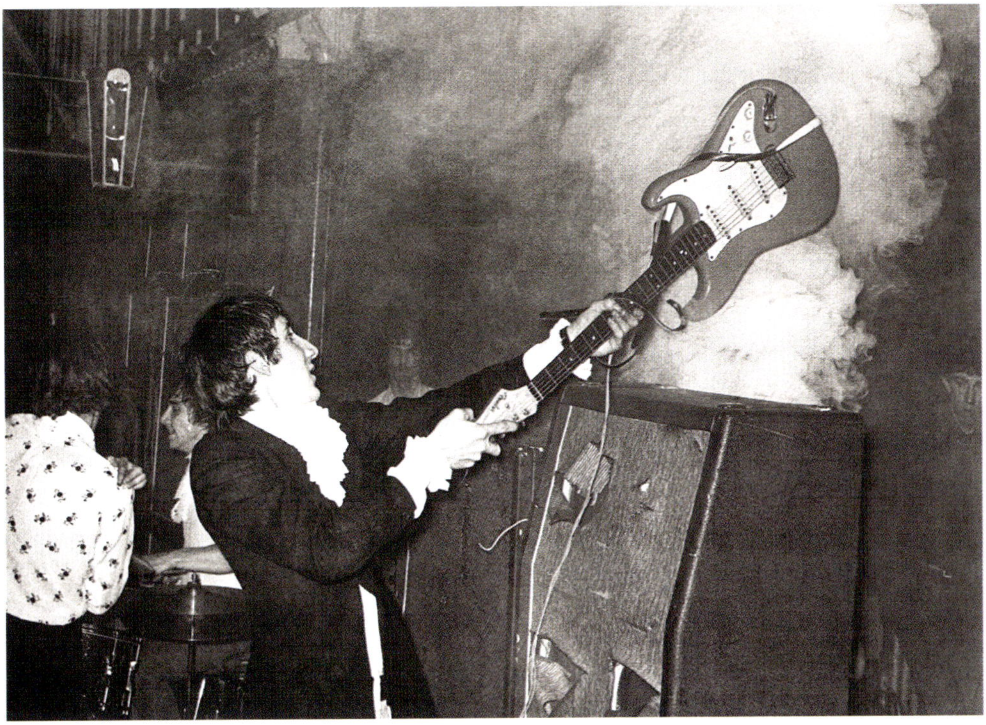

Destruindo uma guitarra, como só eu sabia fazer, no Granby Halls em Leicester, primavera de 1967.

The Who tocando "Happy Jack" na TV, em 1967. Em seguida, John e eu fomos ver Jimmi Hendrix tocar no Bag O'Nails.

Com Keith Moon, 1967.

Rock and Roll Circus, dezembro de 1968. Bebemos conhaque para animar. Ficamos nessa até as quatro da madrugada; até mesmo Marianne, fumando sem parar, parecia acabada no fim das gravações. A partir da esquerda: John, Keith, eu, John Lennon, Yoko, Keith Richards, Mick Jagger, Brian Jones, Bill Wyman, Eric Clapton e Marianne Faithfull.

ESQUERDA: Nosso casamento, em 20 de maio de 1968. Meu padrinho foi Speedy Keen (à esquerda de Karen). Meus pais estão atrás de mim, e meus irmãos, Paul e Simon, na minha frente.

CENTRO, À ESQUERDA: Em meu estúdio na rua Wardour, fingindo ser Guy Stevens.

CENTRO, À DIREITA: O abençoado The Who em foto para a revista *Vogue*, julho de 1969.

ABAIXO: The Who em Woodstock, agosto de 1969.

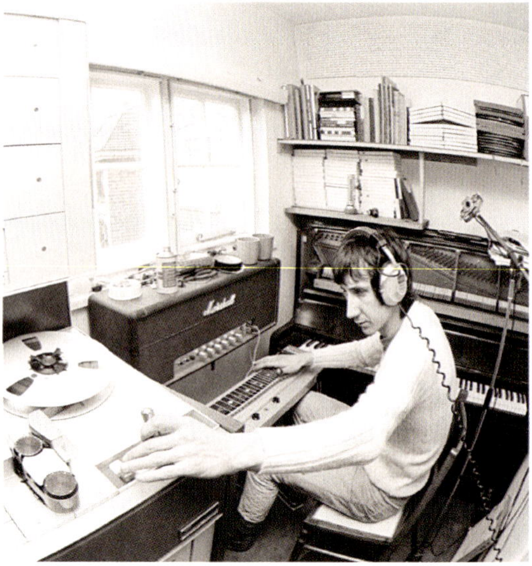

ACIMA: Com Jack Lyons, mais conhecido como Irish Jack, no início dos anos 1970.

ACIMA, À DIREITA: No estúdio de casa, Twickenham, 1969.

À DIREITA: Com mamãe e meus irmãos, Paul e Simon.

ABAIXO: Numa festa com Mike McInnerney em seu jardim, 1970.

À ESQUERDA: A bordo do *Babajan*, 1973. Sempre adorei barcos e o mar, e velejar era como meditar para mim.

À DIREITA: Os excessos do rock 'n' roll. Em 5 de outubro de 1972, Keith Moon e eu, com alguma ajuda, lançamos o carro The Who no rali da Grã-Bretanha de 1973.

ABAIXO: Chris Morphet fotografa Richard Stanley, que fotografa Keith e eu no Belle Vue, em Manchester, na turnê do *Quadrophenia*, novembro de 1973.

NO ALTO, À ESQUERDA: Com Karen, Emma, Minta e Towser, em frente à nossa casa e ao nosso motorhome em Twickenham.

NO ALTO, À DIREITA: Bill Curbishley, empresário do Who, 1972.

ACIMA: Em minha viagem para a Índia, na primavera de 1972, toquei "Drowned" pela primeira vez em público.

NA OUTRA PÁGINA: Tocando no novo Who, no Madison Square Garden, setembro de 1979.

NO ALTO, À ESQUERDA: Minta e Emma em casa, em Twickenham, 1973.

ACIMA: Com Karen, Emma e Minta em Goring, 1971.

À ESQUERDA: Com meu filho Joseph no início dos anos 1990.

À ESQUERDA: Com o touro Sexton. A partir da esquerda: eu, Robert Fox, Ted Hughes e Matthew Evans, 1987.

ACIMA: Chris Stamp (à esquerda) e Nik Cohn, nos escritórios da Track na rua Wardour, setembro de 1971.

NO ALTO, À DIREITA: Lisa Marsh (à direita) com nossa amiga em comum Heather Reilly, 1993.

ACIMA: Conheci Louise Raye no Embassy Club, em 1981, e nunca a venci jogando Scrabble.

À ESQUERDA: No encerramento do Live Aid, em 13 de julho de 1985. A partir da esquerda: David Bowie, Alison Moyet, eu, Bob Geldof e Paul McCartney.

EM SENTIDO HORÁRIO (A PARTIR DA IMAGEM LOGO ACIMA):

Em Osaka, na nossa primeira turnê no Japão, 2004.

Gravando o álbum da nova montagem de *Tommy* com George Martin (sentado) e Des McAnuff (no centro, à direita), 1993.

Rodeado de fãs fora do Beacon Theatre, em Nova York, durante a turnê americana do *Psychoderelict*, 12 de julho de 1993.

Companheiros de luta: Roger e eu em dezembro de 2008.

The Who foi a atração final da cerimônia de encerramento da Olimpíada de Londres, 12 de agosto de 2012.

Com Rachel, c. 2005. Nós nos conhecemos em 1996 e estamos juntos até hoje.

"Nada."

Ele não parecia querer muita conversa, mas, depois de uma longa pausa, continuou. "Eu a construí como um lugar para minha mulher e eu morarmos. Temos nossa casinha, e ela adora aqui, mas eu queria mais luz. Então construí a casa de barcos, planejando fazer os esquifes no andar de baixo. Nós moraríamos no piso de cima. Um dos melhores pontos do rio."

"O que aconteceu?"

"Ela não quis mudar."

"Ah..."

Depois disso, toda vez que via Bill eu puxava o assunto, fingindo estar limpando meu bote de borracha enquanto ele fingia estar preparando extensões de corda e corrente.

"Bill", dizia eu, displicente. "Você acha que algum dia vai vender a casa de barcos?"

"Não."

Um momento depois, eu puxava de novo o assunto.

"Bill, quanto você calcula que vale a casa de barcos?"

"Não tem preço, né?" Ele tirava seu boné de operário, amassava-o, desamassava-o, colocava-o de volta na cabeça, girava-o algumas vezes. "Vista livre do Old Deer Park, vista fabulosa do rio até Syon Reach. Você pode ver rio acima até Richmond Hill, a velha eclusa. Lindo."

"Hummm."

Bill habilmente aguçava meu apetite. Eu não tinha a menor ideia do que poderia fazer com um edifício daquele; nem sequer vira o interior. Também não tinha grana sobrando: meu próprio projeto de construção em Cleeve drenava todo o meu dinheiro.

Um dia, pedi a Bill para me mostrar o lugar. O piso inferior tinha sido projetado com teto bem baixo e destinava-se à construção de esquifes. O piso superior não tinha escadas, tivemos de subir por uma escada portátil. Havia alguns cômodos dispostos de maneira lógica para um apartamento grande e um terraço exageradamente espaçoso com vista para o rio. Era de tirar o fôlego. Mas não passava de uma concha – paredes e pisos de concreto – sem janelas nem ligação elétrica ou hidráulica.

"Eu lhe dou 40 mil libras por ela", ofereci, no encontro seguinte com Bill.

"Não, não quero mesmo vender."

Aumentei minha oferta várias vezes, mas na verdade nunca esperei que Bill a vendesse para mim. Mesmo assim, ele me dava permissão para entrar e olhar a qualquer hora que quisesse e me contou onde escondia a chave da entrada. Certa vez, voltei à casa e fiquei do lado de fora. Peguei uma moeda com a efígie de Meher Baba e a lancei para o ar, cobrindo-a quando ela aterrissou.

"Baba", disse eu. "Se você quiser essa casa para o seu trabalho, eu tentarei comprá-la."

Olhei para a moeda. Era cara. Lancei-a de novo e mais uma vez. Toda vez dava cara. Na manhã seguinte, caminhei pela passarela de pedestres da ilha de Eel Pie.

"Bill", disse decidido, "quero comprar a casa de barcos. Eu lhe darei 75 mil libras por ela. Se você não aceitar, nunca mais falarei nisso."

"É", disse ele, exatamente com a mesma entonação categórica com que até então vinha recusando as ofertas. "Então eu vendo."

Minha ideia era converter a casa de barcos no Meher Baba Oceanic Center, que combinaria local de encontro e pernoite para seguidores de Baba e estúdios de gravação, dublagem e edição de filmes, além de um cinema. Mani, a irmã de Meher Baba, foi encorajadora, mas me alertou que quando Baba fechou os centros que foram abertos em seu nome, eles subitamente desabaram. Adi K. Irani, que trabalhara como secretário de Meher Baba durante muitos anos, tinha um senso de humor espirituoso e parecia conhecer meu caráter. Sua abordagem para mim era apropriada. "Peter Townshend", dizia ele sempre que me via, os braços estendidos. "Onde está você, o que é você, quem é você?"

Como dizia meu herói cômico Spike Milligan, primeiro as perguntas difíceis.

Recebíamos muitos artigos, livros e fotos autografados, todos destinados a decorar o Oceanic Center, quando inaugurado. Eu me concentraria em produzir filmes para o centro, porque Meher Baba havia dito que eles seriam a principal fonte de inspiração espiritual no futuro. Comecei a enviar convites – para Barney, Ronnie Lane e tia Trilby, a quem eu tanto devia.

Logo depois da inauguração do Oceanic Center, Ronnie decidiu que não trabalharia mais com Rod Stewart no Faces. Ele saiu da banda, imediatamente enfrentou problemas financeiros e me pediu para produzir um disco para ele. Sugeri que fizéssemos um disco juntos, em paralelo, e convidássemos Glyn para produzir, o qual concordou. Bill Curbishley preparou um contrato para nós. O disco não tinha nada a ver com nosso compromisso mútuo com Meher Baba; queríamos apenas entrar no estúdio e ver o que acontecia.

Eu sabia que a música não tomaria muito tempo para ser gravada e que eu gostaria dela; Ronnie era meu melhor amigo na época.

A etapa-relâmpago da turnê norte-americana teve início em agosto de 1976, em Maryland. Eu tinha voltado a enfiar o pé na jaca nas festividades da semana de abertura do Meher Baba Oceanic Center. Quando tocamos em Miami, enfrentei o show sóbrio, mas depois tomei uma garrafa inteira de Rémy Martin enquanto conversava com o jornalista e amigo de copo Chris Charlesworth, que viera me parabenizar. Eu estava bem filosófico. Pela primeira vez em anos, o show tivera bilheteria ruim, e eu disse a Chris que tocamos para pessoas que não estavam lá.

Os andamentos de Keith estavam instáveis, e parte de seus solos mais ambiciosos de bateria falhavam, mas ele conseguiu tocar bem. Foi um choque descobrir que ele desmaiou no hotel depois do show e teve de ficar oito dias hospitalizado. Mas Keith voltou, misturando uma garrafa de Rémy por dia com sua medicação.

Angustiado por Keith, que tinha sido tão bom comigo quando precisei, perguntei a Meg Patterson se ela podia ajudá-lo a tratar dos efeitos da abstinência, como havia feito com Eric. Depois da turnê, Meg apresentou Keith a seu marido George, cuja ideia de aconselhamento era chamar a atenção do viciado em recuperação para Jesus. Keith se tornou para George – em muitos aspectos um homem sincero e brilhante – um feliz desafio. Primeiro, conseguiu convencer George que ele, Keith, estava possuído por duas entidades demoníacas, o sr. e a sra. Patel. Imediatamente matei a charada travessa: Keith cresceu em Wembley, em um bairro onde quase toda família indiana era chamada Patel. George não se deixava enganar facilmente, mas Keith era muito mais esperto que ele.

Roger exigia maior poder de decisão sobre aquilo que cantava. Seu recente e bem-sucedido trabalho solo deu-lhe um novo nível de confiança e expressividade como artista, e, embora nem sempre escrevesse em parceria com os compositores em seus discos solo, ele sempre estava cheio de ideias e era ouvido. Assim, tornou-se muito mais criterioso e seletivo com relação ao que queria cantar com o Who. Não havia mais um Stamp ou Lambert para bajulá-lo e convencê-lo a confiar em meu processo, o que significava uma mudança: se antes eu passava três meses compondo canções para um novo álbum, naquele momento precisava de cerca de um ano, como havia acontecido em *Quadrophenia*.

Durante a calmaria de setembro de nossa turnê norte-americana, antes da etapa final em outubro, encomendei de W. Bates & Son, em Chertsey, a finalização do *Ahmednagar Queen*, um barco a motor de 47 pés parcialmente construído. Era de madeira, discreto, com uma "ponte superior" removível para que pudesse passar sob pontes baixas até as áreas mais altas do Tâmisa. Eu queria o barco perto de minha nova casa em Cleeve, bem como na Cornualha no verão quando eu já esperava tê-lo pronto a tempo para passar férias lá, com Karen e a família.

Enquanto aguardava, comprei um pequeno barco a vela para treinar, e velejei de Falmouth, na foz do rio Fal, até St. Mawes com tempo ruim. A viagem de cerca de três quilômetros e meio me pareceu na época como a travessia do Atlântico. Mamãe e papai juntaram-se a nós por alguns dias, e levei papai para velejar. Ele achava difícil se mover pelo minúsculo barco quando manobrávamos e escorregou algumas vezes; pela primeira vez, percebi que estava ficando velho. Ele tinha apenas sessenta anos.

Em compensação, meu sogro, Ted Astley, tinha alguma experiência; assim, quando saíamos juntos, velejávamos na parte mais larga do próprio rio Fal. E eu era o passageiro incomodado com Ted no leme. Ele era um navegador determinado enfrentando o vento sempre que podia; em grande parte do tempo no barco com ele, eu ficava molhado e sentia frio, mas aprendi a velejar.

A turnê norte-americana The Who by Numbers tinha uma última etapa final. Joan Baez assistiu a um show, e, como seu fã no tempo da academia de arte, eu quis saber a opinião dela sobre nós. Ela fez só um comentário: "Estava muito alto". Senti vontade de dizer que ela falava como uma freira, mas tive juízo. Meu amigo, o fotógrafo Jim Marshall, de São Francisco, me contou naquele dia que era e sempre tinha sido apaixonado por ela. Eu sabia bem como era isso. Quando ouvi Joan Baez pela primeira vez, em 1962, foi ao lado de Howlin' Wolf e Muddy Waters, antes de Dylan, e ela fez o seu próprio show. Era uma mulher bonita, forte, talentosa, com atitude e inteligência. E se ela disse aquilo sobre nós, então tocávamos mesmo muito alto.

Keith parecia em forma de novo e tocou de modo brilhante. As críticas eram boas e a atmosfera, maravilhosa. Roger tinha um ar "woodstockiano", com sua jaqueta de franja e seu cabelo comprido. John tocava de modo assombroso, apresentando um conjunto inteiro de novos truques que ele obviamente passara o verão praticando. Seu habitual guarda-costas, Mick Bratby, não o acompanhou nessa viagem – havia um boato de que Mick tivera um romance secreto com a esposa de John, depois de revelar a ela segredos sobre as escapadas do marido nas excursões.

O último show da turnê, em outubro, no Maple Leaf Gardens, Toronto, foi um triunfo: ficamos admirados com nossa recuperação. John e eu concordamos que raramente havíamos tocado melhor. Em uma festa depois do show, providenciada por nossa equipe, dancei com uma garota estonteante e levei-a comigo para o hotel. O sexo foi puramente carnal: delicioso e básico. Eu estava confortável comigo mesmo. Era um cara durão, um roqueiro, andando orgulhoso pelo aeroporto no dia seguinte em botas Frye de salto alto que me deixavam com um metro e noventa de altura. Minha jaqueta de hóquei no gelo do Maple Leaf Gardens me conferia o tórax de um jogador de futebol americano. Nunca me senti tão onipotente.

Mesmo assim estava receoso de voltar para casa. Não conseguiria enfrentar o que eu imaginava estar me esperando – pilhas de solicitações de donativos, cartas suplicantes de músicos principiantes, seguidores de Meher Baba reclamando do tratamento que recebiam no Oceanic Center ou esperando que eu financiasse seus vários projetos. Havia uma pressão enorme para dar entrevistas, mas, se o fizesse, receava dizer algo que pudesse abalar o novo equilíbrio do Who. E Karen? Veria a culpa em meus olhos?

Claro que eu mesmo me voltava ao fracasso; jamais seria o tipo certo de seguidor de Meher Baba, não se continuasse a trabalhar com rock. No entanto, o rock era o universo em que eu estava destinado a estar: era minha praia, fosse qual fosse a lição espiritual que eu fora colocado no planeta para aprender.

A gravação de *Rough mix* com Ronnie é agora uma vaga lembrança, mas me recordo de alguns momentos especiais. Toquei guitarra ao vivo pela primeira vez com uma grande orquestra de cordas, com regência e arranjos de meu sogro Ted Astley, em "Street in the city". Fiquei surpreso com o respeito demonstrado a mim pelos músicos da orquestra. Tocar com Charlie Watts em "My baby gives it away" também foi muito legal, fazendo-me perceber que seu estilo de influência jazzística era essencial ao sucesso dos Stones – o chimbal sempre puxando um pouco a batida para criar aquele balanço vital.

Conhecer John Bundrick (Rabbit) também foi um acontecimento importante em minha trajetória de músico. Um dia, ele apareceu no estúdio durante as gravações de *Rough mix* procurando trabalho. Ali estava um tecladista de Hammond que tinha trabalhado com Bob Marley e tocava tão bem quanto Billy Preston. Fora do palco podia ser imprudente e impulsivo, bebendo demais, pedindo drogas e contando casos malucos, mas não era sempre que surgiam músicos de seu calibre.

Os críticos pareceram surpresos por Ronnie Lane e eu não termos sido parceiros de composição. Como nunca havia composto uma canção em parceria em toda a minha carreira até aquele ponto, estranhei essa reação da crítica. Ronnie jamais disse que esperava minha ajuda na composição, embora mais tarde manifestasse desapontamento por não termos nem sequer tentado. Nos últimos dias das gravações, Ronnie e eu brigamos, não sei por quê. Eu adorava Ronnie, mas não estava muito contente comigo mesmo, e, sem dúvida, isso transpareceu. Em um esforço para explicar minha atitude negativa, cometi o erro de confessar que havia traído Karen.

"Por quê?", disse ele, furioso. "Você quer acabar com ela?"

Fiquei atordoado. Eu esperava compreensão.

"O que quer dizer?"

"Você não vê que está tentando afastá-la?"

Ronnie frequentemente tinha razão e estava sempre pronto a me dizer a verdade como ele a via, assim como meu amigo Barney, mas aquilo me fez explodir. Investi contra ele, empurrando-o com força direto nos dois ombros. Ronnie voou como se fosse de papel e quase esmagou a cabeça em um degrau de concreto ao pé de uma escada. Eu podia tê-lo matado. No princípio, achei que não conhecia minha própria força, mas depois descobri que Ronnie estava manifestando os primeiros sintomas de esclerose múltipla.

* * *

Ronnie e eu fomos entrevistados sobre o álbum *Rough mix* no programa de TV da BBC *The Old Grey Whistle Test*. Enquanto eu procurava ser engraçado, tentando colocar Ronnie como "escada" para minhas piadas, ele queria falar sério sobre o disco. Eu parecia infantil e quase desdenhoso sobre o que tínhamos feito juntos, colocando em questão o futuro do Who, muito embora naquele momento não houvesse futuro algum.

O tempo que passei com Ronnie Lane trabalhando em *Rough mix* me mostrou que mesmo alguém que eu considerava um grande amigo podia me provocar para brigar, algo que fazia estando bem ou mal. Quando perdia a paciência, isso era tudo o que eu sabia fazer.

Mas à medida que o clima outonal suavemente anunciava o fim do ano, um tempo que sempre amei, caí em estado melancólico. Eu estava ouvindo *Ommadawn,* de Mike Oldfield, e a canção "On horseback" me tocou profundamente, reconectando-me com uma Inglaterra que outrora conhecera. Escutei a música inúmeras vezes. Ela tinha despertado algo em mim, e escrevi um bilhete para Mike, ao qual ele respondeu, oferecendo uma garrafa de Guinness se algum dia eu visitasse as Cotswolds.

Meu humor nostálgico se evaporou no dia 17 de dezembro de 1976, ao ler um telex do advogado de Keith, Michael Rosenfeld. Keith inquietava-se com os assuntos fiscais da banda: tudo vinha sendo organizado para se adequar aos outros três membros, que haviam optado por continuar vivendo no Reino Unido. Deve ter sido frustrante para Keith faturar em turnê com a banda nos Estados Unidos e ver o dinheiro regressar ao Reino Unido para ser taxado e reduzido a pó, mas, do modo como organizamos as coisas, ele ainda era um empregado do Ramport.

Keith queria morar em Malibu. Não havia nada de errado com isso, mas de repente consegui perceber que aquilo que me perturbara por tanto tempo estava então devorando Keith. Uma banda de rock com quatro jovens da mesma idade parece ser uma cooperativa, em que as decisões são tomadas em reuniões regulares, com regras simples de votação. Mas uma banda não é uma associação unificada; é uma fusão incômoda, às vezes competitiva, de caras com ambições divergentes que concordaram em tocar música juntos.

Uma exceção era o Grateful Dead, com quem fizemos dois shows em Oakland; disseram-me que sua velha equipe de turnê recebia uma cota dos direitos autorais dos shows igual à dos membros da banda. Tínhamos sido generosos com nossos colaboradores, mas nunca fomos tão longe. Quando conversávamos a respeito disso, não conseguíamos chegar a um acordo.

Queen, Springsteen, AC/DC – todos encontraram maneiras de sufocar a luta interna e o conflito que o Who também enfrentava. Cheguei mesmo a crer que nossos fãs aumentavam com nossas discussões e tendi a dramatizá-las nas entrevistas. Roger sempre mordia a isca, e, embora não houvesse nenhuma guerra de verdade no interior da banda, tínhamos nossa cota de problemas: financeiros, porque nossos acompanhantes apenas se sentiam parte de nossa vida quando estávamos em turnê; sociais, porque Keith constantemente estava voltando ou indo para Los Angeles; e musicais, porque nada de novo acontecia – e nem Roger nem eu tínhamos uma resposta fácil para isso.

O punk rock foi um tsunami que ameaçou nos afogar em 1977. Dava para vê-lo nas ruas, ouvi-lo nos clubes e até sentir seu cheiro no ar. Saudei sua chegada como uma força regeneradora na música, ainda que bem consciente de seu potencial de transformar o Who e toda a nossa geração em dinossauros do rock. Certamente nos deu uma razão convincente para nos livrar da estagnação e apresentar algo novo.

O punk estava agora estabelecido em Londres, e Keith chegava ao 100 Club ou ao Vortex como Elizabeth Taylor saindo de seu Rolls-Royce. Ele fazia sucesso no bar, pagando bebida para garotos que usavam maquiagem nos olhos e alfinetes nas roupas. Eram principalmente pirralhos de classe média fingindo ser durões. Eles ameaçaram Keith, que riu deles e os convidou para dar uma volta em seu carro. Eu não fui tão corajoso. Saí com ele uma noite e conheci Billy Idol. Achei-o bem assustador, e ele me fez desejar também fingir que era durão.

Mas quaisquer pretensões que eu pudesse ter de me tornar um punk logo desmoronaram quando fui chamado a Nova York por Aaron Schecter, meu contador, que cuidava da Track Music, Inc., o braço norte-americano de minha editora de música do Reino Unido. Havia um assunto de grande urgência a tratar. Sem me explicar o que estava fazendo, ou por que, ele me acompanhou de meu hotel até uma enorme agência bancária.

"Entre", disse.

"Por quê?", perguntei, confuso.

"Apenas entre." Entrei e me aproximei de um dos caixas, ocupado por uma moça bonita.

"Bom dia, senhor Townshend", disse ela.

Uau! Babei. Um banco cheio de fãs do Who!

"Perdoe-me, senhor Townshend", disse ela, corrigindo-me. "Não sou uma fã do Who. Gostaria de informações sobre sua conta?"

"Eu não tenho uma conta."

"Senhor Townshend, mantemos aqui várias contas de indivíduos que o banco considera importantes o bastante para lembrarmos de seus nomes e rosto. O senhor é um desses."

"Está certo, então", disse eu. "Posso ter detalhes de minha conta? Qual é o saldo?"

A garota mexeu aqui e ali a esmo, por alguns instantes.

"O senhor tem um milhão e 300 mil dólares em depósito a juros altos e resgate imediato, e mais 50 mil dólares em sua conta principal. O senhor gostaria de fazer um saque?"

"Não, obrigado." Eu nunca tinha visto um milhão em nenhuma moeda corrente, além da lira italiana, em toda a minha vida.

Aaron se pôs a meu lado junto à mesa. "Pergunte a você mesmo, Pete", disse ele, "por que você não sabia que seu dinheiro estava aqui?"

Em seguida, ele escapuliu. Quando saía do banco, trombei com Annie Leibowitz.

"Oi, Annie", murmurei. "Tire uma foto minha. Estou rico."

Quando retornei a Londres, fui direto ao encontro de David Platz, meu sócio editorial e gerente da Fabulous Music. Reclamei que meus direitos autorais estavam sendo mantidos em um banco em Nova York, em meu nome. O mesmo banco era usado por Kit Lambert e Chris Stamp para a Track Records e a New Ikon nos Estados Unidos, e eu suspeitava de que pudesse haver alguma tramoia. Eu considerava David Platz responsável. Ele me disse que estava ciente do problema e já pedira a seu amigo Allen Klein para cuidar dele.

Eu estava atordoado, mas David garantiu que o dinheiro viria para mim muito em breve. Logo depois, fui chamado para uma reunião no escritório de David Platz com Chris Stamp e meu advogado, Sam Sylvester, para falar com Allen Klein. "Isso devia ser um negócio simples", disse eu, quando cheguei para o chá das dez horas. "Direitos autorais que me cabem foram encontrados em uma conta bancária em Nova York, e eles precisam ser desembolsados."

David olhou para mim sem expressão. *Você me encarregou de esclarecer isso*, disseram seus olhos. *Isso não vai ser simples*. Chris explicou. "Em seu nome, David alegou ação ilegal. Kit, Pete Kameron e eu fomos citados. Nessas circunstâncias, Allen pode congelar o dinheiro em questão em seu nome, em lugar de um processo legal ou de um acordo."

Klein adicionou uma entorpecida nota de rodapé. "Por um período ilimitado de tempo."

Pedi para falar em particular com Sam. Ele confirmou tudo isso.

"Então o que Allen quer?", perguntei. "Um honorário gigante?"

"Duvido que ele se conforme com um honorário", respondeu Sam, ponderado.

Klein, como se evidenciou, somente acertaria a bagunça se recebesse uma porcentagem de toda a minha renda futura com publicação, e do dinheiro que ele estava retendo. Embora ele estivesse legalmente dentro de seus direitos ao reter fundos que havia sequestrado, considerei essa demanda como chantagem e não concordei.

Tomamos mais chá, café, sanduíches para almoço, mais chá, mais café. Klein entrava e saía da sala como o cuco de um relógio suíço, a cada vez com um novo conjunto de cálculos. Sam tinha dificuldade para acompanhar as cifras. Eu estava perdido. O truque de Klein era desenvolver porcentagens de porcentagens para adicionar peso a qualquer proposta particular. "Se você me der dez por cento, e David e Chris aceitarem uma redução de cinco por cento respectivamente, eles perdem apenas dois por cento de sua cota da renda líquida, e você ganha vinte da renda bruta."

A reunião continuou até a noite. Nunca me senti tão estúpido. A matemática estava além de mim, mesmo em seu nível mais básico. Fiquei abatido à medida que o dia passava lentamente, mas Klein, em comparação, ficava cada vez mais alerta. Ele se fortalecia nesse tipo de encontro.

Às oito horas daquela noite chegou-se a um acordo. David e Chris, agindo também por Kit nessa reunião, pagariam a Klein a comissão que ele exigia a fim de liberar o dinheiro. Eles também reduziriam mais sua parte para me dar um aumento.

"Obrigado por fazer isso, Chris. Mas o que Kit vai achar?"

"Ele vai ficar doido", respondeu Chris. "Vamos sair e tomar um drinque."

E assim fizemos. Fomos ao Speakeasy, onde conheci dois dos integrantes do Sex Pistols e comecei a pregar para eles, furioso, a respeito de dinheiro. Até o final da noite, achei que Paul Cook, o baterista, era Johnny Rotten. Eu nem estava tão bêbado assim, apenas com raiva de nossa submissão a Klein. Devia ter ido para casa. Quando finalmente entrei em minha grande limusine, Tom Jones e o comediante Jimmy Tarbuck estacionaram ao lado, em um Rolls-Royce.

"Tem gatinhas aí?" Pareciam esperançosos.

"Não", respondi. "Só alguns cadáveres."

"Who are you" foi composta no dia seguinte e refletia o apuro em que eu estava. De volta a meu estúdio, eu compunha canções sobre música, canções sobre canções e canções sobre turnês: "Music must change", "New song", "No road romance" e "Sister disco". Mas, com 1 milhão de libras a mais em minhas posses, resolvi parar de excursionar com o Who e velejar pela Cornualha no *Ahmednagar Queen* com meus pais. Abri uma editora de livros, a Eel Pie Books, com Matthew Price, e, com Delia DeLeon, abri uma livraria em Richmond, chamada Magic Bus, onde vendíamos o livro que Barney e eu organizamos, *The story of Tommy*. Em Shepperton, constituí uma empresa de aluguel de equipamentos para pequenos shows, preenchendo uma lacuna entre as companhias de ponta do rock.

Depois do milagre das demos, gravar o álbum *Who are you* não foi nada divertido. Eu me orgulhava demais de minhas novas canções, mas Roger achou que algumas estavam produzidas demais. Ele não brigou comigo por causa disso, mas chegou a esmurrar o nariz de Glyn Johns, então meu cunhado Jon Astley assumiu. Jon adorava meu trabalho da época e foi muito encorajador. Em uma das sessões de gravação, Keith elaborou mais o suingue jazzístico 6/8 de "Music must change". Quando propus tirar a canção do disco, Keith ressuscitou. Ficou de pé, as baquetas no ar.

"Eu posso fazer tercinas jazzísticas! Eu chafurdei na sarjeta com Phil Seamen." (Seamen, o lendário baterista de jazz britânico, havia morrido alguns anos antes, dependente de heroína e álcool.)

Keith delirava em sua grandiosa rotina de Príncipe Herdeiro Moon, o Lunático.

"Eu sou o melhor..."

Ele buscou o meu olhar. Olhei para ele, triste. Keith hesitou por uma fração de segundo antes de continuar.

"Eu sou o melhor..." Outra pausa para reflexão, "... baterista tipo Keith Moon do mundo!"

Não havia como questionar isso.

Levei minha família para nossa nova casa, em Cleeve, para o Natal de 1977. Os Astleys, pais de Karen, moravam pouco acima do Tâmisa. Qualquer um sentado à mesa no jantar teria notado Karen aborrecida comigo. Ela falou com entusiasmo sobre o curso de pedagogia que estava fazendo, mas, quando me perguntaram sobre meu trabalho e meus planos para o futuro e comecei a tagalerar, seu rosto se contraiu. A expressão dizia que ela já tinha ouvido tudo isso antes.

Jon, o irmão de Karen, trabalhava comigo no estúdio e sabia dos acontecimentos – as falhas de Keith e suas consequências sobre o processo de gravação. Todos sabiam. Meus olhos passaram de um rosto para o outro em volta da mesa, tentando adivinhar se a família de Karen podia dizer algo que me ajudasse a sentir que eu estava no caminho certo – assumir a nova casa em Cleeve e o Meher Baba Oceanic Center, e tentar ajudar Keith, recusando-me a viajar até que ele parasse de beber.

Rabbit também sofria com o álcool: em um ensaio experimental do Who, em março de 1978, Rabbit, seu brilho musical evidente para todos, ficou tão bêbado que se atirou de um táxi em movimento para não pagar a corrida. Ele quebrou o pulso, e alguns propuseram que shows de teste fossem abandonados. Fiquei transtornado porque os ensaios tinham sido muito empolgantes.

Rabbit era fiel a seu nome, um tecladista rápido, em minha opinião. Ele trouxe à vida novas canções complicadas como "Music must change" e "Sister disco" e nos poupou de usar *stage tapes*. Seus solos no teclado Hammond e no piano eram frequentemente alucinantes. No entanto, por pior que Rabbit se comportasse, Keith ainda era minha principal preocupação. Nesses ensaios, que filmamos, ele estava alegre como sempre, mas passei muito tempo tentando colocá-lo na linha.

Uma noite, Keith convidou Rabbit e eu para uma pequena reunião na casa de Keith Richards, em Chelsea. Mick estava lá com Carinthia West, velha amiga minha que conheci com Mike e Katie McInnerny. Ela era alta e bonita, a única mulher presente. Enquanto Mick e Keith tocavam velhos discos de R&B e eu ficava de gozação com Eric Idle e Ahmet Ertegun (fundador e diretor da Atlantic Records), Rabbit concluiu que nunca seria um astro do rock importante o bastante para atrair mulheres como Carinthia – e por isso tentou se afogar em uma banheira cheia de água. Depois, saltou de uma janela do segundo andar como um elfo e correu rua abaixo sem camisa.

Jeff Stein estava fazendo um filme biográfico sobre o Who, *The kids are alright*, composto principalmente de clipes extraídos de nossos shows e apresentações na TV. Eu tinha ouvido histórias de que Keith inventara um projeto de filme com Jeff, em Los Angeles. O comediante Steve Martin e Ringo tinham sido selecionados para cenas cômicas parcialmente escritas. Keith ainda viajava constantemente para Malibu. Em uma importante reunião de contabilidade da banda, ele chegou muito tarde, frenético como um vendaval, direto do aeroporto.

"Trago notícias de Hollywood!"

Ele havia passado a usar um enorme casaco de pele, como o que Kit costumava vestir. Sentou-se, livrou-se do casaco, espalhou cópias dos contratos no chão e juntou as mãos como se estivesse em oração. Seus olhos eram escuros e penetrantes sob as grossas sobrancelhas pretas.

"Eu falei com Cubby Broccoli" – o produtor executivo dos filmes de James Bond – "que concordou em me lançar como o próximo James Bond. Será uma comédia, claro."

"Onde você encontrou Cubby Broccoli?", perguntei.

"No mesmo restaurante em Beverly Hills onde encontrei Mel Brooks", contou, orgulhoso. E continuou ainda mais orgulhoso, "o senhor Brooks me deu os direitos teatrais de *Primavera para Hitler*".

"Você quer dizer que conseguiu os direitos de *Os produtores*", corrigi.

"Não." Keith olhou para mim como se eu fosse uma criança idiota. "*Primavera para Hitler* mesmo, a peça dentro da peça, a história dentro da história."

"Ah", murmurei. "E James Bond como comédia?"

Keith passou a descrever um conceito que não era diferente daquele mais tarde levado às telas por Mike Meyers, na série *Austin Powers*. Era convincente. Era engraçado. E era absurdo, claro.

No entanto, era claramente importante para Keith, e para nós, como seus amigos, sentir que ele pudesse construir outra vida. Talvez ele realmente pudesse ser útil estabelecendo contatos em Hollywood para a Who Films Ltd., nossa nova companhia. Musicalmente, sua maneira de tocar bateria estava ficando tão irregular a ponto de inviabilizar as gravações, tanto que o trabalho na gravação de *Who are you* tinha sido adiado. Keith foi a público informar que a gravação havia sido prematuramente interrompida por sua condição. Tínhamos quase o número suficiente de faixas para um disco, com muito pouco material adicional de reserva. "Music must change" foi concluída com batidas de pés substituindo a bateria.

O filme de Jeff Stein sobre o Who estava quase concluído, e ele queria um show em cartaz do Who para incluir em *The kids are alright*. Ele me pôs sob pressão implacável. Fiquei aterrorizado por pensar que Keith não conseguiria esconder no palco seu estado, mas concordei.

O show, uma pequena apresentação no Kilburn State Cinema, foi apavorante. Estávamos todos sem prática. Era difícil conduzir Keith, e fiquei irritado muito depressa. Não era culpa de Keith, ele estava quase morto graças a um esgotamento relacionado ao álcool e aos sedativos que vinha tomando. Houve alguns protestos dos punks na plateia, e respondi com uma provocação.

"Se algum de vocês, seus merdinhas, quiser vir aqui tentar levar minha guitarra embora, pode tentar!"

Eu achava que a plateia estava cheia de punks à espera de nossa queda, e, em minha visão daquele dia, foi justamente o que aconteceu.

Depois de nossa péssima apresentação, Jeff Stein nos convenceu a fazer uma segunda filmagem, que seria mais cara e bem produzida, em que teríamos de tocar algumas canções escolhidas, como "Baba O'Riley" e "Won't get fooled again" diante de uma plateia convidada de fãs do Who. A filmagem foi organizada no maior palco de Shepperton. Keith estava de bom humor, mas inchado e incapaz: ele achou cansativas as repetidas tomadas, enquanto o restante de nós tinha adrenalina para continuar. Os fones de ouvido não paravam na orelha de Keith, e foi preciso colocá-los na cabeça dele com fita adesiva preta.

Trabalhei duro, pulando de um lado para o outro do palco. Na hora, eu só queria que Jeff voltasse para Nova York e me deixasse em paz, mas me lembro com carinho daquele dia. Reunir nossos fãs foi algo especial. O cineasta Tony Richardson me apresentou a Nic Roeg, que tinha dirigido o extraordinário filme de Mick Jagger, *Performance*. Conversamos um pouco sobre cinema e o modo como as canções pop e rock vinham sendo usadas em filmes. A atmosfera naquele dia era alegre e cordial.

Meu desencanto com o Who crescia naquele momento – principalmente por causa das dificuldades com Keith. Como ele, eu estava tentando construir outra vida. Juntei uns dez projetos importantes e permiti que várias outras pessoas me arrastassem para os seus próprios projetos. Livros, lojas, estúdios, uma gravadora, aluguel de equipamento, a retomada de *Lifehouse*, uma exposição no Institute of Contemporary Arts, contrato para disco solo, filmes e outras coisas mais.

Ao final do verão, o LP e o single *Who are you* vendiam bem sem nenhuma turnê de apoio, tínhamos assinado um contrato de filmagem para *Quadrophenia*, Melvyn Bragg me havia encomendado o desenvolvimento de um roteiro para televisão chamado *Fish Shop*, e Cameron Mackintosh, que mais tarde produziria *Cats*, levou-me a Hornchurch para assistir a uma produção de *Tommy* com um coro escolar.

Keith veio a Londres para participar da abertura da "Who Exhibition", no Institute of Contemporary Arts. Ele estava em excelente forma: amistoso com nossos fãs, solícito, gentil, elegante e simpático. Parecia mais feliz. Conheci meu herói, o artista pop Peter Blake, e foi um alívio descobrir que ele também – em companhia do cantor new wave Ian Dury – era propenso a tomar poucos drinques, mas muitas vezes.

Em agosto, fiz uma tentativa séria de entrar em contato com Keith em Malibu, quando estive por ali tocando piano em uma gravação com Rick Danko e Eric Clapton, que estavam trabalhando com Bob Dylan. Rick Danko, baixista e cantor de The Band, tomou para si a tarefa de me ensinar como tocar piano ao estilo Nova Orleans. Isso requer que o balanço da mão esquerda, uma sequência ondulante dos graves com uma espécie de floreio interno, seja sincopado a um balanço totalmente diferente e mais persistente na mão direita. Tocar as duas juntas é uma proeza que exige suspensão de toda a coordenação rítmica normal, e você fará um som como o do dr. John. Tocá-las em separado pode resultar em algo parecido com o pianista bêbado de minha infância, cuja mão esquerda tinha alma própria.

Em Malibu, Keith pegava pesado na bebida, e eu não conseguia acompanhar. Em vez de ajudá-lo, tentei segui-lo e quase esqueci a razão de minha visita. Mas algo que eu havia dito o tocou: queríamos que ele voltasse para casa, todos nós. Quando retornei a Londres, Keith ligou para perguntar se eu alugaria para ele o apartamento de Harry Nilsson, em frente ao Playboy Club; ele queria voltar para casa, mas estava sem dinheiro. Falei com Harry, que concordou, mas me revelou uma preocupação. O lugar era amaldiçoado. Mama Cass tinha morrido no apartamento. Garanti a ele que um raio nunca cairia duas vezes no mesmo lugar.

Bill Wyman morava no mesmo bloco e, valentemente, tentou vigiar Keith. Uma noite, Bill Wyman e Spyros Niarchos, filho do magnata armador grego Stavros Niarchos, combinaram de encontrá-lo no apartamento no terceiro andar e tomar alguns drinques. Keith, em uma tradição do rock que ele mesmo pode ter inaugurado, contratara seu próprio cuidador e o instruíra a impedir que fugisse. Mas, depois, ele se pôs a provar que não podia ser contido. Quando estava na metade de um drinque com os amigos, caminhou devagar até a janela, abriu-a e – ao que tudo indica sem pensar em nada – simplesmente saltou para fora.

Bill e Spyros correram para a janela e viram Keith caído de costas sobre vários colchões que ele previamente empilhara na rua. Ele se levantou, sacudiu a poeira e gritou para seus atônitos espectadores: "Vejo vocês no Playboy Club. Para mim, um suco de laranja".

Na época, Keith manipulava os médicos para gerar confusão e conseguir o máximo de medicamentos que podia, especialmente para aliviar os sintomas de abstinência do álcool, mas parecia decidido a manter-se sóbrio, pelo menos. Ele me ligava quase todo dia, quase sempre por volta de meia-noite, para dizer que me amava.

Em setembro de 1978, Roger ligou para meu estúdio. Foi sucinto.

"Ele fez."

* * *

Em toda a minha vida, não tenho sido capaz de sentir muita emoção quando morre alguém próximo. É um terrível defeito que me faz parecer insensível. Estou certo de que é meu jeito estranho de reagir. No caso de Keith, minha reação foi imediata e completamente irracional, beirando a insanidade. Em vez de deixar o Who desaparecer aos poucos e seguir a carreira solo que havia começado em *Rough mix*, com Ronnie Lane, confundi a todos. Surpreendi até a mim mesmo quando marquei uma reunião com Roger e o pressionei a juntar-se a mim para começar uma turnê. John ainda estava em choque, mas preparado para juntar-se a nós.

Essa ideia era loucura. Entre outras coisas, eu estava seriamente preocupado com minha audição. Ouvia passarinhos cantando o tempo todo, noite e dia. Era o começo do zumbido. Mas a verdadeira loucura de convencer Roger e John a juntarem-se a mim em um novo Who, com um novo baterista, era que eu já havia começado uma nova vida na qual nunca mais viajaria com uma banda.

As emoções incrivelmente intensas em torno da morte de Keith me fizeram perder toda lógica. Eu me convencera de que tudo estaria bem se apenas pudéssemos tocar, fazer shows e viajar. Agora vejo que, embora tivesse por muito tempo me preocupado com a possibilidade de Keith morrer, jamais acreditei realmente que isso aconteceria. Fui abalado nas bases, e minha cabeça pirou.

Sem pesar, eu tinha de encontrar uma maneira diferente de lidar com minha perda. Talvez fosse uma forma de resistência. Keith era um pé no saco, mas também uma alegria constante. Assim que se foi, algo insubstituível pairou na magnífica sala da diretoria em Shepperton. O casaco de pele, a megalomania, as visões de Cubby Broccoli e Mel Brooks. Estava faltando algo também no Ramport Studios. Tudo o que restava era uma sensação de seu fantasma, tocando a bateria, rindo enquanto executava "Who are you" com seus fones de ouvido em chamas.

O prédio agora é um consultório médico. Muito apropriado.[19]

[19] O médico de Keith, Geoffrey Dymond, sem saber de sua história de abuso de sedativos com receita, deu a ele um frasco com cem comprimidos para aliviar os sintomas de sua abstinência de álcool. Keith tomou 32 deles.

* * *

No enterro de Keith, Roger era o integrante da banda que parecia mais abalado – talvez por isso assumi o comando. Os olhos de Charlie Watts se encheram de lágrimas ao lembrar de seu velho amigo; os meus estavam duros e secos.

Phil Collins me ligou e ofereceu seus serviços, e eu sabia que ele seria um grande baterista para nós. Mas ele estava construindo uma carreira solo e ainda viajava e gravava com o Genesis. Como poderia funcionar? Ele me garantiu que daria conta. Mas eu queria Kenney Jones. Era meu amigo, eu tinha trabalhado bastante com ele e gostava da ideia de ter um baterista que mantinha o ritmo com rigidez, para que eu não tivesse de fazê-lo. Achei que o trabalho de Kenney com o Small Faces tinha sido inventivo, mas contido; "frio" é a palavra.

Além de reunir a nova banda, eu estava assolado por outro trabalho. O filme *Quadrophenia* estava entrando em produção: Johnny Rotten e eu nos encontramos, ficamos bêbados, tornamo-nos amigos e conversamos sobre ele interpretar o papel principal, mas ambos concordamos que ele não devia ser um mod arrumadinho. Minha livraria Magic Bus abriu com uma grande comemoração. O musical *Tommy* de Hornchurch estava indo para o West End, financiado por mim.

Ina acertava potenciais contratos solo para mim nos Estados Unidos, reportando-se a Bill Curbishley. Quando soube que eu estava considerando desistir do álbum solo para retomar o trabalho com o Who, ela veio a Londres, para nossa casa em Twickenham.

A noite começou com Ina como uma amiga da família. Karen a conhecia muito bem e gostava dela. À medida que a noite avançou, esse carinho tomou outra direção. O que Karen ouviu era mais outra voz instando-me a perseguir minha criatividade em meu favor, quando eu lhe havia prometido que não assumiria um contrato solo até que o Who tivesse realmente terminado. Ina tinha como certo que meu coração não estava mais na banda. Ela sentia que eu não estava fazendo o que precisava fazer em termos criativos. Assim, o problema que eu enfrentaria se apenas seguisse carreira com o Who se tornaria espiritual por natureza e muito perigoso para mim. Um contrato solo me daria a oportunidade de me expressar, fazer discos do jeito que eu queria.

O conselho de Ina alguns anos antes, de deixar Roger vencer uma vez, havia se mostrado correto e levou a um renascimento inesperado da banda. Eu estava me convencendo de que Ina provavelmente tinha razão dessa vez também, quando Karen se levantou e foi para a cama, tendo deixado claro que era contra o plano. Sentei-me com Ina até tarde e me embebedei, sentindo-me profundamente dividido.

No dia seguinte, Ina agendou um encontro com Walter Yetnikoff, da CBS, que me ofereceu um contrato assombroso, o qual incluía uma soma adicional fantástica a título de incentivo. Uns dois dias depois, encontrei-me com Doug Morris, da ATCO, parte do grupo Atlantic liderado por Ahmet Ertegun. Eles me ofereceram exatamente a metade do que Walter tinha proposto, sem incentivo, mas assim que conheci Doug senti que ele era o cara para mim. Depois, encontrei-me também com outros membros da gravadora; encantado pela paixão e pelo compromisso que todos estavam manifestando, comecei a ficar confuso.

A certa altura, pedi a Ahmet seu conselho, como amigo. Imagino que eu queria que o homem que trabalhava com Ray Charles dissesse que queria trabalhar comigo, mas ele deixou claro que esta seria uma contratação de Doug Morris, não dele.

"Apenas decida, Pete", foi o que ele aconselhou. "Faça uma escolha. Qualquer que seja ela, é um grande momento para você."

20
Trapalhada de Rock Star

O novo Who começou a ensaiar em Shepperton, em abril de 1979, com Rabbit e Kenney, a quem ainda estávamos testando. Consegui convencer Roger e John a me deixar ensaiar uma seção de metais para revitalizar as muito pouco tocadas faixas de *Quadrophenia*. Passamos um mês inteiro trabalhando.

Eu sentia que o velho Who estava morto e enterrado com Keith, por isso, para mim, a nova banda era uma oportunidade que eu jamais teria aproveitado se Keith não tivesse morrido. Eu me tornei suspeito nesse assunto; algumas pessoas achavam que eu tinha ficado contente, ou pelo menos sido oportunista quanto à morte de Keith. Eventualmente devo ter chegado perto de admitir, em uma expressão canhestra de gratidão, que a tragédia podia levar ao renascimento.

Roger, por outro lado, sempre considerou o Who parte de um *continuum* pessoal, uma história que começou em 1960 quando formou sua primeira banda e continuou quando ele convidou, primeiro, John, e depois a mim, para nos juntarmos ao grupo. Ele queria que a banda evoluísse, substituindo Keith por alguém igualmente expressivo e apaixonado; Roger admirava a percussão de Kenney e gostava dele, mas sentia que não era o baterista certo para a banda.

Eu disse a Roger que continuaria com o Who, mas apenas em meus termos. Se ele não se sentisse à vontade com isso, eu poderia gravar discos solo e fazer shows sozinho. O futuro ainda estava muito incerto, e eu não fazia ideia do que Bill Curbishley, nos bastidores, aconselhava Roger a fazer.

Em maio de 1979, o novo Who fez sua estreia no Rainbow, em Londres. O show foi um pouco exagerado – acho que por culpa minha –, mas pareceu bom. Eu estava feliz, e isso transpareceu. Os exaustivos ensaios compensaram. Kenney esteve ótimo, e Rabbit me inspirava o tempo todo. Roger interpretou o cara durão com jaqueta de couro, o cabelo estava curto nessa época. Ele esteve fantástico aquela noite, e John também. As críticas também foram boas.

Uma semana depois, levei Karen e alguns amigos a Cannes para as premières de *Quadrophenia* e *The kids are alright*. Fretei um velho iate clássico, o *Moonmaiden*, onde dormíamos. Fizemos dois shows nos anfiteatro Frejus na ocasião, por isso não tivemos muito tempo para participar das festas, mas a imprensa nos recebeu com grande entusiasmo e seriedade, e nos sentimos honrados por estar lá com dois filmes.

Não havia como esconder o fato de que Karen se cansara de mim, de meu egoísmo, de meu excesso de trabalho, de meu alcoolismo. Alguns amigos próximos me diziam *ela se casou com um astro do rock, o que esperava?* Mas não era isso; Karen tinha crescido, ao passo que eu encontrava dificuldades para fazer o mesmo, dentro ou fora do rock.

O que mais a aborrecia, penso, era meu fracasso em fazer uma opção – escolher a música e construir uma vida em torno dela, ou apenas dizer foda-se para o mundo e tornar-se um marido e pai confiável. Eu tinha me queixado com ela sobre meu ramo de atividade, e ela me aconselhava, normalmente com profunda compreensão, mas eu não a escutava – ainda que fosse a única pessoa que conhecia a história toda. Em vez disso, segui meu nariz (o que nunca foi difícil no meu caso) de um dia para o outro.

Karen estava se empenhando muito em seu curso de pedagogia, saindo-se bem, e obviamente conseguiria uma boa graduação. Toda manhã ela recebia um telefonema de um jovem chamado Ben, a quem ela se programava para apanhar no caminho para a faculdade. Seu rosto sempre se iluminava ao som da voz dele. Ela não fazia segredo do fato de que passavam muito tempo trabalhando juntos e de que o deixava em casa toda noite. No final de maio, seu curso previa atividades de uma semana em algum lugar distante, e eu fiquei com as crianças. Quando voltou para casa, ela estava radiante. Eu não saberia dizer se era intuição ou paranoia o que me fazia sentir que ela e Ben haviam se conectado. Não perguntei. Ela pode ter pensado que eu não dava a mínima, mas na verdade eu estava apavorado.

Depois de Cannes, o Who fez dois rápidos shows na Escócia, primeiro em Glasgow, depois em Edimburgo, onde fiquei espetacularmente bêbado em uma boate e, ao participar de uma dança idiota, rasguei minha calça. Como não vestia nada por baixo, minha bagagem ficou exposta. Quando acordei depois de minha primeira noite de volta a Londres e tomei uma ducha, vi no espelho que eu estava coberto de contusões, arranhões, chupões e marcas de dentes. Até em meu pescoço. Karen não podia ter deixado de notar, com certeza. Eu me lembrava de forma vaga de uma garota de cabelos vermelhos me agarrando, mas devo ter apagado completamente depois disso.

Fiz uma apresentação acústica como artista solo para o show beneficente da Anistia Internacional, *The Secret Policeman's Ball*. Não bebi mais que o normal antes daquela apresentação, mas sentar em uma cadeira e tocar de modo acústico não era como eu normalmente trabalhava e, sem a descarga de adrenalina proveniente de ficar saltando no palco, fiquei levemente letárgico durante o show. Sempre havia alguém por perto mais bêbado ou mais chapado que eu, por isso sempre conseguia sentir que não estava tão mal. O ator, escritor satírico e comediante Peter Cook estava evitando o álcool naquela noite na esperança de salvar seu fígado, e sugeriu que eu experimentasse seu método – em vez de beber, ele fumava enormes baseados. Graham Chapman, do Monty Python, estava lá com seu jovem namorado; ambos sorriam, lembrando ternamente Keith.

No mês seguinte, ajudei a organizar outro show beneficente *Rock Against Racism*, no qual me apresentei. Eu estava me tornando um artista engajado, o que era importante para mim. Enquanto isso, Harvey Goldsmith arranjou uma apresentação do Who no estádio de Wembley, com abertura do AC/DC, mas não foi tão intenso quanto deveria. As autoridades públicas limitaram o nível de som e proibiram o uso de nossos lasers. Trabalhamos duro, tocando para uma plateia enorme de quase 80 mil pessoas, e, depois, fãs enviaram cartas elogiando o show, mas não foi uma apresentação legal.

Voltei a compor canções, em geral sozinho no meio da noite, na sala de estar panorâmica de nossa casa, com uma garrafa de Rémy, gravador de fita cassete e guitarra. Eu estava confuso quanto a voltar ao Who. Tinha feito uma promessa a Karen que me assentaria, e estava claro que não iria cumpri-la.

Uma noite, por algum milagre, estávamos na cama na mesma hora. Antes que ela caísse no sono perguntei: "Você ainda me ama?".

"Acho que não."

"Nem um pouco?"

"Talvez um pouco", respondeu ela. "Agora por favor vá dormir, ou desça e trabalhe. Preciso acordar cedo."

O secretário de Meher Baba, Adi Irani, fez uma visita a Londres por volta dessa época. Tentei conseguir um conselho seu.

"Minha esposa não me ama mais", eu disse. "O que devo fazer?"

"Ela não o ama de jeito nenhum?" Ele balançava a cabeça à medida que falava.

"Ela disse que me ama um pouco."

"Ah!", Adi bateu palmas e sorriu. "Um pouco! Isso é bom. O amor é universal. Ilimitado. Assim, um pouco já é suficiente."

Compus uma canção chamada "A little is enough" [Um pouco é suficiente] e a gravei usando o mesmo sistema que tinha usado em "Let my love open the door". Embora eu sempre achasse terríveis minhas canções de amor, acho que essa é umas das melhores que já compus.

O Who caiu novamente em uma pequena turnê norte-americana. Eu adorava tocar com a nova formação da banda. Eu podia esticar muito mais, tocar mais solos de uma nota só, e minha execução logo melhorou. Eu seguia bebendo no palco, mas, desde que eu ficasse em movimento, permaneceria em boa forma.

Em Nova York, encontrei-me na situação peculiar de ser o único membro do Who a viajar sozinho. Kenney estava com a mulher, tal como Roger, e John toda noite recepcionava o novo grupo de fãs que ele acumulara em suas recentes turnês solo. Em minhas festas no Navarro havia muitas garotas lindas. Eu era rejeitado com frequência, mas nem sempre, e, mesmo se fosse, não dava a mínima. Era maravilhoso, não posso fingir que não era.

Claro que eu não estava separado de Karen, e nem sequer havíamos discutido o assunto, mas eu me convencera de que o casamento tinha acabado. Ou talvez estivesse apenas tentando convencer a mim mesmo de que seu desamor me dava todo o direito de me comportar como qualquer outro astro decadente do rock.

Comecei a me considerar um misto de playboy punk e conselheiro experiente. Chris Chappel, que trabalhava para Bill Curbishley, escoltou-me para ver U2, The Clash e Bruce Springsteen. Chris era um cara jovem e informado, um tremendo fã do Clash, e seu entusiasmo era contagiante. Achei a banda espetacular. Foram simpáticos comigo quando nos encontramos, e Joe Strummer tinha nitidamente um coração de ouro. Seu trabalho por causas políticas, em especial antirracistas, era inspirador.

Chris começou a atuar como meu conselheiro em todos os assuntos jovens e descolados. Passei a vestir ternos largos e creepers, sapatos com solas grossas, e tentava moldar meu cabelo ralo em um topete, como um rocker. Sempre um bom dançarino, passei a me movimentar como Mick Jones e Paul Simenon, do Clash. Aos 34 anos, eu ainda era quase jovem o suficiente para chegar lá.

Depois de um show tumultuado no New Bingley Hall, Stafford, onde a multidão enlouqueceu e dancei como um tonto, encontrei Rabbit no bar do hotel conversando com Sue Vickers, a esposa de Mike Vickers, um velho amigo da banda de Manfred Mann. Rabbit morava em West Hampstead, perto do casal, e eles às vezes se encontravam e saíam juntos.

"Você esteve fantástico!" Ela me beijou nas duas bochechas.

"Fantástico", concordou outra voz.

Em um banquinho próximo a Sue estava uma jovem. Ela tinha um nariz bonito, levemente arrebitado. Seus cabelos louros eram compridos, quase até a cintura, e balançavam enquanto falava. "Eu sou filha dela", explicou. Dei alguns passos para trás, cego; havia raios emanando de todo o contorno de sua cabeça.

"Você tem filhos?" A garota do espaço sideral falava comigo.

"Sim", murmurei. "Duas filhas."

"Elas gostam de cavalos?"

Porra, pensei. *Ela lê pensamento*.

"Sim", respondi. "Elas montam e querem comprar cavalos, me enchem muito a paciência com isso, mas nunca tive coragem suficiente para deixar que tenham seus próprios animais."

"Você precisa comprar cavalos para elas."

A menina fumava, soprando espirais de nuvem azul em volta de seu rosto. Ela falou por quinze minutos sobre como os cavalos eram fantásticos e como haviam melhorando sua vida quando era adolescente.

De repente, senti que poderia cair. “Pete”, sussurrei para meu amigo Peter Hogan, um seguidor de Meher Baba que administrava a livraria Magic Bus. “Leve-me de volta ao meu quarto.”

Ele me amparou e se despediu por mim.

“Eu também estou a caminho da cama”, disse a garota. “Eu ajudo você.”

Fomos subindo os degraus, um braço em volta de meu bom amigo, o outro em volta da garota fabulosa. No alto, fiz muito barulho, e uma mulher saiu de seu quarto para me pedir silêncio, pois tentava fazer seu bebê dormir. Balbuciei algumas desculpas, dizendo a ela que eu sabia como era.

Na manhã seguinte, acordei e vi um passaporte na mesa de cabeceira. Pertencia a alguém chamado Jacqueline Vickers. Olhei para a foto, mas seu rosto parecia o de uma estranha. Liguei para o quarto de Sue Vickers, e claro que a garota atendeu. Comecei a me desculpar, sem saber por quê, mas ela me interrompeu.

“Eu vou até aí e pego meu passaporte.”

Quando chegou ao meu quarto, ela explicou.

“Você queria me comer”, disse ela. *Diabos, quem não quereria?*

“Por que o passaporte?”, perguntei. “Com certeza eu não pedi para vê-lo, pedi?”

“Não, seu imbecil.” Ela o apanhou e folheou as páginas. “É minha identidade, para eu poder frequentar o bar.”

“Então eu queria c [illegible]”

“Eu lhe disse que você teria de me estuprar e, então, você caiu no sono.”

Comecei a gravar meu álbum solo em 19 de novembro de 1979 com Chris Thomas, a quem tinha conhecido no show de Paul McCartney no Hammersmith Odeon, para o qual ele produzira a gravação. Rabbit tocou em cada faixa, e seu trabalho foi fenomenal. Convidei vários bateristas. Kenney Jones era uma escolha óbvia. James Asher havia trabalhado comigo no Oceanic Center. Simon Phillips entrou em algumas faixas também; eu tinha gostado muito de seu trabalho com Gordon Giltrap.

Chris escolheu os estúdios Wessex, onde ele gravara *Never mind the bollocks*, no outro lado de Londres. Dia 21 de novembro era aniversário de Rabbit, e, após a sessão de gravação, fomos beber na casa de Mike e Sue Vickers. Sua filha Jackie estava lá com o namorado, o músico Reg Meuross, e sua irmã mais nova, Cathy. Mike e Sue foram incrivelmente gentis comigo. Mike era meu contemporâneo, e falamos sobre a dificuldade de manter um casamento em nosso ramo. Ele revelou que ele e Sue vinham tendo problemas.

Senti-me muito à vontade na casa deles, mais do que em qualquer outro lugar em anos. Mike, um aficionado por big bands, podia discutir o tipo de música que papai tocava. Rabbit também parecia mais descontraído que a média. De repente, tive uma ideia. "Por que vocês todos não vêm para Nova York? Nosso primeiro show é no dia 30 de novembro, mas podemos ir antes e sair juntos. Eu consigo passagens no Concorde!"

Mike e Sue, sugeri, poderiam passar um tempo com a família e os amigos. Poderíamos ver shows, ir a galerias de arte e fazer compras com meus cartões de crédito.

Quando essa ideia fabulosa não pegou tão bem quanto eu esperava, encontrei Jackie sozinha na cozinha. "Qual é o problema?"

"Reg não irá", explicou ela. "Ele não pode."

"Oh." Eu estava desapontado. "E sua irmã?"

"Ela está na escola, seu idiota."

"E quanto a você?"

Ela disse sim.

A gravação do álbum solo passou para os estúdios AIR, na rua Oxford, e as faixas começaram a soar cada vez melhor à medida que mais acréscimos eram feitos. Chris Thomas ajudou a encontrar uma nova voz em canções complicadas como "Jools and Jim", "Empty glass" e "Little is enough" e a construir backing vocals realmente marcantes em canções como "Let my love open the door". Chris aproveitava todos os bons elementos de minhas demos, como Glyn Johns fizera antes dele.

Chris acabara de concluir o primeiro álbum dos Pretenders, com Chrissie Hynde. Ela tinha uma voz extraordinária e incomum com um enorme alcance dinâmico, e Chris trabalhou intensamente, gravando diversas trilhas vocais e depois escolhendo, isolando e combinando as melhores partes. Quando trabalhou comigo, ele sabia precisamente como conseguir que um cantor inexperiente como eu encontrasse uma voz real. Não há aqui falsa modéstia: esse foi meu primeiro álbum solo realmente sério, e tive de aprender a cantar rock pesado, notas altas, notas baixas, e a expressar paixão e virilidade.

Uma noite, todos os membros do Who jantaram no Hilton com Kenney e sua esposa, Jan. O ânimo no ambiente estava extremamente exaltado. Ganhando a discussão com Roger, eu havia insistido que Kenney se tornasse sócio no Who. Ele ganharia uma cota de 25 por cento no novo contrato de gravação da banda, que Bill Curbishley negociara com Mo Ostin, da Warner Brothers. O contrato era de 10 milhões de dólares para quatro novos álbuns e um *Best of*, com expectativa de lançamento dentro de sete anos ou menos.

Tive uma reunião com Doug Morris, diretor da ATCO Records, em Londres, na qual ele trouxe um contrato para três álbuns solo em cinco anos, também a troco de uma grana muito boa.

"Você pode dar conta desses dois contratos, Pete?" Doug fez a pergunta óbvia. Deixando de lado a grana fabulosa, eu estava me comprometendo com sete álbuns em sete anos. Para fazer isso, eu precisaria compor anualmente mais canções do que jamais havia conseguido.

"Sim", respondi a Doug sem pensar. "Eu dou conta disso. Estou numa maré de sorte."

Meu grande amigo Barney e sua namorada Jan foram expulsos de seu apartamento em Richmond. Permiti que se mudassem para o último andar de meu velho escritório, próximo a minha casa em Twickenham. Barney logo quis comprar a casa inteira. Fiz uma proposta que sabia que ele não poderia recusar: se ele me acompanhasse na próxima turnê norte-americana da banda, eu o deixaria ficar com a casa sem pagar nada.

"O que terei de fazer?", perguntou.

"Quero que você seja meu amigo e me avise quando eu estiver fora do eixo."

"Eu sou seu amigo, e você está sempre fora do eixo. Eu falo, e você nunca ouve."

"Eu ouvirei", prometi.

"Mentiroso do caralho."

"Eu não sou mentiroso."

"Está vendo?", disse Barney, triunfante. "Você nunca ouve."

Eu estava me preparando para viajar a Nova York com Barney, Mike, Sue e Jackie. Também dei a Rabbit uma passagem para agradecer-lhe por seu trabalho surpreendente em *Empty glass*. Karen e as crianças simplesmente tinham desaparecido no fundo de minha consciência. Era o único jeito de lidar com o que eu fazia. Quando cheguei ao aeroporto Heathrow, com uma leve ressaca, apenas Sue, Jackie e Rabbit estavam lá esperando por mim.

Sue me deu um envelope: "Querido Pete, obrigado pela oferta de uma viagem a Nova York, mas acho que as coisas não irão se resolver entre mim e Sue. Por favor, cuide de minha família. Com carinho, Mike".

Quando o Concorde decolou, Jackie agarrou minha mão. No meio do percurso, ela me pediu para contar piadas que lhe distraíssem. Eu estava no meio de uma sobre os hipopótamos no pântano (a favorita de meu pai) quando ela olhou para as filas de poltronas atrás de nós. De repente, agarrou meu braço.

"Oh meu Deus!" Ela levou a mão à boca, como se fosse vomitar. "Mamãe e Rabbit estão dando uns amassos!"

Eu não contaria essa história não fosse pelo fato de que, daquele dia em diante, Sue e Rabbit ficaram juntos até a morte dela, em 2007. Mike tomou providências para sair de casa quando Sue retornasse. Infelizmente, Cathy, a irmã de Jackie, sempre associou minha chegada ao fim do casamento de seus pais.

A partir da segunda noite em Nova York, Sue e Rabbit dividiram um quarto. Jackie, totalmente só, veio ficar comigo. Sentimo-nos unidos pelo acaso; talvez tivéssemos forjado aquilo tudo. Não importava. Senti que Deus tinha me enviado um anjo muito real para me ajudar, para que eu me sentisse inteiro.

Jackie, que aumentava meu ritmo cardíaco toda vez que eu punha os olhos nela, logo começou a me dizer que estava se apaixonando por mim. Comecei a dizer que a amava também. Sugeri que ela e a mãe continuassem na turnê, e as duas agarraram a oportunidade. Era o paraíso; eu nunca tinha sido tão feliz. Despertei para essa jovem deslumbrante, que me lançava na luz de cada novo dia e me deixava com um sorriso estúpido no rosto.

A terceira data da turnê era no Riverfront Coliseum, em Cincinnati, em 3 de dezembro de 1979, onde fizemos nosso show habitual. No palco, com a banda, eu estava absolutamente feliz, o que era algo novo para mim. Nunca gostei tanto de me apresentar quanto nessa turnê.

Eu estava bebendo muito, é verdade, até no palco, e fumando, o que também é verdade, e é claro que eu dançava. Talvez eu dançasse como um tolo. E daí? Eu estava inspirado. Muitas vezes cometi desastrosos enganos musicais no palco, mas eu ampliava os limites e assumia riscos enormes com improvisações. Kenney às vezes sofria para me acompanhar, mas sempre me dava uma base firme. Rabbit estava sempre comigo, muitas vezes assumindo a dianteira. John fazia o que fez a vida toda. Imperturbável, ele se mantinha afinado com tudo o que eu fizesse. Com frequência, eu tocava passagens incrivelmente extravagantes e, às vezes, durante os improvisos no palco, eu inventava uma letra que mais tarde colocava no papel para usar em novas canções.

Era compreensível que toda essa despreocupação fosse difícil para Roger, tornando complicado para ele adaptar-se a nossas divagações musicais. Eu não parava de assumir o microfone principal e lançar novas canções. Minha adrenalina no palco era tão alta na maioria das noites que eu não conseguia me controlar.

Depois do show no Riverfront, nos reunimos no camarim. Bill tinha péssimas notícias.

"Esta noite aconteceu uma coisa terrível lá fora", disse ele. "Onze garotos morreram. Não sei direito os detalhes."

"Quando aconteceu isso?", alguém perguntou. "Durante o show? Na multidão?"

"Não." Bill tentou nos acalmar. "Foi nos portões, na praça."

"Antes do show?" Fiquei de pé.

"Decidimos não contar para vocês", disse ele. "A multidão não teve permissão para sair enquanto a segurança ainda estava lidando com o problema lá fora."

De volta ao hotel, ocupamos uma sala de reunião e assistimos à televisão. Entre nós, alguns choravam diante das imagens de corpos estirados, lembrando um fuzilamento em massa. Não dissemos muita coisa. Tomamos alguns drinques, mas eu já estava entorpecido.

Descobrimos que onze fãs foram mortos (e muitos mais acabaram feridos) na pressa para conseguir lugar. Os ingressos estavam todos vendidos. Quando a massa que esperava do lado de fora, no frio, ouviu a passagem de som, imaginou que o show havia começado e desatou a correr. Quem estava na frente foi pisoteado até a morte pelos que vinham empurrando atrás, sem perceberem que os portões ainda estavam fechados.

Lembrei-me do incidente em Nova York, quando Bill Graham decidiu não nos contar que havia um incêndio. Fiquei repassando diversas vezes o show em minha cabeça. Teria dito alguma coisa estúpida no palco? Era possível. Como os versos "*It's only teenage wasteland*" [É apenas o deserto juvenil] e "*They're all wasted*" [Estão todos perdidos] no fim de "Baba O'Riley" se ajustavam às filas de corpos lá fora? Por que não éramos confiáveis para saber o que tinha acontecido?

A resposta era óbvia. E tenho certeza de que, se eu estivesse na pele de Bill, também não teria dito nada à banda. Pobre Bill, tendo que assistir àquele show com os dedos cruzados e torcendo para que não piorássemos as coisas. Nossos shows estavam se tornando incendiários e imprevisíveis, e ele costumava descrever minha persona de palco durante esse período como "malévola".

Maltratei a imprensa, tentando ser irônico em uma entrevista com Greil Marcus da revista *Rolling Stone*: critiquei severamente a indústria do rock por ser tão estúpida que não podia manter suas plateias vivas. Cometemos outro erro quando decidimos continuar nossa turnê. Devíamos ter ficado em Cincinnati durante pelo menos alguns dias para mostrar respeito, que genuinamente sentimos, pelas vítimas e por suas famílias. Em vez disso, automaticamente adotamos a máxima de que o show deve continuar, e voamos para Buffalo, a fim de nos apresentar no dia seguinte.

Na primeira oportunidade que tive, fretei um jato para Myrtle Beach, na esperança de encontrar algum consolo no espírito onipresente de Meher Baba. Barney e meu amigo Geoff Gilbert foram até o centro, mas eu não consegui criar coragem para ir. Jackie e eu preferimos caminhar ao longo da praia até o amanhecer. Dormimos o dia todo. Meher Baba estava conosco, por mais que, às vezes, eu tentasse afastá-lo.

Mo Ostin, chefe da Warner Brothers Records, e sua esposa Evelyn vieram para os estúdios da AIR, na rua Oxford,para ouvir a primeira audição de meu álbum solo, no dia 7 de janeiro de 1980. Eles adoraram; Mo levaria a notícia para Doug Morris e Ahmet Ertegun de que tinham um álbum de sucesso. Chris Chappel, meu jovem guardião e consultor de moda, e eu saímos um pouco. Eu estava achando muito difícil ficar em casa. Por duas noites em que trabalhei na rua Oxford fiquei em um hotel nas imediações, onde Jackie foi me encontrar. Ela aguardava que eu tomasse uma decisão sobre nosso relacionamento.

Chris sabia de um apartamento vago acima de uma sapataria na King's Road. Julguei que poderia ser útil como um refúgio e decidi alugá-lo. Arranjei um toca-discos e me instalei. O quarto maior dava para a rua principal e era barulhento, por isso eu dormia em um dos dois quartos minúsculos nos fundos do apartamento.

Uma noite, após o trabalho de gravação de meu álbum solo, *Empty glass*, meu amigo Jeremy Thomas, o produtor de cinema, preparou uma pré-exibição de *Bad timing*, dirigido por Nic Roeg. O filme era uma obra-prima, em que Art Garfunkel interpreta um professor universitário que se envolve em uma relação obsessiva com uma aluna, interpretada por Theresa Russell. Minha música "Who are you" foi usada em várias cenas para destacar o turbilhão em que o personagem de Garfunkel é lançado pela personagem muito mais jovem de Russell.

Theresa Russell estava com 23 anos, no auge da beleza, e era uma atriz totalmente convincente e engajada. O filme era repleto de cenas de sexo explícito. Chris Thomas e eu fomos nocauteados por ela. Jeremy explicou que ela tivera uma relação tempestuosa com Nic e que havia destruído o casamento dele. Eu sabia como era. Na época, estava oferecendo uma versão do roteiro do filme *Lifehouse* e havia a possibilidade de que Nic assumisse o projeto. Parecia o momento ideal para ir a Los Angeles e conversar com ele. Liguei para o seu número, e uma mulher atendeu. Na mesma hora, reconheci a voz de Theresa Russell.

"Oi, é Pete Townshend. Posso falar com Nic?"

"Oi", respondeu ela. "Aqui é Theresa Russell. Bom falar com você. Na verdade, Nic está em Paris."

"Droga. Estou indo aí e esperava poder falar com ele." Fiz uma pausa. "Mas, aproveitando a ligação, adorei seu trabalho em *Bad timing*."

"Que maravilha, obrigada." Ela pareceu genuinamente contente, como ficam todos os atores quando seu trabalho é reconhecido e elogiado. "Foi ideia minha usar sua música. Sempre gostei muito dela."

"Que bom, que bom." Eu não tinha mais nada para dizer. Tinha ouvido a voz que desejava ouvir, e ela soava fabulosa. Despedimo-nos e desliguei o telefone.

Fiquei atordoado por um tempo, apenas com os olhos fixos no tapete. Então liguei novamente.

"Alô! Theresa?"

"Sim, estou aqui."

"Eu ia convidar você e Nic para virem comigo e alguns amigos para assistir *The wall* com o Pink Floyd na semana que vem. Sei que você está sozinha, mas não gostaria de vir conosco?"

"Uau! Uau! Isso seria genial. Será que você poderia me ligar quando chegar, para confirmar?"

Desliguei o telefone novamente e saí dançando pelo apartamento.

Na noite do show *The Wall* fui primeiro encontrar meu amigo, o escritor cômico Bill Minkin, no hotel Chateau Marmont. Ansioso pelo encontro com Theresa, eu tinha raspado minha barba rala por alguma razão, e com isso meu rosto parecia um tanto pálido. Bill me ofereceu uma pequena carreira de cocaína. Eu parecia estar agindo de acordo com um conjunto de regras inteiramente novo: não fazia sentido tentar controlar minha vida.

A cocaína não pareceu fazer muito efeito. Pegamos o carro e demos a volta na esquina para apanhar Theresa. Ela me convidou a entrar em seu apartamento. O primeiro choque foi que seu longo cabelo louro estava curto e parecia um pouco vermelho.

"Eu acabei com ele", disse ela, despenteando seu pequeno tufo na nuca. "Descolori demais."

"Você está ótima", respondi. Minha Nossa! Sem dúvida, ela era a mulher mais bonita que eu já tinha visto. Seus olhos eram hipnóticos e felinos. Ela andou de um lado para o outro, incomodada.

"Está tudo bem com você?", perguntei.

"Sim. Não. Sim." Então ela apanhou uma bolsa. "Vamos", disse ela, sem erguer os olhos.

Fomos de carro para o Coliseu, e nossos lugares eram tão ao fundo na enorme arena que era impossível ver o rosto dos músicos no palco. Durante o intervalo, fomos aos bastidores e apresentei Theresa a Roger Waters. Fiquei contente por ele repetir a mesma avaliação aturdida que fez quando encontrou a mim e Karen no primeiro concerto do Pink Floyd no clube UFO, em 1967. *Porra, como ele consegue?* O show foi extraordinário. A interpretação de David

Gilmour de "Comfortably numb" ficará comigo por toda a minha vida. Roger Waters era arrepiante, como sempre, uma presença imponente e formidável.

Depois do show fomos para Le Dome, meu restaurante favorito na Strip. Recebemos uma mesa discreta na sala dos fundos e tentei impressionar Theresa. Bill e eu fizemos as palhaçadas habituais. Ela era uma garota bem alegre e, em dado momento, sentou-se de pernas cruzadas no meio da mesa, tentando conseguir que Bill e eu cantássemos algo. No bar, fingi desmaiar. Ela gritou meu nome, repetidas vezes, em um adorável sotaque norte-americano: "*Peeder*, *Peeder*". Ainda hoje o ouço. "Levante, *Peeder*", ela riu, arrastando-me de volta para o meu lugar. Fingi que minha coluna tinha desmontado. Ouvi o que ela e Bill conversavam sobre mim.

"Ele é adorável", disse ela.

"Ele está blefando", disse Bill.

Mais tarde, acompanhei-a até a porta de sua casa, onde ela deixou claro que eu não passaria da soleira.

"Eu amo Nicolas Roeg", disse.

"Mas eu amo você", sussurrei.

"Eu amo você também, *Peeder*", riu, fechando lentamente a porta em meu rosto. "Você é fofo. Mas Nic é o cara. Ele é o *líder*, docinho". Não deixei de notar a rima com "Peeder".

A porta se fechou com um som metálico abafado. Bati algumas vezes antes de desistir. Despenquei no chão. Senti como se meu intestino tivesse sido atravessado por uma lança de fogo. Lembrei daquela dor de minha infância – quando minha mãe, que precisava trabalhar, tentou me deixar com a mãe dela, a *bruxa malvada* de minha avó, quando eu estava doente. Naquela ocasião, urrei tão alto que minha mãe me ouviu bem adiante na rua e voltou para me levar com ela.

De volta a meu hotel, tempos depois, urrei novamente, mas dessa vez a única resposta foi o gerente do hotel, ligando para me mandar diminuir o barulho. Liguei para meu motorista. Expliquei que eu precisava de cocaína.

"Eu estou morrendo, porra", gemi.

"Pete", confortou-me. "Controle-se. É só uma garota." O dia seguinte era o Dia dos Namorados. Comprei um buquê enorme de lírios e rosas e uma garrafa de tequila e fui para o apartamento de Theresa. Ela não abriu a porta. Eu a ouvi ao telefone com Nic, e ele obviamente a estava repreendendo. Ela gritava com ele, defendendo-se, chorando. Devia ter dito a ele que tínhamos saído a noite passada.

Deixei tudo ao lado da porta e me safei como um rato para o Amigos Studios, para compor. O traficante me encontrou no estúdio, e a pequena quantidade de pó que me vendeu era excelente – não que eu fosse um *connoisseur*. No trabalho, fui eficiente e rápido, compus cerca de oito canções e fiz demos. A letra de minha canção sobre Theresa dizia tudo: "Senti-me como uma formiga achatada em um furacão". Em um jantar na extraordinária casa de Mo Ostin no topo da colina, em Los Angeles, contei a história de Theresa; Evelyn, esposa de Mo – uma romântica quase tão tola quanto eu –, me disse "vá atrás dela". Isso não aconteceria.

Acreditando que a cocaína continuaria a me ajudar em meu trabalho, pedi a um integrante de nossa equipe em Londres que me arranjasse uma grande quantidade. A droga estava "batizada" e me fez mal, mas tinha me custado tanto dinheiro que continuei a usá-la. Os eventos com Theresa Russell haviam me abalado. A situação com Jackie ainda estava no ar. Será que eu me apaixonaria por toda mulher atraente que conhecesse? Ficaria obcecado se dormisse com elas e ainda mais obcecado se não dormisse?

E o que faria quanto a Karen? Minhas duas filhas eram ainda pequenas, eu as adorava, sentia a falta delas, e elas, a minha. Eu não era o primeiro marido estúpido a se encontrar nesse apuro. Estava inteiramente pronto a me comprometer com Jackie – eu era doido por ela –, mas não para deixar Karen. Era absurdo.

Uma noite, Karen veio me ver no apartamento na King's Road. Eu estava péssimo, vindo de uma noite muito ruim com a cocaína de merda.

"Você precisa me dizer qual é o problema, Pete", falou. "Eu quero ajudar você, mas não posso se não conversarmos a respeito."

Eu não conseguia explicar; era irônico, mas era verdade. Ainda consigo ver o rosto dela naquele momento: triste, crítico e compassivo.

Nic Roeg acabou me convocando. Encontrei-o sentado, sozinho e pensativo, em um restaurante tailandês no Soho. Tentei falar, mas ele se antecipou.

"O que você fez magoou."

"Não aconteceu nada, Nic", disse eu. "Eu sinto muito."

"Você foi um grande sacana de fazer as coisas pelas minhas costas."

Ele tinha razão. E, em vez de simplesmente reconhecer minha traição na hora, piorei as coisas não ligando para ele.

"A culpa é sua", disse eu, rindo. "Você tornou Theresa tão fabulosa, tão erótica em *Bad timing*. Tenho certeza de que não sou o único..."

Assim que eu disse isso, percebi que evidentemente eu não era. Nic era muito mais velho que Theresa e devia estar sempre receoso de que alguém mais jovem a tomasse. (Mas eu estava errado: eles permaneceram casados por muito tempo.)

Nic mudou de assunto. "O roteiro de *Lifehouse* é muito bom. Tem ótimos personagens, mas acho que ainda não está pronto. Acho que para mim não vai funcionar."

Meu coração parou. Será que tinha detonado a melhor chance que tive de trabalhar com um grande diretor em meu projeto mais arrojado?

O Who voltou à estrada em março, começando com shows na Alemanha, Suíça e Áustria. Phil Carson, gerente da Atlantic International, decidira me acompanhar na excursão. Ainda não sei bem por quê; a única contribuição que ele deu foi organizar uma noitada em um bordel em Amsterdã. Depois do show na Suíça, experimentei a abstinência mais radical e me queixei com Bill Curbishley, dizendo-lhe que precisava de cocaína e estava voltando para Londres. Ele apenas contemplou com lástima o que eu me tornara e me ignorou. Ele devia ter passado por dezenas dessas situações com Keith nos últimos anos.

Em vez de regressar ao conforto de nosso adorável hotel em Berna, caminhei para fora do auditório e ganhei as ruas. Estava um gelo. Caminhei a noite toda, subindo, descendo, atravessando parques e praças, perdendo-me na zona rural, depois encontrando de novo o caminho de volta para a cidade, seguindo pequenos riachos à margem da estrada até o fundo do vale. Berna é uma cidade atordoante. As tocas de urso são famosas, então decidi dar uma olhada. Não consegui ver nenhum urso. Gritei por eles, depois pulei a cerca e olhei dentro das cavernas. Eu podia ter sido comido vivo.

Quando voltei ao hotel, a banda já voara para Viena. Bill tinha mandado Wiggy esperar por mim. Ele se desculpou por ter se apropriado da cocaína ruim e me deu um novo estoque, dessa vez da boa. Daquele momento em diante,

Wiggy e eu nos tornamos parceiros de droga. Não existe pacto mais estreito de amizade. Não existe potencial maior para traição.

"*Bern without bears*" [Berna sem ursos]? Isso daria uma canção, pensei.

Aterrissei em Nova York no dia 10 de abril para promover meu álbum solo e iniciar uma turnê norte-americana com o Who. As duas turnês se tornaram indistintas para mim. Eu estava bebendo pesado e usando a cocaína que Wiggy descolava para mim. Havia dito a ele que fosse generoso com a equipe quando a provisão desse para o gasto. Eu mesmo não usei muito pó, e raramente durante ou depois dos shows. A droga era recreativa para mim, por isso nunca fiquei propriamente dependente. Eu ainda preferia o Rémy, e muitas vezes dormia com a garrafa aninhada em meus braços como um bebê. De vez em quando, até ninava a garrafa verde.

Mesmo assim, no fim da turnê, a verba de despesas eventuais retirada por Wiggy em meu nome para comprar cocaína foi de 40 mil dólares. Nunca levei drogas em voos, por isso devo ter jogado fora um monte. Eu era rico, ora bolas.

Quanto à bebida, talvez eu estivesse me iludindo, mas a maior parte do tempo era por diversão. Eu passava muito tempo rindo na estrada, no estúdio e com meus amigos. Sabe-se muito bem que rir é um remédio que faz você se sentir feliz, e assim, mesmo quando tinha problemas, eu bebia, ria e me sentia melhor. Raramente sentia raiva quando embriagado. Eu ficava engraçado, patético. Jamais seria o tipo de bêbado que esmurra pessoas, embora de fato tenha quebrado a mão na primeira noite da segunda etapa de nossa excursão em junho. Eu estava imitando Rabbit.

"Ei!", gritou Rabbit. "Quero que tudo se foda!" E deu um murro abrindo um buraco na parede de painéis.

"Ei!", gritei e esmurrei uma parede diferente, só que passei o resto da turnê com a mão engessada. Por incrível que pareça, não afetou muito minha habilidade de tocar.

Depois de uma maratona de sete shows em Los Angeles, fomos para Tempe, Arizona. Nos bastidores, encontrei uma modelo que gostava do meu hit "Let my love open the door". Pedi a ela que esperasse enquanto eu tomava uma ducha.

Jim Callaghan era responsável pela segurança na turnê e por passar a cada um de nós o dinheiro das concessões de merchandising. Essas concessões ainda eram administradas por ex-piratas, que pagavam em dinheiro. Chamávamos isso de dinheiro de cocaína. Claro que nenhum de nós tinha a menor ideia de quanto realmente estava sendo arrecadado. Apenas recebíamos o dinheiro, gratos. Depois de sete dias em Los Angeles, Jim me deu um envelope contendo 50 mil dólares, a maior soma que já havia recebido. Pus o envelope em minha mala e agarrei a modelo que me aguardava. Mal pude acreditar em minha sorte.

Naquela noite, a modelo e eu programamos ir para uma boate onde ela queria me exibir; apanhamos seu irmão e a namorada no caminho. Ele pareceu um sujeito legal, e nos divertimos bastante. O clube não servia Rémy, apenas um conhaque francês mais barato, o que me deixou irritado e ansioso para usar um pouco de cocaína. A menina e seu irmão fizeram o máximo para tentar descolar a droga, e o motorista da limusine também. Todos nós fracassamos.

A garota passou a noite comigo e, no dia seguinte, me acompanhou até o aeroporto. "Você precisa ir para Dallas", implorei. "Você precisa. Eu vou lhe mandar uma passagem. Me dê o número de seu telefone."

Ela disse que iria, trocamos um beijo e nos separamos. Meu coração ficou martelando durante toda a viagem para Dallas.

Quando chegamos, o guarda-costas de Roger, Doug, chamou-me de lado.

"Roger deixou o dinheiro dele no cofre do hotel em Los Angeles", disse.

"Você vai ter de voltar para buscar", expliquei. "É mais do que você pensa."

"Eu pensei que aquela gata com quem você estava podia apanhar o dinheiro no hotel e trazer quando viesse".

"Espero que ela possa fazer isso", concordei. "Eu vou lhe dar o número dela. Você pode lhe providenciar a passagem? Garantir que ela consiga um carro? Essa coisa toda?"

Doug assentiu com a cabeça.

Eu estava me instalando no quarto do hotel quando recebi outro telefonema.

"Problema", disse Doug. "Posso ir até aí falar com você?"

"Ela não virá? Eu sabia." Imaginei que um sonho tão maravilhoso tinha de ter vida curta. Doug veio ao meu quarto. Ele parecia nervoso.

"Liguei para o número que você me deu, e a mãe dela atendeu."

"E..."

"Ela disse que a filha não viria para Dallas."

"Filha da puta."

"Ela disse também..." Doug fez uma careta, "e isso me deixou confuso. Ela disse que não teremos o dinheiro de volta."

"Ela ainda não tinha apanhado o dinheiro de Roger, tinha?"

"Não", corrigiu Doug. "Foi isso que pensei a princípio. O dinheiro de Roger ainda está no cofre do hotel. Você está com o seu?"

"Está em minha mala", garanti a ele, entendendo imediatamente que não estaria mais lá. Olhei e não estava. Compus uma canção naquela noite – "Did you steal my money?" – e esperei que rendesse bastante.

De volta a Londres, não abandonei totalmente o apartamento da King's Road. Às vezes ia para a casa em Twickenham, ou para um hotel, quando deveria realmente ter ido para Cleeve. Quando ia para casa, em geral era complicado encontrar as chaves da porta. Não preciso dizer que Karen não achava engraçado.

Uma noite, irritado por não conseguir encontrar a chave certa e desconfiado de que Karen tinha trocado as fechaduras, atirei meu molho de chaves no escuro. Ouvi elas caírem. Procurei durante uma hora. Tentei o método de Spike Milligan. *Tudo tem de estar em algum lugar.*

Nenhuma sorte.

Tentei Sherlock Holmes. *Elimine o impossível e o que resta, por mais implausível que pareça, é a verdade.*

Nenhuma sorte.

Dormi no jardim. Ainda bem que era verão.

Bill Szymczyk estava produzindo *Face dances*, primeiro álbum do Who com a Warner Brothers. Ele optou por trabalhar nos estúdios da Odyssey, em Londres, porque precisava de uma mesa MCI americana para gravar. Fizemos uma sessão de teste lá em março, e o lugar se mostrou um bom estúdio para o projeto. Foi lá que conheci Marvin Gaye, que ocupou o estúdio 2 por algumas semanas. Acho que "Baby don't you do it", um de seus primeiros sucessos, é uma das melhores gravações já feitas, certamente uma das mais geniais da Tamla. Marvin não compôs a canção, mas sua voz é o que torna a letra tão afetuosa e comovente. *Baby don't you do it, don't break my heart* [Amor, não faça isso, não parta meu coração].

Marvin estava em péssima forma – pior que eu. Ele era meu herói, e era duro vê-lo assim. Em conflito com seus velhos amigos na Tamla, ele estava sendo cortejado pela elite da alta sociedade londrina e ficou envolvido com Lady Edith Foxwell, a chamada "rainha do café-soçaite londrino". Eu a conhecia porque ela tinha cotas do Embassy Club, um de meus locais favoritos. Marvin ainda era muito bonito, e o círculo social londrino parecia estar exibindo-o de um modo que, em última análise, parecia servir mais àquela gente do que a Marvin.

Tive dificuldade para compreender a música que ele fazia: ele tocava todas as partes dos teclados sobre ritmos de bateria eletrônica. Quando eu estava na sala, não entendia o que estava ouvindo, mas era um trabalho em andamento, e eu, precisamente eu, entendia como podem ocorrer mudanças enormes. Marvin era produtor e engenheiro de som de seu próprio disco; tinha ajuda, mas a maioria das coisas fazia sozinho.

Certa vez, enquanto me reunia com Marvin em uma negociação para comprar uma pedra de cocaína bruta do tamanho de uma bola de tênis, decidi dizer a ele o que sua música significava para mim.

"A letra vem da cabeça", disse eu, "a música, do coração."

Fiz uma pausa de efeito.

"Mas a voz, Marvin", disse eu, apresentando uma moral, "essa vem de Deus."

"Obrigado, Pete", disse ele, atencioso como sempre.

Ele voltou ao teclado sintetizador e retomou seu aquecimento de improvisação. Marvin podia não ser um grande tecladista, mas, se ficasse se aquecendo por tempo suficiente, encontraria o que procurava. *In our lifetime* mostrou-se um disco excelente quando foi finalmente lançado.

Fazer *Face dances* foi divertido. Bill era metódico em seu trabalho, sempre gravando três *takes* completos de cada faixa para que pudesse montar as melhores partes, se precisasse. Rabbit estava totalmente no auge de sua performance nessas sessões, trabalhando no piano de Bösendorfer que eu havia despachado do Oceanic Center. Uma vez ou outra falamos sobre nossos respectivos casamentos, e percebi quanto tempo Rabbit e eu vínhamos passando juntos e como nossos mundos cármicos ficaram entrelaçados. Ele era um cara tímido, complexo, às vezes explosivo. Sua maneira de tocar era expressiva e inventiva, mas ele raramente conseguia organizá-la em forma de canção. Não pela primeira vez, desejei ser melhor em coautoria. A vida teria sido muito diferente para Rabbit se seu gênio tivesse sido mais apreciado.

Karen e eu fomos ver o Queen no Wembley. Achei que era o grupo mais maluco que já tinha visto. A essa altura, eles eram maiores que o Who no Reino Unido. John Lennon tinha sido assassinado em Nova York na véspera, e só se falava nisso. Eu só me encontrei com ele uma ou duas vezes, mas sentia por Yoko, Sean e Julian.

Bill tinha preferido mixar *Face dances* em seus próprios estúdios, na Flórida. No caminho, via Nova York, fui ver David Bowie atuando em *The elephant man*, no teatro Cockpit. Na manhã seguinte, acordei com a notícia de que o assassino de John Lennon, Mark Chapman, tinha visto recentemente o show. Havia nisso algo tão arrepiante que imediatamente me deixou sóbrio.

Contudo, não durou muito: para comemorar o encerramento da gravação de *Face dances* embriaguei-me sozinho no quarto do hotel. Quando acordei na manhã seguinte, totalmente nu, parecia que um esgoto havia sido aberto no meio do quarto. Nenhum ferimento, mas havia me sentido violentamente enjoado, sem controle do intestino, e devo ter fracassado em chegar ao banheiro ou à cama, caindo no sono sobre o tampo de mármore da pia da pequena cozinha. Gastei várias horas para limpar, surrupiando todo tipo de sabão e desinfetante da despensa da arrumadeira no corredor. Tentar deixar a bebida sem medicamentos estava tendo um efeito tão danoso quanto beber demais.

Eu remava oito quilômetros por dia no Tâmisa sempre que podia. Estava ficando bem forte, e minha resistência era boa. Na semana antes de partir para a Flórida, senti algumas dores no tórax e fui fazer um exame médico. A radiografia não acusou nada. O ecocardiograma estava perfeito. No exame de sangue, tudo bem. Eu tinha estirado um músculo ao remar. Como é que eu podia estar tão saudável?

Eu tinha visto bem de perto o perigo de se acreditar invencível; no final, Keith tinha morrido de um engano muito simples no uso de remédios. Eu precisava ser mais cuidadoso. Ou precisava ser menos cuidadoso?

Terceiro Ato
TOCANDO PARA OS DEUSES

There once was a note, pure and easy,
Playing so free, like a breath rippling by.
The note is eternal, I hear it, it sees me,
Forever we blend it, forever we die.
– "Pure and easy" (1972)

[Havia ali uma nota, pura e simples,
Soando tão livre, como um alento, ondulante.
A nota é eterna, eu a ouço, ela me vê,
Eternamente nos fundimos, eternamente morremos.]

Behind an eminence front
An eminence front – it's a put-on
It is an eminence front
Eminence front – it's a put-on
– "Eminence front" (1982)

[Por trás de uma fronte eminente
Uma fronte eminente – é uma farsa
É uma fronte eminente
Fronte eminente – é uma farsa]

I don't need to fight to prove I'm right
I don't need to be forgiven
– "Baba O'Riley" (1971)

[Não preciso lutar para provar que estou certo
Não preciso ser perdoado]

21
O último trago

Era 1981, quatro anos depois do início do punk. Tinha havido uma fabulosa contestação, mas a velha guarda – Stones, Status Quo, Queen e The Who – ainda lotava arenas enormes, ao passo que o Sex Pistols acabara, e The Clash, The Jam, The Specials e Siouxsie and the Banshees eram as únicas bandas punk que ainda pareciam verdadeiramente dedicadas a modificar o rock.

Para o Who, tinha sido um divisor de águas que parecia nos afetar menos como coletivo do que a mim como indivíduo. Keith morrera, e continuamos a tocar. O punk dera lugar ao movimento new romantic e suas muitas ramificações. Roger e eu até cortamos o cabelo para tentar nos adaptar. Ainda em nossos trinta anos, não estávamos preparados para permanecer alheios às novas tendências. Foi uma nova era adolescente, com meninas gritando novamente diante de belos jovens como Madness, Adam and the Ants, Duran Duran e Spandau Ballet.

As barreiras caíam. Se Freddie Mercury ainda tentava manter sua homossexualidade fora das manchetes, Boy George era aberta e escandalosamente gay. Mark Almond se dedicava à cena musical que Ray Davies e eu tínhamos garimpado anos antes. Devo, Kraftwerk, Visage, Ultravox e muitos outros começavam a usar sintetizadores computadorizados e baterias eletrônicas para produzir um estilo de música novo. Os críticos apostavam que a guitarra estava ultrapassada, o que me lembrou o modo como meu pai e sua clarineta foram rejeitados da mesma maneira nos anos 1950.

Embora adorasse o novo som do Who com Kenney na bateria e Rabbit nos teclados, principalmente no palco, no fundo eu sabia que a banda perdia contato com nossa base de fãs. Não tinha tanto a ver com o som que produzíamos, mas sim com quem éramos, com o que nos tornáramos. Não tenho certeza se ainda sabíamos exatamente para quem estávamos tocando. Bruce Springsteen parecia ter arrebatado todo o nosso velho público, e o Clash ameaçava disputar com Bruce, caso sobrevivesse por tempo suficiente.

Em 1964, quando o Who dava seus primeiros passos, logo soubemos para quem estávamos trabalhando e por quê. Então, nosso público de jovens da classe operária tinha se dispersado. Muitos estavam tão perdidos quanto nós, sem saber o que fazer com a rapidez com que a velocidade caótica do punk se transformara na heroína chique dos new romantics. Como artista, intérprete e compositor, eu não podia mais fingir ter um público viável entre os jovens. "My generation" estava comodamente chegando aos quarenta, vivendo na opulência da classe média ou – inquietantemente – em caixas de papelão em torno da área de Waterloo, a pouco menos de um quilômetro da abastada West End de Londres.

O Who tinha começado quando havia otimismo entre a juventude da classe operária, que identificava uma oportunidade para mudança e desenvolvimento. "Vocês nunca tiveram tantas vantagens", dissera o primeiro-ministro Harold Macmillan em 1957, quando eu tinha doze anos, e a situação só melhorou. Pela primeira vez na história, uma geração inteira teve a oportunidade econômica e educacional de dar as costas aos mesmos empregos em fábricas de seus pais, os quais, traumatizados por duas guerras mundiais, se abrigaram sob a segurança e o conformismo.

Nessa onda de esperança e otimismo, o Who se propôs a articular a alegria e a raiva de uma geração que lutava pela vida e pela liberdade. Esse tinha sido nosso trabalho. E, na maior parte do tempo, conseguimos realizá-lo. Primeiro, fizemos isso com singles pop, depois com meios dramáticos e épicos, formas musicais ampliadas que serviam como veículos para a autocrítica social, psicológica e espiritual da geração do rock 'n' roll.

Entretanto, ao final dos anos 1970, na esteira de anos de governo trabalhista na Inglaterra, pouco antes de a gestão conservadora de Thatcher quadruplicar as filas de desempregados, foram os punks que conseguiram expressar o niilismo, a fúria e o desdém de uma nova geração de jovens, traída e atirada no lixo. Sem futuro, sem esperança, o manifesto original do Who estava efetivamente esgotado.

Isso soa um tanto grandioso, mas é uma leitura do que realmente aconteceu. As coisas mudaram durante nosso tempo. Canções como "My generation" e "Won't get fooled again" tornaram-se hinos para uma época específica, mas em 1981 um abismo se abrira entre o Who e a geração mais jovem. Tive de aceitar que havíamos alcançado nosso pico de popularidade em Woodstock, e, por mais famosos e bem-sucedidos que ainda fôssemos como banda, nossa capacidade de nos reinventar declinara à medida que continuávamos um lento e longo declínio a partir daquele momento em que Roger cantou "See me, feel me, touch me, heal me"; o sol se ergueu atrás de nós e minha guitarra rugiu para 500 mil pessoas desgrenhadas e com sono.

Então, quem era meu público agora? Se era a geração em que eu tinha crescido, meus projetos musicais solo poderiam falar com ela mais diretamente que o Who. Mas eu olhava para fora da música, envolvendo-me pela primeira vez em causas sociais e trabalho beneficente voltado para a rua. Eu queria ser mais útil à sociedade. Também queria dar mais abertura criativa ao lado literário de minha imaginação. Queria escrever livros, ensaios e – se necessário – gerar polêmicas.

Em 1968 eu havia composto a música para o primeiro filme de meu amigo Richard Stanley, *Lone Ranger*. Tratava-se de uma comédia, e a música não era séria, mas havia algo na persona do Lone Ranger, o garoto perdido que se torna o homem mascarado e viaja com seu amigo Tonto para salvar os necessitados, que soava fundo dentro de mim. No cerne disso, eu sabia que havia dois elementos-chave: meu desempenho de astro do rock era como interpretar um papel – eu poderia, com a mesma facilidade, ter usado uma máscara – e, no ato de salvar os outros, eu esperava salvar e redimir o garoto perdido em mim mesmo. Em resumo, eu ainda precisava crescer, tornar-me um homem que fosse valorizado pela sociedade.

Em um documentário sobre *Quadrophenia*[20] eu disse:

> Jimmy é o herói, enfim... Não é sobre The Who, não é sobre Roger, não é sobre Pete, não é sobre John, não é sobre os mods, não é sobre Ace Face. Não é sobre

[20] Exibido pela primeira vez no Reino Unido na BBC 4, no dia 29 de junho de 2012.

drogas ou nada dessas coisas. É sobre Jimmy e... como ele percebe que esteve procurando fora de si mesmo, e o que ele tem de fazer agora é tentar se perguntar interiormente.

Para amadurecer devidamente, eu precisava recorrer a meu passado perdido, o menino de oito anos de idade que eu ainda carregava dentro de mim. Era um longo tempo pela frente, e, até o início de 1981, eu não tinha a menor ideia do quanto se mostraria crucial nos anos futuros a recuperação do meu eu da infância. Mesmo assim, nos dois anos seguintes, minha vida mudaria de modo bastante inesperado, e eu encontraria verdadeira redenção em ajudar os outros. Isso se evidenciaria como a maneira mais importante de me afirmar: não mais apenas em letras de músicas, mas na ação direta.

No momento, eu tinha de aceitar que meus dias de tocar para garotos e falar em seu nome estavam contados. Meu novo público, nos fundos do teatro, nos assentos baratos, estava ainda muito distante para que eu pudesse vê-lo, longe demais no passado e longe demais no futuro. E, por enquanto, eu parecia estar mais perdido e confuso que nunca. Entre tocar num show e escrever, eu ainda trilhava um caminho interminável, impensado, e, dessa vez, não só na estrada ou apenas num quarto de hotel, mas em casa, com minha esposa e minhas filhas.

Nas primeiras semanas de 1981, retomei o comportamento clichê do beberrão radical, ressentido. Graças aos céus, nunca fui violento. Eu queria estar com minha família, mas o chamado do álcool e da cocaína era poderoso. Karen sugeriu que, enquanto eu estivesse lutando contra o meu vício, talvez devesse morar em outro lugar, afastado da família. Filiei-me ao clube de St. James e levei para lá algumas roupas, livros e guitarras, e outras coisas para a casa em Cleeve. Acabei vivendo entre esses dois lugares e dali em diante raramente voltaria para Twickenham.

A cavalgada do Who oscilou de volta à ação com ensaios em janeiro, para a turnê que acompanharia o lançamento de nosso último álbum, *Face dances*. A canção de John "The quiet one" e o restante das minhas, "Don't let go the coat", "You better you bet", "Another tricky day" e "How can you do it alone" foram finalizadas a tapa. Também refinamos canções dos últimos dois álbuns da banda, *Who by numbers* e *Who are you*. Por causa da morte de Keith, algumas delas nunca tinham sido devidamente apresentadas.

Dois shows na Cornualha caíram em um fim de semana, e Karen decidiu trazer Emma e Minta para o hotel Tregenna Castle, o cenário de épocas mais felizes nas férias, onde elas podiam passar um tempo comigo. Em vez disso, depois do segundo show participei de uma festa no hotel em que a banda estava hospedada e acabei desabando em um quarto de lá. De manhã, minha família tinha partido sem mim. Estou convencido de que Karen teria me estrangulado se eu não fosse útil para ela. Nessa época, ela estava profundamente envolvida com o levantamento de fundos para um abrigo para esposas vítimas de violência. Poucos dias mais tarde, Karen, sabendo que eu estaria disposto a fazer qualquer coisa que ela quisesse, perguntou a Bill se o Who faria um concerto especial no Rainbow, em benefício de seu abrigo.

Quando tocamos no Lewisham Odeon, o jovem Zak Starkey, filho de Ringo Starr, veio aos bastidores com sua irmã, parecendo deteriorado pela bebida. Vergonhosamente, apesar de meus próprios excessos, passei-lhe um sermão. Ele deve ter achado que eu era louco. Na segunda noite quem veio foi Jackie Vickers, e eu toquei para ela minha demo de "You better you bet", a canção que havia feito para ela algumas semanas antes, em meu estúdio no Soho. À medida que a turnê cruzava toda parte da Inglaterra, show após show eu me embrenhava em uma névoa de assombro e álcool.

Minha editora de livros crescia rapidamente, com publicações sobre David Bowie, Bob Marley, The Jam e o roteiro de Vivian Stanshall para *Sir Henry at Rawlinson End*; o catálogo incluía vários livros sobre Meher Baba, claro, e *Joys and sorrows*, a autobiografia de Pablo Casals, o famoso violoncelista. Muitos desses livros tinham sido editados por jornalistas e fotógrafos que eu conhecia da imprensa musical. Quanto a mim, comecei a anotar os detalhes de coisas que eu via acontecendo ao meu redor para os contos que pretendia publicar.

Em fevereiro, Minta me mandou um cartão:

> Querido papai,
>
> Sinto muito sua falta e gostaria que você voltasse para casa. Eu sempre fico triste quando alguém menciona seu nome. Eu sinto muito sobre o resfriado. Eu

ouvi "You better you bet" no rádio e gosto dela. Não é justo! Todo mundo tem um pai que volta para casa à noite. Espero que você não esteja muito cansado para vir nos ver de novo.

Amor (etc.).

Minta

A pungência de seu apelo abriu um buraco na semifantasia que eu estava vivendo, mas eu não podia parar.

Convenci meu amigo Peter Blake a fazer a arte para a capa de *Face dances*, programado para ser lançado em março de 1981. Seria a primeira capa de disco criada por ele desde *Sgt. Pepper*, dos Beatles. Ele decidiu pedir a doze artistas britânicos que produzissem o retrato de um membro da banda. David Hockney, Ron Kitaj e Richard Hamilton – meus heróis ao lado do próprio Peter – figuravam entre os colaboradores. O álbum foi lançado e recebeu críticas frouxas, embora as vendas fossem boas. A Warner Brothers investiu pesado na promoção de rádio, e isso surtiu efeito quando "You better you bet" e "Athena" alcançaram sucesso. Mas algo se passou entre Roger e Kenney, afetando a energia da banda. Nos bastidores, Roger implorou a Bill para que convencesse John e eu a afastarmos Kenney.

Bill convocou uma reunião na primavera de 1981. Roger confessou a Kenney que não tolerava mais trabalhar com ele e o culpou pelo que via como o principal defeito de *Face dances* – sua falta de ímpeto. Kenney alegou que eu tinha usado as melhores canções disponíveis para *Empty glass*, meu primeiro álbum solo. John culpou Bill Szymczyk, o produtor do álbum. Eu culpei as canções.

Eu sempre falava com John sobre tudo que se relacionasse à direção criativa ou ao caráter da banda. Em nossas conversas, sempre evocávamos os dois meninos de treze anos de Acton com suas guitarras baratas, sentados juntos, comendo *fish and chips*, fantasiando ter tanto sucesso quanto The Shadows. John me dizia estar contente com a nova banda, gostava de ouvir os solos criativos de Rabbit e da novidade de tocar com Kenney, que mantinha o compasso sem enfeitá-lo. Como eu, John vinha encontrando mais espaço no novo som do Who, não menos. Ambos tínhamos aprovado também o acréscimo dos metais.

Se havia um sentido real do Who como banda quando John e eu nos reuníamos para conversar, quando nos sentávamos com Roger havia mais o sentido de uma gangue, com tudo o que isso implica: lealdade, honra, história, abnegação, coragem, trabalho duro e obrigação. Entre mim e John não havia realmente nenhum líder, mas para nós três em relação ao Who, quer fosse a banda, a marca ou a gangue, Roger era o líder inquestionável. Eu controlava muito do que fazíamos porque compunha a maior parte das canções e, por fazer isso, influenciava bastante a direção musical da banda, mas Roger era e sempre tinha sido o líder.

Por que esse novo sistema não estava funcionando para ele? Roger literalmente costumava *dançar* ao som da bateria de Keith. Ele era bailarino nos movimentos da parte superior do corpo, tal como eu era, às vezes, bailarino em meus saltos. (Certa vez, disse a Roger que se pudéssemos combinar o torso dele com minhas pernas teríamos um homem e tanto.) Quando Kenney se juntou à banda, Roger não conseguia mais dançar ao som da música. Ele alegava que Keith sempre seguia a linha vocal e que, por sua vez, ele *seguia* Keith. Mas Keith se fora.

Quando começava realmente a relaxar no palco, eu improvisava. Não havia ego envolvido: ao interpretar, eu estava simplesmente compondo as canções de novo. Roger tinha o dom certeiro para acionar uma dinâmica que gerava uma curva ascendente; sempre terminávamos em um clímax de hino ou triunfo. Ele tendia a gostar mais das canções conhecidas que aqueciam sua voz, mas isso significava reciclar nosso material do passado.

Sob a superfície, as questões na banda haviam dado uma virada problemática, e eu não fazia ideia de como resolvê-la. Kenney ficou, mas a alegria que eu extraía do novo Who simplesmente tinha evaporado.

De minha base no Soho, eu podia começar uma noitada no pub de John Snow. O escritório do Bill Curbishley ficava a uma curta distância a pé, e eu costumava passar por lá. A WEA, o braço britânico de nosso selo de gravação da Warner Brothers nos Estados Unidos, ficava na mesma rua, e a Polydor, na vizinha rua Oxford. Minha editora, a Eel Pie Books, tinha escritórios no último andar do estúdio do Soho. No mesmo edifício, Nick Logan, ex-editor da *New Musical Express*, se tornou meu inquilino e começou a publicar *The Face*, a revista lançadora de tendências. Nós fazíamos parte da cena criativa e descolada da cidade.

Uma noite, em março de 1981, quando saía do Embassy Club, topei com Ron Nevison, a quem não via desde que ele fizera a mixagem da trilha sonora de *Tommy*, seis anos antes. Ele estava na escada do clube, tentando convencer uma garota a acompanhá-lo até sua casa.

Ela tinha a expressão de quem estava sendo molestada. Vestia uma jaqueta branca, com largas faixas horizontais azul-marinho, e saia preta. Seu cabelo era revolto, malcuidado e descolorido, com comprimento na altura do ombro e um leve ondulado. Mal dava para ver seu rosto. Ela parecia pequena, amarrotada e deprimida. Ron se afastou, frustrado. Ela olhou para mim por uma fração de segundo, os olhos enevoados e cansados. Era muito bonita.

"Vamos até o Tramp's, depois levo você para casa", disse eu. E foi assim que começou meu caso de amor com Louise Reay – uma obsessão não correspondida que quase me custaria a sanidade.

Algumas semanas depois, em abril, voei até Nova York, a fim de fazer algumas demos para meu segundo álbum solo. Como sempre, fiquei no Navarro. Minhas sessões de gravação eram nos estúdios da Atlantic, no Central Park West, um lugar lendário onde Ray Charles e Aretha Franklin tinham trabalhado com Ahmet Ertegun e Jerry Wexler na gravadora ATCO. Preparei duas faixas interessantes com teclados e *delays* de eco, trabalhando com Michael Shrieve, baterista do Santana. E consegui ver algumas coisas de Mick Jagger, que estava lá gravando para seu primeiro álbum solo.

Na manhã de 8 de abril, acordei no Navarro com alguém batendo na porta, trazendo a terrível notícia de que Kit Lambert tinha morrido na noite anterior, em Londres. Ele caíra na escada da casa de sua mãe. Olhando pela janela do Navarro, dava para ver o edifício Dakota no Central Park West, à porta do qual John Lennon havia sido baleado. Fiquei tonto. Arrancado da ressaca pela terrível notícia sobre Kit, agudamente atento à fragilidade da vida, decidi ir para as Twin Cities visitar Eric Clapton – eu ouvira falar que ele estava internado em um hospital de lá. Alan Rogan, meu amigo, técnico em guitarras e cuidador, e Jody Linscott, que tocava na banda de James Taylor, foram comigo.

Quando chegamos ao hospital, soubemos que Eric apenas tinha exagerado nos analgésicos. Mesmo assim, fiquei contente por ver meu velho amigo.

Meu pequeno grupo partiu de lá para Los Angeles. Pretendíamos fazer algumas sessões com David Lasley, amigo de Jody e um dos vocalistas de apoio de James Taylor. Também fiz um show com outros amigos de Jody que tinham uma banda; foi no Venue, em Sunset, hoje conhecido como Viper Club. Em Los Angeles, visitamos meu amigo Joe Walsh, que tinha tocado com The James Gang e depois com o Eagles, até a separação da banda no ano anterior. A casa dele ficava em Santa Barbara. Foi um longo trajeto de carro. Quando chegamos, Joe acabara de estender uma carreira de cocaína de pelo menos três metros de comprimento. Jody cheirou tudo em um único fôlego, de uma ponta a outra do tampo de mármore, enquanto olhávamos assombrados.

"Era tudo o que eu tinha, Jody", disse Joe, com voz arrastada.

Claro que não era.

O funeral de Kit foi realizado em Covent Garden, em 11 de maio de 1981. Proferi um elogio sincero para a lacrimosa plateia. A Orquestra Sinfônica de Londres tocou a abertura de *Tommy* com Will Malone, "Pinball wizard", arranjada por meu sogro Ted Astley, um trecho de *Rio Grande,* de Constant Lambert, e a pungente chacona de *The Gordian knot untied*, de Purcell. Foi uma solenidade extraordinária. Tudo perfeito. Depois, Chris Stamp e eu cheiramos um pouco de pó e saímos, o que também pareceu, de certo modo, apropriado.

Mark Macauley, sócio do Embassy Club, teve a brilhante ideia de me levar com minhas filhas para ver a estreia de *Cats* em Londres. Ele tinha assistido e adorado a pré-estreia. Pedi a Mark para fingir que Louise Reay era sua companheira, para que eu pudesse comparecer sem perder uma preciosa noite com ela. Louise tinha feito algo no cabelo, que o deixou mais liso que o habitual, e trajava um vestido de bolinha azul-marinho e branco de decote alto. Ela estava primorosa e se comportou perfeitamente. Mas minhas filhas, embora com apenas dez e oito anos de idade, não se deixaram enganar e foram para casa contar à mãe que eu estava com outra mulher.

Longe de Louise eu sentia uma angústia ímpar. No caso, não era apenas a lembrança da dor de minha infância longe de mamãe, mas antes um desejo de que o que era bom com Louise ficasse acima de nossas vidas. Eu queria que ela durasse, permanecesse como naquela noite de *Cats* no New Theatre, em Drury Lane. Mesmo comparada a Bonnie Langford, a estrela do musical, que me dirigiu uma piscadela de cumplicidade enquanto miava e dava cambalhotas, Louise era transcendente.

Eu estava desesperado para me prender a ela e tê-la iluminando minha vida. Convidei-a para ir a Nova York, onde achei que poderia fazer algum trabalho adicional na Atlantic Studios. Fomos a uma festa com Mick Jagger e Jerry Hall e encontramos Christopher Reeve e Robin Williams. O fotógrafo David Bailey me contou que sua mulher, Marie Helvin, era minha fã – acho que estavam se separando, e ele esperava que eu a chamasse para sair.

O clima de troca de parceiros continuou quando, no fim da noite, Mick pediu a Louise o número de seu telefone – e fiquei abismado quando ela atendeu ao pedido. Ela já tinha feito isso outra vez, quando fomos a uma festa promovida por Bernie Cornfeld, o financista internacional, que também pedira, com sucesso, seu telefone. A viagem piorou ainda mais para mim porque Karen descobriu onde eu estava e ligou para meu quarto no Navarro, reclamando que eu tinha levado minha nova paixão para *seu* hotel favorito. Fui para a cama deprimido, e Louise saiu para assistir sozinha a um show do Madness.

No dia seguinte, Louise deixou claro que passara uma noite maravilhosa sem mim. Lamentei tê-la arrastado para o outro lado do Atlântico só para ser submetida a meu comportamento possessivo, infantil.

Todos os new romantics tinham um visual fascinante, bem definido e autêntico. Mesmo as bandas que os contestavam, como The Clash, Madness e PiL, não deixavam de participar de sessões de fotos cuidadosamente produzidas. Eu queria que meu próximo álbum solo fosse parte dessa onda. Eu podia ser um velho rocker quando trabalhava com o Who, mas como artista solo podia fazer tudo o que estivesse a fim.

No estúdio Oceanic, mixei as demos de *Face dances* e *Body language*. Jackie Curbishley – que era efetivamente minha empresária nos projetos solo – gostou delas, mas Bill não tinha tanta convicção. Eu decidira mixar palavra falada e verso livre nas letras. Algumas vezes isso funcionava, outras não. Eu estava trabalhando em uma ideia de um filme *noir*, cujo título na época era *Bilder Von*

Lily, e todas as canções que eu preparava para meu próximo álbum solo se destinavam a ilustrar essa história.

Terry Rawlings, o editor de música que tanto me auxiliara no filme *Tommy*, foi trabalhar em *Blade Runner*, escrito e dirigido por Ridley Scott. Em meados de maio, ele me enviou um roteiro para ler e me pediu para compor a trilha. Terry havia dito a Scott que eu faria um ótimo trabalho. Era uma oportunidade incrível, e fiquei contente por ser solicitado, mas sabia que não havia como me comprometer – estava prestes a entrar no estúdio novamente.

Quando Bruce Springsteen veio a Londres na primeira semana de junho de 1981, viajei até Birmingham com Louise para ver sua apresentação. Toquei com Bruce naquela noite, enquanto Little Stevie van Zandt evocava os acordes. Não há nada parecido com tocar guitarra com Bruce Springsteen em "Born to run", um hino à libertação. Meu papel era reforçar a parte de guitarra, com Little Stevie a meu lado, enquanto Bruce operava aquela sua conexão especial com a plateia.

Alguns dias depois, as sessões no Oceanic para meu segundo álbum solo começaram para valer, gravadas pelo sonoplasta do Who, Bob Pridden. Como decidi gravar todas as faixas ao vivo, a banda se reuniu no estúdio, de modo que poderíamos todos nos ouvir. Toquei minha velha Telecaster com um amplificador Fender Twin, enquanto Tony Butler e Mark Brzezicki, da banda de meu irmão Simon, faziam a seção rítmica. Jody Linscott ficou na percussão, e Peter Hope-Evans, na gaita e na harpa de boca. Para essas primeiras sessões, Chris Stainton, que tocava com Joe Cocker e Eric Clapton, assumiu o piano e o órgão Hammond, enquanto Polly Palmer (de Family) tocou metalofone, marimbas e vibrafones.

Em uma semana, ensaiamos "Face dances", "It's in you", "Stop hurtin people", "Dance it away", "Man watching", "Sean's boogie", "The sea refuses no river" e "Communication". O som era épico. Não bebi muito, e, embora houvesse cocaína por perto, pouquíssima droga chegou até o andar do estúdio de ensaio.

Depois do trabalho, toda noite eu ia me divertir no Venue ou algum outro lugar, na expectativa de ver outras bandas. Uma noite toquei com Taj Mahal, que aludia diretamente a mim como aliado e partidário sempre que eu ia vê-lo se apresentar. Era uma alegria. Trombei com minha cunhada Virginia no Venue, e ela concordou em tocar piano e teclados em algumas das sessões seguintes de gravação. Rabbit se recolhera para a toca, e eu não conseguia contatá-lo nem por telefone. Desde os shows do Who, em março, não o tinha visto nem ouvido falar dele.

Antes de o outono chegar, regressei ao Templo, em Cleeve, e convidei mamãe para se hospedar lá na cabana. Envolvida com seus próprios problemas com a bebida, ela tinha se isolado no chalé que havia muito anos eu comprara para ela e papai em Minorca. Achei que poderíamos nos ajudar um ao outro. Imagino que essa tentativa de solidariedade no alcoolismo era tão maluca quanto a ideia de mamãe de me mandar morar com minha avó Denny – mas achei Cleeve um lugar tranquilo e reconfortante, e imaginei que poderia ajudar mamãe também.

De fato, nos ajudou por alguns dias, mas logo fiquei impaciente com o extremo narcisismo de mamãe. Fui à livraria local em Wallingford e comprei *Em busca do tempo perdido*, de Proust. Eu fazia longas caminhadas enquanto mamãe preparava comida que eu não conseguia comer – normalmente exóticos pratos espanhóis com peixe – e fazia intermináveis palavras cruzadas na revista de passatempos que ela comprava na vila.

Em setembro de 1981, Chris Thomas e Bill Price começaram a trabalhar no Oceanic em meu álbum solo *Chinese eyes*. Demos duro por cerca de uma semana, até que empacamos. O problema era que as canções eram incrivelmente difíceis de tocar. Chris tinha de começar a trabalhar em um álbum com Elton em Paris, de modo que fui obrigado a encarar o fato de que não cumpriria o prazo de entrega em novembro, como a Atlantic esperava.

Eu tinha de encontrar um jeito de tirar Louise da cabeça. Barney sugeriu que eu começasse a namorar Krissy Wood, a ex de Ronnie. Fui visitá-la, e ela ainda era adorável e ligeiramente excêntrica – morava em Wick Cottage com seu filho Jessie – e ainda falava com frequência do ex-marido "Woody".

Levei Krissy para uma boate da moda na Baker Street, onde me diverti muito – até que acordei em um hospital em Chelsea com uma agulha de adrenalina de seis polegadas espetada no tórax. Aparentemente eu tinha sido encontrado inconsciente no banheiro da boate, com overdose de cocaína. Eu estava tecnicamente morto, mas, para minha sorte, fui socorrido a tempo.

Rumei para Twickenham a fim de contar tudo a Karen antes que ela lesse os tabloides. Quando acabei meu relato, ela me bateu com tanta força que vi estrelas. Acho que ela usou uma colher de pau. Deu pra machucar bastante. Foi a primeira vez que um de nós agrediu o outro.

"Acho que seria melhor você não fazer isso de novo", disse eu, em voz baixa. "Ainda não existe nenhum abrigo para maridos espancados."

Escrevi para Bill Curbishley em 24 de setembro, dizendo que precisava de um tempo de folga. Ele respondeu no dia seguinte.

> Sinto que definitivamente é o melhor a fazer, e acho que você precisa de uma pausa total de dois ou três meses. Velejar, jogar tênis não fariam mal, e nada de droga, birita ou boates. Nada de Londres ou Nova York e tomar sol e, acima de tudo, você tem de *levar isso a sério*.

Ele prosseguia da maneira mais compreensiva. O álbum seria adiado até a primavera, e eu não devia me preocupar.

Mais pessoas se importaram comigo do que eu imaginava (ou provavelmente merecia), mas não havia mais shows do Who naquele ano. Bill deixou de lado suas projeções otimistas para a planejada turnê norte-americana de outono e inverno.

Ainda escravo de Louise, implorei a ela que me desse um tempo, e passamos alguns dias nos encontrando ao redor de Portobello. Uma noite, após eu ter sido apresentado a sua irmã e a seu cunhado, Louise me contou a história infeliz de sua adolescência. Quando lhe dei uma bronca, dizendo que até ter um filho ela nunca seria realmente feliz, ela chorou e acabou telefonando a um antigo namorado, que chegou depressa para amenizar as coisas para nós dois.

Depois, Louise sugeriu que fôssemos passar algum tempo no Templo, em Cleeve. Enquanto estávamos lá, jogando Scrabble, recebi um telefonema de Chris Thomas perguntando se eu poderia ir a Paris adicionar violão em uma das faixas do álbum de Elton. Fiz os preparativos rapidamente e depois sugeri a meus pais que viessem comigo e Louise. Em uma louca fantasia, eu estava criando uma família instantânea. Ao conhecer Louise, mamãe disse apenas: "Ela é linda" (ela aprovava) e "Ela é muito nova" (ela desaprovava).

Louise tinha 23 e eu 36, um abismo de idade que não parecia particularmente grande para mim.

A sessão com Elton em Paris foi magnífica. Eu cheirei um pouco de cocaína e bebi Rémy, e depois de alguns *takes* comecei a me sentir na presença de Deus. Minha execução ficou mais e mais rígida, quando deveria acontecer o contrário, mas continuamos a refazer as tomadas, porque Chris disse que a "percepção" do baterista não estava muito certa. No dia seguinte, Elton, combatendo seus próprios demônios, não apareceu. Usei o tempo livre para gravar a trilha para uma canção minha, "Vivienne".

Ficamos dois dias em Paris. John Entwistle e sua turma estavam na cidade, e, para aproveitar a coincidência, produzi depressa um jantar para vinte pessoas. Depois, fomos beber em um clube, onde vomitei em um balde de champanhe.

Sozinho em casa, em Cleeve, bati um papo com o diabo em pessoa. Ele estava tão perto de mim – sentado bem aos pés de minha cama – que dava para sentir seu cheiro. O odor era nauseante. Na manhã seguinte, liguei para meu médico, que me encaminhou a um hipnoterapeuta especializado em dependência e tratamento de alcoolismo, o que salvou minha vida. O médico também me receitou Ativan e pílulas para dormir. Para comemorar essa boa virada dos acontecimentos, comprei minha primeira Ferrari, que eu tinha certeza de que não dirigiria bêbado. Eu estava me transformando em Keith Moon.

Karen decidira comprar uma casa maior, ainda em Twickenham, pouco abaixo do rio, e vendeu nossa velha casa para seu irmão. Eu não sabia direito se queria vendê-la, mas, como não estava por perto, não havia muito o que fazer. A nova casa era bonita e tinha um píer sobre o Tâmisa. Karen e as meninas se mudaram para lá sem mim, em dezembro. Comprei um piano para a casa.

À medida que o Natal se aproximava, comecei a fumar cocaína *freebase*. Em uma viagem a Nova York, meu amigo Ike e eu passamos o tempo todo fumando com corretores de Wall Street. Uma manhã, quando saíamos do prédio dos traficantes com uma garota atraente de braço dado com Ike, um dos caras de Wall Street veio ao meu encontro.

"Diga a seu amigo", sussurrou ele, "que a garota com quem ele está não é de fato uma garota."

Puxei Ike para o lado e contei a ele.

Ike olhou para mim como se eu estivesse doido. "E o que me interessa saber de que porra de sexo ela é?"

Tínhamos passado doze horas em um antro de crack, onde preparamos pelo menos meio quilo de pura cocaína em pedra. Imagino que questões como a de gênero realmente não eram tão importantes assim nesse contexto.

Em janeiro de 1982, eu morava totalmente só no Templo. Dirigia minha Ferrari e conheci alguns novos amigos, porém meu coração estava longe. Fazia dois meses que não tocava em álcool, mas precisava de ajuda para romper minha dependência de remédios e de heroína. Eu trabalhava muito pouco. Liguei para Meg Patterson na Califórnia e pedi a ajuda dela. Ela providenciou que eu fosse até uma casa alugada na ilha de Balboa, na Califórnia, a fim de me submeter a um período de abstinência controlada usando seu sistema NET.

Meg insistiu que Karen estivesse comigo durante a terapia. Eu disse que não esperava que minha mulher fizesse isso, mas Meg ponderou que, se não se juntasse a mim naquele momento, Karen estaria abrindo mão da responsabilidade de seu papel em nosso casamento problemático. Quando fui ver meu hipnoterapeuta, Karen tinha me acompanhado, e nós estávamos nos dando muito melhor então. Mas aquela situação era diferente. Karen acabara de se mudar para a nova casa – pomposamente chamada de O Ancoradouro –, e minhas duas filhas estavam em períodos críticos de sua educação. No fim, ela não veio, e eu não a pressionei.

Passei cinco dias subindo pelas paredes e recebendo sermões de George, o marido carismático de Meg. Suas visões para o Terceiro Mundo eram inspiradoras e sua fé cristã, contagiante, mas eu sentia que Meher Baba (como força mística) nunca me abandonava. Eu tinha apenas de encontrar um caminho para casa, onde quer que ela estivesse.

Em meu último dia na Califórnia, meu cuidador Alan Rogan e eu fomos de carro até Laguna para almoçar. Era Dia dos Namorados. Depois caminhamos pela praia. Minha reabilitação tinha durado trinta dias e, por fim, eu estava limpo. De repente, na areia, localizei um frasco marrom de remédio, daqueles usados por traficantes de cocaína nos Estados Unidos. A primeira vez que vira um desses tinha sido no Dia dos Namorados de 1980, quando pedi a um amigo que providenciasse um pouco de pó para me ajudar a lidar com a rejeição de Theresa Russell, dois anos atrás. Apanhei o frasco e desatarraxei a tampa preta. Provei uma quantidade minúscula.

Cocaína.

Havia cerca de quinze gramas. O frasco deve ter sido jogado ao mar de um barco vindo de Catalina, após uma farra num cruzeiro. Pus a tampa de volta e o atirei nas ondas.

Alan olhou para mim, desconfiado.

"O quê?", disse, achando que tinha feito uma coisa boa.

"*Você* pode ter desistido da cocaína", disse ele, rindo, "mas alguns de nós..."

Em minha ausência, o Who havia começado a gravar no novo estúdio de Glyn Johns no campo, com Andy Fairweather Low na guitarra. Senti o impulso de escapar da reabilitação e juntar-me a eles imediatamente, tal como fizera depois de minha última trapalhada no Dia dos Namorados, dois anos antes. Mas dessa vez me segurei. Somente no dia 3 de março fui de carro me encontrar com o pessoal.

A imprensa especulava à beça sobre o que eu, como principal compositor, podia fazer (ou não fazer) pelo Who. Eu queria que eles me dessem uma tarefa, alguma direção. Minha cabeça estava vazia. John garimpava sua própria mina de criação, mas parecia voltado principalmente ao seu trabalho solo. Roger e Kenney falavam na vontade de interpretar canções que refletissem as questões importantes da época.

"Eles estão mais perdidos que eu", disse a meu motorista Paul, enquanto ele me levava para casa.

Só fiquei com Louise uma vez em 1982, meu primeiro ano de tensa abstinência. Tínhamos almoçado com o intuito de demarcar um "fim de caso". Rimos e conversamos sem problemas. Depois voltei a meu estúdio e tentei compor a canção que senti que devia a ela. Vi Louise mais uma vez naquele ano, a distância, ao sair da sala de meu terapeuta na rua Harley. Ela estava também indo ao médico. Torci para que estivesse grávida e tivesse o filho que, em minha opinião, a redimiria.

Karen e eu decidimos passar algum tempo a sós e fomos para Veneza. Ficamos no Cipriani. Quando voltamos para casa, tentamos passar um fim de semana em Cleeve como uma família. Era extremamente tenso e difícil para Karen, e eu estava cheio de emoções confusas, como sempre.

Minha primeira apresentação pública em 1982 foi num concerto na Prince's Trust,[21] em 21 de julho. Eu havia ajudado a organizar o espetáculo e tinha pedido a David Bowie que se apresentasse comigo. Ele concordou, foi anunciado, mas depois, talvez por minha culpa, houve um conflito de datas que o impediu de participar. David estava filmando *Fome de viver* em Londres, e sua agenda de trabalho não podia ser remanejada para encobrir meu engano. Continuamos amigos, porém depois disso seu empresário sempre me tratou mal.

Foi a última vez que vi Ike, meu amigo e fornecedor de drogas. "Então", disse ele, quando nos encontramos nos bastidores, "você foi à polícia." Essa era uma expressão usada na época para viciados que entravam em reabilitação, deixando para trás seus velhos amigos usuários. Não dei nenhuma desculpa.

Ike morreu alguns meses depois com suspeita de overdose. Quando compareci a seu funeral e encontrei sua família, soube que seu pai durante muitos anos fora cônsul britânico e, em algum momento, renegara Ike como filho. Achei que a família dele acreditava que eu podia ter salvado sua vida – dois amigos de Ike chegaram a dizer isso. Ele tinha sido meu amigo mais íntimo por muitos meses em 1981. Eu tinha extrema afeição por ele, mas não havia jeito de tê-lo salvado; eu não tinha certeza nem se poderia salvar a mim mesmo.

O álbum seguinte do Who, *It's hard*, saiu em 4 de setembro de 1982. Quase nem chegou a ser lançado. Quando Roger ouviu as mixagens finais, quis segurar o lançamento: aos seus ouvidos, o álbum não parecia finalizado. Mas, com a turnê se aproximando, estávamos ficando sem tempo, e o convenci a deixar como estava.

Houve dois momentos extraordinários de Roger nesse álbum. O primeiro foi em "One life's enough", uma balada sobre aceitação e o simples prazer de fazer amor. Pensei que cantaria essa canção, algo para criar certo descanso no disco. Mas o próprio Roger a cantou, de maneira muito bonita e terna.

[21] Entidade de assistência a jovens fundada no País de Gales, em 1976, pelo príncipe Charles.

É uma de minhas favoritas entre suas interpretações vocais, equivalente à descoberta daquela voz em falsete que ele tinha usado de modo tão brilhante em *Tommy*.

O segundo foi "Cry if you want". Novamente, achei que poderia cantar essa, ou pelo menos dividi-la com ele. Eu tinha tentado cantá-la algumas vezes para o álbum solo *Chinese eyes* e jamais consegui. Antes de fazer o vocal, Roger decorou o fluxo torrencial de palavras e o fixou com precisão, quase desmaiando por falta de ar, as palavras brotando bem compactas e rápidas.

Glyn Johns queria que eu cantasse "Eminence front", provavelmente a faixa do álbum mais adequada ao rádio. Ele insistiu em usar o primeiro *take*, e eu sempre achava que podia tê-la cantado melhor. De fato, o disco foi gravado muito depressa, em menos de um mês. Pensando bem, é realmente um trabalho muito bom, mas o espírito ligeiramente provisório que ele transmitia era desmentido pela verdade: não haveria outro disco de estúdio do Who por um período muito longo.

Os primeiros shows da turnê foram em Birmingham, em duas noites, depois fomos para os Estados Unidos. No Shea Stadium, tivemos duas apresentações sucessivas e fui entrevistado para um programa de TV em uma limusine, no caminho para o show. Eu normalmente não andava em limusines tão descomunais, e fingir que não havia ali uma equipe de TV parecia terrivelmente forçado. O Who tocou muito bem nessa turnê, que chegou a ser anunciada como nossa "Turnê de Despedida", mas eu não estava a fim de discutir.

A turnê foi altamente lucrativa, alcançando uma das mais altas rendas brutas de nossa carreira. Muito antes de seu término, todos em nosso círculo sabiam que eu anunciaria minha saída da banda. Também ficava claro que um crime peculiar tinha sido perpetrado. O Who estava em declínio, mas não em chamas. Não houve nenhum glorioso ataque cardíaco no palco, nenhuma overdose pomposamente trágica em quarto de hotel, nenhum suicídio, nada. Nada que fiz no palco incitou Roger a quebrar minha cabeça; ele nunca tinha sentido o desejo de ir embora ou de reclamar para a imprensa de meus solos excessivamente longos ou de quaisquer outros excessos.

Toquei de acordo com as regras, e não houve nenhuma diversão. Eu não tinha culpa de nada que pudesse ter desencadeado o fim inevitável, mas tampouco procurei nos extinguir de uma chama de glória. Isso poderia provocar problemas terríveis para mim no *futuro* – um refúgio no qual eu esperava nunca mais ter de trabalhar com o Who novamente.

Eu tinha sido um mala. Pelo menos fora esse o meu plano, e por um bom tempo ele funcionou muito bem.

Em Nova York, em 11 de outubro de 1982, fui contatado por Henry Mount-Charles, que trabalhava na prestigiosa editora britânica Faber & Faber e queria me oferecer seu cargo lá, pois estava voltando para a Irlanda. Lisonjeado e intrigado, marquei um encontro com o chefe de Henry, Matthew Evans, quando voltei a Londres na curta pausa de novembro. Rapidamente, fiquei amigo de Matthew.

Nesse período, também jantei com sir Freddy Ashton, que queria conversar sobre seu afilhado Kit Lambert. Eu disse a ele o quanto sentia a falta de Kit. "Eu preciso escrever sobre ele", disse eu, "não apenas conversar sobre ele e contar casos engraçados."

"Então escreva sobre ele", disse sir Freddy.

"Um poema de amor?" Eu estava sendo um pouco jocoso, mas o homem se inclinou para a frente e devolveu a bola.

"Se a questão é amor, o indicado seria um soneto."

Então escrevi o seguinte soneto para Kit:

My love stands in the archways of my night,
Come out into the alley of my day.
Your ghost is mine, in life you stood away,
Come near let me embrace you near the light,
To touch your face so healthy, once so white,
And hold you in my arms is all I pray;
For long I've plumbed the sadness you display,
To hear you laugh was always my delight.
We loved, but never lovers were to be,
Yet in the darkened city we might meet
To talk again in sweet complicity;
Svengali fashioned neophyte Trilby.
But music, once of heart, is now of street;
And genius, once of you, is now of me.

[Meu amor fica nas arcadas de minha noite,
Sai para o beco de meu dia.
Teu fantasma é meu, em vida estiveste distante,
Venha cá, deixe-me abraçar-te perto da luz,
Tocar teu rosto tão saudável, outrora tão branco,
E segurar-te em meus braços é o que peço rezando;
Por muito tempo sondei a tristeza que exibes,
Ouvir tua risada foi sempre meu deleite.
Nós nos amamos, mas nunca amantes seríamos,
Ainda que na cidade escura podemos nos encontrar
Para conversar novamente em doce cumplicidade;
Svengali requintado neófito Trilby.
Mas a música, outrora do coração, é agora da rua;
E o gênio, outrora de ti, é agora de mim.]

Com o Who finalmente em repouso no que dizia respeito a mim, eu começava o segundo ano de psicoterapia profunda – e havia muito que consertar: desculpas a dar, muitos amigos antigos a levar para almoçar, muitos negócios a desenrolar, incluindo a Eel Pie Books. Eu morava agora no Ancoradouro, com Karen, e transformei o quarto do porão em um ateliê de arte, com um pequeno estúdio de gravação em um quarto adjacente. A ênfase estava tanto nas artes visuais e gráficas como na composição. O Oceanic estava sendo revitalizado ou reorientado, com um projeto para converter o lugar em um laboratório de vídeo e multimídia. Resolvi comprar um iate a motor grande o suficiente para empreender longas travessias, e, com isso, poderíamos ter algumas aventuras em família.

Eu queria dar vazão à minha nova visão criativa e facilitá-la com recursos físicos: estúdios, materiais, finanças e tempo. No final de fevereiro de 1983, escrevi um roteiro muito simples para meu álbum solo seguinte. Eu mesmo queria fazer toda a arte necessária, por isso comecei a pintar novamente a sério.

Nas férias na Cornualha, no ano anterior, eu compusera um tema musical básico a que chamei de "Siege". Era bastante simples, mas se prestava particularmente bem a variações. Eu tinha sido inspirado pela ideia de uma alma sitiada em um magnífico castelo, cercado pelo lixo dos séculos, o detrito de riqueza esvaída. Não havia um enredo definido, mas não era necessário para o que eu tinha em mente. Eu estava produzindo música, histórias e letras e até tirei algumas fotos, depois de uma longa pausa sem fazer isso, para criar uma espécie de "painel de atmosferas" para o projeto. Com a ajuda da produtora Helen "Spike" Wilkins, comecei a reunir minhas demos de várias canções lançadas e inéditas do Who, bem como demos de material totalmente novo, que eu lançaria em uma coletânea chamada *Scoop*.

Além disso, eu ainda escrevia contos ou registrava ideias para essas narrativas. Uma ideia de fevereiro de 1982 é: *homem que faz amor com uma garota que finge seu orgasmo cantando escalas*. Não sei se minha expectativa era superar Jorge Luis Borges ou Monty Python, mas as imagens que eu produzia começaram a ficar mais alegres. Pintei vários retratos de Pete Wylie, do *WAH!*, para acompanhar minha letra para "Brilliant blues". Combinei os rostos de minha mulher e sua irmã Virginia e circundei a imagem com anjos. Pintei um bom retrato de Mr. Freedom no estilo de Peter Blake. Também fiz fotos em Polaroid da tela da televisão e criei uma boa colagem chamada *I didn't hear you*, sobre violência doméstica.

Eu tinha lançado o manifesto do Goldhawk Club, a ideia que surgiu de "I can't explain", e isso exigia que meu trabalho fosse um recipiente vazio em que o público pudesse se encontrar. Em vez disso, eu precisava encontrar a *mim mesmo*. A pintura e o desenho haviam se tornado um novo escape catártico, mas eu ainda fazia música à moda antiga. Ficava experimentando num violão ou piano, depois registrava em uma demo simples em fita cassete. No Ancoradouro, eu usava meu equipamento básico Portastudio com fita cassete de quatro canais para demos. Eu ainda tinha um estúdio profissional no Soho, a suíte SSL top de linha no Oceanic e uma boa sala de estúdio com piano de cauda em Cleeve. Meu trabalho na nova casa no Ancoradouro era evolutivo e íntimo e estava saindo muito bem.

Minta, prestes a completar doze anos em abril de 1983, era sempre curiosa quando eu trabalhava a portas fechadas. Às vezes, ela se insinuava sigilosamente quando eu estava fora e examinava minha arte e minhas histórias, talvez ainda preocupada comigo. Emma, dois anos mais velha, já dirigia uma banda musical, The Launderettes, composta de amigos da St. Paul School for Girls. Quando fiz algumas gravações com elas, ficou claro que Emma era muito talentosa. Ela também estava começando a ficar muito bonita. A alegria em seus olhos tinha retornado. Senti que eu estava entrando na linha e endireitando as coisas.

Comprei um barco em Mallorca, um velho Herd Mackenzie de 65 pés, construção escocesa, chamado *Ferrara*, capaz de viajar milhares de quilômetros. Nossa primeira aventura foi nas ilhas gregas. Voamos para Atenas para conhecer o barco e depois viajamos para leste a fim de visitar duas ou três ilhas antes de ficarmos imobilizados pelo mau tempo em Nisos Syros. Minta demonstrou sua habilidade como linguista conversando com o tabaqueiro local em grego básico, que ela tinha captado em algumas horas. Senti que começava uma nova vida na qual meus prazeres seriam – se não estritamente convencionais –, pelo menos, não induzidos artificialmente.

Alguns dias antes de meu 38º aniversário, em maio de 1983, fui ver Roger em sua adorável residência Tudor, em Sussex. Na ida de carro para lá, lembrei-me de 1962, quando eu caminhara com meu estojo de guitarra até a soleira da porta de Roger; lembrei-me de sua namorada cambaleando em minha direção e a indiferença dele diante de seu ultimato. *Ela que se dane. Entre.* Pensei no quanto eu tinha desejado estar *dentro* na época e no quanto eu queria estar *fora* naquele momento. Dessa vez, confirmei o que Roger já imaginava: eu não sairia mais em turnê com o Who.

Em 1962, minha expectativa era que Roger irrompesse em lágrimas por ter sido privado daquela irada e loura deusa adolescente. Mas ele não o fez então e também não o fez agora. Eu disse que consideraria trabalhar em projetos especiais com ele – shows beneficentes, musicais, tudo menos turnês. Ele pareceu receptivo.

Você pode tocar "Man of mystery" com The Shadows? O.K., vejo você no Harry's.

Parecia ter terminado tão depressa quanto havia começado. Imagino que o mesmo pensamento tenha ocorrido a Roger. Em meu caderno, escrevi:

"Prossigo para a liberdade."

22
Ainda lunático

Encontrei-me com Robert McCrum, gerente editorial da Faber, e falamos sobre uma entrevista coletiva para anunciar meu cargo de editor encarregado de um catálogo voltado para as "artes populares". Gostei de Robert desde nosso primeiro encontro. Era alto, vivamente inteligente, sensato e divertido, mas capaz de exercer autoridade, impondo sua vontade quando necessário. Seu pai tinha sido diretor do colégio Eton, porém não havia nada em Robert que denotasse esnobismo ou superioridade. Sua própria escrita era séria e sombria, mas trabalhar com ele foi inspirador.

Após a coletiva de imprensa da Faber, os jornalistas caíram de pau, e o *Sunday Times* foi particularmente cruel. Mas eu sabia que conquistara um dos melhores cargos da indústria editorial londrina (ainda que recebesse apenas 7 mil libras por ano e uma porcentagem sobre a venda dos best-sellers) e não desperdiçaria a oportunidade.

Muito se disse sobre minha chegada ao trabalho em uma limusine, vestindo terno, mas era assim que eu tinha vivido e me vestido por vários anos. Fora do palco, mesmo em meus piores anos, eu tomava mais cuidado com meu visual do que nos shows. Eu dividia a sala com Craig Raine, editor de poesia, que se vestia como um desleixado professor de arte e praguejava como um marujo. Frank Pike cuidava das peças teatrais, e uma de minhas primeiras atribuições, com aprovação dele, foi trazer Steven Berkoff para a Faber como dramaturgo. Sua peça de 1986, *Sink the Belgrano!*, seria definida como "uma diatribe em tom punk-shakespeariano".

O presidente da Faber, Matthew Evans, era o que mais gostava de minha notoriedade. "Pete Townshend", anunciava com certa cerimônia quando eu entrava em seu escritório, como se me apresentasse em um novo palco. Claro que era exatamente o que ele estava fazendo. Demo-nos muito bem e nos tornamos grandes amigos.

Com a aposentadoria de minha assistente pessoal, Judi Waring, precisei procurar uma substituta. De um grande número de candidatos, entre os quais se buscava alguém "que conseguisse fazer malabarismo com motosserras", escolhi Nicola Joss, que enviara uma foto sua... fazendo malabares com motosserras. Parecia uma afirmação da natureza da ilusão, o sonho dentro do sonho, a piada dentro da piada.

Nicola tinha trabalhado com meu amigo Charles Levison, presidente da WEA, e trouxe consigo um novo sistema de trabalho. De repente, minha vida era administrada com um grau de eficiência que eu jamais achara possível. Lamentavelmente, sua primeira missão foi voar comigo até Los Angeles para pedir a Mo Ostin a rescisão do contrato do Who, porque eu precisava de uma testemunha para gravar todas as nossas reuniões. Essa notícia foi delicadamente recebida por Mo, mas logo seguida de um telex de David Berman, vice-presidente executivo, exigindo reembolso de adiantamentos pagos até então – muitos milhões de dólares. Se meus colegas na banda não concordassem com minha decisão, eu também teria de devolver as cotas deles.

Enquanto isso, eu tinha começado a produzir um álbum para meu irmão Simon. Inicialmente apenas um projeto paralelo, em setembro ele se tornaria central. Adorei trabalhar nele e achei que tínhamos uma chance de sucesso com a faixa-título, "Sweet sound".

Karen e eu, para todos os efeitos, vivíamos juntos novamente como marido e mulher, embora em meu coração minha capacidade de manter qualquer tipo de compromisso matrimonial nessa etapa fosse frágil e incerta. Em junho de 1983, fomos juntos ver Bowie se apresentar em Wembley Pool. No intervalo, tive uma intuição de que se eu olhasse com muita atenção pelo enorme auditório veria Louise. Localizei uma mulher sentada com uma criança, bem diante de nós, do outro lado do auditório. Não havia como se equivocar com aqueles movimentos com a cabeça e aquelas roupas: era ela. Pedi licença e fui cumprimentá-la.

"Achei que você pudesse estar aqui", disse ela. "Estou com um amigo e a filha dele."

No dia seguinte, eu não conseguia pensar em nada além de Louise. Mal conseguia agir e tinha dificuldade para respirar. Karen parecia mais serena e atraente do que nunca, mas minha cabeça ainda estava longe. Louise não sentia minha falta.

Minha terapia continuava, duas vezes por semana. No final de cada sessão, eu dizia a mesma frase sarcástica a meu motorista, Paul, esperando-me na entrada para me levar rápido para Twickenham. "Ainda lunático", eu falava, colocando o cinto e me acomodando para a viagem de volta através dos muitos lugares onde passei a infância.

Eu estava um pouco perturbado com os ataques de ansiedade. Afora a terapia, eu não tinha nenhum outro apoio. Achei que frequentar os Alcoólicos Anônimos seria um tanto inapropriado para uma celebridade – como eu permaneceria anônimo?

Certa vez, quando Minta e eu almoçávamos com meus pais, papai se mostrou deprimido e irritado, o que não era comum. Normalmente ele era muito animado. Recentemente havia fechado seu pequeno brechó e achei que isso podia ter sido um erro.

Anotei em meu diário por volta dessa época que *Karen está ficando espantosamente linda. Seu rosto e seu corpo estão ganhando vida – ela é agora uma presença maior*. Em minha fase de flertes, principalmente com mulheres mais novas, eu passara a pensar nela como velha demais para me cativar de novo. Mas não foi ela quem envelheceu. Fui eu.

Os outros três membros da banda tinham sepultado todos os ressentimentos ou problemas que poderiam ter tido comigo ou entre si – na verdade, com qualquer um – e então buscavam algum modo de prosseguir com o Who, para continuar, em minha mente, como uma espécie de nostálgico espetáculo secundário. Em uma reunião no escritório de Bill Curbishley, no dia 15 de junho, com todos os membros da banda, confirmei minha decisão de sair. Bill parecia ser o único a ver que eu não mudaria de opinião. No final do encontro, a mulher de Bill, Jackie, voltou-se para mim.

"Talvez você esteja acabado", disse ela, não com más intenções.

Ela tinha trabalhado duro e continuaria a trabalhar por algum tempo para tentar apoiar meu trabalho como artista solo. Essa reunião foi a última com o Who em um período muito longo.

Joanne, a secretária de Nicola, assumiu o encargo de abrir correspondências de fãs e encaminhá-las para eu ler. Muitas vezes as cartas me pareciam irrefletidas ou extremamente analíticas. Umas poucas eram tão maldosas que podiam ser deixadas de lado, mas algumas demandavam resposta, e eu ficava na defensiva ou inseguro. Eu desejava que meus fãs compreendessem por que eu tinha abandonado o Who.

Uma fã escreveu: "Isso é besteira. Você sabe que seu cabelo se foi? Bem, o mesmo aconteceu com sua integridade". A remetente e eu tínhamos trocado algumas cartas, e achei que havia lidado muito bem com ela. Porém achei difícil aceitar que muitos fãs prefeririam que eu mantivesse aquele estilo de vida rock 'n' roll, arriscando-me reiteradamente até que acabasse consumido como Keith, em lugar de pisar no freio e salvar minha vida. Mas passei a entender que, para muitos fãs, embora eles achassem que me conheciam bem, eu não era totalmente real.

Quando Nicola e Joanne organizaram um banco de dados, classificando as cartas por nome e endereço, ficou claro que as mesmas centenas de pessoas eram responsáveis pela pilha inteira. As fotos enviadas por fãs do público masculino tendiam a mostrar a família, pais e filhos, ou turmas em shows de rock ou jogos de beisebol. As mulheres se fotografavam quase sempre sozinhas, na intenção de tentar atrair minha atenção.

Em minha vida pós-Who, continuava a desbravar áreas novas e empolgantes. Em janeiro de 1984, graças ao filantropo David Astor, conheci Donald Woods, autor de um livro sobre Steve Biko, um dos fundadores do partido político Congresso Nacional Africano (CNA), na África do Sul. Woods estava indiretamente levantando fundos para libertar Nelson Mandela da prisão, e eu lhe disse que faria o que pudesse para ajudar. Astor e eu continuamos a aumentar os recursos da Chiswick Family Rescue, o abrigo para esposas espancadas apoiado por Karen. Ele era um filantropo autêntico e jamais temia ser radical. Ficamos muito amigos e, de vez em quando, trabalhamos juntos em projetos como a Brent Black Music (cooperativa de estúdios de música) e a revista *Fred*, de Ken McDonald (um livro ilustrado de bolso de poesia).

Na Faber & Faber, Robert McCrum decidiu que meu tempo livre seria mais bem empregado se eu trabalhasse em um livro de contos. Concordei que seria levado mais a sério como editor se pudesse mostrar minhas habilidades literárias. Ele também sugeriu que eu percorresse os arquivos da Faber em busca de livros a serem reimpressos e lesse alguns da "pilha de baboseira" de obras originais não solicitadas. Da montanha de propostas à espera de avaliação, dia sim, dia não, eu levava três para casa e, assim, passei a ler seis livros por semana em média – e a escrever seis cartas de rejeição. Eu adorava ler aqueles originais, mas, quer eu gostasse deles ou não, jamais sairiam pela Faber. Muito pouco foi publicado que não houvesse sido encomendado pela equipe editorial.

Reeditei o primeiro romance de John O'Hara, *Apointment in Samarra*. McCrum depois me apresentou ao artista Brion Gysin, que tinha sugerido a William Burroughs que ele experimentasse escrever *cut-ups*, poemas compostos por recortes, rearranjados, de textos de outros autores. Trabalhamos juntos por vários meses, sempre ao telefone, entre Londres e Paris, onde ele vivia. Personalidade fascinante, seu texto era impossível de editar, de modo que, por fim, publicamos seu livro do jeito que estava.

Frank Pike me passou vários romances de Jean Genet para tentar relançá-los. Eram bastante controversos, todos recentemente republicados pela Grove Press, nos Estados Unidos. Genet ainda era vivo (ele morreu em 1986), e minha missão era tentar encontrá-lo em Paris. Nunca consegui descobrir seu paradeiro, mas consegui que todos os seus ensaios, peças e romances fossem republicados.

Uma vez instalado na Faber, sondei Brian Eno acerca da publicação de seus cadernos criativos, famosos por sua meticulosidade. Permiti que Eric Burdon ocupasse a cabana em Cleeve enquanto escrevia sua autobiografia *I used to be an animal – but I'm all right now*. Eu não tinha certeza de que ele estivesse realmente bem – tal como eu –, mas ambos trabalhamos arduamente no livro.

Comecei a me ajustar à equipe editorial na Faber. P. D. James, William Golding, Ted Hughes, Tom Stoppard, Harold Pinter, Valerie Eliot e muitos outros autores da casa me tratavam com desconfiança, mas respeito condicional, dispondo-se a me dar uma chance. Era estimulante. Eu ia a Queen Square duas vezes por semana e, na maioria dos outros dias, realizava reuniões no Oceanic, onde eu tinha sediado meu novo escritório.

Na Faber, conheci a viúva de T. S. Eliot, Valerie. Ela me levou muito a sério e deixou claro que as extravagâncias do rock 'n' roll não eram nada se comparadas às dos desatinados autores dos primeiros tempos da Faber. Afinal de contas, Ezra Pound tinha sido editor de Eliot. Eu não tinha dúvida de que houve mais pirotecnia na vida de Eliot do que ficar sentado à beira-mar em Margate, onde eu mesmo tinha feito caminhadas intermináveis com minha avó maluca.

Valerie Eliot ganhava muito dinheiro para a Faber graças a *Cats*, de Andrew Lloyd Webber. Em março, ela e Matthew me pediram para acompanhá-la à noite de estreia do novo trabalho de Andrew, *Starlight Express*. Ela disse a Matthew Evans que estava apreensiva quanto a ir, mas achava que era seu dever. Como eu, acho que ela se sentia obrigada, devido ao seu papel na Faber.

Fiquei horrorizado com o espetáculo. *Cats* tinha sido um triunfo, pensei, um equilíbrio magistral entre diversão familiar e brilho literário. Em *Starlight*, a música e a letra pareciam deliberadamente antiquadas. Depois, na festa após a apresentação, dei minha opinião a algumas pessoas, sem saber que uma delas, Richard Stilgoe, tinha escrito a maioria das letras. Ele ficou tão chocado que imediatamente percebi minha gafe.

Toda estreia é bem assim, um começo, muitas vezes canhestro; as revisões podem mudar totalmente um musical nas semanas posteriores. Anos depois, vi a versão aprimorada do mesmo show em Las Vegas e achei-o um encanto. Eu tinha me esquecido de que era um artista do entretenimento e da função do entretenimento.

Alguns dos livros mais famosos que ficaram sob meu encargo na Faber tinham conexão com meus contatos da Eel Pie Books e do ramo musical. Charles Shaar Murray trabalhava em *Crosstown traffic*, sobre Jimi Hendrix; Brian Eno trouxe o artista Russell Mills para *More dark than shark*; Matthew Evans, após um *brainstorm* comigo, sugeriu Jon Savage para um livro sobre os Kinks. Em junho, meu livro de contos, *Horse's neck*, estava pronto para ser lançado. McCrum havia editado o original, reduzindo a menos da metade as trezentas páginas que eu havia entregado.

"Pete", começou ele, cauteloso. "Você percebe que os leitores vão achar que todas essas histórias são sobre você?"

"Pode ser que achem, imagino. E alguns cenários são extraídos de meu mundo. Afinal de contas, só tive uma vida. Mas o que escrevo é ficção."

"Acho que ajudaria muito os leitores se eles fossem aliviados do ônus de tentar prever se o personagem principal em cada conto, na verdade, é você disfarçado – ou alguém mais, próximo a você."

"O que você sugere?"

"Faça cada conto sobre você mesmo e, se tiverem um protagonista, chame-o de Pete. Se alguma das histórias não tiver um personagem central, coloque-a na primeira pessoa."

Aceitei o conselho de Robert, embora o conto final se encerre com uma sequência onírica na qual um cavaleiro monta um cavalo pela traseira. Imaginei quais seriam as implicações de colocá-lo na primeira pessoa. Mais tarde, quando o livro foi lançado, o crítico Bryan Appleyard me parou ao lado do elevador na Faber.

"Sabe", anunciou ele, "os leitores vão achar que na verdade você fez sexo anal com um cavalo."

Trabalhando na Faber sentia-me bem no núcleo da vida londrina. Era grato por estar vivo, lembrando-me de quanto estive perto de morrer de overdose. Meus esforços para despertar compaixão para a grave situação dos viciados e a esperança de reabilitação dentro do Serviço Nacional de Saúde levaram-me, em julho de 1984, a um encontro com o secretário de Estado para serviços sociais, Norman Fowler, na Câmara dos Comuns. Ele concordou em colocar John Patten, ministro-adjunto da Saúde, em contato com Meg Patterson. Acreditei que estava sendo levado a sério pelos políticos em parte porque havia assumido finalmente um papel importante no sistema, por meio de meu trabalho na Faber.

Minha vida também foi enriquecida pela oportunidade de conhecer alguns dos autores mais destacados do catálogo da Faber. Nas férias em nossa nova casa, na Cornualha, Matthew Evans e sua esposa Lizzie nos visitaram, e conhecemos William e Anne Golding em sua casa, em Truro. Bill, como seus amigos o chamavam, era um homem impetuoso, efusivo, magnânimo e adorado por sua família. Ele tinha publicado seu clássico, *O senhor das moscas*, por volta da época do lançamento do primeiro disco de meu pai. Fiquei surpreso ao ver como Bill tocava bem piano. Ele tinha lecionado música, bem como línguas clássicas. Demo-nos muito bem, e, um dia, levei-o para velejar em meu pequeno barco. Muito anos antes, sua família quase tinha morrido quando seu pequeno veleiro emborcou, e ele não subia em um barco desde então, mas obviamente era um marinheiro nato.

De volta a Londres, em setembro, minha vida cotidiana melhorou ainda mais quando pude concretizar a ajuda a amigos e estranhos que ingressaram em tratamentos de reabilitação e com o levantamento de fundos para cooperativas de música e entidades assistenciais. Karen e eu nos tornamos copresidentes do fundo para o abrigo das mulheres vítimas da violência doméstica, no lugar de David Astor.

Passei o mês de outubro tratando dos interesses comerciais do Who. Roger Searle, Mick Double e Alan Smith, da ML Executives, formada por nossa equipe de turnê após a entrada do dinheiro inesperado do filme *Tommy*, desejavam assumir a companhia e precisávamos definir um valor justo para vendê-la. Foi extremamente difícil. Descobrimos que, para transferir essa companhia e todos os seus ativos para esse grupo, tínhamos também de demiti-los e indenizá-los. O encerramento foi um momento esclarecedor. O Who havia tido a melhor equipe do mundo. Como artistas solo, descobríamos que não mais poderíamos ter uma ideia pela manhã e vê-la executada à tarde.

Eu tinha convencido Karen de que não poderia mais morar no Ancoradouro. Embarquei em uma turnê de divulgação pela Inglaterra fazendo leituras de *Horse's neck*. O romancista e dramaturgo premiado Caryl Phillips estava na mesma excursão, e íamos a discotecas após as leituras e tomávamos juntos o café da manhã. Fomos a uma boate e tomei um pequeno drinque, o que acontecia muito raramente; eu sabia que era perigoso, mas ajudava a controlar minha ansiedade. Em Sheffield, três jovens mod sentaram-se na fileira da frente trajando seus blusões, carregando uma guitarra pintada com a bandeira da União, e riam zombeteiramente enquanto eu lia meus contos de decadência. Em Dublin, a escritora irlandesa Anne Devlin juntou-se a mim, e um vândalo na plateia me fez uma provocação ao conjeturar se a leitura dela tinha sido muito superior à minha porque Anne era irlandesa e eu, não.

Assumi a entidade assistencial do Who, a Double-O, para ajudar em sua missão e no levantamento de fundos. Dentro de um mês, passei a visitar unidades de reabilitação de drogados a fim de compartilhar minha história.

Melvyn Bragg encomendou um *South Bank Show* sobre mim, que foi dirigido por Nigel Wattis. A filmagem começou em maio, enquanto eu gravava trilhas musicais na casa de barcos para um novo álbum solo. Subitamente, percebi que minha vida não tinha mudado tanto quanto eu pensava. Nigel queria captar em filme fragmentos de tudo o que eu produzia na época. Eu seria apresentado como uma espécie de renascentista, mas isso me fez perceber que as coisas estavam perdendo o controle. Eu gravava músicas para um novo álbum solo, trabalhava como editor de livros com vários títulos de destaque em desenvolvimento, lançava uma nova entidade assistencial, colaborava para libertar Nelson Mandela da prisão, presidia o mais importante abrigo de mulheres do mundo, divulgava meu primeiro livro, procurava uma nova casa, fazia meu primeiro filme e tentava compor, sem sucesso, canções para Roger Daltrey.

Dessa vez, eu não estava bebendo ou abusando de outras substâncias. Apenas usava minha droga favorita – o excesso de trabalho.

Alguns dias depois, o Who se reuniu para um evento único: estávamos no mesmo palco para o Live Aid. Fiz isso por Bob Geldof, o carismático criador da organização, a quem eu adorava – e ainda adoro –, mas em dado momento, quando percebeu que eu poderia recusar o convite, Bob fez sua parte. "Se o Who aparecer, conseguiremos 1 milhão de libras a mais", disse ele, energicamente. "Cada libra que ganharmos salvará uma vida. Faça a porra das contas. E faça a porra do show."

Vaguei um pouco por ali, sentindo-me deslocado. A imprensa corria principalmente em direção à jovem cantora negra Sade, cuja beleza era inebriante. Nos bastidores, o clima era amigável. Conversei com Bono, que não tinha medo de parecer piegas em tais momentos. Todos nos sentíamos orgulhosos de estar ali. Bowie desencavara um terno de seus dias de juventude e estava encantado ao me mostrar como a roupa ainda lhe caía bem. David Bailey fazia as fotos e conseguiu uma imagem esplêndida de mim após o show – a camisa com que toquei encharcada de suor, eu estava bonito e cansado – que acabou na parede do restaurante Caprice.

No final, Paul McCartney e eu erguemos Bob Geldof até o palco apinhado, a fim de que ele se reunisse a nós para o número de encerramento do espetáculo. O Live Aid foi um bom momento para mim. Quanto a nossa apresentação, o Who estava fora de forma, e os destaques foram Queen e George Michael, que roubaram a cena.

Alguns meses antes, Eric Clapton e eu assistimos a uma projeção do filme de Prince, *Purple rain*. Fiquei impressionado com a forma elegante com que Prince tinha introduzido referências autobiográficas em seu filme. Decidi criar também um filme meu, combinando cenas de rua de um distrito londrino ao norte de Shepherd's Bush e sequências musicais.

Walter Donahue, editor da Faber encarregado do catálogo de cinema, recomendou que também projetássemos um filme chamado *Strikebound*, dirigido por um jovem australiano chamado Richard Lowenstein, de quem eu me aproximaria para dirigir meu próximo projeto, *White city*.

Imaginei que a narrativa seria conduzida pelas imagens, e o texto seria poético, quase um diálogo interior. Na pesquisa do projeto, passei um tempo em White City que, apesar do nome, era uma inquieta mescla de muitos e diferentes grupos étnicos estabelecidos em Londres. Um clã romeno tinha sido transferido de um acampamento ao lado do estádio White City, e alguns haviam se alojado em apartamentos vagos. Havia uma considerável população caribenha que vivia ali desde que eu era menino. Mas havia também asiáticos e somalis recém-chegados. A área inteira estava cheia de ruas batizadas com nomes da época derradeira do Império Britânico: Commonwealth Road, India Way, Canada Day Way, Boemfontein Road e assim por diante. Por ironia, ali era um lugar onde ficava muito claro que os dias do Império estavam terminados e que um novo modo de vida nascia.

A história que escrevi funcionava para mim, mas não para Richard Lowenstein. Ele leu meu roteiro, entrevistou-me e depois me deu uma versão revista, que incorporava minhas respostas.

O narrador era Pete Townshend, o astro do rock, que regressava a sua cidade natal e falava sobre seu jovem amigo Jimmy. Quase todos os momentos traumáticos de minha infância foram incluídos, embora originalmente eu desejasse uma peça musical sobre meu bairro, minha família, meus amigos e as pessoas com quem eu estava entrando em contato em minha nova vida na metade da década de 1980. Richard não seguira todas as minhas sugestões, mas montou um roteiro de filmagem muito bem amarrado e, finalmente, o aprovei. Eu estava habituado a isso. Em todos os projetos conceituais de música com que já havia trabalhado, eu permitia que as ideias entrassem em foco mais por osmose que por preparação antecipada. Na maioria dos casos (sendo *Lifehouse* a exceção), isso havia funcionado. Dessa vez, arte, pinturas, desenhos e extensos textos que eu produzira foram englobados no filme.

O trabalho que Karen e eu fazíamos para o abrigo de mulheres nos colocou face a face com histórias comoventes. Minha solidariedade sempre esteve com as mulheres e crianças que sofriam nas mãos de homens violentos. Mas eu também sentia empatia pelos homens; muitos dos que conheci geralmente pareciam garotos malcomportados em corpos de homenzarrões. Porém eles jamais poderiam ser tolerados ou perdoados. *White city* me permitia reviver minha própria verdade e a de muitas famílias ao meu redor, em especial as de minha antiga vizinhança. A história de Jimmy não era minha história, mas minha história tinha relação com a dele.

Eu queria que *White city* fosse divertido e pitoresco, bem como real, e embora *Purple rain* indicasse como isso poderia ser alcançado, não oferecia nenhuma orientação clara. Prince, como artista, era deliberadamente romântico e distante – ele oferecia uma rota para seu eu interior apenas por meio de sua música. Em *White city*, a cena da piscina com suas sequências de nado sincronizado e o show de arrecadação de fundos para o abrigo local das mulheres tinham a intenção de entreter, embora ainda contribuindo para os temas centrais.

Velhos amigos de alcoolismo e drogas haviam regressado à minha vida cotidiana, mas, em lugar de apoiá-los em sua luta pela sobrevivência, eu os punha para trabalhar em auxílio de outros. O herói masculino em *White city* é um bêbado, não para fazer Jimmy parecer desamparado ou desprivilegiado, mas para explicar sua raiva e frustração quando a ex-mulher começa a ganhar poder.

O trabalho com Donald Woods e o Lincoln Trust para libertar Nelson Mandela também foi abordado em *White city*. O apartheid na África do Sul era fácil de criticar, mas identifiquei muitas nuanças do que poderia ser chamado apartheid em minha própria vida e na das pessoas que eu havia escolhido como temas de meu projeto.

Minha terapia se aprofundava nessa época. A analista insistia para que eu escrevesse sobre algumas de minhas experiências da infância, em particular o tempo com minha avó, dos seis aos sete anos de idade, e minha suspeita de que eu tinha sido vítima de abuso sexual. Ela era uma analista junguiana, por isso comecei a tentar registrar meus sonhos para lhe descrever. No momento em que contava meus sonhos para ela, normalmente eu já tinha especulado sobre seu significado e em geral ficava desapontado quando ela os interpretava.

Eu anotava todos os sonhos de que conseguia lembrar e estava escrevendo mais livremente sobre meus pensamentos e ideias. Quando Karen me contou que tinha lido parte do que eu redigira, arranquei e destruí dezenas de anotações pessoais, bem como uma quantidade de fotos que eu havia feito ao longo dos anos 1980. Uma era de Louise e eu, em nosso segundo encontro. Quando acabei de destruí-las, contei a Karen. Ela pareceu triste.

"Você não precisava fazer isso, Pete", disse ela. "Todo esse material é seu, é sua vida."

Quando se tratava de *White city*, de vez em quando eu conversava com Claire Bland, uma secretária inteligente de meu escritório, sobre o modo como os temas do abuso sexual poderiam também ser abordados. A conselho dela, removi uma série de passagens explícitas que eu havia documentado em conversas com viciados em recuperação, alcoólatras e vítimas de violência doméstica.

Como coletânea de canções, o álbum *White city* (que acompanhava o filme) era quase inteiramente livre de obstáculos para ser desfrutado como tal.

Minha carreira solo se consolidava e desfrutei de meu aparente status de padrinho do rock. Decidi fazer três shows na Brixton Academy para a Double-O, a entidade que eu havia fundado, usando uma nova big band, com base naquela com quem gravei *White city*. Esse grupo tinha sido chamado de Deep End, nome sugerido pelo contexto da piscina. Eu queria filmar as três apresentações.

Eu tinha composto a canção-título, "Life to life", para o primeiro filme de meu amigo Harvey Weinstein como diretor, *Playing for keeps*. Conheci Harvey e seu irmão Bob em Buffalo, em dezembro de 1979, em nosso primeiro show após a tragédia de Cincinnati. Os Weinstein ainda eram empresários de música naquele tempo. Utilizaram os lucros de sua companhia, a Harvey & Corky Productions, para abrir a distribuidora de filmes Miramax.

The secret policeman's other ball, seu primeiro filme de sucesso, documentava o famoso show em benefício da Anistia Internacional e em defesa dos direitos humanos.

Playing for keeps pode não ter alcançado o mesmo sucesso, mas o negócio como um todo havia aproximado Harvey e eu. Bill Curbishley acertou para que a Miramax filmasse os shows do Deep End e lançasse em vídeo. Fiquei surpreso com minha capacidade de prender a atenção de uma plateia como cantor, sem guitarra, e com que tranquilidade eu me lembrava da letra – algo que eu havia me convencido de que nunca seria capaz de fazer.

Como tivemos problemas para vender todos os ingressos, usamos a primeira noite para fazer a passagem de som e o alinhamento de câmeras. Ver-me no palco novamente transtornou Karen, e ela não compareceu na noite seguinte.

Fui com o Deep End para Cannes em janeiro de 1986, para uma apresentação na conferência do Midem para músicos e artistas, colocando-me diante de quase todos os principais nomes da indústria musical. A banda era a mesma de Brixton, trazendo David Gilmour na guitarra, Simon Phillips na bateria, Rabbit nos teclados, Peter Hope-Evans na gaita, Chucho Merchan (do Eurythmics) no baixo e Jody Linscott na percussão. Kick Horns – em uma seção de metais de cinco peças – e Billy Nicholls, liderando um grupo de vocalistas de apoio, ampliaram a música até o ponto que eu almejara em todos aqueles anos atrás com Roger.

Tony Smith, empresário de Phil Collins e do Genesis, disse que foi o melhor show que já tinha visto. Meus representantes na Atlantic estavam empolgados e esperavam que eu levasse a banda em turnê. Após anos como *guitar hero* eu era agora *frontman*. Estava em forma, cantava bem, e a música – coligida de uma ampla gama de fontes, bem como de minhas canções para o Who e meus álbuns solo – era sensacional. E, por uma vez na vida, eu soube impor o limite: disse para a Atlantic International que não levaria a banda adiante.

O computador chegara à música de duas formas. De um lado, havia o Fairlight CMI, uma estação de trabalho sintetizador/sampler amada pelas bandas new romantic; na época que comecei a trabalhar em *White city*, eu comprei o meu. O outro sistema era o Synclavier, um sintetizador FM digital com sequenciador controlado por microprocessador. Percebi que esses avanços logo me proporcionariam condições reais para compor e orquestrar, sem a despesa de usar orquestras reais ou a barreira de trabalhar com profissionais como Raphael Rudd ou Edwin Astley. Achei isso incrivelmente estimulante, embora tenha de acrescentar que nada do que já tinha ouvido superava o que eu ouvira em minha imaginação de menino.

Meu brilhante tio Jack (irmão mais velho de papai) sempre havia sido um cara bastante tímido e calado e, durante um período após a guerra, teve de manter sigilo legal sobre suas atividades, por seu trabalho nos Estados Unidos no desenvolvimento do radar e, mais tarde, da televisão de tela grande. Tio Jack me apresentou a um colega que demonstrou como os dados digitais podiam ser armazenados em fita usando fluxos de "ruído" analógico de áudio. Pude ver que a digitalização também mudaria a indústria da música.

O CD estava bem estabelecido, claro, e a gravação de áudio digital me havia sido demonstrada na EMI por Tony Lumkin ainda em 1975. O Mellotron, que usava uma forma de sampling analógico, tinha sido utilizado por Beatles e Bee Gees em meados dos anos 1960. O sampling foi explorado de modo pioneiro pela Fairlight e por Ray Kurzweil, que reservou sua primeira invenção para Stevie Wonder. Assim que pus as mãos em um Synclavier, porém, percebi que o compositor, que já era um rei, se tornaria onipotente, liberto do trabalho com músicos de estúdio e da contratação de arranjadores e produtores. E tão logo a tecnologia chegasse para oferecer a compressão da música digital, ela poderia ser transmitida por um cabo telefônico, e artistas como eu nem precisariam de gravadoras.

Eu desejava fazer um álbum dançante, alegre e pitoresco, a ser desenvolvido em um musical. Minha inspiração era "Come dancing", de Ray Davies; nunca me envergonhei de imitar esse meu herói particular. Quando estive em férias em Veneza, montei uma lista de canções possíveis. O título provisório era *Beguines, tangos and love*. "All shall be well" era a canção principal: tratava sobre o fim inevitável do apartheid sul-africano em um novo fervor político, mas também aludia ao fervor de um beijo proibido.

Meu colega na Faber & Faber, Craig Raine, me dera um poema sobre perfume para musicar. Era uma imagem fabulosa: um galanteador diz à namorada que, por causa do maravilhoso perfume dela, ele sentia sua presença dominante como uma espécie de fantasma mesmo quando ela deixava a sala.[22] De fato, eu tinha proposto um pequeno álbum com esses poemas musicados, cada um com seu próprio vídeo. "Save it for later", "Put a spell on you", "Boogie-stop-shuffle", "That's all right mama", "Barefooting", "Night train", "Cool jerk", "Walkin", de Miles Davis, "Don't let them drop that bomb on me", de Mingus, e uma série de outros sucessos que toquei em Cannes estavam em minha lista.

O Deep End havia ensaiado todas essas canções, e eles eram imensamente convincentes. Escavei minhas demos e letras em busca de material não gravado e me decidi por "Foreign Languages", "Join my gang", "Ragtime in C", "Still life", "Larry the lonely cowboy", "Can you really dance", "Love in limbo land", "Love is an emergency", "Playing hard", "Your kiss is an echo" e "The roxy". Cada canção se destinava a inspirar uma coreografia registrada em vídeo. No dia 20 de abril de 1986, montei uma programação impossível que começava no dia seguinte e se estendia até 18 de junho. Eu planejava um musical de palco que pudesse ser televisionado.

Enquanto tentava tocar esse projeto, apresentei-me em um show em benefício das vítimas da erupção de um vulcão que devastou a Colômbia. Dois músicos de estúdio do Eurythmics, Chucho Merchan e sua parceira Anna, uma violoncelista clássica, tinham organizado o evento. Annie Lennox, Dave Stewart e Chrissie Hynd se apresentaram. Lembrei-me do final do Live Aid, quando David Bowie, Freddie Mercury e George Michael tentaram forçar a passagem pela confusão de artistas no palco para chegar até a frente. Daquela vez, George tinha vencido. No Royal Albert Hall a mesma coisa aconteceu, só que a causa era a Colômbia, e a vencedora foi Annie Lennox.

Na festa de verão da Faber encontrei pela segunda vez o poeta Ted Hughes. Eu esperava criar um musical baseado em seu livro infantil *The iron man*. Quando indaguei sobre a situação dos direitos, fui informado de que estavam de algum modo retidos pelos produtores de um filme na Austrália. Matthew

[22] Minha versão nunca foi concluída, mas muito depois a ideia geral foi usada por Rachel Fuller na canção "Ghost in your room", narrada do ponto de vista da garota.

Evans interveio com o produtor Robert Fox, e convencemos Ted a deixar que eu começasse a desenvolver o livro para um musical pop. Comecei a desenterrar letras: "Heavy metal", "A friend is a friend", "Man and machine" e "Over the top". Havia até uma letra rascunhada para uma canção chamada "Fake it", que só apareceria em um álbum em 1993.

Rob Dickins, que presidia a Warner Brothers no Reino Unido, segurou *White city* – parou de prensar os CDs após 25 mil cópias terem sido vendidas. O CD tinha se saído muito melhor na Alemanha e na Austrália que na Inglaterra, e razoavelmente bem nos Estados Unidos – principalmente no rádio. Quando fui vê-lo, Rob me deu um cachecol de *White city* após me deixar esperando por mais de dez minutos. "Você ficou todo mais branco do que o branco limpíssimo", disse ele. "Seus fãs já não sabem mais quem é você."

Alguma vez eles souberam? Mesmo agora estou tentando descobrir quem eu sou.

Em consequência de meu encontro com Rob Dickins, decidi cancelar meu contrato com a WEA, o braço britânico de nosso selo de gravação da Warner Brothers nos Estados Unidos, para os territórios fora dos Estados Unidos e Canadá. A WEA ficou contente em me liberar. Simon Draper, na Virgin, que construíra sua carreira (e, diriam alguns, a fortuna para Richard Branson) a partir do álbum duplo conceitual de Mike Oldfield, *Tubular bells*, estava empolgado para trabalhar comigo em *The iron man*.

O acordo que a Virgin me propôs – assinamos o contrato mais tarde naquele ano, em dezembro de 1986 – era excelente, e usei parte do grande adiantamento para encomendar meu potente sistema Synclavier e para converter meu escritório acima dos estúdios na casa de barcos em uma nova suíte de composição.

Eu estava convocado para apresentar um repertório solo em junho, no Giant's Stadium, para o último show na turnê do Conspiracy of Hope, em apoio à Anistia Internacional. Essa seria minha primeira apresentação solo nos Estados Unidos, e eu estava um pouco nervoso, desejando que tivesse o Deep End para me apoiar.

Nos bastidores, enquanto esperava a checagem de som, recebi um telefonema dizendo que papai, que estava repousando em seu pequeno chalé em Minorca, tinha adoecido gravemente. Providenciei um avião fretado para levar papai de volta a Londres, informei os produtores do show e corri para o aeroporto JFK a fim de apanhar o último voo para atravessar o Atlântico. Foi a única vez em toda a minha carreira que coloquei as necessidades da família acima das do público. E eu sabia que não sentiriam muito minha falta. O assombroso line-up incluía U2, Sting, Bryan Adams, Peter Gabriel, Lou Reed, Joan Baez e The Neville Brothers. Fiquei imaginando se eu teria sido capaz de correr para o lado de meu pai com tanta facilidade se fosse um show do Who.

No Hospital Central de Middlesex, perguntei por meu pai. A recepcionista não conseguiu localizá-lo e me mandou aguardar. Em vez disso, saí em disparada e vasculhei freneticamente todo o edifício, acabando por encontrar papai seminu, estendido em uma maca num corredor do andar de baixo: ele perdera o controle do intestino e tinha sido abandonado por quem o estava conduzindo. Foi lamentável.

Armei um escândalo, e um leito foi logo providenciado. Papai tinha sido operado de um tumor de cólon, mas o câncer remanescente havia se propagado muito depressa pelo seu corpo. Vê-lo naquele estado tão horroroso – meses antes, ele ainda parecia cheio de energia – me levou à loucura.

Papai, como seus pais antes dele, evitava os médicos. Estivera doente por muito tempo. A resposta de mamãe era beber muito e depois ficar furiosa com ele. Ela também ficava furiosa comigo, pelo telefone, em geral tarde da noite, e depois ligava de novo na manhã seguinte, tendo já se esquecido de tudo. Mamãe, que provavelmente tinha feito muito mais por mim em termos práticos que papai, era difícil de amar, mas amá-lo sempre foi fácil.

Após alguns dias, o cirurgião me chamou para uma conversa e disse que não fariam mais operações. O câncer se espalhara rápido, e papai passou a receber morfina. Ele falava sobre como amava os pequenos cactos que meus irmãos tinham lhe dado de presente, porque o lembravam do chalé em Cala'n Porter, em Minorca. Sempre me dizia o quanto tinha sido feliz lá e que era grato por eu lhe ter proporcionado isso. Papai também se entregava de bom grado a reminiscências de sua vida, incluindo as garotas que tinha conhecido. Então, no sábado, na noite de 28 de junho, fui vê-lo pouco antes do horário em que ele dormia. Quando cheguei, por volta das onze, o pavilhão estava silencioso. Papai tinha sido transferido para um quarto ao lado. Entrei, esperando vê-lo adormecido; ele estava imóvel e rigidamente deitado.

"Você está bem, pai?"

"Não, não estou bem", disse abruptamente. "E já fiz o bastante por você." Ele se virou para o lado, depois se virou de volta e olhou para mim de modo repreensivo.

Fiquei magoado, mas papai não explicaria o que quis dizer. Saí, ainda confuso. Ele morreu mais tarde naquela noite.

A morte de meu pai me deixou agudamente consciente do que é ser um homem comum transformado em pai, com toda a responsabilidade que isso implica. Também fiquei mais consciente de meu papel no Who. Se Roger liderava a gangue, encarregado do sangue, eu era a figura do pai, encarregado das transfusões.

No verão de 1986, fazia mais de quatro anos que eu estava em casa, comportando-me como pai zeloso. Minha família e eu estávamos novamente habituados uns com os outros. A relação com Karen parecia ter se assentado. Eu sabia que o período de nossa separação a havia magoado profundamente e me empenhava muito para consertar isso. Karen foi sempre fácil de adorar, e a essa altura eu estava me sentindo mais seguro, menos propenso a fantasias e projeções negativas sobre o futuro. Eu vivia no presente.

Emma estava com dezessete anos, Minta com quinze. Eram ótimas garotas, inteligentes, engraçadas e carinhosas. Sabia que ambas sentiam que eu ainda estava tentando me situar, mas as coisas pareciam finalmente tranquilas entre nós. Nas férias na Cornualha, a vida estava razoavelmente agradável para mim como pai – a piscina, as praias, os barcos a remo. Eu ainda escrevia à noite, até as primeiras horas da manhã. Escrevia sobre os perigos do estrelato, sobre o modo como eu tinha observado, desde tenra idade, a leviandade sexual de meus pais e de minha avó, e como eu havia sido erotizado por eles.[23]

Eu começava a dominar meu computador de música Synclavier. Para ser franco, não fazia ideia de onde estava me metendo ao explorar o mundo desconhecido dos musicais. Eu havia estudado orquestração em 1967 enquanto trabalhava em *Rael*, mas nada do que eu compusera tinha sido gravado por uma orquestra. Comecei a montar um cronograma muito apertado para traba-

[23] Emprego aqui a palavra "erotizado" tal como ela é usada em terapia, como uma forma de descrever o modo como a sexualidade infantil é distorcida pela visão precoce de cenas sexuais.

lhar com *The iron man*, sabendo muito bem que eu levaria pelo menos dois anos para concluí-lo. O acordo com a Virgin exigia a entrega do álbum duplo até março de 1989. Eu tinha tempo suficiente.

Em setembro de 1986, decidi colocar mamãe em reabilitação na Broadreach, em Plymouth. Ela tentara o suicídio duas vezes, preocupando a família inteira. Levei-a para uma avaliação e ela foi aceita, após o que escrevi uma carta a meus irmãos Paul e Simon e para tio Jack, colocando-os a par da situação. Pelo menos, mamãe não teve de passar pela adaptação hospedada em nossa nova casa, em Tennyson House.

Na Faber, Valerie Eliot me incluiu em um grupo muito pequeno (que incluía Ted Hughes, Harold Pinter e Antonia Fraser) convidado para o descerramento da placa azul do English Heritage para T. S. Eliot, no dia 26 de setembro. Harold falou-me sobre o que ele via como crescentes problemas em torno da discriminação contra os curdos na Turquia, uma de suas preocupações na época.[24] Eu nem sabia direito do que se tratava, mas ele foi muito atencioso comigo.

Graças a meu cargo na Faber, eu descobria um lado diferente de mim mesmo, e era um privilégio poder explorá-lo. Minha última reunião do ano na editora havia sido com o comediante e ator Max Wall. Eu queria sua autobiografia. Ele havia interpretado o papel principal na peça *The caretaker*, de Pinter, e me contou o que dissera ao dramaturgo na época.

"Sobre o que é essa porra, Harold?"

Isso parecia bastante engraçado, e nós rimos. Depois, tentei contar a Harold essa história.

"Encontrei Max Wall outro dia", disse eu. "Ele me contou sobre a conversa que teve com você sobre *The caretaker*."

Harold olhou para mim com sua expressão de Darth Vader.

"Sim?", perguntou. "O quê? O quê?"

Tive de desistir. "Nada. Tenha uma boa noite."

Ele não era um homem para conversa fiada. Eu tinha visto uma montagem de *The caretaker* no Young Vic na época de *Lifehouse* e a considerava uma obra-prima.

[24] Este seria um tema subjacente à peça *Mountain language*, de Harold Pinter, de 1988.

Max Wall me contou que certa vez paquerou mamãe, quando ela ainda era uma jovem cantora. Entramos no assunto da música; o amigo que o acompanhava em nosso almoço era um trompetista e tocava jazz no estilo de Louis Armstrong – o que chamávamos de dixieland ou traditional jazz.

Contei a ele que tinha visto Ken Colyer apenas uma vez e mencionei como sua plateia era peculiar. Expliquei que Colyer era provavelmente a verdadeira origem da música moderna na Inglaterra e lamentei que não estivesse mais entre nós.

"Eu o informarei que ele é dado como morto quando nos encontrarmos esta noite, depois de seu show", disse o amigo de Max.

Era uma injustiça. Papai tinha partido, mas Colyer – velho marinheiro e terrível beberrão que era – estava, aparentemente e por incrível que parecesse, vivo e em atividade.

Minha terapia, minha análise, parecia ter terminado. Tinha chegado ao ponto em que, se não conseguisse lembrar o que tinha acontecido na época em que morava com minha avó, parecia não fazer sentido continuar. Não gostaria de desencadear lembranças que eu realmente não tinha. Eu frequentara regularmente as sessões de terapia duas vezes por semana desde março de 1982, ou seja, por cinco anos, com algumas poucas e breves interrupções. Em dezembro de 1986, tive minha última sessão de análise. O que eu descobrira?

Eu tinha um problema.

23
The Iron Man

Ted e Carol Hughes moravam perto de Chagford, Devon, na borda de Dartmoor, um dos lugares mais estranhamente belos da Inglaterra, com pôneis selvagens brincalhões e ovelhas errantes que dormem na estrada. A área arborizada ao redor de Chagford é excepcional: a luz cai em feixes através das árvores antigas fazendo cintilar os rios borbulhantes. Essa região, em especial pelas áreas mais acima do rio Teign, sempre me inspira.

Atribuo parte da alegria de trabalhar no musical *The iron man* ao tempo que passei com Ted. Ele era um gigante em termos sociais e, para mim, uma companhia inspiradora. Era também grandalhão, com um rosto largo e bonito, o cabelo por sua nuca e pelos saindo de suas orelhas. Como natural de York que era, espirituoso e franco, não tinha a menor paciência com nada que não se encaixasse em seu próprio código literário ou filosófico. Sua esposa Carol era simples, à moda de uma mulher do campo, mas misteriosa e sofisticada, uma mistura extraordinária, perfeita para Ted. Maravilhoso contador de casos, ele conseguia defender pontos de vista em qualquer tema – seus colegas poetas, os mitos gregos, os saxões, o pós-moderno –, mas sem se mostrar pernóstico.

Minha filha Emma desfrutava de sua companhia de modo especial, compartilhando seu próprio conhecimento extraordinário sem se sentir exibicionista. O livro de Ted, *The iron man*, havia se tornado leitura escolar obrigatória para adolescentes na aula de literatura inglesa. Apresentava-se como uma história para crianças, mas seus temas eram profundamente desafiadores:

mecanização e computadorização da guerra, ecologia, amizade entre diferentes nações e raças e até mesmo a mitologia da música das esferas.

Essa história me envolvia e emocionava em diferentes níveis. Uma ressonância muito pessoal era minha fantasia de infância, aos dez anos de idade, de viver dentro de uma enorme máquina robótica que me levasse e trouxesse da escola todos os dias em segurança, permitindo-me estar distante de todos ao meu redor.

A descrição da música celestial criada pelo Dragão Espacial, inimigo do Homem de Ferro, se parecia com a música que eu tinha ouvido na infância, sentado com tia Trilby, e no Tâmisa, com os Escoteiros do Mar. Havia também, no livro de Ted, a ideia de que os homens que tinham suportado a guerra reagiam a quase todo mistério de modo estratégico; era difícil convencê-los de que poderia haver uma camada mística na vida, mas a beleza da música do Dragão Espacial (que revela que ele é de fato um pacífico espírito estelar, um cantor da "música das esferas") é por fim capaz de transformar espiritualmente a humanidade e instaurar paz duradoura no mundo inteiro.

Na história de Ted, é a amizade entre o Homem de Ferro – a máquina de guerra – e o menino Hogarth que resolve os problemas. O livro de Ted me comovia em diversos níveis. Era um livro do pós-guerra, atentando para a futilidade da era nuclear: quando uma única bomba pode eliminar um país inteiro, todo conflito é suicida. Ao colocar um menino no centro de seu relato, Ted também abordava algo que eu conhecia bem: os problemas de crescer até a idade adulta em uma época daquelas, quando ser um soldado corajoso subitamente se tornou tão valoroso quanto uma moeda falsificada.

Mesmo afastado da terapia, eu ainda usava as técnicas que tinha aprendido, escrevendo mais registros no diário do que o habitual, bem como cartas implacavelmente honestas que jamais enviei. Eu me encontrava em um estado de ânimo criativo, porém, em lugar de escrever ficção, dessa vez eu pensava seriamente em uma autobiografia. Não imaginava um livro convencional, mas sim uma coleção de imagens quase fortuitas, poesias e letras não publicadas, ensaios que aludiam ao modo como eu via o desenrolar da política social do Ocidente durante minha vida, a como a tecnologia poderia nos arrebatar e o que os artistas poderiam fazer no futuro. Um conto meu, "The limousine", formou a base para uma palestra que fui convidado a proferir para alunos do Royal College of Art.

"The limousine" é a história de um misterioso assassinato, na qual o homem mau que é dono do automóvel enche o hermético compartimento de passageiros com música atordoante combinada a gás venenoso. Em seguida, ele rouba, estupra, mata e descarta seus clientes. Contei essa história a uma plateia inicialmente extasiada de cerca de duzentas pessoas. Assim que as conduzi ao estado de ânimo correto, passei ao meu tema: quando os sons, convertidos em dados digitais, pudessem ser suficientemente comprimidos para passar por uma linha telefônica, a música como a conhecemos chegaria ao fim. Sentiríamos como se estivéssemos no controle, mas não passaríamos de passageiros desamparados. Os compositores e músicos pensariam ter uma linha direta com seus ouvintes, mas também abririam as portas a todo tipo de poluição mental e espiritual. Era a visão de *Lifehouse* tornada real.

Os discos de vinil, já ameaçados, desapareceriam, tal como a fita analógica. O CD seria desnecessário. Utilizaríamos computadores, alguns do tamanho de um relógio, escutaríamos e compartilharíamos música e seríamos esmagados pelo volume de sons a que estaríamos expostos. Incapazes de distinguir entre bom e ruim, em matéria de música seríamos – em termos metafóricos – sufocados, roubados, estuprados e assassinados. Nossa limusine luxuosa e confortável era na verdade um rabecão.

Talvez eu tenha dramatizado demais. Talvez fosse apenas besteira. Mas uma coisa eu conseguia ver claramente: no momento em que cheguei à moral da história, a maioria da plateia tinha saído.

Estudei de cabo a rabo *The iron man*, fazendo anotações. Dividi o livro em seções uniformes, experimentando minhas próprias variantes sobre o enredo sem me afastar demais da história de Ted; eu estava simplesmente tentando desenvolver cada canção.

Em abril, na Cornualha, comecei a trabalhar seriamente nas letras. À medida que compartilhava minhas ideias com Ted, ele ficava entusiasmado e me incentivava. Gostou particularmente de minha imagem do Dragão Espacial como uma criatura de cujas asas pendiam centenas de crianças roubadas. Não tentei produzir um musical que funcionasse apenas para crianças; eu reagia à história de Ted a partir de meu coração infantil e escrevia. Eu esperava que as crianças gostassem, mas não havia como negar que *The iron man* era um conto sombrio, e eu queria ser fiel a isso.

No dia 30 de maio de 1987, encadernei algumas cópias da primeira versão de minha peça musical – em duas colunas, letra e música do lado direito e ação do lado esquerdo, assim como o roteiro de Ken Russell para o filme *Tommy* – e as distribuí. McCrum respondeu com economia: "Impressionante digitação, Pete!".

Enquanto eu vinha trabalhando em *The iron man*, Spike Wilkins havia montado uma segunda coletânea *Scoop*, com demos, faixas inéditas e raridades musicais. Essa tinha sido lançada muito na surdina pela Atlantic em julho (como *Another scoop*), mal estava vendendo e teve pouco espaço na imprensa, e eu estava curioso para saber por que ela fora desprezada pelo selo. Doug Morris tinha pedido expressamente que eu o deixasse lançá-la. Era um projeto secundário para mim, mas o qual levei a sério.

Jackie Curbishley me escreveu sobre o assunto, lamentando, porém depois levantou um tópico em sua carta de avaliação de fim de ano.

> *The iron man* deveria ser um projeto do Who. Poderíamos então anunciar que Pete Townshend esteve escrevendo uma ópera para o Who nos últimos quatro anos em grande sigilo. E o mundo seria lembrado que você já fez isso antes, com *Tommy*. Ganharemos milhões de dólares por um álbum do Who dessa natureza (se ele for tão bom quanto tenho certeza que será), poderei comprar outra casa e você também. John poderá manter Quarwood [sua imponente casa de campo em Stow] por mais um ano, e Roger poderá adiar seu comercial para a Pepsi.
>
> Você sabe que isso faz sentido. Falo sério, Pete. Seria divertido. Não haveria nenhum risco de turnê se a ópera fosse montada. Você disse recentemente que sempre pareceu estar compondo por hábito para a voz de Roger. Se você soubesse, com certeza, que Roger e John agarrariam a oportunidade, o que diria? Você não precisaria assinar nenhum acordo de longo prazo com o Who. Discuti o fato de que insistiria com você para fazer de *The iron man* um projeto do Who, e Bill assina embaixo. Ele acha que seria um lance brilhante. Eis como eu vejo isto: Pete Townshend em Brixton era uma coisa.

Pete Townshend e Wembley Pool teria sido outra. *The iron man* de Pete Townshend seria uma coisa. *The iron man* do Who seria outra. Você disse categoricamente que nunca me ouve, por isso não tenho receio de que você leve isso a sério.

O problema era que a música que eu tinha composto até então definitivamente não se adequava ao Who, e eu sabia que Roger a odiaria. A última canção que compus sem ser especificamente para a voz de Roger foi "After the fire"; na interpretação dele, ela se tornou um hino involuntário de nostalgia pelos dias felizes de sua mocidade como astro do rock. Mas a canção, composta originalmente como "All shall be well", era na verdade sobre o fim do apartheid sul-africano.

"Quem é essa mulher belíssima atrás de nós?", cochichou Emma.

Estávamos na pré-estreia do filme *Esperança e glória*, de John Boorman. Olhei em volta e era Theresa Russell, sentada com Nic Roeg. Ambos sorriram para mim. Após o filme, fiz as apresentações, não antes de Theresa ter tomado meu rosto em suas mãos e me beijado afetuosamente. Era difícil para mim esquecer os tempos de loucura. Aqueles dois eram sensacionais e gentis, mas eu me perguntava o que Emma estaria pensando.

Esse período foi muito feliz para mim, com minha família. O que é tido como totalmente normal para a maioria das pessoas era uma novidade para mim. Levar e buscar as meninas na universidade, planejar jantares e ser recepcionado por amigos e vizinhos – eu estava me acomodando e achava isso bom.

Lembro-me da notável filha de um de nossos vizinhos me interrogando sem a menor inibição sobre T. S. Eliot e exibindo seu conhecimento, quando foi advertida por um de seus pais de que eu mesmo era um escritor importante – e ela deixou claro que não fazia ideia de quem eu era. Adorei. Pode parecer surpreendente, mas enfim me sentia valorizado por quem eu realmente era, não por quem outrora tinha sido.

Florence, filha da irmã de Karen, Virginia, nasceu no dia 14 de dezembro e foi agradável ter um novo bebê na família. Era uma criança radiante, com braços e pernas rechonchudos. A Tennyson House parecia iluminada. Como talvez fosse de esperar, Karen, que estava agora com quarenta, logo quis outro filho antes que fosse tarde demais.

Mas eu receava que isso pudesse deixar Virginia e a pequena Florence numa situação desfavorável, principalmente após minha promessa de ajudá-las. Eu tinha me imaginado como um padrinho para Florence, vendo-a com frequência, revivendo meus bons tempos com minhas duas filhas, talvez resgatando momentos que perdi na época em que vivia na estrada. Eu não teria muito tempo para Florence se tivesse mais um bebê meu.

Também receava passar dois ou três anos concentrado na criação de filhos em vez de trabalhar. Meus dois estúdios apenas empatavam faturamento com despesas, e a casa de barcos precisava de uma nova e cara mesa de mixagem. Sem as turnês, eu dependia inteiramente dos adiantamentos de discos e de minha renda editorial para manter tudo andando. As coisas estavam ficando apertadas. Eu já tinha gastado um ano trabalhando em *The iron man*. Karen formara-se em pedagogia e trabalhava meio período, mas ainda era eu o provedor principal. Poderia me permitir fazer uma pausa de três anos? Eu duvidava disso.

Adorava ser um pai participante, mas mesmo isso não era fácil. Como uma adolescente normal, Minta vivia me chamando para a realidade, fugindo pela janela do quarto à noite e ficando fora de casa até tarde. Era uma garota maravilhosa, mas eu ficava angustiado quando minha paciência com ela se esgotava. Eu não queria ficar bravo com minhas filhas, jamais. Emma me fazia lembrar de mim quando adolescente – um pouco perdida, dividida entre a criatividade impulsiva e a vida acadêmica. Eu não conseguia explicar meus sentimentos e, assim, em uma tentativa de articulá-los, até para mim mesmo, escrevi para Karen.

> Querida Karen,
>
> Sei que é muito chato se submeter a meu comportamento maníaco: em êxtase num dia e vendo cantos escuros em volta das janelas no outro. Mas há alguma coisa em estar com a *família*, só nós quatro, que me lembra do que sou.
>
> Você me disse outro dia que pareço alguém que precisa estar triste, deixar a tristeza chegar e partir. Mas a tristeza é tão enorme, há tanto dela, e ela pertence a um menino de seis ou sete anos – eu simplesmente não tenho meios para expressá-la.

Essa carta não pedia uma resposta; era um pedido de desculpas.

* * *

Começamos a nos empenhar muito para ter um filho à moda tradicional, mas não estava acontecendo. Quando passei a considerar a adoção, falei com Jan Wenner, que tinha adotado um menino um ano antes, após o que sua mulher engravidara. Assim, eles ficaram com dois filhos de idade muito próxima, e os meninos se davam muito bem. Chucho Merchan (que tinha tocado no Deep End) e sua parceira Anna encontraram para nós bebês gêmeos na Colômbia, prontos para a adoção. Iniciamos os processos legais, mas logo abandonamos a ideia. Uma agência de adoção alegou que éramos velhos demais; outra, que éramos excêntricos demais; e uma terceira ainda mencionou meu muito divulgado uso de drogas.

Uma condição para meu empenho em ter outro filho aos 44 anos era que tivéssemos ajuda em tempo integral. Eu ainda estava trabalhando direto, todo dia. Karen concordou que contrataríamos duas babás – talvez tenha cruzado os dedos sem eu ver, mas concordou.

Tudo isso implicava um aumento no orçamento doméstico, o que me levou a considerar uma revisão em meus negócios. Isso significava vender ou alugar parte de meus estúdios em Isleworth e no Soho, transferindo meus escritórios para algum lugar menos imponente e demitindo pessoal. Torrei muito depressa todo o meu adiantamento para *The iron man*. Esse era um hábito: eu sempre usava cada adiantamento para realizar o álbum em questão, e nesse caso eu estava trabalhando mais intensa e meticulosamente que nunca.

Rabbit, a quem eu não tinha visto por quase quatro anos, finalmente ressurgiu e comecei a consultá-lo, e também a Chucho, para ajudar nos arranjos e orquestrações. Billy Nicholls estava trabalhando quase em tempo integral em *backing vocals* e como diretor musical nesse departamento. Eu trouxe Simon Phillips, o baterista de estúdio mais caro do mundo na época, para fazer programação de bateria no Synclavier e alguns *overdubs* com baterias de verdade. Quando recrutei Bill Price como engenheiro de som – e eu o queria em tempo integral –, ele cobrou o máximo de sua tabela de preços. Eu ainda não tinha acertado com um elenco para o álbum, embora minha lista de desejos na época fosse promissora: John Lee Hooker, Lou Reed e Nina Simone tinham respondido com interesse. Quando chegasse a hora de contratar os cantores principais, eu teria de pagar vultosos adiantamentos, direitos autorais e despesas para gravar no Reino Unido.

Apesar da pressão, eu adorava trabalhar em *The iron man*. Em alguns pontos, me sentia um cineasta, lentamente construindo uma história que confluiria na edição e faria sentido. Quando necessário, eu recorria ao texto original de Ted Hughes, tanto na etapa de preparação como no libreto final, para avançar a história.

Mesmo com um álbum duplo, eu me preocupava que talvez não houvesse espaço suficiente para toda a música. O formato CD permitia mais tempo que o vinil, mas em 1986 as gravadoras ainda lançavam ambos. Na melhor das hipóteses, eu dispunha de 75 minutos. Um musical médio se estendia por 135 minutos – mas *O fantasma da ópera*, por exemplo, durava três horas. Assim, trabalhei em duas versões de *The iron man*: uma trilha sonora, que funcionaria como versão compacta e independente da história, e um musical de duração mais longa.

Trabalhei o verão todo. Simon Draper ainda estava plenamente dedicado a lançar um álbum duplo, mas Doug Morris, em Nova York, se inquietava. Doug e Bill Curbishley eram bons amigos, e o que ambos queriam de mim – e para mim – eram sucessos, não musicais intelectualoides. Sabiam que eu sempre queria inovar, mas esperavam do projeto *The iron man* algo que eu achava que não poderia dar – canções de sucesso para tocar no rádio.

Em setembro de 1988, Bill Curbishley e eu conversamos sobre a produção de um novo álbum do Who para comemorar os 25 anos da banda, em 1989. Era uma ideia tanto minha quanto de Bill. Nas reuniões editoriais na Faber, eu tinha perdido a conta do número de aniversários de escritores famosos que desencadeavam novos lançamentos ou projetos editoriais.

Havia uma pressão crescente sobre mim para regressar ao Who. O Live Aid e uma apresentação isolada para a BPI (British Phonographic Industry) haviam criado expectativas. Nenhum dos shows foi sensacional, mas fizeram tilintar as caixas registradoras. E eu não tinha a menor certeza de que sem o Who seria possível ganhar dinheiro suficiente para dar a um novo filho a chance de uma vida boa e uma educação decente. Minhas filhas estavam crescendo. Não éramos uma família perfeita, mas, pelo parâmetro assustador do show business, nos saímos bem. Tínhamos sobrevivido, e isso era o principal.

Minha primeira sugestão para Bill foi fazer um disco com produção de Chris Thomas e talvez gravar canções não compostas por mim, mas escolhidas dentre as favoritas que John, Roger e eu pudéssemos apresentar. Bill consultou a MCA, que ainda possuía a maior parte do catálogo de gravações do Who. A gravadora oferecia 1 milhão de dólares por um novo disco, o que não me pareceu o bastante, embora não pudesse falar por Roger e John. O agente de Chris Thomas pediu uma porcentagem alta e um adiantamento vultoso. A engenharia de som de Bill Price custaria pelo menos o equivalente a uma programação de 24 semanas, talvez mais. As taxas do estúdio, mesmo se usássemos o Eel Pie – meu próprio estúdio – a preços reduzidos, consumiriam o restante do dinheiro.

Bill disse que se fizéssemos turnês poderíamos dobrar ou mesmo triplicar o valor. Se o Who excursionasse – fazendo, por exemplo, 25 shows durante seis semanas –, não só o adiantamento para o disco aumentaria, como também se poderia vincular patrocínio empresarial ao 25º aniversário. Os shows em si poderiam render a cada membro da banda 1 milhão de dólares líquido por semana. Descontados os impostos e deduções, eu poderia acabar com 4 milhões de libras e com o futuro assegurado; o mesmo aconteceria com o filho que Karen e eu ainda esperávamos ter ou adotar. Esse maná do céu também me possibilitaria continuar meu trabalho intenso em *The iron man*, para o qual eu tinha dificuldade em encontrar um final.

Finalmente concluí *The iron man* com vocais de John Lee Hooker, em Nova York, e Deborah Conway e Nina Simone, em Londres. Foi sensacional trabalhar com John Lee como o Homem de Ferro; construímos o personagem praticamente verso a verso. Nina esteve magnífica e fez um trabalho fantástico como o Dragão Espacial. Doug e Bill tinham me convencido a ceder uma faixa do álbum para o Who, e escolhi a canção "Fire", de Arthur Brown. Ela quase se encaixou.

A Atlantic queria um álbum simples, em lugar do duplo para o qual a Virgin me havia contratado, e tive de me contentar e selecionar as canções. Eu tinha a sensação de que era um erro terrível, mas não havia escolha. *The iron man*, após dois anos de trabalho ininterrupto, parecia estar sendo posto de lado. Mais uma vez, o Who estava invadindo minha vida.

* * *

Em 1988, meu estúdio na casa de barcos não era mais uma distração ou um local de refúgio e criatividade. Ele havia se tornado um negócio. O Synclavier custava o valor de uma casa; a mesa Focusrite valia tanto quanto uma casa ainda maior. Eu adorava instalar equipamentos de estúdio e tinha orgulho de minha ocupação, mas não sentia mais que podia "brincar" em meu estúdio.

Assim, como nunca fui muito interessado em carros afora sua capacidade de me transportar com rapidez e segurança, voltei-me para os barcos – meus novos "brinquedos". Comprei o *Blue Merlin*, um veleiro com motor de 46 pés e um poderoso propulsor para manobras. Vendi uma porção de preciosas guitarras para fechar o negócio: duas De Angelicos, a Gibson Flying V que ganhei de Joe Walsh (cara, como ele ficou puto quando descobriu!), a Guild Merle Travis, uma Gibson branca de braço duplo e outras menores.

Isso me propiciou pagar a entrada. O *Blue Merlin* foi o barco que finalmente me transformou em um verdadeiro marinheiro. Meus novos brinquedos quase com certeza me custariam o mesmo que os antigos e seriam obviamente bem menos úteis em minha carreira. Mas eu amava os barcos e o mar, e o tempo que passava velejando era como uma meditação.

No dia 22 de setembro, Bill me contou que a maioria dos produtores norte-americanos com quem conversara achava que não havia necessidade de um novo álbum do Who. *Por que estragar uma coisa boa?* Tudo o que tínhamos a fazer era excursionar. Previam que o show do Who seria o mais cobiçado de 1989, superando Led Zeppelin, cuja última turnê tinha sido na Europa em 1980. As ofertas de patrocínio eram muito boas, o que significava que poderíamos ter uma banda maior, como a formação do Deep End, que havia criado um som impactante, mas em níveis de decibéis de menos da metade dos produzidos pelo Who. Eu ainda sofria com problemas auditivos e queria reter a que me restava.

"Sou supersticioso", escrevi em meu diário, no dia 4 de dezembro de 1988. "Minha última tentativa de trabalhar com o Who coincidiu com a hospitalização de Minta com pneumonia. Quando tentei tocar em Nova York pela Anistia Internacional, meu pai morreu. Quando toquei em Cannes, um terrível mistral combinado com furacão ameaçou o show televisionado. Em Brixton, Karen adoeceu. Nossa banda tinha seu carma coletivo: Cincinnati, Keith e Kit. Temos mesmo o direito de comemorar um 25º aniversário?"

Os ex-membros do Who se reuniram no dia seguinte durante sete horas. Bill Curbishley estava presente. Frank Barsalona e Barbara Skydell, da Premier Talent, que produziriam nossa turnê, tinham vindo de Nova York para nos aconselhar. Frank estava tão inquieto quanto no dia em que me pressionou para tocar em Woodstock, vinte anos antes. Bill parecia bronzeado e relaxado, já que passara um bocado de tempo na Espanha. Barbara Skydell desempenhava o papel de mediadora, em contraponto com seu verdadeiro poder e influência na indústria da música – ela vinha organizando turnês para alguns dos maiores nomes no ramo, como Tom Petty, Keith Richards e The Clash.

Roger mudou de posição na cadeira, e John coçava a lateral do nariz como sempre fazia nessas horas. Havia um ar de expectativa e tensão na sala, mas aquele era um grupo amistoso – todos gostávamos uns dos outros e havia amor nessa reunião. No entanto, meu coração batia tão depressa que fiquei tonto.

Diversas vezes John citou seu novo conjunto de equipamentos, que lhe possibilitaria tocar mais baixo. Roger revelou que tinha composto canções com alguém chamado Nigel, e ambos sentiam que a sociedade precisava de material "apolítico", como aquele produzido no final dos anos 1970. Mas eu sabia que Roger estava inquieto. Ele talvez se sentisse assim sempre que considerava uma nova turnê, mas era uma sensação nova para mim.

Após muitas horas de discussão, nitidamente preocupado que a reunião pudesse ser inconclusiva, Bill pediu para permanecermos no hotel até decidirmos. Sugeriu vários patrocinadores para a turnê, tais como a General Foods, e, quando rejeitamos os nomes, apontou que poderíamos doar metade do dinheiro recebido para diversas entidades assistenciais – o que poderia chegar a 8 milhões de dólares.

A pressão interminável da reunião começou a despertar meu lado maníaco, então fizemos uma pausa. De volta à sala, fiquei cada vez mais inseguro. Às seis horas da tarde, algo estranho aconteceu: a atmosfera ficou novamente carregada: Roger se tornou mais atento, Bill acelerou o ritmo, e surgiram papéis contendo números e datas. Os ensaios começariam em maio, possíveis concertos de aquecimento em junho, depois disso a turnê, com uma pausa entre 1º e 17 de agosto.

Às 18h20 tive uma alucinação: as pessoas ao meu redor estavam desenvolvendo auras. Eu não queria fazer aquilo. Estávamos falando efetivamente em programação de turnê. Às 18h25 Roger disse que tinha de ir embora. Para onde, eu gostaria de saber. Às 18h30 me senti enjoado. Eu queria drogas. Eu estava ansioso. Queria ver Karen. Às 18h33 Roger partiu, sabendo que perderia a resolução final da reunião. Às 18h40 Karen ligou: queria ir para sua aula de arqueologia, mas Minta estava de cama. Quando eu iria voltar?

Alguns minutos depois, Frank me perguntou se eu estava bem, e eu disse que não. Barbara me questionou sobre o que eu achava do plano, e respondi que estava terrível, apavorado e queria morrer. Ela riu: afora isso, como eu estava? Eu tinha de sair. Despedi-me de toda aquela gente legal e saí. No momento em que entrei no carro, já me senti muito melhor. Agendar uma turnê como aquela pode parecer um pouco com saber que vai ganhar na loteria.

Mesmo passados dois anos, meu pêndulo emocional ainda oscilava, e falei com Bill que eu não poderia continuar com nenhum plano de turnê. Escrevi para Roger e John dizendo que tudo tinha parecido bem quando era hipotético, mas, assim que comecei a ouvir falar os nomes das cidades e dos estádios, comecei a sentir náusea. Minha última palavra era que o Who estava finalmente, totalmente, irrevogavelmente encerrado.

Claro que não era verdade.

Karen e eu viajamos para Nova York no início de 1989, onde eu empossaria os Rolling Stones no Rock and Roll Hall of Fame. Estar lá, em especial encontrar-me com Little Richard, encarregado de representar o falecido Otis Redding, me fez sentir que continuar a tocar com o Who poderia não ser, no fim das contas, tão ruim assim. Little Richard ainda estava tão empolgado que parecia conectado à rede elétrica da cidade. Seu discurso foi extraordinário, conduzido inteiramente na voz de Otis Redding, que ele brilhantemente imitou – aquilo era Keith Moon maximizado.

Comecei meu discurso sobre os Stones dizendo: "Keith Richards me disse uma vez que eu penso demais. A verdade é que eu falo demais, mas não *penso primeiro*... Os Rolling Stones são o único grupo que nunca me senti envergonhado de idolatrar. Cada um deles me deu algo como artista, como pessoa e como fã. Seria loucura sugerir aqui que tudo o que eles me deram foi saudável, prático e útil...".

Prossegui num tom parecido, profundamente carinhoso e sincero em todas as palavras que disse.

Ainda em Nova York tive um encontro com Ina Meibach, nossa advogada, que havia feito alguns cálculos básicos. Se concordasse em fazer a turnê e um novo álbum com o Who, seria um trabalho duro, mas, no ano seguinte, eu geraria 14 mil libras por dia. Imaginei – e não estou brincando – se aquilo seria suficiente, mas muito rapidamente me convenci. Eu não podia jogar fora esse dinheiro. Minhas emoções oscilaram uma vez mais quando considerei que essa oportunidade também seria uma salvaguarda para Roger e John. Por fim resolvi aceitar.

"Para mim já basta, Pete", disse Karen. "Não podemos continuar assim."

Ela apanhou seu cachorro Blue e ficou fora o dia inteiro, só retornando bem tarde. Tinha ido a Stonehenge para pensar em tudo com cuidado. Estava considerando seriamente me deixar, e eu podia entender por quê. Não era a primeira vez que Karen ameaçava partir. Ela tinha me aguentado por muitas oscilações radicais de humor e provavelmente estava fora de si no que dizia respeito à minha confusão sobre o controle que eu tinha da minha própria vida ou, pelo menos, da parte que queria dividir com ela. Quando estava com raiva, ela dizia que, quando nossas filhas saíssem de casa, a vida comigo seria sem sentido, que nós vivíamos um ao lado do outro, não um com o outro.

Não discordei. De fato, eu havia me esforçado muito para levar uma vida paralela, para que eu pudesse fazer meu trabalho e Karen conduzir sua vida do seu próprio jeito. Isso parecia ideal para mim. Em todo caso, ela não estava feliz.

Era uma ironia, porque, do meu ponto de vista, sentia que tudo estava muito bem na família. Minta estava com dezoito anos, em um ano de folga antes de ir para a universidade. Ela tinha dificuldade para levantar cedo, tal como eu, mas, assim que despertava, dava duro todo dia. Emma estava no King's College, em Cambridge, estudando economia e história. Seu namorado James era um talentoso organista.

As dificuldades que Karen e eu enfrentávamos foram resolvidas – pelo menos por um tempo – em março, quando ela engravidou.

* * *

A excursão do Who foi anunciada em abril. Fiz uma semana de relações-públicas em Nova York e o restante do tempo passei divulgando *The iron man*, que tinha sido lançado para a crítica naquele mês. A Coca-Cola demonstrara interesse em usar uma das canções, "A friend is a friend", para uma campanha publicitária de verão.

Durante os ensaios para a turnê, fiquei preocupado com minha audição e insisti que as baterias fossem colocadas em uma cabine. Em vez disso, Bob Pridden me colocou em uma cabine com minha guitarra, o que me fez sentir que meu problema não estava sendo levado muito a sério. Ensaiamos por várias semanas, executando mais de cinquenta canções, muitas de minha carreira solo.

Antes de sair para a turnê, Karen fez um ultrassom. Quando ela voltou, eu ainda estava na cama.

"É um menino", disse ela, rindo.

Saltei da cama. Porra, eu estava feliz. Como é que isso funcionava? Era a afirmação pela qual eu tinha esperado: no fim das contas, eu realmente estava acertando minha vida familiar. Karen e eu tínhamos nos separado algumas vezes, mas isso era de esperar. Como disse Paul Simon, "Quando algo vai bem, é provável que me perca, é capaz de me confundir, de tanto que é uma visão rara". Emma, Minta e agora um filho. Na verdade, eu não estava apenas feliz. Estava eufórico.

Em meados de junho, a banda transferiu-se para Glen Falls, Saratoga, para seis dias de ensaios técnicos. Nosso primeiro show era no Civic Center. O som estava adequado logo no começo, mesmo no auditório vazio e ecoante. Eu viajava com dezessete peças de bagagem, grande parte da qual era meu estúdio portátil de gravação. Dois jovens trabalhavam para mim, como carregadores, para transportá-lo e montá-lo em cada hotel.

Rabbit se embriagava muito, e quase o demiti. Depois de oito semanas de ensaio, ele se julgava indispensável, ao que respondi ameaçando substituí-lo. O *setlist* era extenso, incluindo uma seleção de *Tommy* e de *The iron man*, "Too late the hero", de John, "Love hurts", de Boudleaux Bryant, e uma série de novas canções dos anos 1980. O show durava mais de três horas e meia, nas quais eu cantava cerca de dez músicas minhas.

"Música nova, novos matizes, cada canção um novo desafio. É assim que eu gosto", escrevi depois do primeiro show, mas em meados de julho já me sentia oprimido. Meus ouvidos zumbiam demais, e passei a usar tampões durante a execução dos números mais barulhentos, o que me fazia contribuir menos. Disse a mim mesmo que o mais importante era estar feliz; tocar e dançar em entrega total era mais gratificante que tocar bem.

As críticas da imprensa cresciam, e eu tendia a me concentrar nas negativas. "Roger ficará satisfeito em ser descrito como 'divino'", escrevi. "Eu estou infeliz por dizerem que 'estou parecendo um sacerdote'."

Embora possa ter parecido divino, Roger estava à beira de um colapso por exaustão. Quando Bill me deu essa notícia, liguei para Roger a fim de animá-lo. Ele passara por um meticuloso exame num hospital e lhe disseram que estava bem. Isso o irritou ainda mais. Ele sabia que algo estava errado. No dia 10 de agosto, após três shows consecutivos em Atlanta, Roger escreveu uma carta aberta para a banda e a equipe.

> Queridos,
>
> Esta é para dizer a vocês que, desde o começo da turnê, venho sofrendo de enormes problemas físicos e pessoais... é uma batalha que estou vencendo. Tenho grande admiração por vocês todos garantirem que os shows sejam um incrível sucesso e que meus momentos no palco durante esta turnê sejam os mais agradáveis e memoráveis de minha carreira.
>
> Allhamdulilah
>
> Roger

A carta me trouxe mais preocupação que alívio.

Roger estava obcecado com sua saúde, levando consigo uma excêntrica massagista iogue alemã e tomando medicamentos estranhos. E, no entanto, fui eu quem quase chegou ao fim. Em Tacoma, Washington, feri-me com a alavanca de tremolo de minha guitarra – ela atravessou direto a minha mão. Entrei em choque, mas felizmente Karen estava lá; ela me encontrou nos bastidores e sussurrou-me, chorosa, enquanto minha maca era empurrada até o posto médico atrás do palco. "*Agora* você vai parar com toda essa merda?"

Eu não sabia se ela se referia aos meus movimentos de *windmill* ou à turnê.

Mamãe chegou no dia de nosso show especial de *Tommy*, no Universal Amphitheater, em 24 de agosto de 1989. No prazo de uma hora ela estava causando problemas, bêbada, com *jetlag* e trancando-se do lado de fora de seu quarto a cada intervalo de poucos minutos. Minha família inteira – meus dois irmãos e seus filhos, meu cunhado e sua mulher – estavam lá e tentavam cuidar dela, mas era um verdadeiro estorvo.

Elton John não foi à passagem de som e enviou um bilhete dizendo que estava doente e não participaria como o Pinball Wizard, mas no último instante ele chegou, cheirou uma ou duas carreiras de cocaína e fez a mais extraordinária apresentação. Eu adoro Elton; ele não é apenas um músico e compositor talentoso, é também espetacular no palco.

Nossos outros convidados eram Steve Winwood, Patti LaBelle, Phil Collins e Billy Idol. A noite foi maravilhosa. Lionel Richie e Madonna estavam na plateia. Era mais um evento beneficente, e a renda foi adicionada à soma monumental de dinheiro que havíamos levantado em nossos shows no Radio City, em Nova York.

O Universal Amphitheater em si era um espaço enorme, mas do palco o artista podia ver cada rosto da plateia. O som era excelente. Meu melhor momento foi ser festejado pela talentosa e um pouquinho ébria Whoopi Goldberg, que me surpreendeu por ser um tanto paqueradora. Parecia um grande encontro hollywoodiano, uma celebração do que a banda e *Tommy* tinham significado para agentes, advogados, produtores, atores e equipes dos bastidores do ramo do cinema. Posteriormente, na festa, encontrei Lionel Richie e sua hoje famosa filha Nicole, que era uma doce menininha. Ele sugeriu que trabalhássemos juntos no futuro, mas, morando a quase 10 mil quilômetros de distância, eu sabia que era improvável que isso acontecesse. Mesmo assim, somando tudo, foi um dia triunfante.

Ao longo da turnê fui acompanhado a cada passo por dois policiais de Cleveland, os agentes Baepler e Kunz, ambos chamados Greg. Bill Curbishley me havia convencido a aceitar essa proteção, que na verdade era muito cara, mas Bill não me explicou a razão daquilo. No passado, a presença de meu ex-guarda-costas Jim Callaghan tinha sido bem-vinda quando eu me embriagava, e uma ou duas vezes ele evitou que eu tomasse uma surra. Mas dois sujeitos portando armas parecia um pouco exagerado, já que eu estava sóbrio havia oito anos. Mesmo assim, Bill insistiu.

Em Los Angeles, ele veio me ver. "Tem um problema", disse Bill, apresentando uma pasta volumosa de cartas manuscritas decoradas com desenhos infantis de alguém que havia ameaçado me balear durante a turnê.

"É óbvio que isso é de alguém muito perturbado", disse eu.

"Nós sabemos quem é ele, e é por isso que estamos levando isso a sério." Bill parecia um pouco trêmulo.

"Por que ele não pode ser detido?"

"Porque antes de a turnê começar ele desapareceu."

"Vocês não sabem onde ele está?"

"Agora sabemos", disse Bill, sério. "Ele está em algum lugar aqui na Califórnia. Uma e outra vez ao longo da turnê ele foi avistado por nossos detetives, mas sempre perdemos a pista do cara. Ele está seguindo a turnê, Pete."

"Ele está aqui na Califórnia?"

Bill assentiu. "Mas nós o perdemos novamente..." Foi por isso, então, que ele tinha insistido que eu tivesse a proteção dos agentes policiais.

As cartas do sujeito tinham sido enviadas para o escritório da banda em Nova York e ali se acumularam. Se tivessem chegado a mim, eu simplesmente teria respondido e talvez resolvido o problema. Eu já tinha lidado com minha cota de gente mentalmente enferma e muitas vezes fiz amigos para a vida toda entre pessoas cujas primeiras cartas tinham manifestado o desejo de me agredir.

O drama aumentou com a descoberta de que o suspeito era um perito em armas, um franco-atirador. Em nosso show seguinte, em Oakland, a geografia do bairro parecia perfeita para uma pessoa assim me alvejar enquanto eu estivesse no palco. Bill providenciou para que parte de minha família fosse acolhida no Skywalker Ranch, a fazenda de George Lucas, até que o sujeito fosse apanhado. Os demais voltaram para a segurança da Inglaterra.

Como se podia prever, minha apresentação ali recebeu críticas ruins: eu tinha ficado um pouco mais que preocupado, na expectativa da bala do franco-atirador.

* * *

Após dois shows no Texas – um deles em apoio às Paralimpíadas, quando fomos honrados com a presença de nosso próprio apoiador incondicional, Mike Shaw, em sua cadeira de rodas –, regressamos ao Reino Unido. Uma intensa agenda de shows havia sido programada: quatro no NEC em Birmingham (o maior centro de exposições do Reino Unido), quatro na Wembley Arena e dois de encerramento no Royal Albert Hall.

Pouco depois das duas da madrugada do dia 21 de novembro de 1989, nasceu meu filho Joseph. Eu estava ao lado de Karen e, quando dirigi para casa, passei por uma incrível euforia sem drogas. Mesmo sem preocupações financeiras, eu ainda sentia aquela urgente necessidade de mais uma vez prover minha família.

Para o Natal de 1989, comprei para mim um *AgendA*: um assistente pessoal digital. Em poucos dias conseguia digitar registros sem olhar, com o dispositivo no bolso, debaixo de uma mesa ou no banco do passageiro do carro, caso eu estivesse dirigindo. Meu terceiro registro foi:

> Sex29Dez89 01h15 – Aproximo-me do ano com sensações confusas... deixei *Iron man* afundar para poder fazer a turnê do Who. Mas a turnê foi um triunfo em diversos sentidos, acima de tudo pelo modo como aproximou as famílias Daltrey e Townshend.

24
Psychoderelict

O Who ingressou no Rock and Roll Hall of Fame no dia 18 de janeiro de 1990, no Hotel Waldorf Astoria, em Nova York. Estávamos em boa companhia. Naquele ano, outros escolhidos foram Hank Ballard, The Four Seasons, The Four Tops, The Kinks, The Platters e Simon Garfunkel. Essa era a mais alta homenagem da indústria do rock, criada por Jann Wenner, Ahmet Ertegun e outros agentes verdadeiramente sábios do ramo.

Antes de nossa turnê de aniversário em 1989, tínhamos destinado 500 mil dólares para a inovadora proposta de construir um Hall of Fame *de verdade*, que seria um museu em – imaginem só – Cleveland.

Em meu discurso ao aceitar a honraria, repreendi as gravadoras que tentavam censurar as letras de artistas do rap. Reuni-me com Ina Meiback e fiquei injuriado ao perceber tarde demais que Chris Stamp, que morava em Nova York, não havia sido convidado para a cerimônia. Mais tarde, à noite, o advogado famoso por cuidar do divórcio de celebridades, Marvin Mitchelson, veio para a nossa mesa. Heather, a esposa de Roger, inclinou-se e cochichou comigo, rindo:

"Me passa o telefone dele."

No dia 1º de abril de 1990 escrevi para Roger, John e Bill Curbishley.

Quero aproveitar esta oportunidade para dizer que me lembrarei de 1989 como um dos anos mais felizes de minha vida e carreira. Existem muitos fatores, porém o elemento mais importante foi a amizade que para mim realçou cada aspecto da turnê: no palco, na banda, na equipe de administração, no pessoal de estrada e nas plateias...

Boa sorte em 1990.

Voltei ao meu trabalho na Faber querendo revanche. Forcei a barra para levar o grupo editorial Faber a pesquisar o novo mercado do CD-ROM, principalmente para projetos educacionais. Eu estava experimentando um programa de animação chamado Macromind Director (agora Adobe Director) e o via não apenas como um modo de produzir programas interativos baseados em livros e peças, mas também como o precursor de um tipo de teatro em si mesmo. Este último exigiria a internet, que estava em rápida evolução.

Eu ficava acordado até tarde trabalhando nesses projetos. Karen mais uma vez ansiava pelo homem que eu jamais seria. Eu passava horas fantasiando, às vezes pintando Karen de memória e embelezando sua imagem conforme eu achava adequado. Meu estúdio, que eu chamava de O Cubo, tornou-se conhecido de maneira afetiva e depreciativa como meu "barracão do jardim", no sentido de que era onde me escondia com meus pensamentos, brinquedos e reparos, como um homem comum com suas ferramentas, trenzinhos elétricos ou motocicletas desmontadas.

O jornal *Orlando Sentinel* do dia 8 de novembro de 1990 publicou uma matéria dizendo que eu era bissexual, o que fez nossa faxineira católica pedir demissão. Meu velho amigo Danny Fields, editor da revista *16*, tinha descrito nossa noite juntos em 1967 de um modo bem mais romântico do que eu teria feito. Por algum tempo fiquei com raiva, mas Danny e eu tivemos mesmo um lance, ainda que eu estivesse sob efeito de uma versão anos 1960 de Rohypnol, dada por ele. Eu não me senti inclinado a me defender na época, nem agora. Para uma figura pública como eu, isso era uma picada de pulga. Poderia até ajudar a me tornar mais interessante do que eu realmente era. Além disso, Danny era um amigo querido, e eu não queria fazer nada que mudasse esse relacionamento.

Em uma daquelas cartas que produzi sem nunca enviar ao destinatário, escrevi para meu filho. "Seja um pessimista", aconselhei Joseph em seu primeiro aniversário, em 21 de novembro. "É o modo mais seguro e pragmático de ser. Ser otimista pode enriquecer a vida dos outros (com bom ânimo e sorrisos), mas o deixa alheio ao perigo."

No final do ano, seguindo meu próprio conselho, eu cultivava um estado de espírito muito sombrio. A melhor coisa era o afeto imenso de Joseph. Ele se apegara fortemente a mim, era bastante engraçado e nos divertíamos muito.

Eu sempre havia desejado apoiar minha mulher e meus filhos de um modo que meus pais nem sempre o fizeram. Mas o artista infantil, diabólico, egoísta e filho da puta que havia no fundo de mim não dava a mínima para a paternidade – ele precisava de liberdade. Eu sabia que tinha de ser cuidadoso. Eu amava meu filho e daria duro para ser um bom pai e nunca quebrar promessa alguma que lhe fizesse. Mas também sabia que carregava dentro de mim um gene que exigia atenção e que, se ignorado, poderia se tornar perigoso.

Certa noite, em dezembro, testei a força de minha sobriedade bebendo uma minúscula dose de conhaque. Imediatamente senti como se tivesse visto Deus – não o judeu nem o cristão, mas Dionísio ou Hedone, os deuses do rock 'n' roll.

Seja feliz, sussurrou o deus em meu ouvido, *faça sexo, vá ao cinema, faça banquetes, seja feliz.*

À medida que o ano se encerrava, quando Karen acordava de manhã bem cedo eu ainda estava lá embaixo, escrevendo. No momento em que finalmente me deitava na cama a seu lado, ela dizia: "Precisamos fazer algo a respeito de nossa vida".

Como eu gostaria de fazer algo a respeito de nossa vida. Eu queria voltar no tempo, ser precavido e construtivo. Eu estava decidido a assumir o posto. Mas não poderia beber. Eu sabia que, se bebesse, todas as apostas estavam desfeitas. Em nossa festa de réveillon, servi vinho a noite inteira para meus amigos, flertei com algumas mulheres e me perguntei como seria viver a vida desprezível de um astro do rock aposentado, preso em um mundo interior de dor e desconfiança de si mesmo.

Claro que em minha vida a ideia de aposentadoria era apenas um desejo, a decadência mais incisivamente imaginada que vivida, mas a desconfiança que eu sentia era conhecida demais. Muito pouco tempo depois, comecei a trabalhar nas canções para meu novo álbum solo, que acabaria se tornando *Psychoderelict*. Para fazer isso, passei um tempo na Cornualha me dedicando a "The glass household", a história que seria um eixo do álbum. Fazia muitas mudanças, a trabalhava e retrabalhava. McCrum leu uma primeira versão e me incentivou, achando que eu havia encontrado uma voz.

O álbum começou a tomar forma musicalmente no verão de 1991 e a entrega para a Virgin estava prevista para julho. A história retrabalhada era livremente ambientada no contexto de meus anos de exílio solitário, uma década atrás, em minha casa em Cleeve. Era a biografia de Gabriel, o cara decadente sobre o qual eu tinha fantasiado, um astro do rock aposentado que entra em um desastroso relacionamento com uma jovem fã. A intenção não era a de ser sobre mim ou minha vida, mas eu queria apresentar ao mundo o estereótipo que eu conhecia melhor.

Ao lidar com a história todos os dias, eu sentia que lutava com um animal vivo, que se contorcia. Ele não ficaria parado. A cada revisão, eu me via derivando para um território sombriamente erótico, ou para incursões enigmáticas nos tempos distópicos de *Lifehouse*. A disciplina que eu conseguira ao trabalhar em *The iron man* havia dado lugar a um processo mais livre.

Perturbado com as distrações causadas por outros artistas que trabalhavam no estúdio de gravação do Oceanic, criei um novo estúdio para mim na *Grand Cru*, a barcaça fora do Oceanic Center, que se revelou um dos espaços mais produtivos depois das salas minúsculas na pequena casa georgiana em Twickenham. O estúdio tinha um grande Synclavier, um gravador de fita digital de 32 canais, uma maravilhosa mesa Neve *vintage*, um piano de cauda, dois de meus antigos órgãos elétricos e espaço suficiente para trabalhar com baterias e vocais. Quando a maré subia, a barcaça balançava ligeiramente ao vento. Comecei a trabalhar a noite toda de novo.

Em fevereiro de 1991, tive acesso a um conjunto inteiro de computadores da Apple para música, gráficos, animação e edição de textos. Eu me interessara por plataformas multimídia por anos a fio, desde a academia de arte, e era fascinado pelo potencial da combinação do aural com o visual. A previsão inicial era que *Psychoderelict* seria uma peça radiofônica, mas minhas experiências com o Macromind Director demonstraram que poderia ser possível criar um DVD para acompanhar o CD, o que seria muito útil caso eu decidisse levar *Psychoderelict* para o teatro. Também comecei a escrever códigos básicos de computador e a projetar meu próprio programa de acesso, para que eu não perdesse de vista os vários arquivos digitais com os quais trabalhava. Toda essa discussão criativa em alta velocidade ajudava a gerar música por osmose, caos, descoberta e poder de improvisação.

Do lado negativo, eu vinha dormindo mal e estava fora de sintonia com Karen, o que gerava tensão constante – às vezes confronto. Karen e eu nos conhecíamos bem demais (e talvez, em certos sentidos, nem um pouco). Quando ela olhava para mim, lembrava-se de suas expectativas fracassadas de amigo, amante, marido e pai confiável e fiel. Quando eu olhava para ela, via todos os aspectos em que a tinha desapontado e como se tornava tarde demais para acertá-los. Meu tempo com Joseph, em compensação, era como um sopro de vida real.

Os temas lúgubres de "The glass household" – depravação, solipsismo, aposentadoria, desaparecimento, privacidade, solidão, alienação – não eram novos para mim. Contudo, esse roteiro ficcional que escrevi em março de 1991 teria um paralelo arrepiante com eventos reais de minha vida uma década depois. Na história, a redenção do astro do rock do isolamento era desencadeada por um jornalista investigativo que interceptava e manipulava seu e-mail a fim de acusá-lo de pedofilia. Diante desse ataque devastador, ele era obrigado a engajar-se no mundo mais amplo – e a lutar. (Na vida real, seria por causa do trabalho de certo jornalista investigativo que eu conseguiria provar alguma coisa, após ser acusado de maneira parecida.)

Provavelmente a canção mais impactante que compus na primavera de 1991 foi "Don't try to make me real". O uso da palavra "real" era cheio de implicações. Meu herói astro do rock tentava resistir a ser rebaixado das nuvens embriagadoras da fama para o tribunal desautorizado da imprensa marrom.

Make me of clay, make me of steel
But whatever you do don't try to make me real
Make me your dream, a secretive deal
But don't ever scheme to try to make me real

[Faça-me de barro, faça-me de aço
Mas, como quer que faça, não tente me fazer real
Faça-me seu sonho, um sigiloso pacto
Mas não conspire para tentar me fazer real]

Karen me encorajava a velejar – provavelmente isso parecia mais saudável do que me esconder no Cubo, o estúdio na Tennyson House onde eu estava gravando no momento. Eu queria velejar mais rápido do que o *Blue Merlin* podia, por isso o troquei pelo *Pazienza*, um bom projeto de Laurent Giles de 1956, construído em madeira pelo eminente estaleiro italiano Beltrami. *Pazienza* era um veleiro rápido, clássico. Nós o batizamos no aniversário de Nicola, no dia 18 de junho.

Minha esposa providenciou uma casa em Tresco, nas ilhas Scilly, para agosto e decidi velejar por lá. Na sexta-feira, dia 13, após um estimulante dia de vela, fui à praia, aluguei uma bicicleta e pedalei até a cabana no lado oposto da ilha.

Entusiasmado pelas férias e carregando um rádio VHF portátil, descendo ladeira abaixo bati numa cratera na estrada e voei sobre o guidão, arranhando-me ao longo do concreto acidentado e rasgando a pele de meu ombro. Quando parei, a bicicleta atingiu em cheio meu braço direito, próximo ao pulso. Eu nunca quebrara um membro, mas sabia que o que tinha acontecido era grave.

Um helicóptero me levou para o Hospital de Truro, onde me deram um poderoso sedativo, porém minha operação foi adiada por causa de um bebê ferido, que dera entrada na emergência depois de um acidente de carro que custara a vida de seus pais. Quando o cirurgião veio me atender eram quase três da manhã. Ele tinha salvado a espinha da criança, mas cruzou os dedos para o que poderia fazer por mim. Disse-me que não poderia esperar mais um dia; o ferimento em meu pulso estava muito ruim.

Para dedilhar uma guitarra, a palma da mão ficava vertical; para receber dinheiro, a palma fica horizontal. Assim, o que eu ia preferir? O médico deixou claro que era *uma coisa ou outra*. Decidi ter meu pulso ajustado para que eu pudesse tocar guitarra. Eu teria de mandar alguém passar o chapéu se alguma vez precisasse pedir uns trocados ao meu público.

Durante um mês, tive todo tipo de arames e talas de aço inoxidável para imobilizar a mão e ainda possuo uma longa lâmina de titânio no pulso. Quanto ao meu jeito de tocar guitarra, não consigo florear em estilo flamenco como antes, mas em certos sentidos minha execução até melhorou, porque me empenhei muito em recuperar minha habilidade. Pensando bem, há uma tentação de voar no helicóptero sacerdotal bem alto e imaginar um Deus irritado dando um piparote em minha bicicleta apenas para me deter, para me trazer de volta à razão.

* * *

Eu estava satisfeito com o modo como o álbum solo estava saindo, mas não poderia fazer mais nada com a mão naquele estado. Queria enviá-lo para a Virgin e ser remunerado, por isso fiz Bill Curbishley ouvir meu trabalho em andamento. Ele achou que, em sua maior parte, a obra era pretensiosa e excessivamente rebuscada. Mantive minha posição. Eu achava que assim que as canções fossem postas na história elas reluziriam e fariam mais sentido – como quase sempre faziam –, mas Bill somente podia ouvir o que eu conseguia tocar para ele. Ou talvez ele estivesse procurando outro hino clássico do Who.

Em *The iron man* eu tinha trabalhado excessivamente as canções, de modo que às vezes elas pareciam pouco afiadas e quase banais. Com as novas canções, vistas no contexto do enredo sombrio de "The glass household", eu achava que realmente conseguiria o equilíbrio correto. Como sempre, tinha cometido o erro de aceitar adiantamentos das duas gravadoras, que, apesar de seu envolvimento com minhas ambições mais gerais, não se dedicavam a financiar musicais. Elas investiam milhões de dólares e queriam faixas de sucesso para o rádio. E estou certo de que Bill sentia saudades dos anos 1970, quando até discos inferiores do Who vendiam aos milhões. Eu não podia culpá-lo por isso, ainda que não partilhasse dessa saudade.

Em novembro de 1991, os analgésicos que eu tomava estavam produzindo enormes oscilações de humor. Minha mão lesionada era como uma garra, e meu antebraço parecia de madeira pesada. Karen e eu discutíamos com frequência, às vezes com muito rancor. Ela não gostava de meu escritório na casa, que resultava em circulação intensa de pessoas. Também dizia que isso criava mais tensão para mim, já que eu nunca parecia estar de folga. Karen decidiu comprar um apartamento em Bath, e achei que ela estava fazendo isso para fugir de mim. Mas eu dizia a mim mesmo que os problemas do sucesso não tinham se insinuado furtivamente entre nós. Nosso primeiro beijo tinha acontecido após um show do Who. A banda já tinha um disco nas paradas em nosso primeiro encontro. Fizemos amor pela primeira vez em meu requintado apartamento de astro do rock em Belgravia.

* * *

De 1992 até os anos 2000 houve diversas retomadas, remontagens e adaptações tanto de *Tommy* quanto de *Quadrophenia*, não só na Broadway e no West End londrino como também em escala internacional.[25] A primeira delas, em 1992, era uma nova montagem de *Tommy* por Des McAnuff, diretor artístico de La Jolla Playhouse, próximo de San Diego, Califórnia.

Eu não voltaria a *Psychoderelict*, como passaria a chamá-lo, por quase um ano (quando o prazo de entrega na Atlantic me obrigou a desovar o álbum). Roger me visitou e fez uma tentativa final de me convencer a voltar para o Who. Em uma versão inicial de *Psychoderelict*, o exaurido astro do rock Gabriel recebe a visita de seu bom e velho amigo Ray High, a quem Gabriel deixou para trás – e não pude evitar sentir que Roger estava interpretando Ray High para o meu Gabriel. Ele queria saber quais eram meus planos para o Who em 1992 e se eu queria tocar na Austrália e no Japão.

Eu me encontrava em um ânimo financeiramente pragmático, o que deixou Roger triste. Minha justificativa era que meus dois contratos solo eram excelentes, extremamente lucrativos e sem necessidade de apresentações – eram garantias, e eu não iria cometer o mesmo erro duas vezes e detoná-las, como fiz no contrato com a Warner Brothers. O que Roger ofereceu então foi, em qualquer novo contrato de gravação, deixar-me recuperar parte do que perdi quando o obriguei a encerrar o contrato da Warner, em 1983. Ele disse que ele e John estavam dispostos – se eu fizesse um novo contrato com eles para voltar ao Who – a me compensar parte do prejuízo de 1 milhão de dólares que eu tinha sofrido naquela época. Ele foi muito delicado comigo, e sua paixão pelo Who era tão evidente quanto sempre foi.

Naquela noite, na hora de dormir, Karen perguntou o que Roger queria. Ela não dissera nada o dia inteiro. Eu achava que ela estivesse com medo de que eu voltasse a sair em turnê.

[25] Eu ainda tinha muito orgulho tanto de *Tommy* quanto de *Quadrophenia*, e meu envolvimento e meu compromisso com essas novas produções foram amplos, mas não pretendo escrever mais sobre essas obras neste livro, exceto de passagem, quando estiverem relacionadas a outros eventos de minha vida, não só por motivo de espaço, mas porque, a despeito de sua importância para mim, elas pertenciam essencialmente ao passado, no que diz respeito à narrativa de minha vida. Quem desejar ler sobre essas adaptações e meu envolvimento pessoal com elas pode consultar www.thewho.com.

"Não se preocupe", disse eu. "Ele foi muito gentil, mas não posso ajudá-lo, não agora."

"Não é com Roger que estou preocupada", replicou.

Em La Jolla, trabalhando no musical *Tommy* em junho de 1992, eu ainda estava tendo episódios maníaco-depressivos. A qualquer momento, sozinho no quarto do hotel, eu me via subindo pelas paredes. Esses episódios haviam aparecido de mansinho desde o nascimento de meu filho, talvez um retrocesso daquele pêndulo terrível que eu havia superado, equilibrado por um instante durante o primeiro ano de sua vida. Ocasionalmente eu experimentava quantidades muito pequenas de álcool, mas acredito que o problema fosse minha medicação, a que eu havia passado a recorrer em busca de alívio emocional depois da dor física de meu punho ter melhorado.

Assim, não foi surpresa para mim acordar e encontrar um *gremlin* diabólico literalmente chacoalhando minha cama. Enquanto sacolejava, eu gritava "Vai se foder, porra" e virava para o lado a fim de voltar a dormir. Mas pude ouvir o lustre tilintando e, quando me sentei na cama, percebi que o quarto todo balançava. Fui até a janela e vi o prédio do outro lado da rua balançando como um grande animal que se sacode depois de sair das águas de um rio.

Era um terremoto.

Rapidamente me vesti e desci os catorze lances de escadas até o saguão, que estava cheio de pessoas em choque, perambulando a esmo. Foi muito assustador. Estávamos muito longe do epicentro, mas o hotel – construído sobre roletes para resistir a abalos radicais – ainda se inclinava de um lado para o outro e continuou a fazer isso por muito mais tempo do que eu imaginava que o arquiteto havia previsto.

Mais tarde, quando fui de carro para o teatro, havia rachaduras na rua e constantes tremores faziam tudo parecer mais apocalíptico.

De volta a Londres, eu ainda estava ansioso por concluir o trabalho que havia começado com Ted Hughes. Tinha consultado a Youth Coordinate, no Young Vic Theatre, sobre a possibilidade de fazer uma versão de *The iron man* como parte do programa para crianças desenvolvido ali. Diante do interesse inicial, comecei a editar e a relacionar todas as canções com o roteiro dramático original. Em muito pouco tempo se evidenciou até que ponto eu tinha conseguido chegar e o que funcionaria ou não no palco. Era flagrante também que eu precisava de um narrador. Eu estava ávido para musicar a prosa de Ted, e cada verso entrava facilmente em minhas experimentações musicais.

Eu também me envolvera em um projeto de composição/gravação com meus dois irmãos, Paul e Simon. Ambos eram muito talentosos, mas tinham brigado. Decidimos fazer uma espécie de *Rough mix* juntos. Foi uma ideia inspirada: nossas vozes se fundiram muito bem quando fizemos os backing vocals, e cada um de nós tinha um estilo diferente de composição. Esperávamos compor juntos, se possível, ou pelo menos colaborar de algum modo. Paguei um adiantamento a ambos; não sei bem se os dois achavam que meu coração estava inteiramente no projeto, mas eu adorava trabalhar com eles, em parte porque os amava muito.

Em maio, retornei a *Psychoderelict* com um acerto de contas. Eu estava trabalhando com uma história muito mais amarrada, com mais humor e ironia. Tinha combinado os dois personagens masculinos principais (Ray e Gabriel) e amenizara o clima sombrio da peça. Também introduzi uma referência específica a *Lifehouse*, chamando-a de "Gridlife" [Vida na grade], que a princípio parecia um pouco forjada, mas me permitia resgatar as ideias e os experimentos musicais que eu tinha acumulado.

Eu conhecia Liz Geier desde 1979. Barney a trouxera, com seu grupo de amigas, para me encontrar no quarto de hotel que dividíamos no Navarro, em Nova York. Eu estava sendo entrevistado pela *Newsweek*. Em meio ao grande grupo de lindas adolescentes, minha atenção foi capturada por ela, ou por seus incríveis olhos. Ela era muito alta, tinha voz grave, uma personalidade forte e um senso de humor mordaz.

Eu a vi outra vez poucos anos depois em Nova York, em 1981. Fomos assistir a um show do Genesis em Nova Jersey e nos divertimos depois no Studio 54. Ela sempre era uma ótima e glamorosa companhia, e eu, bem interessado nela. Mais tarde, naquele ano, passando o inverno sozinho em Cleeve, convidei-a para ir a Londres, e um romance entre nós começou a rolar, aos trancos e barrancos, dificultado por vivermos em cidades diferentes. Na época, eu tomava remédios para parar de beber e passava a maior parte do tempo doente, meio letárgico.

A partir da primavera de 1982, depois da reabilitação, enquanto tentava consertar meu casamento, mantivemos contato, escrevi cartas ocasionais, um ou dois poemas e algumas letras de canções. Sou obrigado a reconhecer que ela inspirou algumas coisas legais. David Gilmour gravou duas dessas letras em seu álbum solo de 1986: "All lovers are deranged" e "Love on the air". Eu simplesmente não podia deixar Liz partir, ou talvez fosse uma ótima ideia tê-la sempre por perto. Eu tinha certeza de que ela não sentia o mesmo por mim, ou pelo menos não confiava plenamente em mim. Em 1989, passamos alguns dias juntos na turnê dos 25 anos do Who, o que, esperei, talvez pudesse estreitar os laços entre nós.

Não nos encontramos mais até janeiro de 1993. Nessa época, senti que não havia mais romance entre nós. Eu simplesmente não conseguia superar o ceticismo que ela nutria em relação a mim. Eu não podia esperar mais que amizade, e ela sempre parecia feliz em me ver. "Now and then", do *Psychoderelict*, era sobre nosso caso e foi inspirada pelo que defini como nossa infeliz e incompleta amizade. De repente, ali estava pelo menos uma verdadeira canção de amor, uma das poucas que escrevi, e versava sobre um relacionamento frustrado. Senti orgulho dela e ainda sinto. É uma das canções mais honestas que já compus.

Fiquei ansioso em dar uma cópia a Liz. Ela estava administrando o bar do Cafe 44, a poucas quadras do Royalton, onde eu me hospedara em Nova York. Enquanto fiquei por ali, conversei com a famosa advogada Helena Kennedy, que trabalhara comigo na lei sobre violência doméstica. Quando já tinha tomado minha sexta Coca-Cola, perguntei a Liz se havia ali alguma cerveja sem álcool. Alguém atrás do bar deixou cair um copo, que se rompeu no recipiente de gelo, e ela estava distraída, certificando-se de que cada cubo de gelo fosse descartado. Disse que tinha apenas cerveja com baixo teor alcoólico e me deu uma.

Levou apenas alguns segundos para eu perceber que havia álcool suficiente no copo para romper com minha baixíssima tolerância. Eu não tomava um drinque em público havia onze anos, desde outubro de 1981.

"Esta cerveja não é sem álcool, é?" Examinei a garrafa contra a luz. Estava só sendo irônico, pois já começava a sentir uma espécie de calor se espalhando por meu corpo.

"Eu nunca disse que era", ela respondeu. Ao me ver sorrindo, ela riu comigo, embora pudesse ver sua preocupação em relação a mim. "Pode muito bem ser. É o que chamamos de 'três-ponto-dois' [3,2 por cento de teor alcoólico]."

Não foi culpa dela. Ela sabia que eu estava limpo havia um tempo, embora isso não fosse completamente verdade – eu só não bebia mais em público. Eu tinha pedido cerveja, e ela apenas me deu uma.

Não bebi mais. Tinha sido apenas um gole, mas eu já começava a ver Deus.

Uma hora depois, eu estava ajoelhado em meu quarto de hotel, rezando. Minha prece, no entanto, não foi por ajuda quanto a meu acidente, o que parecia um deslize menor para mim, nem por ajuda para me manter longe de outro drinque. Eu rezei sinceramente para agradecer a Deus por mostrar do que eu precisava para me sentir completo, por me devolver o remédio da sociabilidade, que tanto fez por mim.

Eu literalmente chorava de felicidade. Cafe 44, cerveja três-ponto-dois e Liz Geier – tudo parecia uma combinação feita pelos céus.

25
Recaída

Não voltei a beber imediatamente, como já fizera no passado. Na verdade, não tornei a beber por várias semanas, mas eu sabia muito bem o que tinha acontecido. Nos onze anos que permanecera sóbrio, li muitas pesquisas sobre como o álcool opera no cérebro dos dependentes de seus efeitos.

A teoria era que os dez por cento da população predisposta à dependência do álcool produzia quantidades desproporcionais de neurotransmissores endógenos quando bebiam. Eu não bebera cerveja três-ponto-dois suficiente para me deixar nem sequer ligeiramente alterado, mas tinha absorvido o bastante para meu corpo inundar meu cérebro com endorfinas.

Talvez eu não tivesse nem escorregado se não estivesse rodeando Liz Geier, fazendo de conta que um dia ela e eu poderíamos de repente dar certo. Assim, meu problema não era apenas que eu era um viciado, mas também um romântico que gostava de fantasiar.

A discípula que havia me aproximado de Meher Baba, Delia DeLeon, morreu em 21 de janeiro de 1993. Seu funeral cinco dias depois não foi, de modo algum, um evento triste, mas uma celebração do que Mani Irani, irmã de Meher Baba, chamou de "libertação" de Delia. Ela sempre se comportara como se tivesse desempenhado um papel em trazer *Tommy* à fruição do público e, em certo sentido, tinha razão. Meher Baba sempre seria uma presença regente sobre meu trabalho em *Tommy*, qualquer que fosse a forma.

Depois do velório, Barney e eu fomos até o estúdio na barca e começamos a definir o roteiro de *Psychoderelict*. Barney era um colaborador perfeito nesse projeto, capaz de manter a história leve e engraçada, mas também pronto para garantir a autenticidade e o realismo. O aspecto de *Lifehouse* começou a mostrar que realmente se encaixava, e acrescentei algumas sobras de minhas demos eletrônicas de 1971. As canções que Bill tinha achado tão insatisfatórias no ano anterior subitamente pareciam ganhar vida quando inseridas no corpo da história, tal como eu esperava.

Na minha história, a jornalista Ruth Streeting conspira com o agente do decadente rock star Ray para trazê-lo de volta ao centro das atenções. Porém o faz não pelo talento de Ray, mas por seus defeitos. Ela sabe como manipulá-lo. Ray se perdera no brilho consolador dos poucos fãs aduladores que ainda lhe escrevem. Streeting prepara uma armação para ele, enviando-lhe uma foto erótica de uma suposta jovem e sedutora fã, justamente no momento em que ele, após anos de frustração, parece estar naufragando com seu projeto "Gridlife".

Isso foi um mergulho transparente em minha própria obsessão duradoura com *Lifehouse*, bem como minha tendência à fantasia romântica. Barney não tinha sentido obrigação nenhuma de me dissuadir de parodiar a mim mesmo e a outros antigos roqueiros dessa maneira. Ray era uma mistura de dois tipos de astro do rock; uma parte da mistura criativa – o anseio nostálgico pelos velhos e bons tempos – era a que claramente menos tinha a ver comigo.

Entreguei o álbum para a Atlantic no dia 27 de fevereiro. Tendo em mente quanto Doug Morris tinha se mostrado descontente com *The iron man*, fiquei encantado quando ele considerou que *Psychoderelict* poderia ser o maior álbum da minha carreira solo. O formato de peça musical era novo para ele, mas, com os rumores de que *Tommy* se sairia bem na Broadway, Doug estava pronto para abraçar *Psychoderelict*. Começamos a montar a arte para a capa e marcamos uma sessão de fotos.

Fui e voltei de Nova York com tanta frequência naquela primavera que minha assistente Nicola resolveu ficar em Londres, para me receber toda vez que eu voltasse. Meu trabalho estava muito estimulante. Eu podia caminhar até a Broadway se quisesse admirar as luzes brilhantes. *Tommy* tinha um cartaz em néon na grande praça naquela época. Mas eu estava cada vez mais consciente de que meu relacionamento com Karen continha um grande elemento de fantasia, o que significava que ele poderia desabar sobre mim a qualquer momento.

No que se evidenciou como um evento fortuito e feliz, perdi meu voo de volta para Londres e decidi ficar e passar a noite em Nova York. Em uma festa promovida pelo estilista Tommy Hilfiger, uma loura caminhou até nossa mesa e sentou-se perto de mim. "Eu vim beijar você", disse ela.

Após a festa, Barney sugeriu que fôssemos a um bar chamado Lucky Strike, no Village. A garota que me beijou (tinha sido uma aposta, ela disse depois) estava com seu namorado, um assistente social que lecionava para crianças com deficiência mental, um sujeito de boa aparência com longos cabelos escuros. Enquanto ele e eu conversávamos no táxi, sua namorada olhava o movimento da rua pela janela.

Seu nome era Lisa Marsh, e ela trabalhava como jornalista numa revista de moda. Fazia algum tempo que ela e o namorado Michael vinham se encontrando. Não consegui me conter.

"Você é incrível", disse eu.

"Sou?" É o que as mulheres incríveis sempre diziam. Elas raramente diziam: *Esse papo antigo não vai levar você a lugar algum...*

"Seu nariz é perfeito. Ele tem uma curva."

"É, eu tenho um nariz irregular." Ela tocou um ponto achatado abaixo da ponte do nariz.

"É o seu melhor traço."

"Você gosta de meu nariz irregular?" Ela riu. "Isso é bom."

Antes de a noite terminar, durante a conversa, ela me contou que queria escrever um livro. Eu disse que era editor e trocamos telefones.

Emma voou para Nova York com sua amiga Rose no domingo, 18 de abril, para assistir à pré-estreia do musical *Tommy*. Encontraram-se no saguão do hotel, onde eu estava sentado conversando com Lisa, tendo lhe dado alguns livros. Eu queria particularmente que ela lesse *The blindfold*, de Siri Hustvedt. Mais tarde, Emma me disse ter desconfiado que eu tivesse outras intenções com Lisa ao lhe dar os livros.

Karen chegou a Nova York para a noite de estreia de *Tommy*, sentou-se a meu lado durante o espetáculo e estremeceu quando ouviu "I believe my own eyes", a nova canção que eu havia acrescentado sobre o colapso do casamento dos pais de Tommy. Depois, na festa, Karen olhava ansiosamente ao redor. Eu tinha subestimado a intuição dela. Ela sentia que algo estava acontecendo.

Naquela noite, recebemos os jornais com as críticas, começando com as de Frank Rich, o "açougueiro da Broadway". A resenha dele era boa. Muito boa. "Espero morrer antes de ficar velho", Rich citou a letra de "My generation", querendo dizer que, em vez de envelhecer, eu tinha amadurecido e adquirido mais profundidade. Ele também disse que *Tommy* era o primeiro musical em muito tempo a fazê-lo sentir-se vivo de verdade.

O ânimo da festa rapidamente melhorou, e dançamos até quase o amanhecer. Karen partiu para apanhar um dos primeiros voos para casa, a tempo de estar lá no aniversário de 22 anos de Minta, enquanto fiquei em Nova York para apreciar as críticas e os ingressos se esgotando na bilheteria. Voltei para casa dois dias depois.

Na primeira semana de maio, trabalhei com David Thacker, diretor artístico do Young Vic, em *The iron man*. Estávamos trabalhando com o texto original de Ted, inserindo minhas canções onde elas fizessem mais sentido. Comecei a achar que a peça poderia realmente funcionar. Em seguida, eu estava de volta a Nova York para trabalhar com George Martin e seu filho Giles na gravação do álbum com o elenco de *Tommy*, na Hit Factory. Lisa veio fazer uma visita a convite meu, fazendo careta quando me abaixei para abraçá-la após eu ter fumado um cigarro. Não tínhamos nem nos beijado.

Karen sabia que eu tinha recomeçado a beber e, na Cornualha, no meu aniversário de 48 anos, deu a entender que não se importava muito com isso. Ela tinha arranjado ostras e champanhe para minha festa e, por um momento, parecia que poderíamos ficar bem.

O que distinguia essa nova fase era que eu podia apenas beber uma dose muito pequena antes de me sentir embriagado. Minha tolerância, outrora quase inacreditável, era agora muito baixa. Antes que a luz do dia se fosse, levei os cachorros para um passeio no bosque. No topo da colina, quando meu celular encontrou sinal, liguei para Lisa.

Ela me disse que pretendia viajar para a França em agosto, que eu tinha uma voz sensual, que eu estava doido, que eu era engraçado, que ela gostava mais de mim sem barba, que ela gostava de conversar comigo, que eu era estimulante. Sua voz ao telefone era quase melhor que seu nariz irregular. Ela não mencionou seu namorado.

Nosso aniversário de casamento foi no dia seguinte ao meu aniversário. Karen e eu estávamos casados havia 25 anos. Senti-me um merda por pensar em Lisa naquele dia, mas lembrei-me de que, embora Karen e eu tivéssemos passado por terríveis impasses, frieza e concessões, às vezes também tínhamos sido felizes. Tínhamos tido juntos duas filhas extraordinárias e agora um filho, que estava com três anos e meio. Cada segundo que passei com ele tinha sido feliz. O problema era que eu não estava reconstruindo a intimidade com Karen.

Conversamos sobre a educação de Joseph, e Karen estava entusiasmada com as escolas mais chiques em Salisbury e Wells, o que poderia exigir que mudássemos de casa. Eu estava disposto a pesquisar escolas e procurar imóveis, mas Joseph parecia muito feliz na Cornualha com amigos de sua idade, e as escolas estaduais na área eram superiores à média nacional. Consideramos manter nossa casa em Twickenham, mas morar permanentemente ali. Velejar e passear de barco em geral elevava meu ânimo, restabelecendo-me como nenhuma outra coisa. Eu amava as praias largas, as trilhas litorâneas e os arvoredos secretos, mas acima de tudo a Cornualha, para mim, tinha a ver com o mar.

Karen não conseguiu ir à cerimônia do Tony Awards porque a babá de Joseph estava doente. Em uma cerimônia anterior do Oscar, eu tinha deixado uma poltrona vaga a meu lado, por isso, dessa vez, disse a Karen que não iria ao Tony sozinho. Sem dúvida armei isso; se Karen estivesse a meu lado em Nova York para o Tony Awards, eu poderia não ter levado adiante minha paquera com Lisa.

Liguei para Lisa e perguntei se seu namorado se importaria se ela fosse minha acompanhante na cerimônia. Ele sacou meu objetivo, mas concordou. No dia da cerimônia, encontramo-nos no Royalton e dei a Lisa um pequeno broche de diamante, no formato de uma estrela. Ela me convenceu a usar calças de couro, algo que eu nunca tinha feito em toda a minha vida.

Na noite da cerimônia, sentei-me no restaurante do Royalton com Des McAnuff e sua mulher Susie e tomei uma taça de vinho. Estávamos nervosos. Des concorria como "melhor diretor de musical", nós dois fomos indicados na categoria "melhor libreto" e eu disputava o prêmio de "melhor trilha sonora", mas tínhamos duros oponentes: *O beijo da mulher-aranha* estava altamente cotado pelo público e pela crítica. Na hora de partir para a cerimônia de premiação, Lisa não tinha chegado. Mas eis que ela apareceu subitamente na porta do restaurante, os cabelos cacheados, vestindo uma pantalona de seda, e me deixou sem fôlego.

Des venceu, e eu dividi o prêmio de melhor trilha com Kander e Ebb, nada mau. *Tommy* seguiu tendo uma exposição muito marcante naquela noite, já que o coreógrafo Wayne Cilento ganhou o prêmio de "melhor coreografia", Chris Parry levou o de "melhor projeto de iluminação", e John Armone, o de "melhor cenografia". De volta ao Royalton, o namorado de Lisa, Michael, me puxou para o lado e disse que eu podia dar a Lisa coisas que ele jamais conseguiria e que estava saindo do caminho. Foi quando me dei conta da realidade do que eu havia colocado em movimento. Até agora eu estava flertando, mas as coisas pareciam prestes a ficar mais sérias.

Quando chegou o momento de os convidados partirem, imaginei que Lisa ficaria comigo, mas, em vez disso, ela levou Michael para casa, já que ele havia bebido demais. Se foi para afogar suas tristezas, não estava sozinho. Experimentei aquela velha ferida familiar de ser abandonado e tive um ataque de ansiedade, que me levou a ziguezaguear na calçada da entrada do hotel. Eu estava praticamente uivando.

Depois de encarregar Nicola de procurar um apartamento em Nova York para mim, voei no jato particular da Atlantic com Jann Wenner e Ahmet Ertegun para Cleveland, para a cerimônia de lançamento da pedra fundamental do Rock and Roll Hall of Fame. O arquiteto I. M. Pei segurava a pá. Além dos 500 mil dólares doados pelo Who em 1989, eu havia feito uma doação pessoal consideravelmente maior.

Chuck Berry e eu disputamos para fazer o discurso mais espirituoso. Quando tentei me apresentar a I. M. Pei para ganhar um elogio por ter contribuído com tanto dinheiro, ele me ordenou que saísse de seu caminho. De repente, eu estava desesperado por um drinque, mas não foi possível encontrar nenhum.

Psychoderelict foi lançado uma semana depois. Propus uma peça de teatro com canções baseadas no disco e convidei Barney para dividir a direção com Wayne Cilento, o coreógrafo de *Tommy*. Eles já estavam trabalhando com o diretor de iluminação Wendell Warrington, que havia feito as projeções de fundo de cena para *Tommy*, o que era uma boa notícia. Para o meu show, dependeríamos totalmente dessas projeções, usando um sistema de nove projetores controlados por computador.

Os ensaios da banda começaram nos estúdios Bray, no Reino Unido, no dia 26 de junho. Como não havia planos para realizar shows em Londres, decidi fazer um workshop acústico de *Psychoderelict* para a imprensa e a mídia no Mayfair Theatre, no dia 3 de julho. Passei metade da noite em claro adaptando e ensaiando as canções, nem todas elas bem vertidas para violão. Os três atores da gravação – Jan Ravens como a jornalista Ruth Streeting, Lionel Haft como o empresário, e John Labanowski como Ray High – leram suas falas no roteiro. Depois, respondi perguntas da plateia. Quase funcionou.

A turnê foi iniciada em 6 de julho, com ensaios técnicos na Brooklyn Academy of Music. A banda era quase perfeita. Eu tinha dois guitarristas de primeira em Andy Fairweather Low e Phil Palmer, Pino Palladino no baixo, Simon Phillips na bateria, Rabbit nos teclados, Peter Hope-Evans na gaita e bancando o bobo da corte, e Billy Nicholls e Katie Kisoon fazendo os backing vocals. Eu cantei, toquei violão algumas vezes e, apesar da mão machucada, ainda em recuperação, fiz alguns solos afiados na Fender Telecaster.

A música soava fantástica. Não esteve alta demais, eu conseguia ouvir minha voz e gostei de me apresentar. Eu havia decidido por um show "tripartite", com algumas canções selecionadas do Who e de meus álbuns solo, depois *Psychoderelict* e um encerramento mais agitado. Eu nunca tinha feito um show de duas horas no qual não só tocava guitarra como cantava todas as canções, mas desde que não bebesse ficaria bem.

A essa altura, estava claro para todos que me conheciam que Karen e eu estávamos em sérias dificuldades. Eu entrava e saía do teatro acompanhado por Lisa Marsh, em uma sucessão de encontros constrangedores. Uma noite, após vários encontros em que eu a acompanhava até sua casa e terminava de joelhos do lado de fora de seu apartamento, ela disse, por algum motivo qualquer, que eu podia passar a noite com ela. Ficamos bêbados, fizemos sexo e foi tudo como eu havia imaginado.

Perambulei pela Broadway às seis da manhã e fui interceptado por uma jovem negra que usava uma camiseta fina. Enfiei a mão no bolso, achando que ela iria pedir dinheiro. Em vez disso, ela ergueu as mãos para o meu rosto.

"Você tem os olhos mais bonitos", disse ela, e seguiu adiante.

Lisa tinha um bom amigo em Robert Kirk, fotógrafo que trabalhava com ela na maioria das sessões de fotos de moda e que clicou meu show durante os ensaios. Ele tinha experiência familiar com alcoólatras problemáticos, e sua presença, no princípio, ajudou a me manter sóbrio. Lisa também continuava a fazer as vezes de minha estilista informal, incentivando-me a vestir jaquetas pretas, calças mais justas e a estar sempre bem barbeado, com alguma coisa pendurada no pescoço – às vezes uma lesma de prata, outras vezes uma cruz celta.

No primeiro show de *Psychoderelict* em Toronto, no Massey Hall, no dia 10 de julho, muitos na plateia já sabiam a letra de todas as canções. Outros tinham vindo na expectativa de ver o Who. Meus três atores acharam estranho trabalhar com uma plateia de rock desordeira, que não só acompanhava as canções como gritava constantemente que o show era um lixo, que queriam ouvir "Magic bus" ou que eu tinha de destruir minha guitarra. Era afetuoso, mas desconcertante; de certo modo, também era muito legal. Os atores logo se acostumaram; eu estava gritando acima do ruído da multidão, tocando na beirada do palco, pausando entre os versos para deixar a multidão se expressar.

A turnê foi a mais divertida que já tive em minha vida no palco, e, se não fosse por um "escorregão" de minha parte, eu poderia ter continuado com a minha carreira solo feliz e sóbrio. Um dia, quando apareci nos ensaios da turnê de *Tommy* no 890 Studios, em Nova York, um dos porteiros que tinha visto meu show em Jones Beach na noite anterior o descreveu como "O melhor show dessa porra de rock 'n' roll que já vi nessa minha porra de vida – isso inclui The Who, Springsteen e Neil Young". Eu me senti bem demais com isso.

O escorregão? Primeiro, um pouco de contexto. Eu estava me apaixonando por Lisa muito depressa. Eu a achava divertida, gostava de seus amigos, eles me toleravam, ela gostava de beber, comer, dançar e fazer sexo. Ela era fascinante, vestia-se bem, era inteligente e muito bonita. O nariz irregular era sensacional para mim. Ela viajou comigo para Chicago, e, antes de subir ao palco, duas coisas ocorreram. Uma foi a presença do baterista Buddy Miles nos bastidores, com sua perna ruim, contando histórias sobre os últimos dias com Jimi Hendrix. A outra foi que revi uma garota da turnê do Who de 1989, Mary Beth. Tínhamos começado uma amizade longa e afetuosa, com uma viagem de barco no lago e sexo extenuante em Chicago, enquanto eu tomava remédios pesados para bronquite. Eu não deveria ter nenhuma dificuldade para apresentá-la a Lisa, mas subitamente tive um ataque de ansiedade, enquanto Buddy falava sem parar.

Eu deveria ter pedido a todos para se afastar e me deixar sozinho por um momento, mas eu sabia que Buddy se ofenderia. Era ótimo vê-lo, e em qualquer outro momento teria sido ainda melhor, mas eu tremia violentamente à medida que a ansiedade ameaçava tornar-se pânico total.

Pouco antes de ser chamado ao palco, pedi a um membro da equipe uma garrafa de vodca, com a intenção de aplacar minha ansiedade como muitas vezes eu havia feito. Não me ocorreu que eu não fazia isso havia mais de onze anos. Entornei meia garrafa, aprumei-me e caminhei para o palco. Isso é quase tudo de que me lembro. O que ouvi depois foi que um bom número de fãs se irritaram ao me ver desabando e vociferando. Muita gente pediu o dinheiro do ingresso de volta.

Durante uma pausa na turnê norte-americana de *Psychoderelict*, reuni-me com minha família para uma semana nas ilhas Scilly. Eu tinha meu próprio quarto, e as coisas estavam desconfortáveis entre mim e Karen. Eu ainda recebia as chamadas de Lisa sem me esforçar muito para esconder de Karen que tinha uma nova namorada.

Em nossa casa em Twickenham, eu tinha me mudado para o meu estúdio, O Cubo, vulgo "barracão do jardim". Não havia uma cozinha de verdade, o banheiro estava desleixado, e o quarto era minúsculo. Joseph passeava por ali para me ver e brincávamos felizes, mas, afora isso, eu era o retrato do sofrimento. E Karen odiava o fato de que eu não morasse na casa com ela. Em uma noite em que tentei ir para lá, tive o pesadelo mais chocante sobre o tempo em que passei com minha avó, com a visão de uma porta se abrindo e alguém entrando...

A segunda etapa de minha turnê solo começou com dois shows no Wilshire Theater, em Los Angeles, onde dei uma entrevista à *Playboy* na qual revelei que havia começado a beber de maneira "controlada". O jornalista

David Sheff parecia mais preocupado com isso do que eu e arrematou com uma carta para mim.[26]

Após um show em São Francisco, conversei com Eddie Vedder, vocalista do Pearl Jam. Ele vinha tendo problemas com a fama e cogitava voltar a ser surfista. Ofereci a ele minha filosofia: não somos nós que escolhemos, é o público. Somos eleitos por eles, mesmo que nunca nos candidatemos ao cargo.

Retornei a Nova York para fazer dois shows na Brooklyn Academy of Music, um deles seria televisionado. O pessoal da emissora queria que eu fizesse o show inteiro à tarde, para a programação de suas câmeras, com o que concordei, mas no show da noite eu estava cansado e minha voz, muito rouca. Eu parecia o Rod Stewart. Felizmente não havia canções com muitas notas altas no *setlist*.

Voltei à Cornualha para ficar um tempo com Joseph, velejar um pouco e tentar decidir o que faria em seguida. A poucos meses de completar quatro anos, tudo era jogo para Joseph. Íamos caçar caranguejos, nadar e remar. Ele adorava barcos e queria ter uma roupa de neoprene para poder mergulhar de snorkel nas águas gélidas da Cornualha; foi divertido ir às lojas procurar o equipamento de tamanho infantil.

Por volta dessa época houve a mais terrível tragédia. A filha de colo da babá de Joseph teve morte súbita. Ela a trazia para o trabalho enquanto cuidava de meu filho, e todos nós a conhecíamos e adorávamos. Ficamos desolados.

Eu estava dividindo meu tempo entre Londres, para os ensaios de *The iron man*, e os Estados Unidos, para continuar a turnê de *Psychoderelict*. Viajava com tanta frequência entre os dois países que perdia a noção do tempo. *The iron man* exigiu um novo recitativo de última hora, e, apesar de ter gostado de escrevê-lo, muitas vezes não me lembrava de ter feito mudanças quando participava dos ensaios. À beira de um esgotamento nervoso, acabei sendo levado de limusine para um show da Madonna, no Madison Square Garden. Fiquei embriagado novamente mesmo sem ter bebido quase nada naquele dia. Lembro-me de que foi um show incrível, até que apaguei.

No momento em que *The iron man* estreou para a imprensa, em 1º de novembro, eu estava além da exaustão. O show era extremamente ambicioso

[26] Mais tarde, David escreveu um livro sobre o vício de seu filho Nic com a metadona: *Beautiful boy: a father's journey through his son's addiction* (Houghton Mifflin, 2008).

em termos musicais. Os papéis escritos para o elenco eram cansativos, e havia muita correria para testar o fôlego de todos. Após alguns shows, acrescentamos bateria à banda, o que ajudou a conduzir um pouco as coisas. Também entrou um baixo. No entanto, a música nunca parecia certa. Algumas seções recitativas eram muito comoventes, e eu estava satisfeito com elas, mas duas das canções se mostraram excruciantes, e eu não tinha energia nem vontade para corrigi-las. David Thacker, diretor artístico no Old Vic, era um verdadeiro defensor da peça e queria transferi-la para o West End, mas relutei.

Pedi a Tom Stoppard para dar uma olhada, e ele me apresentou algumas sugestões muito úteis, porém extensas. Francamente, ele achava que havia coisas demais para consertar. Richard O'Brien, que escreveu *The Rocky Horror Show*, era um entusiasta, comparecendo a quase todas as apresentações nas primeiras duas semanas, e foi muito gentil comigo com relação aos problemas que enfrentávamos. Muitos de meus amigos, porém, adoravam o show e o aceitavam como um trabalho em andamento.

Michael Foot, ex-líder do Labour, que se tornara amigo da família, levou seus netos e me escreveu um bilhete dizendo o quanto achava impactante a "mensagem". O próprio Ted Hughes pareceu gostar do musical, em especial do enorme Homem de Ferro robótico que a designer Shelagh Keegan havia construído a partir de sucata. Não foi um sucesso entre os críticos, mas a maioria foi no mínimo encorajadora – todos em Londres sempre queriam que o Young Vic desse certo. O musical foi muito bem na bilheteria, ficando em cartaz até depois do Natal. Mas, na hora de tomar a decisão sobre o que fazer em seguida, eu já estava apagando quase toda noite e sabia que não se podia confiar em mim para pensar com clareza.

Uma sensação desagradável havia se abatido sobre mim. Tudo parecia estar se fechando. De volta à Inglaterra, pouco antes do Natal, meu amigo e consultor imobiliário me levou para olhar uma casa que Roger Waters estava vendendo, de frente para o mar, no litoral sul. Era um dia frio e sombrio. A casa quase não tinha mobília; apenas alguns velhos sofás que se tornavam mais cinzentos à medida que caía a primeira neve do inverno. Tive uma visão de mim mesmo sozinho, como Gabriel, meu fracassado astro do rock ficcional, os olhos parados na distante Ilha de Wight, congelando na praia, ansiando por Nova York.

* * *

Em 1994, eu havia concluído a gravação de *Psychoderelict*, realizado minha primeira turnê solo, montado a produção de *Tommy* na Broadway com Des McAnuff, um sucesso premiado. O álbum com o elenco havia sido uma grande tacada, um dos últimos projetos importantes que George Martin produziria. Eu havia enfim conseguido levar *The iron man* para o teatro e tinha ajudado a formar o elenco, ensaiar e promover uma turnê norte-americana de *Tommy*.

Embora meu casamento naufragasse, eu tinha um filho maravilhoso, além de duas lindas filhas que vinham se saindo bem na universidade. Estava apaixonado, e a garota que eu havia encontrado lentamente se apaixonava por mim também. E eu era rico. Então, o que podia me transtornar?

Seria fácil apontar para o álcool, mas o problema não era a bebida; era o fato de que ela não mais funcionava como medicamento para consertar as tenebrosas consequências de minha auto-obsessão, de meu excesso de trabalho, egoísmo e crises maníaco-depressivas. Em Londres, por volta da véspera de Ano-Novo, fui a uma festa na casa de Ronnie Wood em Richmond Green; como sempre, ri muito, mas fiquei chocado por despertar no dia seguinte e encontrar minha Mercedes do lado de fora do estúdio. Eu não tinha lembrança de ter dirigido lá. Prometi a mim mesmo que isso nunca mais aconteceria.

Consegui ouvir um eco distante de 1962 no hotel White Hart, em Acton, onde tomara meu primeiro porre aos dezessete anos de idade. As palavras do barman quando o pub se preparava para fechar foram definitivas e finais.

"É hora, cavalheiros, por favor."

26
Improvisando

Parei de beber no dia 6 de janeiro de 1994. Comecei a ver um conselheiro profissional em Londres duas vezes por semana e encontrei um grupo informal que se reunia duas ou três vezes por semana em meu bairro, para sessões de terapia em grupo e ajuda mútua. Encontrei dezenas de homens e mulheres que haviam sofrido o mesmo que eu, tanto pelos estragos causados pelo álcool quanto pelo fato de a bebida não funcionar mais como alívio. Passei a me sentir melhor rapidamente, embora tivesse criado muito caos em minha vida, o que era preciso solucionar.

Eu estava morando no Cubo, meu estúdio nos fundos do jardim, e comecei a cuidar de Joseph com mais regularidade.

Lisa e eu havíamos discutido meu alcoolismo em dezembro, quando eu tive muitos problemas com isso. Solidária, ela me apresentou a um amigo, que me passou alguns números de telefone de pessoas que eu podia procurar em Londres e que poderiam me ajudar. Já em agosto Eric Clapton também me havia procurado, e, por meio dele, conheci um conselheiro profissional de intervenção em recaídas, cujo cartão guardei em minha carteira. Uma noite, em uma festa após o espetáculo *The iron man* em Londres, Karen tinha sido apresentada a duas amigas de Lisa no bar e, percebendo quem eram – ou talvez tomando uma delas por Lisa –, saiu abruptamente. Eu explodi. Lisa tinha sido maravilhosa comigo, mas mesmo antes de parar de beber eu sabia o que tinha de fazer.

Escrevi para Lisa dizendo que não poderia vê-la novamente e que ela não poderia vir para Londres. Ela respondeu enviando um livro de Pete Hamill,

A drinking life, com um bilhete, que começava triste, depois ficava irado e fechava com uma alfinetada.

"Espero que você descubra que o que está conseguindo vale o que você está sacrificando."

Eu ponderaria isso muitas vezes nos anos que viriam.

Roger havia se comprometido com uma turnê orquestral apresentando canções do Who que se chamaria Roger Daltrey Performs a Tribute to Pete Townshend. Em algum momento em dezembro, por excesso de trabalho e vertigens, dissera a Roger que me apresentaria com ele no primeiro show no Carnegie Hall. No Ano-Novo, percebi que esse evento me deixava apavorado. Era uma ideia carinhosa, e eu estava muitíssimo lisonjeado, mas em minha frágil sobriedade subitamente senti uma rara ansiedade com a perspectiva de me apresentar.

Quando liguei para Roger e lhe disse que considerava quebrar minha promessa, ele subiu pelas paredes. Nicola ainda tentou se explicar em meu nome, e ele ficou furioso com ela. Em uma coincidência patética, enquanto rolava toda essa histeria, fiquei sabendo que Harry Nilsson tinha morrido. O segredo para ser um desordeiro bem-sucedido, ao que parecia, era parar de fazer uma bagunça do diabo antes que o diabo o carregasse. Eu estava fazendo o melhor que podia.

A última vez que eu tinha parado de beber, em 1981, falei tudo a respeito disso na imprensa, depois entrei em análise terapêutica e fiquei quieto. Como tantos viciados, eu pensara que, se ao menos conseguisse organizar minha vida, poderia ordenar meu hábito de beber. Foi uma revelação perceber que seria mais simples fazer o caminho inverso.

Tomei um grande fôlego, liguei para Roger novamente e concordei em aparecer. O show estava marcado para 23 de fevereiro. Roger vinha ensaiando em Londres em janeiro e haveria um ensaio adicional com a orquestra e uma checagem de som em Nova York, na primeira quinzena de fevereiro.

Entrei de cabeça em sessões de aconselhamento e reuniões de grupo. Tentei cuidar de mim mesmo, comer bem e estar com velhos amigos. Embora minha vida no Cubo fosse muito básica, minha lancha *Zephyr*, um barco para transporte fluvial cuja construção eu encomendara a meu amigo Bill Sims, que me vendera o Oceanic em 1976, constituiu um bem-vindo pedacinho de paz.

Eu tinha algumas reuniões de negócios em Londres no primeiro semestre do ano e aproveitei o luxo e a paz do transporte pelo rio em lugar do trem ou da estrada movimentada.

Karen e Joseph me acompanharam a Nova York para o espetáculo de Roger. Fazia pouco tempo que haviam me receitado óculos, e eu vestia um terno para o show. Eu decidira interpretar duas de minhas canções solo favoritas, sabendo que elas soariam magníficas com as orquestrações de Michael Kamen – "And I moved" e uma versão acústica de "Who are you". À noite, meu nervosismo desapareceu. O que fiz pareceu mágico, embora eu me sentisse muito distante disso. Lisa Marsh ocupava um dos camarotes com um grupo de amigos, e Karen estava em outro, por perto.

Meu amigo John Hart disse que eu estava magnífico e que todos os outros no show pareciam ultrapassados, mas essa não foi a visão predominante entre os fãs ou críticos. Um desses disse que eu podia ser pai de Roger. Uma fã escreveu que ficara desapontada comigo, tendo pagado mil dólares por seu ingresso, porque eu não tinha conseguido me divertir. Ela insistia para que eu aproveitasse o show, que não me preocupasse tanto. Roger foi gravado queixando-se de que eu havia deliberadamente optado por não tocar nenhum sucesso.

Em segundo plano, Roger e eu estávamos em um conflito judicial em torno dos direitos teatrais de *Tommy*,[27] e do quanto ele e John estavam ganhando com a obra. Roger também não gostou do que Des e eu tínhamos feito com a peça *Tommy*. Com John, ele tinha contratado seus próprios advogados, enquanto eu era representado por Ina e Sam. Muito em breve iríamos à guerra – ela pairava no ar entre nós toda vez que nos encontrávamos.

Karen e eu dormimos em quartos separados em nossa grande suíte no Four Seasons. Havia uma tristeza entre nós, matizada por sua irritação e ocasional explosão. Mas Joseph, com cinco anos de idade, era uma presença tão tranquilizante que sempre parecia nos manter amistosos. Talvez Karen pensasse que, como eu não estava bebendo, pudéssemos conseguir reconstruir a relação, como havíamos feito em 1982; talvez ela só estivesse farta. Eu não era

[27] Para mais detalhes sobre a disputa legal subsequente em torno desse documento, ver www.thewho.com.

capaz de adivinhar o que ela sentia, e não estávamos nos dando bem o bastante para conversar sobre isso.

As montagens de *Tommy* ainda estavam se desenvolvendo mais depressa do que Des e eu podíamos acompanhar. John Hart tinha encomendado um dos primeiros aplicativos interativos em CD-ROM, que exploraria *Tommy* intensamente usando música e vídeo, além de links de hipertexto e material de meus arquivos. Estávamos muito entusiasmados com isso.

Des e eu tentávamos construir o que ele chamava de um "projeto lençol limpo", uma peça ou musical inteiramente novos, ou mesmo uma instalação envolvendo as duas frentes (para Las Vegas ou Disneylândia) que poderia ser embutida na estrutura de um hotel temático. Também esperávamos convencer Ted Hughes e Matthew Evans a nos permitir abordar a Disney e a Warner Brothers acerca da produção de um filme de animação de *The iron man*. Ambas as companhias se interessavam, mas a Disney queria ser a dona da música – era assim que funcionava seu sistema –, e eu não estava disposto a isso.

A produção teatral de *The iron man* saiu de cartaz em 14 de fevereiro, com ingressos ainda vendendo muito bem. Ted Hughes providenciou para que o robô de sucata gigante do espetáculo no Young Vic fosse pendurado em um galpão em sua casa, em Devon, onde espero que esteja até hoje.

No início de março de 1994, Karen e eu fizemos duas sessões de terapia de casal. Ambos tínhamos concordado em fazer uma tentativa. Obviamente fizemos isso em parte por Joseph, mas ainda havia grande respeito mútuo. Quer fôssemos continuar casados ou não, precisávamos de ajuda. A primeira sessão correu bem, mas a segunda teve menos sucesso.

Claro que o trabalho nunca cessava, e tampouco eu queria isso. Era uma distração bem-vinda de meus problemas pessoais. Fiz minha primeira visita a Frankfurt para conhecer os produtores da montagem local de *Tommy*, que seria cantada em inglês. O teatro ficava em Offenbach, defronte a Frankfurt do lado oposto do rio, o que evocava memórias de tempos solitários em turnê na Alemanha com o Who.

No aeroporto de Frankfurt fui instruído pela segurança a tirar o paletó. Como não estava vestindo um, apenas uma camisa sem nada por baixo, recusei-me. Uma enorme discussão se iniciou, e meu segurança particular interveio para tentar acalmar a situação. Tirei devidamente a camisa, e todos deram uma boa risada, inclusive eu, e acabamos trocando apertos de mão.

"*Alles ist in ordung*", disse eu. "*Kein Problem. Grosser Gott.*"

Esse foi o primeiro desafio real à minha capacidade de ficar calmo diante da autoridade irracional, desde que eu tinha parado de beber. De volta a Londres, meus amigos de recuperação explicaram que esse tipo de abordagem geralmente acontecia com ex-alcoólatras, e que surgiriam outros incidentes do gênero no horizonte. Todos eles mencionaram a conduta agressiva no trânsito como verdadeiro desafio – simples conversas com outros motoristas podiam se converter em brigas de socos. O segredo era a aceitação, diziam. Com apenas poucos meses de sobriedade, eu realmente não sabia o que eles queriam dizer.

Por volta dessa época, fiquei fascinado por astrologia, particularmente com as predições de Patrick Walker e Shelley von Strunkel. Era raro eu aplicar o que lia, mas aquilo me consolava. Algumas noites eu despertava, alerta e com zumbido. Às vezes, ia até a janela e via uma raposa ao luar. Eu estava me reconectando com meu lado animal psíquico, intuitivo.

O CD-ROM de *Tommy* e as reuniões sobre o show de Toronto me levaram de volta a Nova York, em junho. No momento em que o trabalho começou para valer em Toronto, Lisa e eu tentávamos salvar a relação, apesar de meus renovados ataques de ansiedade – e também de meu sofrimento com a abstinência.

Tomei o caminho de volta para Los Angeles duas vezes em julho, para mais trabalho com *The iron man* (agora chamado *The iron giant*, para distingui-lo do famoso super-herói dos quadrinhos) e para ajudar a lançar a coleção do Who (*Maximum R&B*). Retornei a Londres para a formatura de Minta na Universidade de Exeter (em francês e italiano), que foi uma ocasião adorável.

Em agosto, disputei uma prova náutica com o *Pazienza*. Houve uma tempestade muito ruim um dia depois de uma bateria, enquanto eu dormia sozinho a bordo, e passei a noite inteira lutando para impedir que o iate colidisse contra um embarcadouro. Decidi comprar um iate a motor maior, para usar como base residencial na Cornualha, e enviei o *Pazienza* para o Mediterrâneo.

Em Nice, encontrei um barquinho adorável, *Nuovo Pensiero*, de propriedade da ex-mulher de Bjorn Borg. Eu tinha agora uma casa flutuante na Cornualha e, com isso, poderia entreter Joseph sem ter muito contato desagradável com Karen, além de ter espaço para viver com conforto. Pensei que havia chegado a um acordo com Karen, de que ela ficaria em nossa casa na Cornualha e que, quando eu regressasse a Londres, assumiria a Tennyson House. Quando chegou o dia de Joseph começar a frequentar a escola na Cornualha, porém, ele não apareceu e perdeu a vaga.

Liguei para Karen a fim de descobrir o que se passava. Ela estava voltando a Londres. Mudei-me de volta, então, para O Cubo e liguei para Fran Bayliss, a diretora da escola Ibstock Place, em Roehampton, pela qual passaram Emma e Minta. Havia uma vaga disponível de última hora. Joseph poderia mais uma vez correr pelo jardim para me ver a qualquer momento que desejasse.

O Cubo tinha sido meu estúdio de composição quando nos mudamos para a Tennyson House. Eu estava então usando a sala pequena, estreita, outrora dedicada aos aparelhos eletrônicos, como um dormitório, com uma cama de solteiro. Havia um piano Yamaha na sala maior, e desde meu acidente com o pulso eu vinha praticando exercícios de piano para relaxar e restabelecer a flexibilidade. Minha execução ao piano melhorou, principalmente a capacidade de concluir trechos cromáticos básicos e alguns padrões bem eloquentes ao redor das teclas pretas. Permiti a mim mesmo derivar para devaneios criativos, gravando horas de piano e guitarra, algo que realmente não fazia muito desde o inverno de 1981.

Tia Trilby havia me incentivado a gostar de *noodling* (improvisação), palavra que agora está até dicionarizada em inglês – "informal: improvisar ou tocar ao acaso um instrumento musical". Agora, de volta ao Cubo, eu improvisava.

Eu tinha encontrado um terapeuta com quem me consultar, mas continuei a frequentar sessões de terapia em grupo. No outono de 1994, recebi um telefonema de Alice Ormsby Gore, que estava em reabilitação. Ela disse que era difícil lidar com a terapia grupal disponível porque ela achava que não conseguiria falar abertamente sobre o tempo que vivera com Eric. Eu disse que, se ela não falasse disso, não se livraria do álcool. Pelo tanto que eu gostava de Eric, disse a Alice para cuidar de si mesma dessa vez. Ela ficou paralisada em seus medos e morreu, tragicamente, no ano seguinte.

Meu terapeuta vivia em Teddington, mais acima de Twickenham, no Tâmisa. Era uma curta distância de carro, mas geralmente após nossas sessões eu saía para almoçar por ali. Em janeiro de 1995, conheci lá um jovem notável, fazendo coleta na rua para uma entidade beneficente. Ele explicou que se dedicava a levantar dinheiro para o orfanato onde tinha crescido, em Moscou. Conversamos durante algum tempo, e ele me contou sua história. Seu relato afetaria muitíssimo o curso da minha vida nos anos seguintes.

Seus pais, viciados, tinham morrido quando ele era bebê. Ele foi levado para um orfanato do Estado onde os meninos aprontavam, roubando, comprando e vendendo pequenas quantidades de drogas. Se fossem apanhados pela polícia não seriam detidos, mas simplesmente mandados de volta para o orfanato, de onde os encarregados enxotariam as crianças de novo para a rua, a fim de poderem beber sua vodca em paz.

Aos doze anos, o jovem fugiu do orfanato para outro abrigo, administrado por uma organização custeada por uma máfia russa. As condições nesse orfanato eram muito melhores. Os meninos recebiam um tratamento melhor, mas eram treinados na arte de bater carteiras, vender e transportar drogas pesadas e assim por diante. As meninas ficavam em outra ala; seu destino era mais sombrio, porque normalmente eram incentivadas a se prostituir.

O nome do jovem era Oleg. Ele disse que estava juntando dinheiro para erguer um novo orfanato na Rússia, que preenchesse a lacuna entre o Estado e os serviços criminosos. Dei a ele algumas libras e anotei o número de seu telefone. Tínhamos o mesmo código de área.

Eu tinha recebido uma oferta para autorizar a comercialização de *Psychoderelict* como filme e também como musical. Não sabia como responder. Havia uma ironia em tudo isso. Sempre que eu começava a trabalhar em um novo ciclo de canções ou em uma ópera-rock, via-me transitando por história, canções, gravação, apresentação, musical com um novo elenco e depois filme. Finalmente, eu via cada peça como uma trilha orquestral, sobrevivendo a mim durante séculos, sendo apresentada no mundo inteiro. Embora *Psychoderelict* fosse uma de minhas peças favoritas, eu estava ligeiramente aborrecido com ela, aborrecido também com *The iron man*, *Tommy* e *Lifehouse*. Des e eu queríamos mais do que tudo propor uma ideia novíssima na qual pudéssemos colaborar, mas estávamos ambos presos a nossas vidas e carreiras independentes e tentando controlar o futuro de *Tommy*. Em algum ponto, o criador tinha de se soltar, e em minha vida eu nunca fora capaz disso – de fato, eu havia sido dissuadido de fazer isso pelo sistema do rock, de interminável reciclagem de antigos sucessos.

As vendas de ingressos em Nova York para *Tommy* decaíam. O musical poderia ter sobrevivido se tivéssemos conseguido ou nos dispuséssemos a reduzir os custos operacionais; na Broadway, é necessário ter na produção um número mínimo de músicos, de modo que a cada noite pagávamos cachê a cinco profissionais para nem sequer saírem de casa. O cenário controlado por computador exigia uma equipe técnica maior que a habitual, e os fortes sindicatos de Nova York se certificavam de que cada pequeno cargo fosse desempenhado por um membro distinto da equipe dos bastidores. Restava o fato, porém, de que a produção incrivelmente impecável em Nova York era o que fazia o espetáculo tão bom.

Bill Curbishley sempre havia dito que, na área de Nova York, o Who tinha uma base de fãs muito sólida, de cerca de 450 mil pessoas, com a qual se poderia contar para nos ver tocar. Uma parcela delas apoiaria o que qualquer um de nós fizesse como artista solo. Não sei bem se cada fã do Who foi ver *Tommy* no St. James Theatre, mas, no momento em que saiu de cartaz, em junho, muito mais de 450 mil pessoas haviam assistido ao espetáculo.

Eu me retirava para o *Nuovo Pensiero* na Falmouth Marina, na Cornualha, sempre que podia; minhas instalações de moradia eram mais civilizadas no iate que no Cubo. De vez em quando, eu levava o barco para o rio Helford para ficar mais perto de Joseph, que adorava brincar na água. Eu tinha um aparelho de TV com vídeos para assistir e um pequeno jet-ski no qual passeávamos por ali. O mar é o último bastião de liberdade e libertação de restrições, tanto para garotos como para velhotes – pelo menos na época era. Comecei a pensar seriamente em viver em um barco, em algum lugar em Londres.

Joseph tinha começado na Ibstock Place School e, quando era minha vez de levá-lo para a escola, gostava de ouvir a Jazz FM no rádio. Começou a ouvir discos de jazz em casa, mergulhando em minha grande coleção de discos de vinil, e passou a gostar particularmente de John Coltrane. Não sei como ele se lembra de nosso tempo juntos, mas eu me divertia muito, e cada um fazia o outro rir.

Seu jogo favorito era "Caminho de Obstáculos": eu mudava os móveis de lugar, enrolava cobertores que formavam túneis e degraus de escalar e marcava o tempo enquanto ele tentava quebrar seu recorde pessoal para completar o percurso.

Paul Simon e eu éramos amigos respeitosos, apresentados por Mo Ostin, mas tínhamos nos afastado por ele ter quebrado o boicote de artistas ao governo da África do Sul. Ele tinha sido perdoado por Mandela e estava estendendo a mão. Paul é um compositor monumental, e apreciei seu desejo de fazer contato comigo de novo. Ele me convidou para tocar em um evento beneficente em prol de um serviço de ambulância e paramédicos para crianças, do qual ele era patrono em Nova York.

Aceitei, depois rejeitei e, no fim das contas, resolvi participar. Quanto a isso, ele foi gentil. Eu estava nervoso, imagino – não tinha banda montada. Liguei para Billy Nicholls, que ainda trabalhava como meu diretor musical quando necessário, e expliquei que vinha tocando piano quase todo dia desde minha mudança para o Cubo e gostaria de tocar esse instrumento no show. Eu nunca havia tocado isso em público, e fazê-lo em um evento dessa natureza era um salto no escuro.

A banda de Paul foi recrutada pelo grande jazzista Wynton Marsalis. Eu usava um piano MIDI, que me permitia acrescentar outros sons ao próprio piano. Em Nova York, os ensaios foram agradáveis e fáceis. Paul é um perfeccionista, trabalhando horas a fio, mas também um excelente líder.

O show não foi gravado, mas gostei de tocar, especialmente de estar no palco durante "Call me Al" com os metais tocando alto entre os versos. Toquei "Eminence front" ao piano, com um boa dose de improvisação. Tenho certeza de que os músicos no palco, a maioria alunos da escola Juilliard, consideraram minha improvisação corriqueira, mas ficou legal, e a plateia gostou.

Eu estava usando o mesmo disfarce musical de quando me apresentei com Roger no Carnegie Hall, mas dessa vez eu realmente estava solo. O Who não foi convocado, e parecia que as pessoas não só estavam mais tolerantes com a experimentação como também ansiosas para me ver fazer algo diferente. Paul e eu tocamos juntos "The kids are alright". Depois, Des e sua mulher me parabenizaram, e uma garota me agarrou e me levou embora.

Meu amado orientador Sam Sylvester me disse que se eu realmente estava morando em um "barracão de jardim", só podia culpar a mim mesmo. Eu merecia coisa melhor. Fui ver a imponente Petersham House, próximo ao Tâmisa. Eu gostava da ideia de usar o salão de baile como estúdio. Era um imóvel fantástico, e o preço parecia razoável.

"Estou surpresa de que o senhor não tenha considerado The Wick", disse a corretora. "Ela não é grande o suficiente?"

"The Wick?" Eu não sabia que estava à venda. "Quanto ela custa?"

"Quase a mesma coisa que a Petersham House."

"Vou comprá-la".

"Qual?"

A corretora não estava habituada ao rock 'n' roll.

"The Wick."

"Mas o senhor não a viu", ponderou ela.

"Eu não preciso vê-la", disse eu. "Vou comprá-la."

Meu terapeuta me disse que eu estava louco; outro assessor de confiança me advertiu de que eu ficaria "vagando como um fantasma em uma grande casa vazia". Senti que precisava de algum lugar onde pudesse começar a escrever este livro que você está lendo. Eu procurava um retiro, algum lugar para guardar todos os arquivos, recortes da imprensa, fotos e lembretes que pudesse precisar para contar esta história.

Havia uma questão mais crucial: eu tinha tentado comprar The Wick várias vezes em minha vida, e Karen sempre me dissuadia. Ela não gostava da ideia da *casa do rock star na colina* que o imóvel representava, e quando estávamos juntos eu tinha respeitado isso. Mas agora eu poderia realizar meu sonho. Ronnie Wood havia morado ali; Mick Jagger e Jerry Hall viviam logo adiante, na rua. Mal podia acreditar que a casa estivesse disponível e que ninguém a havia arrematado. Parecia um maravilhoso presságio.

A casa também me obrigava a enfrentar uma situação. Até então, Karen e eu tínhamos compartilhado o mesmo endereço e usado as entradas e saídas da mesma propriedade, ainda que eu morasse no fundo do jardim. Se eu fosse em frente e comprasse The Wick, estaria demonstrando que não mais coabitava com minha mulher e família.

27
Uma nova casa

Durante os ensaios para *Tommy* em Londres, fiz um acordo com a Windswept para a publicação de minhas canções. Seria um bom relacionamento: eles trabalhariam a fundo o meu catálogo, enfatizando canções menos conhecidas. Com o contrato, eu poderia me dedicar a outro período longo de trabalho criativo – com as horas a fio olhando para o papel em branco que isso sempre acarreta. Também significava que eu poderia comprar The Wick.

Nick Goderson, meu contador exclusivo na casa de barcos, em seu apogeu como estúdio comercial, sugeriu que a companhia poderia comprar os pisos inferiores da Wick para usar como estúdios de gravação e escritórios. Claro que ao fazer essa aquisição eu encerraria o casamento. O *certo* era que Karen ficasse com a casa da família. No caso, na verdade, ela ficaria com ambas as casas da família, mas, retrospectivamente, sou obrigado a reconhecer que isso foi mesmo o "certo".

Enquanto isso, no que me parecia ser uma afirmação de que eu tinha de algum modo me tornado novamente um cara *cool*, Rei Kawakubo, da grife Comme des Garçons, convidou-me para ser o modelo maduro de seu desfile em Paris, na Fashion Week de janeiro de 1996. Ela apresentaria uma coleção inspirada nos mods e me queria como "chefe de uma gangue de rua" formada por homens jovens e rapazes. Meu braço direito era Jimmy Pursey, vocalista do Sham 69.

Grande parte dos ajustes nas roupas era feita por japonesas que não tinham sido alertadas para o fato de que eu não era mais um jovem esbelto.

Havia muito o que alargar na cintura. Após o primeiro ajuste, decidi que não daria conta daquilo, mas, antes que pudesse fugir, Rei me implorou para ficar. O pessoal da moda foi uma das piores plateias para as quais me apresentei na vida. Eu nunca havia experimentado a arrogância fria, cínica, de pessoas com tamanha consideração por si mesmas, e eu tinha imaginado um evento bem mais animado, como aquele da Fashion Aid, em Londres, do qual participei.

Aprendi algo importante; eu podia ser percebido como *cool* por alguém como Rei Kawakubo, mas não me sentia assim. *Cool* é definitivamente algo que pode ser superposto a uma pessoa. James Dean era visto desse modo, embora fosse um poço de insegurança. No palco, como músico, eu era capaz de fazer algo que não conseguia em nenhuma outra área de minha vida – interpretar um papel. Eu podia me apresentar usando um aspecto exagerado de meu caráter, que em outros momentos ficava oculto. Ninguém jamais ganhou uma discussão comigo no palco, nem mesmo Roger Daltrey. Fora do palco, verdade seja dita, sou um camundongo – com oscilações de humor, mas ainda assim um camundongo.

As pré-estreias de *Tommy* em Londres começaram em 20 de fevereiro. A última delas antes da noite da imprensa, em 4 de março, foi dedicada ao Teenage Cancer Trust [Fundo para o Câncer na Adolescência]. Foi a primeira vez que contribuí com o TCT. A entidade era projeto original de meu médico, Adrian Whiteson.

O TCT se dedicava a fornecer equipamentos de diagnóstico para clínicas que tratavam de jovens vítimas do câncer. A divisão celular é muito rápida nesses casos, e se as células cancerosas não forem rapidamente detectadas, os pacientes podem morrer em poucos meses. Adicionei dinheiro ao montante dos ingressos e pretendia apresentar pessoalmente o cheque em uma recepção no Armoury Hall, na City, após o show.

O jovem ator Alistair Robins, que interpretava o papel de pai naquela montagem de *Tommy*, perguntou-me.

"Posso apresentar o cheque?"

"Não, não pode", disse eu, rindo. "Isto é principalmente dinheiro meu, e sou eu que estou doando".

"Significaria muito para mim", insistiu ele.

"Significa muito para mim também."

"Eu sou um sobrevivente do câncer na adolescência", contou ele. "Estive a poucos centímetros da morte, e a equipe no St. Thomas salvou minha vida. Nós todos chamávamos o St. Thomas de *Tommy*, sabia?"

Olhei para o jovem simpático, cheio de vida. Como podia ser possível? Aquele momento me vinculou ao trabalho do TCT até hoje.

E é claro que Alistair Robins orgulhosamente apresentou o cheque em nome de toda a companhia londrina de *Tommy*.

Um dia depois de assinar o contrato para escrever minha autobiografia, em maio de 1996, fechei a compra de minha nova casa, The Wick. Foi um momento decisivo: não haveria volta em meu casamento. A mansão precisava de reformas, e iniciei pelo escritório no qual começaria a escrever este livro. (Sim, eu sei, ele levou muito tempo para ser feito, por isso espero que você goste dele!)

Quando inspecionei The Wick, descobri algo extraordinário. Em 1973, a Trackplan construiu vários estúdios de gravação caseira para artistas do pop e do rock da época, entre eles, um para Ronnie Wood em sua residência – na época, The Wick. Eu mesmo havia recomendado a Ronnie, então, uma mesa Neve BCM10, como a que eu usava, e um gravador analógico de oito canais. Os cabos haviam sido instalados e a sala, isolada acusticamente com canalização de ar silenciosa e portas pesadas.

Ronnie fez muita música lá com The Faces, Bobby Womack e os Stones. Como não se acertou com a Neve, ele encomendou uma mesa Helios e me vendeu a Neve, que ainda tenho guardada. Nada havia mudado desde que Ronnie partira. Tudo o que precisava fazer era empurrar um carrinho com um gravador e o console de mixagem Neve e poderia começar a trabalhar imediatamente. Decidi manter esse estúdio puro e antiquado, analógico, sendo minha única concessão à gravação digital um dos primeiros gravadores RADAR, que se podia esconder em um rack, para usar apenas quando necessitássemos de mais canais que o habitual.

Eu ainda procurava um lugar para meu enorme equipamento Synclavier. Decidi usar a sala oval do jardim, na qual Ronnie, Stevie Winwood e eu tínhamos ensaiado para o show *Rainbow*, de Eric Clapton, em 1973. Era uma sala ampla, grande o bastante para acolher um piano de cauda, todos os meus antigos sintetizadores analógicos, o órgão Lewrey Berkshire que eu tinha usado para as faixas de *Who's next* e racks MIDI mais modernos.

Eu estava entusiasmado com minha nova casa, mas profundamente arrependido pelo que ela significava para meu debilitado casamento.

Minha coletânea solo, *Cool walking*, seria lançada em maio. Para divulgá-la, apareci com Peter Gabriel e Michael Stipe em Los Angeles em um programa da VH1 TV em prol da Witness, uma organização de direitos humanos. Na mesma viagem, fiz dois shows solo no Hard Rock. Jon Carin era meu instrumentista, cobrindo backing vocals, *loops* de ritmo e efeitos, *backing tracks* e tocando teclados. Juntos tínhamos o som de uma banda. Fiz dois outros eventos assim em São Francisco e no Supper Club, em Nova York.

Um show reunindo celebridades e apresentando *Quadrophenia* foi realizado no Hyde Park em junho de 1996, em benefício do Prince's Trust. Harvey Goldsmith organizou o show, e Phil Daniels, que havia interpretado Jimmy no filme, era o narrador. Convidei Roger para cantar como o personagem principal, e ele concordou, desde que John estivesse no baixo e Zak Starkey na bateria.

Ai, Deus. Era o Who novamente, como quer que o chamássemos.

O show foi divertido, mas atrapalhado. Stephen Fry atuou como o Gerente do Hotel, e o Mensageiro era interpretado por Ade Edmundson. Harvey Goldsmith sugeriu para o papel de Padrinho o cantor Gary Glitter, cuja primeira contribuição se deu durante uma passagem de som: balançando o pedestal de seu microfone, acertou o olho de Roger com tanta força que feriu a cavidade ocular. Roger simplesmente aplicou um esparadrapo e tocou em frente.

Também fizemos uma semana de apresentações do *Quadrophenia*, com a base da produção do Hyde Park, no Madison Square Garden, em Nova York, em julho. Os shows foram esplêndidos. Phil Daniels lidou com uma plateia inadequada, tal como meus atores tinham feito em *Psychoderelict*: gritando mais alto que a turba. Karen trouxe Joseph. Ele nunca tinha me visto no palco. No dia seguinte, ele me levou para patinar no Central Park e me ensinou como aumentar a velocidade pela simples alternância dos patins e como parar arrastando um deles.

Em setembro de 1996, o *Daily Mail* revelou que eu tinha deixado a casa da família em Twickenham e me mudado para The Wick, sinal de que meu casamento acabara. Eu ainda estava morando no Cubo e não mais transferiria minha base doméstica até novembro, mas a notícia já corria. Apesar da alegria de ter uma nova casa, onde eu podia cozinhar, tomar banho, vestir-me e por fim viver em conforto (com espaço de sobra para brincar com Joseph), entrei em depressão.

Dessa vez não havia oscilações maníacas. Era depressão convencional. Foi natural que me sentisse triste com o que estava acontecendo. Era o fim de uma longa batalha para que Karen e eu continuássemos casados. Eu sabia que a desolação acabaria passando.

Os ensaios para a turnê norte-americana de *Quadrophenia* aconteceram nos estúdios da Nomis, em Shepherd's Bush. Durante a semana, cortejei a recepcionista atraente de lá, que parecia gostar de mim. No último dia, 4 de outubro, porém, ergui os olhos e vi Zak Starkey com uma garota que a princípio julguei ser sua mulher. Ela era jovem, cerca de 25 anos, com olhos inigualáveis. Um pensamento me passou pela cabeça: não me importa de quem ela é mulher, eu realmente quero conhecê-la. Após toda a minha agitação romântica nos Estados Unidos, eu me sentia tão estúpido com isso quanto imagino que pareço hoje, mas tinha certeza absoluta de que um dia ela estaria em minha vida.

Mais tarde, ela se aproximou de mim. Seu nome era Rachel Fuller. Era uma garota animada, atraente e muito divertida. Ela me deu uma poção de curandeiro, boa para o ouvido, para eu fornecer a um amigo, o compositor Billy Nicholls.

"O que você está fazendo aqui?", perguntei.

"Estou fazendo umas orquestrações", explicou. "Para Ute Lemper", acrescentou, citando a famosa cantora e atriz alemã. Depois, Rachel se foi para trabalhar em uma sala repleta de homens mais interessantes que eu.

Não a vi novamente naquele dia, mas, antes de desmontar nosso equipamento, escrevi um bilhete perguntando se ela trabalharia comigo em algumas orquestrações enquanto o Who estivesse na turnê norte-americana – um estratagema ridículo, ainda que de fato eu estivesse em busca de um bom orquestrador. Mesmo assim, podia funcionar. Pedi que a recepcionista entregasse a mensagem.

Pouco me lembro da turnê norte-americana de *Quadrophenia*. Karen levou Joseph para Vancouver e, depois, para Los Angeles. Ela tinha se esforçado ao máximo para me compreender, mas era difícil para nós dois. Ambos estávamos terrivelmente tristes por nossos filhos, em especial por Joseph, mas ele parecia bastante feliz. Claro que ele adorava quando estávamos todos juntos, por mais tensos que às vezes nos sentíssemos. Eu me lembrava dessa sensação de minha própria infância, aos sete anos, quando retornei da casa de Denny e meus pais tentavam desajeitadamente reconstruir a família.

A imprensa sustentava que o Who tinha perdido o rumo. Eu tocava violão a maior parte do tempo; minha execução era o que realmente segurava o ritmo e definia sua sutileza. Para essa finalidade, o violão era muito melhor que a guitarra. Os fãs do Who estavam irritados comigo, e especulava-se que tudo melhoraria muito, desde que "Pete usasse uma guitarra".

Insisti para que a turnê fosse anunciada como *Quadrophenia*, e não como "The Who", mas com os três membros remanescentes no palco houve momentos daquela velha mágica – o que para mim parecia suficiente, mas, do ponto de vista do público, essas centelhas apenas despertavam uma antiga fome, que ainda precisava ser saciada. Certamente a sequência metódica de canções que era *Quadrophenia* deixava pouca margem para anarquia ou espontaneidade.

Trabalhamos durante dois dias no Nomis para editar o repertório e tentar reduzir o número de metais. Enquanto estive lá, perguntei à recepcionista sobre o bilhete que eu havia lhe dado para ser entregue à garota que estava trabalhando com Ute Lemper.

"Você é doido?", ela parecia furiosa.

"Como?"

"Você passa a semana inteira me cantando, depois pede para eu entregar um bilhete a uma outra garota, provavelmente com a metade de minha idade... Ele foi para o lixo."

Uma noite, tendo levado Joseph para a casa de Karen e o colocado na cama, caí no sono assistindo à MTV em meu estúdio no fundo do jardim. Era um vídeo psicodélico, com animações fractais combinadas rap e R&B moderna. Acordei em um estado onírico e tentei me lembrar do que estivera sonhando.

O sonho rapidamente voltou, e logo surgiu outro – que não substituía o primeiro, mas, curioso, acontecia paralelamente a ele. Sucessivos sonhos vívidos e lúcidos, e todos em curso simultâneo. Perdi a noção de onde estava e, numa tentativa de registrar o que estava acontecendo, sentei-me ao piano e me gravei falando sobre o que sentia. Mais tarde chamei essa peça "Wired to the moon" [Conectado à lua].

Após várias horas, quaisquer que fossem os elementos químicos naturais que passavam torrencialmente por meu cérebro, eles perderam velocidade e consegui dormir. Foi apavorante e avassalador. Pensei se era alguma forma de Alzheimer ou, pior ainda, se eu tinha avançado para a verdadeira esquizofrenia.

Como isso não se repetiu por uma semana ou duas, considerei o episódio página virada e voltei ao trabalho. Eu estava envolvido com a ideia de desenvolver um musical para a Broadway que fosse sério e convencional. Parecia-me que esse era meu verdadeiro destino.

Minha visão para a internet era como uma espécie de teatro. Eu via o website ideal como um local para ensaios, oficinas, peças, performances, leituras, entrevistas – todos os materiais de minha carreira sob um ciberteto. A televisão vinha fazendo isso havia anos, mas a internet poderia um dia permitir a pessoas criativas gerenciarem a transmissão do conteúdo que criassem.

A banda larga não era ainda disponível em 1996. Acessava-se a internet por linha telefônica, e, no princípio, a rede era boa apenas para compartilhar texto e fotos de baixa qualidade. Como sempre, meu profundo cinismo e pessimismo levaram-me a crer – como eu profetizara em minha soporífera aula no Royal College of Art – que a indústria pornográfica conduziria a avanços técnicos, tal como o fez para o mercado do videocassete em meados dos anos 1980. Fiquei espantado diante da rapidez com que publicações como *Hustler* e *Playboy* tinham conseguido estabelecer sistemas de crédito fornecendo assinaturas de revistas on-line. É óbvio que havia dinheiro grosso nisso.

Eu ainda estava decidido a continuar trabalhando como produtor para implementar novos projetos de teatro musical. John Scher, um entre vários produtores em que Bill Curbishley confiava inteiramente, ainda me pressionava para desenvolver algo com *Psycoderelict*, fosse para o teatro, fosse como show meu. Fui para Nova York a fim de encontrar Scher e Kevin McCollom, diretor do grupo de teatro Ordway Center, em St. Paul, Minnesota. Durante o voo, despertei de um cochilo quando um forte estampido chacoalhou o avião, que continuava a tremer, e foi ficando cada vez pior até que as rodas tocaram o chão do aeroporto de Halifax e fomos transportados em outro avião para Nova York. Fiquei surpreso ao perceber que havia mantido a calma o tempo todo.

Elton John e seu parceiro David Furnish também estavam a bordo, e, quando caminhamos para a aeronave substituta, Elton me contou que um rabino tinha causado pânico ao tentar entrar na cabine do piloto. Ele segurava um pequeno cofre que, disse ele, "precisa absolutamente chegar a Nova York, caso contrário as consequências poderiam ser apocalípticas".

"Mais importante, então, do que eu deixar cuecas sujas no cesto lá em casa", disse eu, sarcástico. Por absurdo que pareça, essa tinha sido minha principal preocupação quando me vi diante do que parecia ser a morte certa. Comentei com Elton que havia sentido pena de uma mulher que, histérica, não parava de gritar de medo dentro do avião.

"Essa era eu, querido", confessou ele.

A reunião de *Psychoderelict* correu bem. Discutimos a necessidade de um novo roteiro e nomes de possíveis diretores. Quando esbocei a peça para Kevin McCollom, ele de imediato detectou problemas. Se a história fosse tratada superficialmente, permitindo que a música criasse todos os matizes e nuanças; aqueles que não conhecessem meu estilo de composição achariam a história inconsequente demais. Se as mensagens distópicas transmitidas no cerne da peça fossem levadas adiante, ela poderia passar como pretensiosa. De algum modo, teríamos de alcançar um equilíbrio.

Enquanto isso, *Tommy* encerrava sua temporada em Londres. Tinha ficado em cartaz por algumas semanas em um ano, assolada por plateias indiferentes e pelo IRA, que havia escolhido o primeiro dia das pré-estreias para explodir o saguão do vizinho Cambridge Theatre. O público despencou em todo o West End, o que era desanimador porque, como na temporada norte-americana (que foi comercialmente muito melhor), as críticas foram todas muito boas e bem merecidas. Como disse o produtor André Ptaszynski, o elenco merecia plateias melhores.

Voei até Miami para passar alguns dias com Lisa, a fim de encerrar oficialmente nosso caso, um desejo que brotava de sua psicanálise. Estávamos decididos a continuar amigos. Tínhamos nos dado tão bem que decidi adotar o conceito que chamei, brincando, de "adiamento do fim", e a convidei para me acompanhar à Alemanha e à Áustria, em maio, quando o Who apresentasse *Quadrophenia*. Ela aceitou e aguardei com expectativa a sua companhia, sem saber ao certo se eu queria encerrar ou recomeçar nossa história.

Fui para Courcheval a fim de assistir a Joseph em sua primeira aula de esqui. Na verdade, fretei um voo de Londres a Chambéry e, dali, um helicóptero para o percurso de ida e volta. Custou uma fortuna e me perguntei como manteria esse alto estilo de vida. Eu tinha sido abordado para fazer uma turnê solo no Reino Unido por um cachê que não chegava a 2 mil libras por noite, mas receava que isso não cobrisse as contas de pernoite em hotéis para mim e minha equipe, sem falar em voos fretados para manter minha programação de terças e quintas com Joseph.

A turnê europeia de *Quadrophenia* se aproximava depressa. Houve um ensaio na nova casa de Billy Nicholls, em Twickenham, para começar a fechar novos arranjos e divisões de guitarra. Billy mencionou que Rachel Fuller, a garota do Nomis, tinha trabalhado com ele em duas de suas faixas solo. Minha intuição me dizia para ser muito cuidadoso. Eu via Rachel como outra Theresa Russell, que poderia abalar meu mundo – para melhor ou para pior.

Rachel é uma bomba, escrevi em meu diário. *Perigosa*.

A turnê começou com dois shows na Escandinávia, depois passou para a Alemanha. Acometido, por fim, de algum juízo fiscal, disse a Karen que não havia como fazer a turnê e continuar a ver Joseph com a regularidade que combináramos. Reduzi o número de voos fretados e passei a usar principalmente voos comerciais.

Em abril de 1997, Lisa me enviou a mais amável das cartas. Ela parecia se lembrar apenas dos bons tempos entre nós, e eu vinha ansiando vê-la desde que a deixara em Miami. Ela estava passando por algumas questões difíceis de infância; quase todos que eu conhecia pareciam ter pelo menos uma história triste para contar. Sua psicanalista, adepta de encerramentos formais das relações, estava subitamente enfrentando um divórcio imprevisto. Repeti o convite a Lisa para vir me encontrar em Viena e passar alguns dias. Era um longo trajeto, de modo que fiquei contente por ela vir. Sua psicanalista lhe havia dito que ex-amantes não podiam dormir no mesmo quarto sem fazer sexo. Infelizmente, conseguimos provar que ela estava errada.

Na véspera de meu aniversário de 52 anos fizemos nosso último show na etapa europeia de *Quadrophenia*, na Wembley Arena. Na festa após o show, uma garota alta e voluptuosa aproximou-se de mim em tom de desculpas.

"Você se lembra de mim? Eu sou a Laura. Só queria que você soubesse que não roubei seu dinheiro, mas sei quem roubou." Era a garota de Phoenix, que muitos anos atrás supostamente teria me roubado 50 mil dólares de minha mochila. Ela explicou que um dos amigos de seu irmão (que agora tinha morrido) havia afanado o dinheiro, e, ao descobrir o roubo, a mãe dela tinha entrado em pânico. Laura ainda tinha o poema que havia escrito para ela. O poema era intitulado "The tall Richard" (gíria rimada relativa ao dialeto próprio *cockney*, de um distrito londrino: Richard the Third – bird).

Subitamente, postada ao lado dela, estava a garota do Nomis. Era Rachel! Eram amigas! Que coincidência extraordinária. Rachel me puxou de lado para contar algo importante, depois colocou as duas palmas das mãos em meu peito e me disse para ser fiel à minha arte. Ela estava muito bonita naquela noite, mas eu já havia prometido carona a um vizinho. Sondei a sala para ver se conseguiria desfazer esse combinado, e, quando me voltei, Rachel tinha partido. Dei alguns telefonemas para tentar localizá-la e pensei em convidá-la para me encontrar na próxima turnê do Who. Esqueci tudo sobre os 50 mil dólares.

Em seguida, começou a turnê norte-americana de *Quadrophenia*, de 17 de julho a 17 de agosto. Consegui convencer Rachel a ir até Nova York passar um tempo comigo e, quando soube que Laura conhecia Wiggy, convidei-a também, para que ele a vigiasse.

Meu terapeuta considerou que fui maluco nessa aventura. Com toda a certeza, não foi a melhor ideia que já tive. Comodamente instalada no saguão do Royalton, Laura sabia que eu ainda estava interessado nela – caso eu estivesse menos exausto de meus absurdos românticos dos últimos anos, ela teria sido mesmo uma causa digna. Era espetacularmente sensual, com uma elegância sulista tal qual a de Jerry Hall. Também me lembrei de nosso encontro em Phoenix com verdadeiro prazer.

Em compensação, Rachel, concluí, era encrenca; ela era exigente e egocêntrica. Tanto ela como Laura tinham conhecido Ahmet Ertegun por intermédio do namorado de Laura, do ramo musical, e tive a sensação de que, no tocante a Rachel, provavelmente eu havia perdido a parada para o grande garanhão das gravadoras. Ela me disse que o conhecia e que, no passado recente, tinham se divertido uma noite no Tramp's. Ele queria dormir com ela, mas foi rejeitado.

Depois disso, decidi vender o barco *Nuovo Pensiero* e usar o dinheiro para comprar uma casa modesta perto da de Karen, na Cornualha. Encontrei um celeiro convertido em casa em Mawna Smith, no rio Helford, que ficava isolado, mas uma curta viagem de lancha me conectaria com Joseph. No dia 6 de setembro de 1997, anotei um evento marcante em meu diário: Joseph dormiu em The Wick pela primeira vez! Fiquei encantado, e a piscina era sensacional para ele e seus amigos depois da escola. Fiquei grato a Karen por me ajudar com isso.

Naquele mesmo mês me encontrei algumas vezes com Rachel. Eu queria trabalhar com ela como orquestradora.

Ou foi disso que tentei me convencer.

No dia 1º de dezembro, tive um encontro de verdade com Rachel, com direito a jantar no Riva, restaurante próximo de minha casa em Barnes. Havia alguns amigos do ramo musical em uma mesa próxima, alguns deles amigos da família. Rachel estava linda, e algo parecia diferente entre nós. Ela tinha um ar subitamente adulto. Havia menos piadas, menos provocação, menos presunção. Naquela noite, fizemos amor pela primeira vez.

Senti-me como Dustin Hoffman no final de *A primeira noite de um homem*, tendo roubado do altar a garota que ele queria e fugido com ela em um ônibus, ambos sabendo que jamais poderiam voltar, mas sem saber se dali em diante as coisas dariam certo.

Fui arrebatado por Rachel, mas eu me sentia diferente com relação a outros momentos da mesma natureza no passado. Houve aquela atração instantânea que eu sentira por outras mulheres com as quais talvez, se eu tivesse me empenhado – e o mesmo vale para meu casamento –, eu poderia ter seguido adiante. Mas Rachel era particularmente talentosa, e isso me permitiu esperar que ela compreendesse minha necessidade criativa de ter um tempo e um lugar próprios.

Ela também era jovem, e senti que eu precisava disso. Ainda tendia a ter grandes oscilações de humor e surtos maníacos de energia, a submeter as pessoas ao meu redor a meu ritmo e a ficar impaciente se elas não o acompanhavam. Rachel acompanharia, eu tinha certeza. Eu só me perguntava se eu poderia acompanhá-la. Assim, após uma noite grandiosa conversando e fazendo amor, cada aspecto do caráter de Rachel que havia me perturbado parecia tornar-se uma vantagem. Por fim, eu sentia que havia encontrado alguém que podia lidar comigo como eu era.

Estava tudo muito bem em ter namoradas nos Estados Unidos: elas nunca irritariam Karen, e isso era importante. Mas eu adorava parte do risco psíquico representado por Rachel – ela ainda parecia, em alguns sentidos, incontrolável e independente –, e eu percebia que, por uma vez na vida, meu impulso para estar com essa mulher se devia menos ao sexo e mais a sua companhia, humor e energia. Eu tentaria começar um relacionamento sério; pelo menos éramos ambos músicos e, se isso funcionasse, ótimo. Se não funcionasse, eu seria para o resto de minha vida um solteirão abstinente.

Na primavera de 1998, Ethan Silverman, que dirigia *Bill Graham Presents*, enviou-me um filme que ele havia inscrito no Sundance Festival chamado *The waiting children*. No documentário, um casal norte-americano viaja para a Rússia a fim de adotar uma criança; havia cenas angustiantes das terríveis condições em alguns orfanatos por eles visitados, e acompanhamos o triste menino abandonado que o casal traz para casa. Era muito comovente e pensei em Oleg, o rapaz russo que eu tinha encontrado na rua, em Teddington. Eu já tinha tentado, sem sucesso, ligar para o número que ele me havia dado, mas dessa vez alguém respondeu.

"Foi você a pessoa que deixou recados no ano passado? Não há ninguém aqui chamado Oleg, nunca houve."

Eu ainda queria doar dinheiro a um desses orfanatos. Nunca estivera na Rússia e não seria mal se minha primeira visita fosse para fazer um show especial destinado a uma instituição que cuidasse de crianças abandonadas. Ou eu poderia simplesmente preencher um cheque.

Abri meu laptop, entrei no navegador, selecionei um site de buscas e digitei algumas palavras simples:

russian orphanages boys donations
[garotos russos orfanatos doações]

Os resultados da busca logo encheram a página. Cliquei na primeira, e, em alguns minutos (naquele tempo as imagens eram carregadas muito devagar), a tela ficou coberta de imagens de jovens meninos vítimas de abusos sexuais.

Fiquei pasmo. Como a maioria dos homens, eu usava a internet primitiva da época para ver pornografia – era a novidade daquele momento –, e nunca tinha testemunhado nada parecido.

Comecei a suar e fiquei apreensivo. As imagens fluíam diante de meus olhos, mas nessas cenas eu era a figura principal, um garotinho, deitado de bruços numa cama. Minha ansiedade logo foi substituída pela raiva.

28
Carta a meu eu aos oito anos

Na primavera de 1998, completei quatro anos afastado do álcool. Embora ainda trabalhasse na Faber, eu não comparecera a muitas reuniões editoriais desde a produção de *Tommy* na Broadway. Meu envolvimento pouco a pouco declinou. Em 1995, Robert McCrum sofreu um derrame e no ano seguinte deixou a Faber para trabalhar no *Observer* – esses dois eventos marcaram de algum modo o começo do fim de minha carreira na editora. Eu tinha adorado ser editor naquela casa, mas era hora de seguir adiante.

Os nós de minha vida se desatavam. Joseph estava na escola com novos amigos e parecia feliz. Emma havia gravado um disco (*Winterland*), Minta tinha trabalhado em um filme excelente (como assistente de produção em *O paciente inglês*). A versão de Des McAnuff para *Tommy* estava quase terminada. *Iron giant* estava em poder da Warner. A turnê de *Quadrophenia* havia entrado em pausa por um tempo. Eu tinha uma nova casa em Richmond e um retiro pragmático na Cornualha.

Eu havia de certa forma terminado com Lisa e algumas outras namoradas e me entusiasmava com Rachel. Não via a hora de me dedicar um pouco a outros interesses, tanto criativos como meu trabalho beneficente. Tom Critchley começou a trabalhar para mim como facilitador criativo (termo que inventei) e assumiu *Lifehouse*. Spike tinha iniciado a seleção de uma terceira coletânea *Scoop*, um projeto de dois anos, e eu pretendia preparar algumas peças novas especialmente para ela.

As propostas para o Who ainda chegavam, mas tendiam mais para eventos isolados. Eu planejava fazer dois shows beneficentes, retornando a Chicago para a Maryville Academy, dessa vez com Eddie Vedder. Acreditem ou não, eu me sentia um pouco mais calmo e tranquilo e ansiava pelo ano seguinte. Eu ainda tinha dias ruins, geralmente quando perdia Rachel de vista, ouvia dizer que ela saíra com amigos ou descobria que ela não estava atendendo ao telefone.

Uma noite, em março de 1998, Rachel trouxe por segurança uma amiga e seus filhos para minha casa; tinha havido algum problema com o ex-marido dessa amiga. Elas trouxeram vinho, e Rachel ficou muito bêbada. Eu nunca a vira assim, e ela me assustou, criando tal cena que me obrigou a decretar uma pausa no relacionamento. Encontrar Rachel, comprometer-me com ela e depois perceber que tinha escolhido uma garota tão maluca me abalou.

Consolei-me instalando os teclados de meu estúdio caseiro, a terapia de que eu mais gostava.

Linda McCartney perdera sua batalha contra o câncer, e Paul me pediu para dizer algumas palavras sobre ela no funeral. Um pouco mais tarde, Karen ligou para dizer que seu pai, Ted, também estava prestes a partir. Ele morreu no dia do meu aniversário. Outra morte que doeu foi a de Ted Hughes. Carol, sua viúva, mostrou-se inconsolável ao telefone, e não houve nada que eu pudesse dizer.

Com os dedos cruzados, comecei a me encontrar novamente com Rachel, já que ela orquestrava "Tragedy" para *Lifehouse*. Providenciei para que ela conseguisse um apartamento em um prédio na Kew Road, para que ficasse pelo menos perto de mim. Levei-a para Nova York e a presenteei com um New Beetle. Preparei-me para vê-la sempre que eu quisesse, mas ela se revelou muito difícil de encontrar.

Depois de um mês ou dois de paranoia de minha parte, descobri que ela vinha bebendo às escondidas durante todo o período em que estávamos juntos, às vezes em excesso, o que explicava suas ausências. Foi a gota d'água: escrevi para ela a fim de terminar nosso relacionamento. Ela ligou pouco depois para dizer que tinha decidido procurar ajuda profissional e concordou que precisávamos dar um tempo.

Durante o mês em que Rachel esteve distante, lutei com sentimentos de desamparo, perda e solidão. Meu tio Jack tinha caído da escada em sua casa e, depois que saiu do hospital, veio morar comigo. Por um breve período, cuidei dele. Talvez a presença de tio Jack despertasse sentimentos em mim sobre o passado e minha família. Ou talvez eu tivesse projetado esperança demais na ideia de Rachel ser a mulher ideal, e minha desolação se devesse à crença de que nosso relacionamento não daria certo.

Eu ainda esbravejava para quem quisesse ouvir sobre as imagens de pornografia infantil que eu tinha visto na internet. Nick Goderson entrou em contato comigo para dizer que Matt Kent, um biógrafo do Who e expert em computadores, queria me ajudar a administrar meu site pessoal. Decidi que era assim que eu divulgaria a verdadeira história do que estava acontecendo na rede. Eu imaginava operar o primeiro teatro da internet. O plano era colocar o site no ar no verão. No final, isso só aconteceu muito mais tarde.

Matt estava criando dois sites dos quais ele seria o webmaster. Um era www.eelpi.com, dedicado a um serviço de encomendas pelo correio e de download. O outro era www.petetownshend.com, mais parecido com o que hoje chamaríamos de blog. A ideia maior – de contar com uma espécie de centro de teatro musical baseado na web – teria de esperar velocidades maiores de banda larga e maiores capacidades de armazenamento dos servidores.

Eu tinha financiado a primeira exposição britânica importante de Gustav Metzger no MOMA (Museu de Arte Moderna, em Oxford), e uma das melhores amigas de Rachel, Melissa More, era a curadora do vernissage. Lembro-me de dirigir até Oxford, decidido a tomar providências imediatas em relação ao súbito turbilhão de notícias sobre pornografia infantil na internet. A sensação de estar por minha conta e passar um tempo com Gustav – que em certo sentido era tão santo – acionou em mim a determinação de fazer algo impetuoso e corajoso.

Tio Jack morreu pouco depois, e sofri bastante com a perda. Eu gostava muitíssimo dele. Ele deixou seu dinheiro para mamãe, que gastou a maior parte construindo uma grande piscina em seu pequeno chalé em Minorca.

Eu tinha achado o livro de Julia Cameron, *O caminho do artista*, tão útil para ativar minha criatividade que comprei e distribuí outros vinte exemplares. Desse livro comecei seguindo as "Páginas matinais", que recomendavam escrever três páginas por dia para limpar a mente e abrir espaço para as ideias criativas. Outro exercício recomendado pela autora implicava reservar parte do dia para o que nosso "artista interior" imaginasse fazer. Sempre que fechava os olhos e me perguntava o que queria fazer, obtinha a mesma resposta.

"Quero ir lá fora e sentar na calçada", dizia a voz de um menino de seis anos de idade, "com meu cachorro." Eu não tinha cachorro, mas ia e sentava na calçada, o que era muito divertido. Ainda não sei bem por quê.

Julia Cameron também sugeria escrever cartas para si mesmo. Durante esse período, escrevi uma para o Pete Townshend aos oito anos. Isso se evidenciou como um ato decisivo de afirmação, que acabou ajudando a curar a dor e a mágoa que eu abrigara em toda a minha vida: iniciou-me na trilha de obter paz interior no curso da década seguinte e de me perdoar por tudo o que ainda me provocava intermitentemente ansiedade, culpa e vergonha.

No entanto, isso também dispararia uma série de eventos que, no curto prazo e nos anos seguintes, iriam repercutir em mim de modo completamente imprevisível.

Com sobriedade, pude desviar a atenção das humilhações de minha primeira infância para as dificuldades financeiras de meu velho amigo John Entwistle. A notícia veio em uma carta de Bill Curbishley, no dia 26 de maio, perguntando se eu concordaria em fazer uma turnê para ajudar John.

> A situação dele é bem alarmante. O banco tem devolvido seus cheques, a hipoteca atingiu o máximo e seus cartões de crédito foram bloqueados. Ele vive da venda de suas guitarras, mas ele apenas pode liberar para mercado o suficiente para manter o equilíbrio de preço/oferta/demanda. Não é bom. Para nós dois, é um caso de "mas pelo amor de Deus...". No final, cheguei à sensação de que se estivesse nessa situação eu rezaria para ter amigos que me ajudassem. [...]
>
> A situação pede esforços concentrados! Significaria cair na estrada, fazer o que você não quer fazer e teria de ser divulgado. Sem dúvida, qualquer show promoveria o álbum *Lifehouse* na BBC, mas teria de haver uma justificativa, como a despedida/milênio/celebração/sobrevivência do Who... e danem-se os críticos!

Essa é, sinceramente, a última coisa que eu esperava ou desejava fazer. Eu estava com o ano meio que planejado e ainda estou batalhando pela minha saúde, mas apoiarei sua decisão, qualquer que seja ela.

Em junho escrevi a Bill concordando em fazer uma turnê para ajudar John. Ele tinha razão; eu não estava entusiasmado. Na época, eu me divertia buscando minha visão do *Caminho do artista*, o que duraria os dezoito meses seguintes. Mas uma visita de Roger me ajudou a decidir. Eu não podia deixar John na mão. Estipulei condições e questões paralelas, mas essas eram realmente insignificantes – eu só estava tentando me sentir melhor.

Em fevereiro de 1995, Des McAnuff havia me ligado depois de uma reunião com os diretores da Warner Brothers; ele também tinha se reunido com os executivos encarregados da animação. Eles gostaram de nossas ideias para *Iron giant* e queriam antecipar os direitos para iniciar seu próprio processo criativo; estavam imaginando um orçamento de 50 milhões de dólares.

Eu tinha ido a Los Angeles para acompanhar Des em uma reunião com Brad Bird, que a Warner indicara para dirigir *Iron giant*. Brad estava entusiasmado, mas odiava musicais e odiava o que a Disney vinha fazendo com Elton em *O rei leão*. Recomendei que Michael Kamen fizesse a trilha orquestral convencional, para a qual o orçamento alocado era pequeno demais. Michael o fez como um favor para mim, usando talentosos colegas iniciantes para fazer o trabalho com rapidez e eficiência. Eu botava muita fé em *Iron man*. Ainda tinha minha versão Young Vic e achava que um dia poderia revisitá-la e dar-lhe uma forma melhor.

Fui a Los Angeles em julho de 1999 para ver *Iron giant* finalizado. Ele era maravilhosamente animado, com quadros coloridos à mão – um dos últimos filmes de animação realizados dessa forma. O filme chegou tarde demais para o próprio Ted Hughes, mas sua filha (a quem o livro original era dedicado, bem como a seu irmão) o adorou.

O especial *Lifehouse* foi gravado no BBC Maida Vale em um estúdio exclusivo para a tarefa, com tudo o que precisávamos para fazer barulho. Jeff Young, que escreveu o roteiro, mais tarde se casou com a assistente do diretor.

Rachel e eu fomos para a minha casa na Cornualha para observar o eclipse solar no dia 11 de agosto. O céu estava tão nublado que não vimos nada.

Ela sempre ficava incomodada ali, pois encarava aquele espaço como território de Karen e apressou-se para retornar no dia seguinte. Ela me ligou, alterada: sua mãe havia morrido subitamente de uma trombose, em um voo voltando de Bali. Foi um choque terrível.

Vi algum progresso em meus novos sites no outono de 1999, o que foi animador, mas achei o projeto gráfico medíocre. Foi minha primeira indicação do potencial de sensibilidade de Matt Kent. Eu o via como webmaster, mas ele era (e ainda é) um cara muito criativo e percebia grande parte do que estava fazendo para mim como um exercício criativo em si mesmo, não como uma maneira de facilitar minhas necessidades.

Em novembro, o Who fez seu primeiro show na Chicago House of Blues em benefício da Maryville Academy. Durante os ensaios, Roger começou a falar sobre conspirações globais – um de seus temas favoritos –, e minha falta de envolvimento com o que ele dizia o incomodou. Irritado, começou a caminhar para fora do teatro, mas consegui detê-lo. No dia seguinte, escrevi para ele.

> Caro Rog,
>
> Estive pensando sobre nosso problema de comunicação passageiro ontem no ensaio. Eu sei que sua reação foi emocional e estou muito contente por você ter ficado por perto tempo suficiente para eu alcançá-lo para conversar. Eu me importo muito com você e odeio sentir que, como adultos, possamos cair com tanta facilidade em um comportamento antigo como esse. Mas nós nos amamos hoje, e acho que isso significa que conseguiremos tolerar alguns altos e baixos, pelo menos espero que sim. [...]
>
> Não se exalte demais com relação aos rumos do Who. Como você disse ontem, o que temos hoje é mais do que achávamos possível. O que me deixa orgulhoso é que, façamos ou não outro disco sensacional, deixemos ou não os fãs boquiabertos de algum modo novo, somos hoje amigos afetuosos. Esse é nosso exemplo como homens àqueles que nos confiaram seus sonhos. Nós superamos os problemas. Estou orgulhoso de nós dois.

A minúscula House of Blues não era um bom lugar para a nova banda. O principal problema era que, num palco tão pequeno, a bateria ficava perto demais. Era ensurdecedor. Com os ouvidos tilintando, falei com Eddie Vedder depois.

"Não consigo mais fazer isto", disse eu. "Meu cérebro vai explodir."

"Ora, então pare, Pete", disse ele simplesmente. "Você já fez o bastante."

As críticas de minhas apresentações se referiam mais ao modo como eu me portava no palco do que ao modo como eu tocava. Meus shows solo me haviam incentivado a conversar com a plateia, o que nem sempre dava certo no contexto do Who. Roger, em especial, sempre parecia incomodado quando eu assumia a frente do palco e começava a discursar, mas algumas de nossas conversas eram geniais; ele estava se tornando muito astuto em suas réplicas espirituosas no palco e muitas vezes me fazia rir.

"Estou apenas tentando manter esses caras na linha", disse-lhe quando ele fez cara feia para mim por eu mandar a plateia da House of Blues calar a boca. Roger se voltou para mim em uma fração de segundo.

"Faz bastante tempo que eles literalmente têm mantido você."

No dia 5 de dezembro de 1999, o programa *Lifehouse* foi transmitido no Reino Unido na Radio 3 da BBC. David Lister, editor de artes do jornal *Independent*, dedicou a primeira página ao evento. Nem todos foram tão animadores. Na semana que o antecedia, houve muita matéria na imprensa sobre a dissolução de meu casamento, o que para mim parecia notícia velha, mas foi surpreendentemente repercutida. Eu receava que Karen fosse se irritar com isso, porém ela ficou bastante tranquila.

Naquela semana, Rachel e eu fomos com os recém-separados Mick Jagger e Jerry Hall ver um show de Bowie; os tabloides veicularam uma foto mostrando Rachel e eu juntos, a primeira publicada. Rachel ficou contente por ser descrita pelo *Sun* como "estonteante". Eu fiquei menos contente, tendo sido comparado pelo jornal com um vigário, mas me senti bem em relação a Rachel e minha vida criativa. Eu ainda acreditava que havia um excelente trabalho pela frente.

O Who fez dois shows no Shepherd's Bush Empire. Os ingressos se esgotaram em menos de meia hora. Eu toquei bem, entreguei-me por completo. O som novamente estava muito alto no palco, mas dessa vez eu estava preparado para ele. Foram feitas propostas de shows mais rentáveis, um novo álbum estava sendo cogitado, mas para mim duas noites com nossos velhos fãs do Bush eram a melhor maneira de começar o Ano-Novo e o que se seguisse.

Eu também cruzei o milênio adquirindo dois cachorros. Flash era um border collie e Sally, uma cocker spaniel. Foi um erro comprar dois filhotes ao mesmo tempo, já que isso impossibilitava que fossem treinados. Logo descobri um bom lar para Sally e mantive Flash. Estou com ele até hoje.

Todas as minhas amigas mais velhas insinuavam que Rachel era uma aproveitadora. Todas as amigas mais velhas de Rachel sugeriam que eu só estava atrás do corpo dela – se não era isso, onde estava a aliança? A verdade é que eu estava loucamente apaixonado por Rachel. O amor entre nós era real e profundo. Eu lhe dei um anel, decidimos ficar juntos e não sair mais com outras pessoas.

Rachel tocou para mim duas antigas fitas demo que ela fizera com seu amigo Mikey Cuthbert. Eles tinham dezesseis ou dezessete anos, dividiam um apartamento e gravavam canções em um gravador de fita cassete Portastudio estropiado, com apenas três canais. As canções eram obviamente o resultado de corações e mentes musicais abertas e livres. Estimulei-a a trabalhar com Mikey novamente. Ele tinha uma voz autêntica de blues, e suas canções eram excêntricas. Em contraste, a voz de Rachel era pura, de um modo que lembrava Joan Baez. Percebi que, se meus comentários para Marvin Gaye eram corretos – que a voz vem de Deus –, Rachel tinha uma espiritualidade muito pura por trás daquela fachada nervosa, engraçada, de Southend.

Começamos a trabalhar no estúdio construído em minha casa por Darren Westbrook, assistente de engenheiro de som no apogeu do Oceanic. Por algum tempo, concentrei-me no trabalho com Rachel, o que ajudou a me familiarizar com o equipamento e me lembrou dos velhos tempos de trabalho com Thunderclap Newman e Small Faces, em meu estúdio doméstico no final dos anos 1960.

Comecei um novo projeto chamado *The boy who heard music*, em parte inspirado por minhas experiências infantis, claro, mas também um veículo para mais uma reavaliação das questões levantadas em *Lifehouse*. Além disso, era uma tentativa de criar um contexto para o que eu estava então chamando de

Método Lifehouse – a criação automática de música sob medida para qualquer pessoa em um portal da internet. Eu usava as personagens Leyla, Gabriel e Josh para recompor alguns dos elementos da história original de *Lifehouse*, de *Stella* (uma peça inédita que eu tinha escrito sobre a infância de Arthur Miller) e de *Psychoderelict*. Entre eles, incluía-se um assassinato, um fantasma lunático de um sanatório, intriga sexual sombria, ciúme, manipulação e desonestidade – e celebração, claro. Eu não estava a fim de deixar que o material obscuro me desanimasse.

Em fevereiro de 2000, o www.eelpie.com, o site de comércio eletrônico, estava ativado e em operação. Spike e Jon Astley remasterizaram minhas primeiras duas coletâneas *Scoop*, e começamos a vender material on-line. Apesar de minha inclinação de ser sempre o pioneiro, meu site não era o primeiro a permitir baixar faixas gratuitamente. Diversas bandas haviam percebido o poder de ter seus próprios sites, não só para vender direto a seus fãs, mas para aproveitar o contato virtual com os fãs e informá-los sobre próximos shows, lançamentos e novidades.

Tínhamos marcado uma apresentação de *Lifehouse Chronicles* no Sadler's Wells Theatre, em 26 de fevereiro. Rachel e Sara Lowenthal trabalharam em suas maravilhosas trilhas orquestrais, e Dave Ruffy (outrora do Ruts) adicionou faixas de cliques (batidas audíveis de metrônomo) a minhas velhas demos de *Lifehouse*, para que Jon Carin, nos teclados, pudesse adicionar *loops* de bateria. Como ocorreu com alguns dos meus shows solo do ano anterior, eu não queria usar um baterista convencional.

Ensaiamos na velha sala de sinuca de Ronnie Wood em The Wick, que outrora pertencera a sir John Mills. A atmosfera era (e ainda é) repleta de fantasmas benignos do rock 'n' roll, dos estúdios de cinema, Pinewood e de Hollywood. O sangue de Keith Richards estava no teto; Bob Dylan estivera lá; Laurence Olivier e Vivien Leigh praticamente tinham feito sexo no feltro da mesa de sinuca. Havia nove pessoas na banda, uma mesa de mixagem, técnicos de teclado e guitarra e dois engenheiros de estúdio. Estava quente e abarrotado, mas era estimulante; a casa parecia tão potencializada quanto tinha sido quando Woody e eu trabalhamos com Eric em 1973.

Nossa apresentação em Sadler's Wells foi igualmente gratificante. O sistema de som de lá é perfeito para música acústica, e, em algumas das canções solo, senti-me quase como se pudesse ter trabalhado sem microfone.

A plateia estava tranquila e respeitosa, algo que eu não esperava e pelo que fiquei grato.

As críticas a meus recentes esforços como artista solo e como idealizador de *Lifehouse* para o rádio eram desanimadoras, mas o trabalho feito em 1999 tinha sido incrivelmente gratificante e educativo para mim como artista. Senti que criava instalações musicais, mais do que meramente me conformar à noção do que um membro de uma banda consagrada de rock deve ou não fazer. Essa liberdade criativa provavelmente foi o que motivou que eu fizesse um bom trabalho quando retornei ao velho estilo do Who durante o resto do ano.

Um coisa importante foi ter encontrado uma maneira de desfrutar o que fazia e de me deleitar com o fato de, apenas nove anos após um acidente que pensei que me impediria de tocar de novo, ter redescoberto a guitarra como minha verdadeira voz. Claro que nem todos os fãs ou críticos achavam isso bom.

E assim fomos – Roger, John e eu – para Nova York, anunciar numa coletiva de imprensa que naquele ano faríamos alguns shows e produziríamos um novo disco. Nenhum de nós disse que estávamos fazendo isso por dinheiro. Não explicamos que eu me arriscava a ficar surdo no intuito de poupar Roger e John de serem obrigados a viver em casas menores. Tentei nem mesmo pensar nisso.

Minha única esperança de sobreviver ao trabalho sem beber era desfrutá-lo. Roger me chocou ao dizer à imprensa reunida que planejávamos um álbum para o qual todos contribuiríamos compondo canções; seria um esforço criativo em equipe maior do que nunca, e ele tinha várias canções a caminho, tal como John. Nunca em minha vida eu tinha tido sucesso em compor uma canção em coautoria, pelo menos não em uma sala de ensaio. Nesse ponto, também eu teria de realizar algumas mudanças interiores só para ficarmos bem.

Com Rachel a meu lado, mantendo-me de bom humor, a turnê do Who começou em Nova York no dia 6 de junho com uma festa beneficente no Centro de Convenções Jacob K. Javits, em prol da Fundação Robin Hood. Gwyneth Paltrow sentou-se nos ombros de alguém e curtiu muito nosso som. Rachel, para não ficar para trás, usava um vestido curto absurdamente caro. Doug Morris ficou encantado o bastante a ponto de lhe oferecer um contrato de gravação alguns dias depois, com a ressalva de que eu deveria ser o produtor.

A turnê seguiu, com três boas pausas de férias, até o final de novembro. Ela começou em Chicago e terminou no Royal Albert Hall. O tempo todo me diverti escrevendo em meu novo site, www.petetownshend.com. Às vezes, eu postava vídeos curtos que havia feito no palco ou em meu camarim. Eu não era muito hábil em edição, a amplitude de conexão nos hotéis ainda era muito baixa, e um vídeo curto geralmente levava a noite inteira para carregar. Às vezes nem carregava.

No dia 29 de dezembro, com Joseph em uma festa do pijama, escrevi um último registro noturno no diário.

> Joseph e eu estamos indo bem. Fomos bem tarde a Kingston e compramos um automodelo que ele montou para mim sem grande dificuldade. Funcionou imediatamente. Só falta pintar e podemos correr. Com rodas maiores que ele, acredito que eu poderia vencer. Pergunto-me: será que foram as rodas pequenas que estavam fazendo seu carro superaquecer? Seja como for, ele é brilhante nesse tipo de coisa.

Eu estava feliz. A vida com Rachel era divertida, real e revigorante para nós dois. Meu filho se desenvolvia. E tínhamos uma corrida de automodelos por controle remoto prestes a ser disputada.

Tom Critchley tinha transferido seus esforços de *Psychoderelict* para *Quadrophenia* e conseguido convencer Joe Penhall a elaborar uma versão para o palco. Continuei a produzir novas peças musicais para *Scoop 3*. Decidi transferir material-chave de The Wick para um novo local, fora de Richmond Green. Eu vinha usando um pequeno escritório lá como meu endereço postal e ocupei o espaço inteiro. Isso significava que eu poderia reconverter o escritório em cozinha e contratar uma governanta.

Meu plano mais fabuloso destinava-se ao que chamei de Cyberorgan. Eu queria um console multiteclado, com um leque inteiro de pedais e muitos pistões, botões e alavancas. Eu me via como Bach, pilotando um órgão enorme capaz de encher uma catedral com música divina. Meu sonho era começar a improvisar, depois apertar alguns botões e decolar. Eu estava esperando mais momentos "Baba O'Riley" e "Eminence front". Essas músicas do Who e muitas outras tinham nascido quando eu estava sentado diante de um órgão caseiro destinado a objetivos inteiramente diferentes. Eu esperava que alguns aspectos do Método Lifehouse pudessem também ser incorporados: frases e cânones que se afirmassem por si sós, acionados por uma única tecla ou pedal para proporcionar fundo automático para improvisação.

Continuei a trabalhar em *The boy who heard music*. Alguns dos temas emergentes na história ganhavam complexidade por conta do meu desejo de refletir – como em *Tommy* – sobre o mutável equilíbrio de forças para os jovens no mundo moderno e as dificuldades que isso poderia acarretar. Passei boa parte do ano trabalhando para refinar a história, melhorar as personagens e produzir um roteiro de peça para respaldar uma nova ópera-rock.

O Who era de novo uma banda em ação. Isso significava que a única coisa com que realmente tínhamos de nos preocupar no futuro eram as inevitáveis noites boas e ruins que Roger teria, porque a voz humana não é algo que possa simplesmente ser reafinada a cada noite. Por volta do final do mês de agosto, Heather, a mulher de Roger, estava preocupada por ele estar ansioso. Roger tinha particular temor em relação ao câncer, a maldição que havia atingido sua amada irmã (e minha namorada da adolescência) Carol quando ela ainda era muito jovem, aos 32 anos. Seu medo foi depois justificado quando ele teve problemas com a garganta durante esse período. Desde esse diagnóstico, ele foi tratado, e sua voz agora está ótima.

Roger sempre achava difíceis as turnês longas. O Who, em seus melhores e piores momentos, era barulhento, duro de dirigir, os setlists eram longos, e os antigos sucessos tinham sido compostos para a voz de garotos. Ele não consentiria em baixar o tom e por isso estava sempre batalhando, mas essa luta fazia parte do que tornava seu tempo no palco tão cativante.

Na esteira do 11 de setembro, nos apresentamos no Madison Square Garden no show que Paul e Heather McCartney haviam concebido quando estavam esperando dentro do avião no aeroporto Kennedy, observando a fumaça distante se elevando do World Trade Center. À medida que as luzes se acendiam, fiquei admirado de ver que a maioria da plateia estava de uniforme: policiais, bombeiros, paramédicos, homens e mulheres, todos atiraram os chapéus para o alto em "Won't get fooled again". Muitos desses sujeitos durões estavam chorando.

Observei Mick Jagger e Keith Richards cantarem uma versão acústica de "Wild horses". O destaque da noite, para mim, foi James Taylor, sempre gentil, a abordagem calma e firme, sua música inteiramente norte-americana, porém sem nenhum patriotismo cego. O evento era desafiador, mas também carregado de tristeza e companheirismo. Nova York sempre seria a cidade mais diversa, aberta e cosmopolita do mundo, apesar dos esforços de fanáticos malucos.

No camarim, após nossa apresentação, Elton entrou para nos cumprimentar e me incentivou a fazer um novo álbum com o Who. Nosso diretor de gravação Doug Morris estava lá, assentindo com a cabeça. "Você jamais verá nada como isso novamente", disse Elton a Doug.

George Harrison morreu no dia 1º de dezembro. É difícil explicar o quanto isso me afetou e a todos que o conheciam. Ele era um homem tranquilo, afetuoso, finalmente estabelecido em uma vida familiar e espiritual que todos havíamos desejado para ele. Seu álbum *Traveling wilburys* havia deixado cada um de nós – seus fãs – entrar em sua casa por meio de seu estúdio de gravação em Friar Park, perto de Henley. Decidi que um dia faria o que George tinha feito e compartilharia com meus fãs a casa e o estúdio que eles tinham me permitido desfrutar reservadamente até agora.

Em fevereiro de 2002, decidi exorcizar toda impotência e raiva que ainda pudesse estar sentindo, reformulando *The boy who heard music* como uma noveleta. Passei duas semanas escrevendo à mão com caneta e papel. Adorei fazê-lo, e isso me libertou. Antes de acabar, soube que David Astor tinha morrido; perdemos com sua partida um grande filantropo, e decidi tentar preencher uma pequena parte do vazio deixado por seu falecimento. A rainha-mãe morreu por volta da mesma época, e decidi que era hora de perdoá-la por ter rebocado meu carro fúnebre Packard quando eu era adolescente.

O Who tinha outra turnê agendada e outra coletânea "*best of*" para ser lançada, *Then and now*. Fomos para o Oceanic ensaiar e gravar pelo menos duas ou três novas canções para acrescentar algum *now* ao *then* [agora, naquele tempo]. Minha canção era "Real good looking boy", uma balada centrada no piano e inspirada no sucesso de Elvis Presley "I can't help (falling in love with you)". Roger apresentou "Certified Rose", canção country de que eu gostava muito – ela tinha a sonoridade de uma música de Ronnie Lane. John tinha várias canções prontas, mas se recusava a compartilhá-las. Ele me contou reservadamente que não tolerava ter seu trabalho submetido à crítica de Roger.

A gravação foi um tanto tensa. Era claro que John não gozava de boa saúde: sua audição se perdera completamente, e ele estava usando dois potentes aparelhos auditivos mesmo quando se apresentava. Tomava remédio para o coração, mas ainda fumava e bebia sua dose Rémy no meio do dia. Como às vezes ele ficava muito alerta e animado, Roger e eu receávamos que talvez estivesse usando cocaína também, mas, como sempre, John tocava de maneira brilhante e não era em volume alto demais. Não se pode dizer o mesmo para a bateria, e por isso eu passava a maior parte do ensaio alojado em uma pequena cabine acústica para proteger meus ouvidos.

Em junho, eu estava hospedado no Bel Air Hotel, em Los Angeles, pronto para ir a Las Vegas para o show de aquecimento do Who no Hard Rock. Nossa estreia seria no Hollywood Bowl alguns dias depois. Rachel e eu tínhamos visitado os amigos Kathy Nelson e John Cusack, feito algumas compras estúpidas e estávamos alegres e satisfeitos por estarmos na Califórnia. A vida era maravilhosa.

Tudo isso mudou rapidamente em 27 de junho de 2002, conforme registrado em meu diário.

> Por volta do meio-dia, Lisa Marsh ligou para Nicola para dizer que tinha um "furo": John estava doente. Não tínhamos ficado sabendo de nada. Bill então ligou para mim. "Você está sentado, Pete? John está morto." Parece uma piada cruel. O momento é maluco. Ligo para Roger. Ele grita "O quê!" ao telefone, esperando por um momento que seja um trote, depois rapidamente percebe que eu nunca passaria um trote desses. Ele se apronta para vir ao hotel.
>
> Rachel fala por mim durante a primeira hora. Estou em choque. Falo novamente com Bill. John vinha usando cocaína e estivera com uma garota. Mais

tarde se soube que era só sexo casual e que ela havia informado sua morte. Senti-me horrível por ter rezado para ter alguma justificativa para pular fora dessa turnê. Não era esse o preço que eu tinha em mente.

John se foi. Eu realmente o amava muito. Ele era o melhor amigo, o mais antigo e maior apoiador que já tive. Ele é totalmente insubstituível. Poderia eu ter agido e tê-lo salvo? Agora é inútil especular. John era um bebum, um viciado e um obsessivo-compulsivo – mais um ser humano maravilhoso que se havia perdido.

Passei a noite caminhando. Tragicamente, eu tinha o melhor motivo possível para enfim dar as costas ao Who. Mas milhares de fãs leais tinham comprado ingressos para os shows e passagens, e feito reservas em hotéis. Nossos fãs compreenderiam se cancelássemos, mas todos perderiam dinheiro ganho a duras penas. Se o temor de Bill fosse correto, nossas seguradoras relutariam em cobrir os prejuízos devido às circunstâncias da morte de John, o que significava que nossa equipe jamais seria remunerada. Suas famílias sofreriam.

Não havia escolha. Simplesmente tínhamos de tentar fazer a turnê funcionar. Eu não fazia ideia de como iríamos realizá-la, mas precisávamos tentar. Eu tinha nascido na coxia, como se diz, em uma família do show business, e esse era o modo como eu sabia reagir. Eu estava programado para crer que, seja qual for o contexto, se humanamente possível, o show deve continuar.

Assim que decidi, liguei para Bill. Precisávamos de alguém para tocar baixo, e minha primeira escolha foi Pino Palladino. Ele tinha feito alguns shows solo comigo, era muito rápido e não seria comparado a John. Era um baixista igualmente marcante por seus próprios méritos, mas muito diferente em sua abordagem. Pino voou direto para Los Angeles e, enquanto estávamos sentados ao lado da piscina do Sunset Marquis, George Clooney, recém-saído de uma noite no bar, demonstrou sua solidariedade.

Em junho de 2012, escrevi:

Faz dez anos desde a morte chocante de John em Las Vegas. Devo dizer que este não é um momento particularmente especial para mim, porque me lembro de John todo dia. [...] Nunca duvidei da afetuosa amizade de John e acho que me apegarei a essa memória ainda que Queenie, sua falecida mãe, enraivecida comigo por ter me zangado com John pelo modo como ele morreu, tenha me dito que ele jamais havia me amado. De fato, duas vezes John realmente disse que me amava. Estávamos sozinhos, e ele podia estar um pouco embriagado, mas às vezes quando embriagados dizemos a verdade. Eu aceito que às vezes exageramos, por isso mereço o direito de exagerar e crer que John não estava exagerando.

Quando falamos sobre amar alguém, sempre existe algo não dito. Amamos pessoas de quem não gostamos. Gostamos de pessoas que nunca poderemos amar. Podemos até casar ou fazer negócios com alguém que não gostamos nem amamos, e ter uma vida ou carreira maravilhosa com este alguém. Isso é particularmente verdade para as bandas. Nem sempre é fácil saber qual é a verdade e, é claro – a se acreditar em Queenie –, os sentimentos entre dois amigos podem ser intensos, mas não necessariamente iguais. Para mim, com John, a situação é nítida. Não há dificuldades, não há distorções. Eu amava John, gostava dele, eu o respeitava e sinto falta dele. Não acho que alguma vez ele tenha procedido mal em nossa relação. Não tenho lembranças que tragam o menor ressentimento em relação a ele.

No palco com o Who, eu muitas vezes olho em volta e espero ver John parado lá, esfregando a lateral do nariz e tomando um resignado fôlego profundo, daquele jeito prudente que lhe era característico, e pressagiava um caso engraçado ou uma incrível passagem do baixo. [...]

Algumas pessoas são absolutamente únicas. Quando se vão, deixam um imenso vazio. Foi assim com John: quando ele morreu, deixou um vazio que pode ser preenchido apenas com boas lembranças, recordações afetuosas e alguma crítica saudável de seu comportamento ocasionalmente maluco e seu extraordinário senso de humor. Conhecemo-nos na escola, mas embora tivéssemos apenas doze anos John era quase um homem então, enquanto eu continuaria um garotinho por muito tempo; todos nós conhecemos amizades assim na época de escola.

Eu às vezes digo que nos conhecemos quando eu tinha onze anos, porque é assim que parecia; John era como um rapaz de quinze ou dezesseis anos para mim. O que é extraordinário é que John me tomou sob sua asa gentilmente quando nos vimos pela primeira vez e sempre me apoiou, mesmo quando eu metia os pés pelas mãos. Ele nunca foi superprotetor. Nunca senti que ele tivesse de se esforçar para isso, seu apoio vinha naturalmente e não parecia fazer parte de nenhum roteiro.[28]

[28] Para o texto completo, acesse www.thewho.com/john-entwistle.

O funeral de John foi em sua cidade natal, Stow-on-the-Wold, no dia 10 de julho, durante uma pausa na turnê. À medida que a limusine preta me levava do crematório para o hotel nas proximidades, senti gratidão por estar vivo. Subitamente o motorista abaixou a divisória de vidro.

"O senhor não se lembra de mim, lembra, senhor Townshend?"

"Conheço seu rosto. Você já dirigiu para mim antes?"

"No enterro de seu sogro, Edwin Astley. Eu lhe dei um endereço, e o senhor enviou um autógrafo para meu pai. Obrigado por isso."

"Não tem de quê." Caí pesadamente para trás no assento.

"Então o senhor é maçom também?"

"Como disse?"

"Está tudo bem, senhor." Ele falou em tom tranquilizador. "O senhor Entwistle e eu éramos da mesma Loja."

"Eu não sabia que John era maçom."

"Oh, sim", disse o motorista. "Durante a vida inteira."

A turnê do Who continuou no final de julho de 2002 pela Costa Leste. O barulho enorme que John costumava fazer no palco desaparecera para sempre. O som de Pino era mais suave e calmo, e mesmo assim Roger ainda lutava para conseguir ouvir a si mesmo. Talvez ele estivesse o tempo todo enganado sobre o motivo de sua dificuldade.

Ao final da turnê, Roger veio se despedir. Ele mirava o futuro, e acho que se preocupava com o que eu estava pensando.

"Você quer fazer alguma coisa diferente da próxima vez?" Ele me olhou ansioso, sorridente, bastante gentil, na verdade.

Obviamente eu não parecia muito animado.

"O que você está achando?"

"Está legal", repliquei.

A expressão de Roger se inquietou um pouco. "Só legal?"

"Sim", disse tentando fazer a palavra soar o mais positivo que consegui, "legal".

"É isso, então?" Ele estava prestes a ficar irritado comigo. "Só legal?"

Eu disse que não tinha queixas. Não elaborei. Ele soube então que eu não iria continuar.

29
Dias negros, cavaleiros brancos

Minha preocupação em torno da pornografia infantil na internet foi desencadeada por aquela simples pesquisa em 1998, em busca de maneiras de fazer doações a orfanatos russos. Seu impacto sobre mim também estava, tenho certeza disso, vinculado aos ataques de pânico que eu vinha experimentando nos últimos anos, e o modo como o tema me perturbava não era puramente altruísta. Isso havia mexido com lembranças que me convenceram ainda mais de que eu mesmo tinha sido vítima de abuso.

Assim, com clareza e uma missão séria, em maio e junho de 1999 eu havia reservado algum tempo para examinar novamente na internet a questão da pornografia infantil. Desde minha chocante exposição a ela no ano anterior, as coisas não pareciam ter piorado, mas tampouco houve melhora. Segundo a grande imprensa, a polícia e novas agências de proteção realizavam um bom trabalho seguindo a pista de usuários finais, mas não muito mais podia ser feito para impedir a exploração das crianças em seus países de origem, no exterior. Em uma corrente financeira que operava livremente desde a máfia russa até nossos principais bancos, grandes lucros eram obtidos a partir de coisas terríveis infligidas às crianças. Para a imprensa marrom, era uma boa matéria. Para a maioria das pessoas normais, uma questão sobre a qual ninguém sequer desejava pensar.

Meu plano era divulgar uma matéria em meu site ilustrando que as operações bancárias on-line, browsers de internet e pornógrafos, em grande escala, eram todos cúmplices na movimentação de dinheiro em troca de imagens indecentes de crianças. Usei meu cartão de crédito Barclaycard uma vez em um site ao clicar num botão que (de modo um tanto ridículo) dizia "Clique aqui para pornografia infantil". A taxa era de sete dólares, o que imediatamente cancelei, pois não admitia a ideia de repassar nem mesmo esse pequeno valor para bancos e companhias de cartão de crédito que, para começo de conversa, permitiam tal transação.

Também selecionei um site que eu sabia ser fraudulento – dessa maneira não estaria passando dinheiro para criminosos – e mantive um cuidadoso registro da transação. (Eu tinha um colega em Boston que fazia o mesmo que eu, e assim podíamos nos apoiar reciprocamente. Ele me contou quais sites poderiam ter sido encampados pelo FBI ou pelo Serviço Postal Americano.)

O sentido era mostrar que um banco estava tomando meu dinheiro. Eu usaria meu site para publicar um longo ensaio e, por fim, um pequeno livro sobre o lado obscuro da internet em rápida evolução. Eu me achava um expert, tinha visto tudo aquilo entrando em *Lifehouse* e estava preparado para falar sobre o indizível – a pornografia infantil –, a partir da posição de alguém que tinha sofrido abuso e sabia quão profundas podiam ser as cicatrizes.

No período, circularam rumores de que o ministro do Interior, David Blunkett, pretendia alterar a legislação retroativamente para apanhar quem tivesse procurado pornografia infantil na internet. Imaginei que isso poderia me incluir, mas vários anos já haviam se passado. Eu tinha deixado aquilo quase no meu inconsciente e, embora tivesse publicado um ensaio na internet, ainda não tratara do assunto em um livro ou artigo de jornal. Mesmo assim, não me preocupei, não no princípio.

Nas sessões de terapia em grupo, eu tinha três amigos íntimos que haviam sofrido abuso sexual muito mais explícito do que eu, ou pelo menos se lembravam disso com mais clareza.

Alice receava que imagens de seu abuso – aos oito anos de idade foi fotografada pelo agressor – pudessem chegar até a internet. Quando sua própria filha completou oito anos, ela começou a ter crises radicais de ansiedade.

Robin pirou quando sua vida subitamente ficou legal, com uma nova e adorável parceira, um bebê e uma vida feliz. Ele não conseguia lidar com isso.

Como eu, entrava em pânico quando tentava falar sobre o que lhe havia acontecido na infância.

Jenny, uma atriz de meia-idade, a última dos três, tinha a história mais perturbadora de todas. Ainda bebê, ela fora abusada ritualmente pelo pai na iniciação em uma ordem religiosa. Quanto mais falava a respeito, pior se sentia. Pensei em me concentrar na arrecadação de fundos para criar uma nova modalidade de tratamento terapêutico prático, solidário e sem constrangimento para adultos sobreviventes de abuso sexual.

Ajudei a montar um programa de pesquisa para um novo sistema de apoio a sobreviventes de abuso infantil, com terapeutas do hospital de saúde mental The Priory e da clínica Broadreach. Uma linha telefônica de ajuda, como ponto de partida para tais pessoas, pode ser mais útil do que todo o moralismo que começava a ser propalado pelos jornais. Os primeiros três pacientes foram Robin, Alice e Jenny (não são seus verdadeiros nomes), que clamavam por algum tipo de socorro para enfrentar seus demônios.

No dia 29 de janeiro de 2000 recebi um telefonema. Nosso primeiro paciente, Robin, o jovem que eu encaminhara ao tratamento, tinha concluído seus dois meses de dispendiosa reabilitação, voltado para a casa de sua adorável família, descolado algum dinheiro, viajado para Manchester, entrado numa boca de crack e tomado uma overdose. Estava morto. Ele havia me ligado várias vezes durante o tratamento, reclamando do modo como vinha sendo tratado, e senti que eu estava desperdiçando meu dinheiro. Robin procurara ajuda, e eu tinha conseguido financiar sua terapia, mas então parecia que tudo o que havíamos feito foi, inadvertidamente, acelerar sua morte.

Por ironia, apesar do fato de a Double-O, entidade assistencial que eu criara, ter pago o tratamento de Robin em Broadreach, a clínica (corretamente) não me liberou os arquivos de seu caso, o que seria valioso na tentativa de compreender o que tinha acontecido. Por sorte, John Fugler, um amigo meu que administrava a Closereach (a unidade de reabilitação secundária de longo prazo em Broadreach), sugeriu que talvez a recente terapia de Robin tivesse desencadeado conflitos internos que ele não pôde suportar.

Seriamente abalado, eu ainda esperava concluir a dura experiência com as duas outras pacientes. Rachel conhecia Jenny, inteirou-se de sua terrível história e sabia que eu me prontificara a pagar um período de tratamento com um terapeuta experiente em The Priory, quando Jenny se sentisse pronta. Um dia, Rachel chegou em casa após ter passado algum tempo com ela, que estava muito transtornada: seu pai (seu agressor) tinha se casado novamente com uma jovem, que estava grávida de uma menina.

Aos 45 anos, Jenny passou a se comportar como um bebê, projetando temerosamente que seu pai repetiria com a nova filhinha o que havia feito com ela. Jenny acabou indo para The Priory em dezembro. Quando chegou o momento de partir, ela entrou em colapso, assolada por um pânico intenso. Com a orientação do terapeuta, estendi seu período de tratamento. Isso não foi nada insignificante: custou ao todo 75 mil libras, o bastante para gerenciar uma pequena entidade assistencial por vários anos.

Jenny cometeu suicídio no dia 7 de janeiro de 2002. Foi desolador e me fez pensar seriamente. Tudo o que eu tinha provado era o que eu já sabia: o impacto do abuso sexual em crianças, em especial bebês, precisava de muito mais atenção, e acessar o passado era uma potencial ameaça à vida.

Só restava uma paciente de meu projeto Sobreviventes – Alice, que também passara um período em The Priory. Felizmente, posso dizer que hoje ela está bem e já faz dois anos que permanece sóbria.

Postei "A different bomb" em meu site no dia 17 de janeiro de 2002. O ensaio relacionava as histórias de Robin, Alice e Jenny à questão da pornografia infantil na internet. Eu ainda queria escrever um livro a respeito – ou publicar um longo ensaio na rede –, e por isso foi um choque secundário ao meu ego de astro do rock descobrir que já existia uma obra sobre o tema, muito séria e eficaz.

Beyond tolerance, de Philip Jenkins, professor de história e estudos religiosos na Universidade Estadual da Pensilvânia, foi publicado em 2001, embora eu só o tivesse descoberto na época do suicídio de Jenny. Ele havia escrito tudo o que precisava ser dito. Jenkins tinha feito o bom trabalho que eu esperava fazer.

Apesar do interesse da imprensa, inclusive uma oferta do *Guardian* para publicar "A different bomb", percebi que, em maio de 1999, eu tinha cometido um terrível erro: segundo Jenkins, "não é necessário que um promotor público demonstre que um acusado sabia que, clicando em um link, carregaria uma imagem suspeita". Com isso, eu mesmo havia me colocado em risco de acusação por admitir ter acessado um link. O fato de não ter olhado nenhuma imagem, só a página inicial de um site, poderia ser irrelevante do ponto de vista legal.

Eu sofria de uma forma exagerada de "Síndrome do Cavaleiro Branco".[29]

Houve uma extraordinária consequência da morte de John. Quando Roger e eu concordamos em continuar a turnê, nenhum de nós tinha imaginado que a cota de John nos lucros seria nossa. Consideramos que haveria enormes custos e prejuízos na hipótese de cancelamento de vários shows, mas, caso contrário, acreditávamos que o espólio de John (sua família) continuaria com direito a um grande pagamento. No entanto, Roger e eu de fato nos beneficiamos financeiramente com a morte de John, e de modo substancial.

Para mim, isso prometia ser uma bênção gigante. Eu ainda queria chamar a atenção para o modo como a pornografia infantil na internet podia resultar indiretamente nas mortes prematuras de indivíduos vulneráveis como Robin e Jenny. Matérias em jornais sobre pedófilos vendiam bem, mas perturbavam muito os sobreviventes adultos de abuso sofrido na infância. Encontrei duas organizações que eu achava que poderiam realizar um trabalho melhor do que a Double-O. Uma era a National Society for the Prevention of Cruelty to Children (NSPCC) [Sociedade Nacional para a Prevenção da Crueldade contra Crianças], para a qual eu fizera várias doações no passado – Rachel tinha se sensibilizado com sua campanha Stop it now! [Pare já com isso!). A outra era a National Association for People Abused in Childhood (Napac) [Associação Nacional para Vítimas de Abuso na Infância], que se concentrava especificamente no que eu considerava mais necessário e que tinha planos de oferecer uma linha telefônica de ajuda. Uma amiga (advogada de Alice em sua vitória contra seu agressor na Irlanda) estava no comitê diretor dos curadores.

No início da manhã de sábado, 11 de janeiro de 2003, Nick Goderson, que era então encarregado de meus negócios, ligou-me para dizer que, segun-

[29] *The white knight syndrome*, livro de Mary Lamia e Marilyn Krieger, sugere que "embora a maioria dos cavaleiros brancos sinta que é altruísta e está se sacrificando, seu comportamento salvador é muitas vezes mal dirigido". Ajudar os outros pode provocar delírios de grandeza – tudo pode estar bem até que alguém que o cavaleiro branco esteja "ajudando" caia à beira do caminho.

do a primeira página do *Daily Mail*, um guitarrista e astro do rock milionário estava na lista de nomes enviada para a Operação Ore – uma investigação de crimes por computador voltada para a pornografia infantil. O FBI tinha dado à Operação Ore 7 mil nomes de ingleses que haviam visitado sites monitorados pela lei.

"Então esse sou eu", disse.

30
O piano de Trilby

No princípio, não me preocupei. Mas, depois de conversar com Nick, olhei pela janela e entrei em pânico. A casa estava cercada de repórteres, equipes de televisão, câmeras, fotógrafos e observadores curiosos. Naquele momento, como eu disse a um repórter mais tarde, se tivesse uma arma, eu poderia ter me matado só para escapar do linchamento. Disse a Rachel: "Você precisa sair e salvar sua vida. Não tem como isso acabar bem para mim".

"Você não fez nada errado, Pete", replicou ela. "Eu vou ficar. Vamos fazer uma declaração juntos."

Comecei realmente a assimilar o choque quando me mostraram um exemplar do *Mail*. Como meu nome era ocultado, não podia haver menção de meu trabalho com The Priory e Broadreach, nem referência a Double-O ou ao texto "A different bomb". Eu ansiava restabelecer o equilíbrio. A verdade era que provavelmente eu tinha me mantido um pouco reservado demais sobre minhas várias atividades beneficentes, mas tudo isso era irrelevante naquele momento.

Emma ligou. "Pelo menos você está vivo hoje, papai", disse ela, me informando que Maurice Gibb, dos Bee Gees, tinha morrido durante a noite, deixando a família e os irmãos perdidos e aflitos. Expliquei os detalhes de minha situação para Emma, que estava trabalhando como jornalista. "Se era pesquisa, então é isso que você tem de dizer, papai", insistiu ela. "Você deve dizer a verdade."

Aceitei o conselho de Emma. Rachel e eu redigimos uma declaração que ela leu para a imprensa reunida, na rua. Em seguida, fomos de carro até a casa dela em Teddington, onde passei o fim de semana em silêncio.

Foi um período de muita tensão. Meu advogado disse que a polícia tinha pretendido me interrogar informalmente, mas era forçada a me deter porque em minha declaração à imprensa eu havia admitido ter usado um cartão de crédito. Uma vez era o bastante. Marcaram hora para me encontrar em minha casa na segunda-feira, dia 13 de janeiro. Revistaram meticulosamente tanto a casa quanto meus escritórios em Richmond. Foram respeitosos e atenciosos, mas levaram fotos de família, fitas de vídeo, dezenas de zip drives e drives ópticos e onze computadores.

Mais tarde, naquele dia, fui à delegacia de Twickenham. A última vez que estivera na sala de interrogatório havia sido por ter dirigido embriagado, em 1972. Nada havia mudado em trinta anos, exceto pelas câmeras de vídeo por toda parte. Mostraram-me um cheque assinado por mim para pagar uma fatura do Barclaycard que incluía uma cobrança de cinco libras para uma organização chamada Landslide. Não me lembrava do nome, mas a essa altura eu me sentia entorpecido demais para saber o que estava acontecendo.

Durante o fim de semana, recebi ligações de Jerry Hall e Keith Altham, Mick Jagger, David Bowie, Sting, Bob Geldof e dezenas de amigos. Na segunda-feira, a correspondência da manhã começou a inundar minha casa, uma pequena parte ruim, uma grande parte boa, mas eu estava exausto demais para responder – simplesmente não tinha dormido.

Depois de prestar depoimento, durante o qual fui filmado e gravado para um futuro documentário da televisão,[30] um detetive saiu e comprou um hambúrguer para mim. "Coma isso, parceiro", disse ele, enquanto devorava o seu. "Nós sabemos que você está do lado dos anjos."

Nunca um ato simples como esse significou tanto para mim.

"Você sabe por que vou direto ler as páginas de esporte quando apanho um tabloide?", prosseguiu ele.

[30] Bob Long estava produzindo uma série documental para a BBC chamada *Police Protecting Children*, encomendada em consequência da publicidade em torno da Operação Ore. Acredito que Long e sua equipe tenham acompanhado a Unidade de Proteção à Criança da Polícia Metropolitana em seu trabalho de realizar várias detenções – uma delas por acaso era a minha. A filmagem de meu depoimento foi incluída no segundo episódio, exibido um ano depois, em 30 de março de 2004.

Meneei a cabeça.

"Porque tudo o que há de errado na sociedade está na primeira página, e tudo o que há de bom nela – esforço e simples realização humana – está nas últimas."

Eu com toda a certeza estava na primeira página, e isso seria assunto de discussão durante os meses que se seguiram.

Saí sob fiança. O exame criminalístico de meus computadores poderia demorar até um mês, ou mais. A polícia havia levado meus computadores de estúdio e discos rígidos contendo música, letras, gravações e quase tudo relacionado a *The boy who heard music* enquanto eu estava bem no meio desse trabalho. Eu poderia começar música nova, mas não tinha mais nem meu laptop. Simplesmente precisava ter paciência.

Mesmo ciente de que nunca houvera nada de incriminador em meus computadores e, embora estivesse atento à possibilidade de que seria fácil plantar imagens, minha maior preocupação era que trechos de meus diários vazassem, me fazendo parecer um imbecil narcisista, cujo único interesse era qual carro ou barco eu compraria depois de recuperar o ânimo. Isso era mera vaidade, mas ela ainda me fazia passar vergonha.

Também me preocupava que, se alguém plantasse imagens em algum de meus computadores, não haveria nada que eu pudesse fazer a respeito. Era um caso de mea-culpa: eu já havia admitido uma infração que o professor Jenkins deixara claro que não teria justificativa em nenhum tribunal. Curiosidade, pesquisa, compreensão, abordagem ou mesmo terapia não atenuariam esse crime específico. Mesmo assim, ao conhecer alguns dos agentes da Operação Ore, percebi que eram honestos, e meu receio de "ser incriminado", ou enquadrado, rapidamente passou. Em uma reunião da fiança no segundo mês, perguntei ao investigador-chefe por que o trabalho da perícia estava demorando tanto. Ele disse que era porque havia muitos computadores. Mas acrescentou que queriam dar uma margem de tempo longa o bastante para que minhas hipotéticas vítimas de abuso se apresentassem para me denunciar.

Dezenas de pessoas falaram em meu nome, mas Roger foi o mais eloquente, permitindo-se ficar furioso com o absurdo de minha prisão. Evidentemente seu próprio futuro estaria em risco se eu fosse condenado, mas ele foi mais longe do que precisava em minha defesa. Jamais esquecerei sua solidariedade, sua fé em mim e a raiva que ele sentiu diante da injustiça da qual fui vítima.

Enquanto aguardava, contratei segurança para proteger minha casa 24 horas por dia e continuei trabalhando no Oceanic, mixando uma versão estéreo de *Tommy*. Decidi comprar uma casa no Sul da França. Minhas despesas com advogados seriam enormes, mas eu não queria desistir de meu sonho antigo de uma casa à beira-mar. Claro que eu estava também fugindo para ter sossego da imprensa.

Ainda chegavam cartas – minha equipe as classificava para que todas as particularmente maldosas fossem deixadas de lado, mas oitenta por cento eram de apoio. Comecei a responder a cada uma com um breve cartão escrito à mão. "Obrigado por sua fé em mim. Nunca o esquecerei".[31]

Com nada para fazer além de esperar, decidi programar uma operação de hérnia havia muito adiada, decorrente de um músculo estirado ao andar de bicicleta no parque. Quando eu estava sob anestesia, meu cirurgião também fez uma colonoscopia e encontrou um grande pólipo pré-canceroso, que quase certamente teria me levado ao mesmo caminho de meu pai se não fosse descoberto. Assim, minha detenção teve pelo menos um lado positivo importante.

Finalmente marcaram uma data para um novo interrogatório policial: 7 de maio. Nesse dia, ou eu sairia como um homem livre ou seria acusado e processado. Ou, se algum embuste tivesse ocorrido por parte de meus acusadores, eu poderia até ser preso. Foi quando recebi outra carta. Bhau Kalchuri, outrora o mais jovem guarda noturno de Meher Baba, agora presidente da Avatar Meher Baba Trust na Índia, queria almoçar comigo no dia 20 de maio. Parecia um ótimo presságio. Não consegui imaginar melhor presente de aniversário.

Os últimos meses tinham passado tão devagar que comecei a me perguntar sobre o caráter do próprio tempo: quando você passa dos 45 anos, o tempo começa a acelerar e é preciso certo período para se acostumar com isso, os anos subitamente passando mais e mais depressa. Esperando meus compu-

[31] Foram tantas as cartas que não consegui responder a todas elas. Se você me escreveu, nunca esquecerei sua gentileza. Eu ainda guardo sua carta.

tadores, o tempo se arrastava de modo interminável. Pelo menos, tudo em breve estaria terminado.

Começaram a vazar notícias de que eu receberia uma advertência. Meus advogados e eu comparecemos à delegacia de Kingston, e o policial que havia me detido parecia desconfortável. Rapidamente se evidenciou o que estava acontecendo. Meus computadores estavam totalmente limpos, todos os onze. Na enorme quantidade de coisas tiradas de minha casa, apenas algumas fotos de minhas duas filhas bebês correndo nuas na Jamaica haviam sido separadas. Os círculos a lápis litográfico sobre seus corpos me fizeram chorar.

Na delegacia de Kingston ofereceram-me uma escolha. Eu podia ser enquadrado por um período de tempo limitado numa lista como criminoso sexual ou ir a julgamento no tribunal. Meu caso era proeminente demais para ser tratado de outra maneira, apesar de haver um senso predominante de que eu tinha sido bem-intencionado. Se fosse a julgamento, eu poderia dizer a verdade, e ela seguramente não me incriminaria, mas, após esperar quatro meses e meio pela perícia em meus computadores, eu estava extremamente exausto. Não tinha a menor disposição para esperar por mais outra eternidade – dessa vez no tribunal. Ainda que pudesse fazer algum bem à causa que ainda ansiava defender, acho que eu não sobreviveria.

Hoje, em retrospecto, eu preferiria ter ido a julgamento, mas talvez fosse uma ideia temerária. Em vez disso, confiei que meus amigos e o público em geral falassem por mim – até agora.

A defesa em meu favor surgiu dois anos depois, quando o jornalista investigativo Duncan Campbell examinou do ponto de vista forense o disco rígido relacionado ao site Landslide. Ele informou que não conseguira encontrar prova de que eu o havia acessado ou feito uma assinatura. Disse também que, aparentemente, eu admiti ter feito algo que não fiz. Hoje é óbvio – desde que as companhias de cartão de crédito foram persuadidas a recusar pagamentos para o Wikileaks de Julian Assange em 2011 – que o tempo todo essas empresas poderiam ter se recusado a aceitar pagamentos para sites pornográficos questionáveis. Por ironia, foi provavelmente o que fizeram em meu caso.

Como eu temia, o rótulo de delinquente sexual voltou a me assombrar no Super Bowl de 2012, em Miami, quando panfletos de protesto foram distribuídos por defensores das crianças locais que faziam piquete no estádio. Em uma coletiva de imprensa, eu disse:

> É uma questão muito difícil de abordar em frases curtas. É muito importante e é triste. Sinto como se estivéssemos do mesmo lado. Acho que se você conhece uma família que sofreu o problema do abuso de crianças ou algo parecido, você sabe que a vigilância racional é o mais importante, não a vigilância de rua. [...] Se alguém tem dúvidas quanto a se eu devia estar aqui ou não, deveria aprofundar um pouco mais a investigação. Tudo o que vocês precisam saber, por estranho que pareça, está lá na internet".[32]

Eu me perguntava como agradecer a todos os que tinham me apoiado e resolvi que deveria sair de minha arrogância criativa, parar de me preocupar tanto com minha audição e fazer um disco e uma turnê com Roger. Em 2004, tocamos no Japão pela primeira vez e na Austrália, por onde não excursionávamos desde a desastrosa "interrupção" da banda em 1968. Dessa vez, nossos shows na Austrália foram um triunfo – para mim, uma renovação e para a antiga carreira do Who, uma espécie de renascimento. Recebi a renovação de meu visto norte-americano no dia 30 de dezembro de 2004.

Rachel ficou a meu lado por todo o período de provação, e nosso amor continua até hoje a se aprofundar. Sua parceria autoral com Jo Youel, da banda pop Scarlet, prosperava cada vez mais; tendo conseguido um contrato de gravação com Doug Morris, ela começou a fazer planos para seu álbum *Cigarettes and housework*, lançado em 2004 com excelentes críticas.[33]

Ela também começou *In the attic*, um podcast de bate-papo e música acústica semanal ao vivo, ocupando um pequeno estúdio no Oceanic. Era muito divertido, algo a esperar com ansiedade a cada semana, e Mickey Cuthbert e meu irmão Simon se tornaram frequentadores assíduos. Entrei

[32] Eu poderia ter acrescentado: "e em minha futura autobiografia".

[33] "Suas canções são elegantes e graciosos casos de amor com a música, e as letras são histórias maravilhosamente ásperas e retalhos cotidianos vulneráveis. A combinação entre as duas cria uma espécie de tensão emocional que leva o ouvinte em muitas direções, tornando quase impossível ficar impassível. [...] Esta é música adulta. Ela olha para a canção pop como uma maneira de expressar o que normalmente se sente, mas está quase sempre oculto; sua expressão de esperança e disposição é temperada e fortalecida por sua prodigiosa candura e sofisticação musical". www.allmusic.com/album/cigarettes-housework-mw0000686253

de figurante na maioria das semanas e geralmente tocava uma antiga canção e me juntava a convidados como Martha Wainwright.

Eu ainda tentava criar canções para ajudar a avançar a história de *The boy who heard music*. Essas canções soavam diferentes de quase tudo o que eu havia composto no passado – exceto, talvez, parte da composição que fiz para a versão teatral de *Iron man*. Eu duvidava que alguma delas funcionasse em um álbum do Who e precisava que Roger me concedesse muito espaço criativo, se tivesse de incluí-las. "In the ether" era uma canção para a voz de um velho, de um fantasma, cantando do além. "Heart condition" (ainda não gravada) era sobre o amor desesperado de um homem pela parceira de seu melhor amigo.

"Trilby's piano", composto para *Stella* algum tempo antes, soava como uma canção bem comercial, mas a pessoa que a inspirava, que tinha sido a primeira a incentivar minha improvisação e a me dizer que eu era um "músico de verdade", tinha sido mesmo muito importante para mim. A convicção que ela instilou em mim ajudou-me a suportar meus dias mais sombrios.

31
Intermezzo

No dia 19 de maio de 2005, meu aniversário, Jerry Hall comprou para mim um yorkshire terrier; dei-lhe o nome de Wistle em homenagem a John e seu cachorro Scruffy, que tinha escutado nossos primeiros ensaios em sua casa, em Acton, quando tínhamos doze ou treze anos. Dois meses depois, eu ainda estava pensando em John e sentindo a falta dele quando o Who tocou com Pink Floyd e Paul McCartney no Hyde Park, no festival Live 8. O repertório do Who era incendiário, muito melhor que no Live Aid, e gostei de ver Bob Geldof sorrindo feliz ao lado do palco.

A imprensa deu muita importância ao embate entre Who e Pink Floyd, mas a atmosfera nos bastidores era amigável. Foi bom ver o altíssimo Roger Waters trabalhando novamente com David Gilmour e também foi a última vez que vi Rick Wright, que tinha comprado meu grande piano Bösendorfer anos antes, quando fechei meu estúdio. Todos nos perguntávamos se o Floyd se reuniria e faria uma turnê. Seu show era perfeito, pensei, mas Roger e David jamais se reconciliaram. Foi extraordinário que se juntassem naquela última vez, e me senti privilegiado de estar entre eles.

No verão de 2005, Bob Pridden, Billy Nicholls e Myles Clarke começaram a trabalhar em *Endless wire*, o futuro álbum do Who. O disco estava pronto para ser editado na primavera de 2006. A essa altura, ensaiávamos, prevendo uma das mais longas turnês de toda a nossa carreira. Continuei a trabalhar no álbum ao longo da turnê, transportando um complexo equipamento móvel de estúdio de gravação. Eu tinha controle total do disco – algo que Roger lamentava porque ele desejara gravar como uma banda –, e isso me deu a oportunidade de assumir alguns riscos.

Incluir canções como "In the ether", "Trilby's piano", "You stand by me" e "Marty Robbins" me possibilitou dividir o trabalho vocal quase por igual entre nós. Ao fazer isso, postergava levar adiante meu projeto solo ou dedicar-me a minhas ideias de teatro musical. Significou muito quando Dave Marsh me disse que considerava o álbum bom. Eu queria que ele evocasse uma impressão de continuidade em relação aos álbuns anteriores do Who, mas também em relação a meus próprios álbuns solo.

Começaríamos a turnê no dia 17 de junho de 2006 na Leeds University, e o último show deveria ser no dia 9 de julho de 2007, em Helsinque. Rachel foi comigo, fazendo as transmissões ao vivo via web em seu *In the Attic* em vários shows, e também fez a primeira *Attic Jam*, um evento de música acústica que ela e sua assistente Carrie Cooke organizaram. Eu adorava ter Rachel comigo na estrada, embora ambos achássemos árduas as viagens e a programação intensa.

Endless wire, 11º álbum do Who, foi lançado em 30 de outubro de 2006 e foi o primeiro trabalho com material original desde *It's hard*, de 1982. Gostei muito de fazer esse álbum e me orgulho dele: recebeu as melhores críticas do Who desde *Who are you*, de 1978. O álbum respaldou nossa primeira turnê mundial digna desse nome; durante mais de três anos, fizemos shows em cada um dos continentes, excetuando a África e a América do Sul.

"Fragments", uma espécie de homenagem a Baba O'Riley, tinha como base um sistema de matemática harmônica desenvolvido por Lawrence Ball para o que nomeei de projeto Método Lifehouse, que envolvia a criação automática de música sob medida para as pessoas em um portal da web. Muitas vertentes confluíram para esse disco; ele foi como meu primeiro experimento criativo em muitos anos, combinando várias de minhas próprias ambições particulares, mas também sublinhando o fato, havia muito consolidado, de que meus maiores feitos sempre estiveram relacionados ao Who. A maioria das canções do álbum também foi usada na adaptação musical de *The boy who heard music*, em que eu vinha trabalhando desde 1999. Essa peça estreou como parte da série de oficinas Powerhouse Summer Theatre, no Vassar College, no estado de Nova York. A ideia para isso novamente foi lançada pelo valente Ethan Silverman. Um dia estaremos juntos nas cadeiras da orquestra e assistiremos a um espetáculo montado por nós dois.[34]

Roger começou a ter sérios problemas de saúde por volta do final de 2006. Em Chicago, ele desmaiou no palco e depois saiu apressado, e eu tive de concluir sozinho os últimos vinte minutos do show, no estilo *Psychoderelict*. Fiquei preocupado e disse isso a ele.

Depois de um feriado, embarcamos para a terceira e última fase da turnê, que nos levaria de Reno para a Flórida e, em seguida, para o México e a América do Sul. Em Tampa, Roger finalmente chegou ao limite e anunciou que não poderia se apresentar. Rachel e eu tínhamos uma *Attic Jam* programada em Austin durante o festival South by South West e resolvemos passar mais tempo por lá, enquanto Roger se recuperava em um hospital de Miami.

Roger vinha lutando com problemas de garganta, que mais tarde se revelaram relacionados a lesões cancerígenas. Na época, nenhum de nós soube o que fazer, mas Roger batalhou como o lutador que é para fazer bons shows. Isso se tornou ainda mais espantoso quando ele finalmente admitiu que não podia ir adiante, e os shows foram cancelados. Pode parecer estranho, mas fiquei contente por ele por fim ter se permitido falhar, sabendo que nenhum de nossos fãs desejava que algo de ruim lhe acontecesse. Meus sentimentos por Roger tinham amadurecido – eu o amava e queria apenas o melhor para ele –, e eu sentia que era recíproco. Seria sempre difícil para cada um de nós ajudar o outro, mas descobriríamos um jeito de fazer exatamente isso no futuro.

O colapso de saúde de Roger foi um alerta. O Who devia alguns shows sul-americanos aos organizadores da turnê, por isso fizemos, como indenização, outra longa trajetória na Europa. Essa era outra oportunidade para Rachel e eu fazermos novas transmissões ao vivo via web, usando para a tarefa um trailer exclusivo. Começamos em Lisboa, fizemos um show em Madri pela primeira vez – foi minha melhor apresentação de guitarra em minha carreira – e também

[34] *Endless wire* esteve no Top 10 das paradas tanto da Inglaterra como dos Estados Unidos. Mais detalhes sobre o álbum podem ser encontrados em www.thewho.com.

em vários festivais. Adorei a turnê inteira. Ela não apenas me inspirou como me deu grande esperança para o futuro.

Nick Goderson, ainda diretor-presidente de minhas empresas, recebera um diagnóstico de câncer no pescoço e passava por quimioterapia. Sem sua mão benigna nas rédeas, esbanjei dinheiro tentando satisfazer minha porção artista e fazer fluir alguma música. Em 2008, comprei um estúdio de criação em uma área arborizada de Surrey, a cinquenta minutos de carro de minha casa, deixando a maior sala inteiramente vazia, exceto por um piano Yamaha Concert Grand Disklavier. Isso me permitia improvisar, gravando o desempenho mecânico quando sentia que estava pronto; eu podia depois ouvir o piano, reproduzindo o que eu havia gravado, enquanto andava solene pela sala, cantando as letras que me viessem à cabeça.

Assim nasceu a primeira música para minha nova ópera *Floss*, cuja expectativa é que seja um espetáculo de *son et lumière* – um encontro de *The wall* com Cirque du Soleil. Já compus algumas músicas boas, escrevi letras que me agradaram e providenciei sistemas de estúdio especiais para me ajudar a enfrentar os desafios técnicos que tenho pela frente. Para mim, é outra *Quadrophenia*, quase tão tecnicamente desafiadora quanto *Lifehouse*, mas hoje tenho os computadores de que preciso para superar quase todos os obstáculos técnicos. Trabalho nela enquanto escrevo este livro, e será um dos projetos mais ambiciosos que já empreendi.

É a triste história de um jovem chamado Walter Doxtader, que abandona sua carreira no rock para criar um jardim-labirinto. Ele começa a ouvir o som quase musical das ansiedades comuns a todas as famílias de classe média a sua volta, que receiam pelo futuro de seus filhos. Sua jovem esposa é Florence Spritzler (Floss). A história tumultuada de Floss é o outro núcleo da história; uma amazona, ela é em parte inspirada em Louise Reay, mas não quero adiantar muito mais que isso. Estou muito entusiasmado com esse projeto.[35]

Nick enfim faleceu em 2010. Era um amigo muito querido, e dizer que sinto falta dele é pouco. Ele foi fundamental para minha carreira por muito

[35] Desde 2008, concentro grande parte de minha energia musical em *Floss*. No verão de 2011, produzi a edição do diretor de *Quadrophenia*. Isso incluiu demos remixadas, algumas faixas em som estéreo e fartas anotações que foram fáceis de escrever, uma vez que eu havia reunido todos os meus papéis para escrever este livro.

tempo, aliando-se a mim em 1983 como contador da editora de música e dos estúdios, passando a ser o gerente comercial que trabalhava em estreita associação com os empresários do Who – Bill Curbishley e Robert Rosenberg. Em seu funeral, vi pela primeira vez sua filha bebê, a quem ele chamou de Aminta, mesmo nome de minha filha.

32
Quem eu sou

Fui convidado para ser o primeiro palestrante do programa John Peel Lecture na BBC, em novembro de 2011, evento anual em homenagem ao grande radialista e DJ inglês.[36] Falei sobre o "peelismo", a abordagem de alguém que de fato dedicara seu tempo a escutar – e eu tinha descoberto realmente a importância suprema de escutar com Roland Kirk, nos anos 1960. Discorri sobre meu próprio artista interior e destaquei que minhas seis libras de cachê pela palestra seriam transferidas para o Musicians Union Benevolent Fund.

Quando você chega à minha idade, o trabalho beneficente se torna algo necessário. Graças a ele, nós, velhos astros do rock, passamos a ter contato com os rigores do mundo real e também a conhecer muitas pessoas. Trata-se de um serviço dos mais humildes, e um dos aspectos mais arrasadores é ser censurado por repórteres dos jornais diários que parecem acreditar que apenas o fazemos por oportunismo. A isso posso apenas responder: se você não gosta de meu trompete, vá tentar soprar um dos seus.

Três anos antes, em dezembro de 2008, o Who tinha sido convidado de George W. Bush e do Kennedy Center Honors Committee. É uma honra concedida a artistas, e não tem nada a ver com política. Mas tenho de admitir que, agora, duvido que algum dia eu receba algum tipo parecido de honraria

[36] www.guardian.co.uk/media/2011/nov/01/pete-townshend-john-peel-lecture.

em meu país. Não terei a chance de ter um momento à la Harold Pinter de poder explicar por que a repudiaria.

Não obstante, confio na Inglaterra e em seu processo democrático. Estou orgulhoso porque meu trabalho gera empregos, e, embora eu seja rico e privilegiado, em meu coração e em minhas ações ainda sou socialista e ativista, pronto a defender os fracos e oprimidos e a entretê-los, se eu puder.

Seria pouco sincero dizer que não fui afetado pela percepção geral das pessoas que não conheciam a mim ou a qualquer coisa relativa a meu respeito, afora o que leram em tabloides por volta da época de minha prisão, em 2003. Desde então, abandonei meus esforços de Cavaleiro Branco nesse departamento, mas ainda estou dolorosamente ciente das consequências que poderiam ter afetado as entidades nas quais eu havia desempenhado um papel ativo e em que, agora, sou obrigado a manter um perfil discreto.

Um clique de meu mouse para demonstrar um argumento gerou uma montanha de equívocos.

Segui adiante. Sempre carreguei um orgulho desafiador, às vezes argumentativo e combativo. Ele ainda está bem perto da superfície de minha psique, logo abaixo da pele, pronto para inflamar-se de raiva, saltar e lutar. Ele está em minha alma.

O que aconteceu àquele menino dentro de mim? A carta que escrevi ao meu eu aos oito anos de idade é ainda uma das mais importantes afirmações em minha vida. "Lembre-se", eu disse então, "que os sentimentos ruins que às vezes você tem hoje o estão ajudando a se tornar forte, talentoso e sensível à dor que outras pessoas sentem. Mas você tem um bom coração e no final ficará bem. A vida pode ser dura, e você achará difícil aceitar o quanto é realmente maravilhosa a vida que vai ter. Isso porque, por alguma razão, você não sente que merece tudo isso.

"Você tem uma mente brilhante. Infelizmente, não vai exercitá-la o tanto que deveria. Sua autoestima é muito baixa, e você poderá se entregar à preguiça, que o deixará mais lento. Você tem uma imaginação admirável, e isso, até certo ponto, bastará. Mas deve tomar o cuidado de respeitar os fatos. Você não pode simplesmente inventar o que não conseguiu aprender. Seu fracasso acadêmico tem sido uma parte fundamental do que desencadeia a inspiração artística.

"Quando sua mãe critica ou rebaixa o seu jeito de ser, ela está manifestando o modo como se sente sobre si mesma. Ela acha que a mãe dela deve ter tido alguma razão para abandoná-la. Você também passará por uma adolescência conturbada. Mas, hoje, você é adorável, um garoto gracioso. Respeite a si mesmo. Tente se lembrar de que nem tudo na vida pode ser perfeito. Você cometerá enganos. Isso é inevitável. Mas você não é feio. Você só será feio quando se comportar de modo feio.

"Aproveite a vida. E tome cuidado com o que desejar – lembre-se, você pode conseguir."

Apêndice: carta de uma fã de 1967

Estou prestes a abrir pela primeira vez um pequeno envelope azul endereçado a mim e postado há 45 anos para o fã-clube do Who, em 16 de janeiro de 1967. Há uma pequena seta acima da letra "o" de "Who".

Para mim, é muito estranho abrir essa carta de tanto tempo atrás, dos dias felizes da revolução da cultura pop nos anos 1960. Se um grupo de garotas de dezesseis anos de idade tivesse escrito para mim quando eu tinha, digamos, em torno de 35 anos, eu teria respondido. Na época em que cheguei ao início dos quarenta, contratei duas secretárias para me ajudarem a administrar as cerca de mil cartas que recebia a cada mês.

A carta em questão é de Anne, que escreve em tom familiar.

Como vai você? Você esteve ótimo no Top of the Pops *da semana passada. Keith estava alucinante, e eu curto o seu casaco maluco. Fantástico!*

Ela segue dizendo que fugiu de "Jack" ("Happy Jack"). Ela a odeia. A música está saindo das paradas. Ela também aconselha "Mooney" a confessar tudo sobre o casamento com Kim, um evento que ainda não aconteceu. Ela observa com precisão que não sabe ao certo se acredita nos rumores porque *Keith é do tipo que diz qualquer coisa por publicidade*.

Ela também recrimina John Entwistle por manter secreto seu noivado com a amiga de escola Allison. Ela então pergunta se li a *Disc* na semana anterior – uma correspondente tinha dito que eu era lindo.

Anne então escreve 22 "ha ha" para indicar o tanto que ela acha a ideia engraçada. *Visual fascinante, mas não lindo. Você se acha lindo? Karen acha?*

Ela encerra a carta dizendo: *meu tempo é curto, e você é tão LINDO*.

O segredo que eu tinha uma companheira obviamente vazara; nossos fãs mais próximos já sabiam o nome dela, e Anne era evidentemente alguém próximo. Ela parece aborrecida por eu também estar fora do páreo como partido, embora também deixe claro que se sente atraída por Keith e por John.

Ela não menciona Roger nem uma vez em sua carta. Roger havia se casado secretamente com Jackie já em 1964 – e Anne, claro, sabia. Assim, ele estava completamente fora do páreo no que dizia respeito a ela.

O que eu nunca poderia ter visto, e que hoje posso ver facilmente, é que Anne me amava. Não quero dizer que ela estava apaixonada por mim ou mesmo que me desejava sexualmente, mas ela me amava.

Esse importante senso de adoração se elevando das linhas de sua carta, oculta entre ameaças de rejeição se fizéssemos discos de que ela não gostasse e a insistência para que não tentássemos esconder dela nossas amantes, era quase invisível para mim em 1967. Minha vida teria sido muito diferente se eu tivesse conseguido reconhecer a adoração e o interesse genuínos e carinhosos quando isso era demonstrado.

Dois meses antes, em novembro de 1966, o Who tocou nos Winter Gardens, em Malvern. Val, de Worcester, escreve em janeiro de 1967 para me agradecer por tê-la levado, e a sua amiga, para casa depois daquele show. Ela espera que eu consiga me lembrar dela – Val, a loura que se sentou perto de mim.

Val encerra com vinte beijos – dois a menos que os "ha ha" de Anne.

Coda

Dedico este livro ao artista que há em todos nós.

Este é um recado tanto para mim quanto para você. Toque para os deuses! No show business, os "deuses" são as poltronas bem no fundo do teatro, as duras, ocupadas por pessoas que pagaram o ingresso barato, não conseguem ver ou ouvir direito, conversam entre si e comem muita pipoca.

Para o artista, "os deuses" são o universo, o grandioso, a pintura abstrata, o desconhecido, o céu e o mar abertos. Concentrar-se no universo infinito pode parecer um tanto pomposo, ou totalmente despropositado. De fato, ele é tão pequeno ou tão grande quanto quisermos que seja. Alguns dentre nós acreditam que não exista nada lá fora. Outros acreditam que estamos cercados por anjos atentos. Não importa.

Toque para os deuses, ou – se preferir – para um pequeno cesto cheio de brinquedos, ou cante para a boca de uma bolsa de água quente, ou gire os puxadores de uma cômoda e faça de conta que você está a 20 mil léguas submarinas.

É tudo a mesma coisa. Se estiver em dúvida, apenas toque.

Agradecimentos

Escrever este livro me tomou muito tempo. Há tantas pessoas a agradecer e a reconhecer não só pelo incentivo, mas também pela amizade. Não sou muito bom em amizade, não sou muito sociável, e esta é uma chance para chegar a algumas pessoas importantes em minha vida, em especial aquelas que desempenharam algum papel no livro. Se você não foi mencionado, e acha que devia ser, avise-me. Eu sempre gosto de ser lembrado de quem são de fato meus amigos.

Primeiramente quero agradecer a meu agente, Ed Victor: ele permaneceu comigo ao longo de várias dificuldades importantes, e é uma alegria trabalhar com ele. Também me sinto grato a minha editora no Reino Unido, Carole Tonkinson, e toda a sua equipe, inclusive o intrépido Simon Gerratt, que coordenou tudo na HarperCollins UK. Seu entusiasmo e seu apoio desde o início mantiveram-me no curso quando as páginas em branco zombavam de mim. Jonathan Burnham, meu *publisher* norte-americano, foi franco e meticuloso, alertando-me para o fato de que queremos que este livro entretenha, mas também convença. Meu editor norte-americano David Hirshey e seu editor assistente Barry Harbaugh desfrutaram de algumas ótimas sessões de *brainstorm* que me lembraram meu próprio tempo como editor. Trabalhar com palavras na página às vezes resulta em ótimas conversas – palavras que conduzem a mais palavras. Meu primeiro editor quando comecei foi Robert McCrum, e ainda sou grato a meu *publisher* Michael Pietsch, da Little, Brown and Company, por acreditar em mim em 1995, mas também por me permitir desistir dois anos depois, quando achei isso muito difícil.

Minha assistente pessoal, Nicola Joss, tem sido inestimável neste projeto, organizando para mim um arquivo cronológico em caixas, as quais posso acessar quando quiser. Meu amigo e assessor de longa data Paul Bonnick também tem sido essencial, ajudando a organizar sistemas de armazenagem, arquivando, pesquisando – na verdade, grande parte da minha equipe dedicou centenas de horas auxiliando-me com este livro no último ano, mas Ed Victor, Nicola e Paul têm estado comigo há dezessete anos.

Meu primeiro webmaster, Matt Kent, contribuiu para juntar, datar e adicionar créditos nas fotos, e não há ninguém mais bem qualificado para isso – suas próprias fotos são maravilhosas, e ele é um guardião da história da banda.

Martin Noble, outro estimado novo amigo judeu, tem sido meu atuante editor aqui no Reino Unido e se conecta maravilhosamente com todos nós. Hoje, para mim, ele é como um anjo, liderando uma sétima cavalaria para me salvar da complexidade decorrente de quando se tenta reduzir mil páginas a menos da metade. Ele trabalhou como um demônio, às vezes dezoito horas por dia. Temo por sua saúde e por seu casamento – mas se a esposa dele o ama tanto quanto eu, hoje ele merece receber o tipo certo de canja de galinha. Se não, eu mesmo farei isso para ele. Martin, vamos fazer essa foto juntos.

Roger Daltrey esteve afetuosamente preocupado com este livro, querendo acima de tudo me proteger de mim mesmo e de minha indiscrição. Espero que ele não se importe por eu dar a minha versão da história do Who. Ele é um dos homens mais importantes em minha vida e, obviamente, o mais importante em minha carreira. Espero que um dia escreva sua própria história. Enquanto isso, ele tem de cantar as histórias que escrevo para ele. Ninguém faz isso melhor.

Outro homem querido e de importância crucial em minha vida é nosso empresário sobrevivente, Chris Stamp, gravemente enfermo no momento em que escrevo. Não dei a ele neste livro o destaque devido quanto aos primeiros momentos, mas nos últimos 25 anos, longe dos negócios da banda, temos sido colegas editores de música e amigos afetuosos. Chris é um homem radiante e espiritualizado. É hoje um terapeuta da linha psicodrama. Tenho aprendido observando Chris aprender. Ele chama a esses dias confusos do envelhecimento de "anos de molho".

Meu advogado John Cohen merece mais que uma menção aqui; muito mais que um guia jurídico, é um amigo e aliado e tem sido meu mentor e protetor.

Ao preparar este livro, precisei de tempo e espaço – as moedas mais difíceis de encontrar –, algo que meu contador e amigo querido Richard Rosenberg me ajudou a conseguir. Na dolorosa ausência de Nick Goderson, ele fez o impossível parecer possível. De fato, o livro está feito, portanto ele o conseguiu.

Meu empresário Bill Curbishley é um protagonista neste livro, e a amizade e a lealdade destinadas a mim e Roger são valorizadas em um sentido que simplesmente não pode ser quantificado, mas toda vez que trabalhamos juntos tentamos mensurar! Não consigo imaginar minha carreira, ou minha vida, sem ele. Sua ex-esposa Jackie, que me empresariou como artista solo, agora vive feliz em Barbados. Robert Rosenberg, o sócio de Bill, é menos conhecido fora do círculo da música, mas tem importância crucial em minha vida. Com seu apoio e o de sua equipe encontrei tempo para concluir este livro.

Amigos chegaram e partiram. Jimpy, da última vez que tive notícias dele, ainda estava na ativa e se tornou avô muito antes de mim. Barney está bem, vivendo com Nikki (ex-professora do maternal de meu filho Joseph), e estivemos recentemente com o irlandês Jack Lyons, a fim de falar sobre os mods para o documentário *Quadrophenia*, recém-exibido na BBC TV. Lisa Marsh é casada, tem filhos, publicou um livro (sobre Calvin Klein) e ainda trabalha como jornalista na indústria da moda. Louise Reay também tem várias filhas lindas. E ainda anda a cavalo. Jackie Vickers é casada com Reg Meuross e vive em Somerset. Reg é um talentoso músico de folk, e sou grande fã dele. Eles têm dois filhos maravilhosos. Eu tenho três afilhados: Benedict, filho de Bob Pridden e que está no ramo imobiliário em Yorkshire, Claire Forlani (a atriz de Hollywood), casada com o ator Dougray Scott, e o irmão de Claire, Christian, que é um aventureiro.

Chris Chappel e Helen Wilkins estão em minha história, mas também têm sido cruciais em minha carreira e eram grandes companheiros de festa. Carrie Cooke e Paul Curran agora estão comigo no trabalho criativo: foram pilares importantes no andamento deste livro e ajudarão a mantê-lo no mercado.

Quero agradecer aos dois maiores produtores musicais de minha vida, Chris Thomas e Glyn Johns.

Bob Pridden, técnico de som do Who desde 1967, tem me dado muito apoio, nos bons e maus momentos, na estrada, no estúdio e em todas as minhas experiências mais disparatadas. Ele é o membro mais bem-comportado de nosso asilo itinerante – sempre um cavalheiro, principalmente quando está de calças.

Alan Rogan está comigo como técnico de guitarra, amigo fiel e ajudante desde 1975. Ninguém fez mais para me ajudar a progredir como guitarrista – ele me trouxe muitos instrumentos maravilhosos que nunca pensei que precisasse e agora não consigo viver sem eles.

Mike Shaw recuperou-se de seu acidente de carro. Ele foi um dos que trabalhavam na Track Records em seu auge com Jimi Hendrix. Mais tarde, envolveu-se em muitos projetos especiais para o Who e outros artistas vinculados à Track. Ele agora mora de frente para o bravio mar da Cornualha, em St. Austell.

Duas pessoas que poderiam ficar surpresas por ouvir isso de mim são Matthew Evans, meu antigo chefe na Faber & Faber, e Melvyn Bragg, que me encarregou de escrever meu primeiro roteiro de verdade (infelizmente nunca filmado). Ambos recentemente me ajudaram a crer que eu podia escrever este livro e fazê-lo dar certo.

Quero agradecer a meu médico, Adrian Whiteson. No momento, gozo de boa saúde, mas ele tem sido mais que um médico para mim; tem sido um amigo e guia em meu trabalho beneficente, orientando-me (e também a Roger) em um dos maiores desafios que já enfrentamos juntos: ajudá-lo na batalha contra o câncer, especialmente em sua manifestação mais injusta, quando ele atinge pessoas jovens.

Meus dois irmãos, Paul e Simon, estão formando famílias. Paul e sua esposa Sandy têm Jessie e Jacob. Simon e Janie têm Ben (que recentemente se casou), Josh e Hannah. Os dois ainda moram na casa da família Townshend, em Ealing. Paul é um refinado pintor e decorador; foi o caminho para o qual seu temperamento artístico o levou. Simon é músico, em carreira solo, e também excursiona com o Who.

Tia Trilby morreu muitos anos atrás. Ela era meu anjo criativo.

Betty, minha mãe maravilhosamente tempestuosa, morreu no ano passado. Estávamos todos em volta de sua cabeceira. De algum modo, enquanto dava seus últimos suspiros, todos nos perguntamos como ela conseguiria continuar dando trabalho lá do outro lado. Alguns de meus sobrinhos e sobrinhas estão certos de que ela ainda está deixando moedas em seus sapatos, algo que fazia quando eram crianças. Dinheiro do céu.

Virginia Astley, irmã de minha ex-esposa Karen, ainda faz música e também trabalha em um livro sobre o rio Tâmisa no momento. Sua filha Florence também é musicista e toca piano clássico e harpa.

Dois irmãos de Karen ainda me são próximos. Gareth é um marinheiro sério, tal como seu irmão mais velho Jon, que tem trabalhado com o Who desde 1976. Velejamos juntos em algumas grandes aventuras.

Hazel, a mãe de Karen, que me ensinou como passar devidamente o domingo na zona rural inglesa, ainda vive em Goring, onde *Quadrophenia* foi mixado enquanto o rio cintilava. O falecido pai de Karen, Edwin Astley – Ted para nós, um compositor maravilhoso – é aqui lembrado com muita ternura; ele me levou a sério como compositor.

Minha filha Emma vive em Ealing e agora escreve uma coluna sobre jardinagem para a revista *Sunday Independent*. Ela publicou um livro sobre os cachorros de Darwin e não faz mais música profissionalmente. Emma me presenteou com meu único neto até agora, Kester, que está com dois anos e, graças a Deus, é muito interessado em barcos. Tenho uma desculpa para parafrasear uma fala de *Tubarão*: "Precisamos de um barco maior". O companheiro de Emma, William, é designer gráfico e trabalha no mercado editorial. Aminta, ainda uma ótima linguista, não trabalha mais em filmes de longa-metragem, mas segue envolvida com a mídia, no momento ligada a uma pujante companhia do setor digital. Ela vive em Shepherd's Bush, terreno preferido do Who. Meu filho Joseph está no Central Saint Martin's College of Arts and Design, e fico contente em dizer que o vejo com frequência. Ele tem muitas ideias empolgantes e realmente se empenha muito nelas. Mora próximo de Kennington Oval.

Isso me leva aos meus maiores entusiastas e aliados – meus fãs e os fãs do Who. Obrigado por me manterem ocupado e por não me demitirem quando não apareci para trabalhar. Vocês têm sido os melhores patrões que alguém poderia ter.

Para aqueles que se foram – Kit Lambert, Keith Moon, John Entwistle, Ronnie Lane, Brian Jones, David Platz, Keith Grant, Ahmet Ertegun, Ken Russell, Bill Graham, Nick Goderson, Denny, Trilby, Horry, Dot, mamãe, papai, tio Jack, Jenny, Robin, Delia DeLeon, Ivy Duce, Meher Baba, Adi K. Irani e o sujeito que roubou meus 50 mil dólares –, eu não vejo a hora de alcançar vocês onde quer que estejam.

Finalmente, devo agradecer a minha companheira Rachel Fuller. Estamos juntos há quinze anos, e ela foi um presente romântico intuitivo que ganhei. Bonita, engraçada, sensual, talentosa e completamente doida, Rachel enriqueceu o que Chris Stamp chama de "anos de molho" em tal medida que, às vezes, sou descrito cinicamente por alguns como um menino no parque de diversões. Ela toca Chopin como Chopin e canta como Baez para o meu Dylan. Rachel e eu temos composto canções juntos, ou seja, ela me despertou para as parcerias. Não temos filhos, e é muito tarde para mim agora, mas Rachel compensou isso com sete cachorros: Flash, Wistle, Spud, Harry, Barney, Cracker e Skrapovski (um yorkshire terrier russo que vive em Cannes).

Posfácio

Escrevi um livro e estou contente com isso. Desde então, em várias ocasiões tenho falado sobre ele. A maioria dos entrevistadores começa me perguntando por que ele demorou tanto. A verdade não é que eu esperava morrer antes de ficar velho, mas eu estava esperando morrer para não ter que me dar ao trabalho de publicá-lo. Algumas pessoas que mencionei no livro não se sentiram bem com o modo como me lembrei delas; outras ficaram felizes só por terem sido lembradas. Algumas ficaram contentes por terem sido deixadas de fora. Outras – incluídas em detalhe, mas depois reduzidas em notas de rodapé na brutalidade de um processo de edição que ao final diminuiu mil páginas pela metade – ficaram confusas com aquilo que permaneceu. Em geral, as que entraram em contato comigo gostaram do livro. Duvido que alguém deixe um livro de lado e depois escreva um bilhete ao autor para contar, mas, considerando o que as pessoas me disseram cara a cara ou pela internet, a resposta foi boa.

Nos primeiros meses em que a edição original deste livro estava à venda, em 2012, eu estava em turnê com o Who. Isso não foi exatamente por acaso, mas significou que acabei caindo no conhecido ritmo *Feitiço do tempo* do trabalho na estrada com uma banda, e não nos momentos bem mais estimulantes e surpreendentes de que desfrutei na primeira semana de divulgação do livro, quando, na Biblioteca Pública de Nova York, fui tratado como um professor visitante. Em todas as sessões de autógrafos e leituras em livrarias, fiquei surpreso com quanto eu gostava de me encontrar com os fãs. Eles são menos assustadores quando não estão enlouquecidos em um show do Who – momento em que eu também estou.

Por fim, assim que todo o trabalho de divulgação estava encerrado e eu de volta à turnê com a banda, caí das alturas dos salões sagrados para a esquálida pseudossustentação das intermináveis barras de chocolate do minibar do hotel no meio da noite. Pelo menos havia a magia da música e as plateias aclamadoras para me sustentar, mas essa adrenalina também alimentava minha química corporal e me mantinha acordado após os shows... às vezes até as oito da manhã. Com um voo marcado para a cidade seguinte por volta do meio-dia, às vezes eu não conseguia dormir o suficiente.

E, no entanto, eu me sentia melhor, e parecia melhor, do que ao escrever agora. Estou trabalhando de doze a dezesseis horas por dia. Estou de volta ao porto seguro em meu estúdio doméstico em Londres, percorrendo a custo os noventa e cinco itens de música que acumulei desde que comecei a trabalhar em meu projeto atual em junho de 2008. Sim, há realmente noventa e cinco itens na lista. Encontrei algumas duplicações, mas não muitas. Encontrei algum lixo, mas não muito. Desde o final da turnê, consegui escutar, e em alguns casos – adicionando alguns violões ou teclados ou melhorando uma letra – ora avançar, ora eliminar cinquenta e oito deles na lista. Na pior das hipóteses, faço algum comentário e adiciono o item ao grupo "trabalhos em andamento".

Ontem à noite, a salvo na cama com minha companheira Rachel e Wistle, nosso mini Yorkshire terrier, trabalhei até a meia-noite. Meu último registro no diário:

> CANÇÕES TRISTES – "080612-2". Já separei essa (em uma lista anterior). Existe MIDI. gravada, por isso ela pode ser editada. Há diversas versões que parecem ter sido editadas em MIDI. MIDI 080612-2: só editar compassos 1-100 B.
> Isso foi feito com perfeição. PRONTO para OUTRA.

Isso é fascinante. Pode não parecer à primeira vista, mas deixem-me explicar. No início do verão de 2008, vendi o Oceanic, meu grande estúdio comercial perto de casa. Ele era uma distração; os negócios com terceiros iam mal, e embora fosse maravilhoso ter uma sala grande, com isolamento acústico e ar condicionado, na qual era possível reunir músicos (e até plateias às vezes) para fazer gravações ao vivo, achei que eu precisava de algo novo.

Assim, com parte dos rendimentos comprei uma casa no campo, não um Grande Solar Inglês, mas uma casa confortável, em uma área arborizada excepcionalmente tranquila usada pela última vez com ira quando Russell Crowe e seus centuriões atearam fogo em alguns pinheiros para o filme *Gladiador*. A casa fica no meio de um campo com grande área de grama bruta, a uma hora de carro de Londres. Graças a um bom negócio com a Yamaha, instalei um piano de cauda Disklavier para concertos. O cômodo que escolhi era uma grande sala de estar com piso de tacos. Em termos acústicos não era nenhum Carnegie Hall, mas era atraente e vibrante. Não estou nem perto de ficar surdo, mas meus ouvidos estão cansados, e preciso de um som claro e estimulante para começar. No primeiro dia, fingindo que era Keith Jarrett ou Chopin – ou mesmo Thunderclap Newman – comecei a martelar no piano.

Agora, o Disklavier é uma dessas máquinas que às vezes você vê improvisando a esmo como um robô no saguão de um hotel ou em uma festa. O que em geral não se entende é que – além de interpretar peças de verdade de Chopin – essas máquinas gravam o que você toca. Em 12 de junho de 2008 gravei quinze peças individuais. Algumas eram tão ousadas e ambiciosas – além de meu alcance como pianista até então – que havia inevitáveis notas destoantes, mas continuei tocando. De vez em quando, eu fazia a máquina reproduzir uma das peças, e o ótimo piano enchia a sala de som enquanto eu dava grandes passadas ao redor, circulando o instrumento como um felino selvagem, uivando, cantando, às vezes até chegando ao teclado e adicionando alguns toques extras. Algumas dessas peças eu gravei usando um microfone especial de som surround chamado "Soundfield". É uma invenção britânica e, quando a gravação é reproduzida em um estúdio, o ouvinte é transportado para a própria sala em que eu estava trabalhando naquele primeiro dia.

Há uma vantagem técnica adicional nesse processo. As gravações no Disklavier são salvas como dados em seu próprio computador, e essas peças podem ser editadas. Assim, minhas notas destoantes podem ser corrigidas e, mais tarde, posso colocar o Disklavier para tocar novamente, gravar de novo o que fiz, cantar junto novamente, e sorrir como uma criança. Isso tudo é muito divertido; espero que vocês possam sentir isso.

Sempre adorei usar a tecnologia – especialmente em meu estúdio caseiro de música – para me auxiliar a compor, mas também para me inspirar rumo a novas altitudes. Enquanto na estrada com o Who eu mal consigo praticar alguns minutos no violão, para não falar nas duas ou três horas de trabalho no piano necessárias que me possibilitem tocar um arpejo diminuto com uma das mãos ou um padrão rítmico com a mão direita. Dessa forma, as máquinas chegaram para me salvar. Depois de uma prolongada perna de turnê, chego em casa cambaleando na volta do aeroporto, aciono meus computadores e meus antigos gravadores de fita, e estou de volta ao paraíso.

E é nele que estou nesta manhã de março de 2013. Neste "Posfácio", tento criar uma ligação com a maneira como termina o livro (publicado originalmente em outubro de 2012). Nos "Agradecimentos", tentei atualizar minha vida e trazer notícias de última hora de muitos personagens de minha vida. Mike Shaw, Chris Stamp e Frank Barsalona, citados como amigos e colegas queridos, faleceram a intervalos de uma semana um do outro em novembro de 2012, enquanto o Who ainda estava em turnê pela América do Norte. Meu neto Kester completou três anos. Spud – o "primogênito" cão de caça dourado de Rachel – teve que ser sacrificado, e o trauma a assombra. Mesmo em um período tão curto houve muitas mudanças.

Escrever minhas memórias levou vários de meus velhos amigos, com os quais eu perdera completamente contato, a surgirem da névoa. Para um deles, o primeiro *roadie* do Who, Neville Chesters, eu literalmente gritei das páginas do livro. Ele estava com a banda em Monterey e foi trabalhar com Jimi Hendrix por um tempo depois que nos deixou. Ele hoje mora em Nova York. Esse tipo de reconexão foi possível em parte porque o Who estava excursionando pelos Estados Unidos. É bom saber que nem todo antigo relacionamento ou amizade precisa estar sujeito a um ou outro "fechamento" ou análise judicial.

Este é um momento muito feliz para mim. Claro que estou envelhecendo, mas ainda estou nos primeiros estágios de desintegração, e sou considerado por jovens modernos como legal o bastante para ter permissão para pensar em voz alta.

Entretanto, vivo com a sabedoria intranquila de um homem de quase setenta anos. O tempo em si é o segredo da vida. O tempo é tudo que precisa ser administrado. Tempo é tudo o que importa. Viver no presente é uma prática espiritual enganosa, impossível, com o tempo se estendendo seja para trás ou para a frente. À medida que fico mais velho, e mais feliz, começo a entrar em pânico. Tenho alguns bons anos adiante. Tenho coragem para empreender novos e ambiciosos projetos, e também despreocupação para ser tão audacioso quanto eu quiser. Tenho recursos para dar a mim mesmo uma sala vazia em uma casa de campo com apenas um piano de cauda, a fim de inspirar minhas improvisações. O que não tenho é tempo infinito.

No livro falo sobre o começo de minha vida, tropeçando entre meu interesse pelo mestre indiano Meher Baba, minha vida familiar e os rigores do rock 'n' roll. Terminei em algum lugar no meio. A crença quase cega que eu levava quando jovem – de que, como ensinava Meher Baba, a consciência em si era tudo em que consistia a *Criação*, e que a consciência é o que evoluiu, não a matéria ou as partículas – parece-me hoje cientificamente absurda. No entanto, ainda me pergunto quem sou, de onde vim e para onde estou indo. Ainda estou seguindo Meher Baba, mas meus dedos estão cruzados às minhas costas.

Após quarenta e seis anos seria um pouco insincero de repente dar uma de Richard Dawkins, ou mesmo do falecido (e outrora maravilhoso) Christopher Hitchens. Ao contrário desses dois brilhantes ateus, respeito a fé espiritual e religiosa dos outros e exijo o mesmo respeito para comigo. O problema é que à medida que fico mais velho acho que não quero saber o que há no outro lado: realmente, sinceramente, não quero saber. Aos vinte e dois anos mais ou menos, quando entendi pela primeira vez que muitas crenças orientais se baseiam na ideia de reencarnação como princípio central à sua integridade, entrei em pânico. Quem deseja realmente viver para sempre? Toda manhã eu acordo e ainda sou "eu". Às vezes isso é bom, às vezes nem tanto.

Tudo o que sei é que o terrível dilema da passagem do tempo só é superado pela felicidade e pelo amor. Às vezes é transcendido pela música, e isso é desconcertante quando você considera que a própria música depende da divisão do tempo, de sua medição, de seu transcurso. Então aqui estou eu, ainda sem saber se a vida é realmente uma jornada espiritual ou se o universo tem maneiras de nos fazer rir. Música é tudo o que posso fazer neste momento.

Se eu escrever outro livro, duvido que seja de memórias. Não estou exatamente entediado comigo mesmo, mas estou cansado de tentar explicar que – seja lá o que eu tenha dito quando era um jovem entusiasta de dezoito anos ou um dependente de heroína aos trinta e cinco – eu me recuso a continuar carregando esses dois jovens. Tampouco pedirei desculpas por eles. Um era brilhante e incansável, cheio de energia e esperança, um pouco triste às vezes, talvez, mas o futuro se estendia adiante dele e as nuvens sempre passavam. O outro estava exaurido, apaixonando-se por estranhos, perseguindo sombras e se deleitando na tragédia, mas continuava a produzir e se apresentar e às vezes fazia as pessoas rirem.

Juro que não estou tentando romantizar a mim mesmo ou a minha vida: quero fazer exatamente o contrário. Hoje, as coisas são mais simples para mim e estou feliz. Estou contente por transcorrer. Ainda tenho meus próprios dentes. A maior parte deles. Ainda posso saltar como...

Vou parar por aqui. Espero que vocês tenham gostado deste livro.

CRÉDITOS DAS FOTOS

Embora todos os esforços tenham sido feitos para localizar os detentores dos direitos das fotos reproduzidas neste livro e obter suas respectivas autorizações, a editora original desculpa-se por eventuais omissões e incluirá em futuras edições os agradecimentos que possam ter faltado.

Todas as fotos são de propriedade do autor, com exceção de:

PRIMEIRO CADERNO
p. 1: (centro, à esquerda) Pete Townshend/Don Townshend; p. 2: (alto, à esquerda) Pete Townshend/Don Townshend; p. 3: (abaixo, à esquerda) família Entwistle; p. 4: (alto) LAMedia Collection/Sunshine/Retna Ltd, (centro, à direita) Trinifold Management Ltd, Dewar/Trinifold Management Ltd, (embaixo, à esquerda) (embaixo à direita) Richard Barnes; p. 5: (alto) T. Spencer/ Colorific, (embaixo) Tony Frank/Corbis; p. 6 (alto, à esquerda) Chris Morphet/ Redferns/Getty Images, (centro, à esquerda) J. Barry Peake/Rex Features, (centro, à direita) Jan Olofsson/Redferns/Getty Images, (embaixo, à esquerda) Beat Publications; p. 7: (alto) Chris Morphet/ Redferns/Getty Images, (embaixo) Ron Howard/Redferns/Getty Images; p. 8: (alto) Andrew Maclear/ Hulton Archive, (embaixo) Mirrorpix.

SEGUNDO CADERNO
p. 1: (centro, à esquerda) LFI, (centro, à direita) Jack Robinson/Getty Images, (embaixo) Henry Diltz/Corbis; p. 2: (acima, à direta) Chris Morphet/ Redferns/

Getty Images, (centro, à direita) Chris Morphet, (embaixo) cortesia de Mike McInnerney; p. 3: (centro, à direita) LFI, (embaixo) Chris Morphet; p. 4: (alto, à esquerda) Chris Morphet; p. 5: Neal Preston/Corbis; p. 6: (acima, à direta) Chris Morphet; p. 7: (acima, à direita) Robert Kirk, (centro, à direita) desconhecido, (embaixo, à esquerda) Neal Preston/Corbis; p. 8: (alto, à esquerda) divulgação/RCA Victor, (acima, à direta) Robert Kirk, (centro, à esquerda) Matt Kent, (alto, 2ª à direita) Gary e Melissa Hurley, (alto, 3ª à direita) Patrick Semansky/AP/Press Association Images, (embaixo, à direita) Terry McGough/Rex Features.

VERSO DA CAPA
Matt Kent.

Índice

AC/DC 175; 264; 278
Academia de Arte de Ealing, Londres 43; 45; 48; 54; 59; 181; 226
"Acid Queen" 142; 162; 239; 245
Adam and the Ants 299
Adams, Jack 193-4
Adamski, George 101
Adderley, Cannonball 103; 107
Admirável mundo novo (Huxley) 181
"After the fire" 345
Ahmednagar, Índia 144
Al Kooper's Blues Project 115
Alcock, John 180; 218
Alexander, técnica de 18
Alf Maynard, banda de *jazz* de 40
"All along the watchtower" 100
"All shall be well" 334; 345
Allison, Mose 55; 72; 80; 143
Almond, Marc 299
Altham, Keith 109; 431
"Amazing journey" 142; 168
"Amoureuse" 237
"And I moved" 385
Anistia Internacional 278; 333; 336
Ann Arbor, Michigan 107
Ann-Margret 233; 238-9
"Another tricky day" 302
Appleton, Mike 233
Appleyard, Bryan 327
Aquarium, Brighton 67
Aquaye, Speedy 216
"Armenia" 120
Armone, John 375
arte autodestrutiva 61-2; 70; 121
Ascott, Roy 48; 54; 181
Asher, James 281
Asher, Jane 106
Ashton, Sir Frederick ("Freddy") 317
Assange, Julian 434
Association, The 123
Astley, Edwin 137; 334; 422
Astley, Jon 267-8; 414
Astley, Ted (sogro) 307
morte 407; 260; 262
Astor, David 324; 328; 418
ATCO records 275; 283; 306
Atkins, Chet 53
Atlantic Records 269; 275; 291; 306; 308; 310; 333; 344; 349; 366; 372; 376
Avatar Meher Baba Trust, Índia 433

"Baba O'Reilly" 193; 270; 286; 417
Babajan, Hazrat 127
Bach, J. S. 151
Bacon, Francis 89
Bad Timing (filme) 287; 291

Baez, Joan 55; 260; 413
Bailey, David 308; 329
"Ball and chain" 161
Ball, Lawrence 438
Ballard, Hank 359
Band, The 271
"Bargain" 193
Barnes, Richard ("Barney") 51-2; 57-8; 62; 66; 68; 71; 73; 78; 81; 207; 219; 226; 239-40; 258; 262; 267; 283; 286; 371; 376
Baron, Steve e Nancy 154; 193
Barrett, Syd 98
Barsalona, Frank 104; 156; 351-2; 458
Bart, Lionel 94
Bartlett, Nick 52-3
Bassey, Shirley 26
Baverstock, Jack 64
Bayliss, Fran 388
BBC Dance Orchestra 28
Beach Boys, *Pet Sounds* 99; 113; 116
Beachcombers, The 51; 64
Beatles, The 52; 70; 87; 103-4; 171; 176; 237; 334
  Magical mystery tour 116; 124
  Sgt. Pepper's lonely hearts club band 113; 116; 304
Beck, Jeff 58; 89; 114
Bee Gees, The 334
"Behind blue eyes" 192-3
Beijo da mulher-aranha, O (filme) 375
Bel Airs, The 51
Beleza Negra (Sewell) 20
Benjamin, Anthony 48
Berkoff, Steven 321
Berman, David 322
Bernstein, Leonard 175
Berry, Chuck 55; 158; 376
Berry, Dave 70
Beyond tolerance (Jenkins) 427
"Big boss man" 237
Biko, Steve 324
Billy Wiltshire e sua Piccadilly Band 13
Bird, Brad 410
Blackwell, Chris 88
Blade runner (filme) 309
Blake, Peter 49; 271; 304; 319
Bland, Claire 332
Blind Faith 217
Blunkett, David 425
Blyton, Enid 27
"Boats are coming in" 118
"Body language" 308
Bogart, Joe 131
Bono 329
Booker T and the MGs 52; 60
Boorman, John 345
"Boris the spider" 93; 134
"Born to run" 309
Bowen, Reg 46
Bowie, David 96; 158-9; 296; 303; 315; 322; 329; 335; 412; 431
  como Ziggy Stardust 206
Bowman, Dennis 21-24; 26
Boy George 299
Boy who heard music, The 413; 417; 432; 436
  como novela 418
  concerto Chronicles, Sadler's Wells Theatre (2000) 413
  concertos (1996) 396
  confrontação com Kit 194
  desenvolvimento 399-400
  première 438
Boyd, Pattie *ver* Harrison, Pattie
Bradley, Robert 21
Bradley, Rosie 18-19; 23; 94
Bragg, Melvyn 271; 329
Brando, Marlon 50
Branson, Richard 153; 336
Bratby, Mick 261
Brent Black Music 324
"Brilliant blues" 319
Broadreach 426; 430
Broccoli, Cubby 269
Brooks, Mel 269

Broonzy, Big Bill 55
Brown, Arthur 225; 235; 349
Brown, Mick 42
Bruce (*springer spaniel*) 28
Bruce, Jack 52
Bryant, Boudleaux 354
Brzezicki, Mark 309
Buddy Rich Orchestra 156
Bundrick, John ("Rabbit") 262; 268-9; 276-7; 280-1; 284-5; 292; 295-6; 300; 304; 310; 333; 347; 354; 377
Burdon, Eric 109; 325
Burgess, John 71
Burrell, Kenny 62
Burroughs, William 325
Bush, George W. 442
Butler, Anya 72; 74; 76-7; 193-4
Butler, Pete 228; 252
Butler, Tony 309
Byrds, The 103

Caitling, Srta. (professora) 30; 35
Cale, J. J. 213
"Call me Al" 391
Callaghan, Jim 293; 357
Cameron, Julia 408
caminho do artista, O (Cameron) 408
Camisas Negras 13
Cammell, Donald 140
Campbell, Duncan 434
Capaldi, Jim 216
Caretaker, The (peça) 339
Carin, John 396; 414
Carlos, Walter
  Sonic seasonings 219
Carr, Roy 243
Carreras, Michael 231
Carson, Phil 291
Casady, Jack 135
Casals, Pablo 303
Cash, Johnny 51
Cass, família 15
Cass, Jerry 25
Cass, Mama 109; 272
Catenian Association 83
Cats (peça musical) 307-8; 326
Cecil, Malcolm 61; 152
"100 Faces" 73; 75
"Certified rose" 419
"Champagne" 239
Chandler, Chas 95
Chaplin, Charlie 17
Chapman, Graham 278
Chapman, Mark 296
Chapman, Rick 131; 135
Chappel, Chris 280; 286-7; 308
Charles, Ray 55; 84; 275; 306
Charlesworth, Chris 259
Chesham Place, Londres 82
Chesters, Neville 107; 458
Chiswick Family Rescue 324
Christian, Charlie 84
"Christmas" 142
Cilento, Wayne 375
Clapton, Eric 58; 98-9; 102; 105; 108; 139; 151; 168; 212-3; 216; 233-5; 242; 271; 306; 309; 330; 383; 395
Clarke, Myles 437
Clash, The 280; 299-300; 308; 351
Cliff Bennett and the Rebel Rousers 51; 103
Clooney, George 420
Cloonis, Phil 274
Closereach 426
Clube dos Oficiais Americanos, Londres 51
"Cobwebs and strangers" 93
Cocker, Joe 156; 309
  e a Grease Band 152
Cohn, Nik 145
  Rock is dead (Rock lives), projeto 203
Coleman, Ray 180
Collins, Phil 356
Coltrane, John 89
Colyer, Ken 340
"Come dancing" 334

"Comfortably numb" 289
Comme des Garçons 393
Commercial Entertainments 64
"Communication" 309
computadores na música 333
Confederates, The 39
Congo Club, Igreja Congregacional, Acton, Londres 39
Constellation, refúgio fiscal 137
Conway, Deborah 349
Conway, Russ 71
Cook, Paul 267
Cook, Peter 278
Cooke, Carrie 438
Cooke, Sam 87
Cooper, Tommy 127
Cornfeld, Bernie 308
"Country shack" 143
"Cousin Kevin" 144
Cream 102; 104; 106; 163
Creem, revista 147
Crise dos mísseis de Cuba (1962) 50; 60
Critchley, Tom 406; 416
Cropper, Steve 59-60
"Cry if you want" 316
Curbishley, Alan 238
Curbishley, Bill 225; 232; 237; 244; 248; 250; 259; 274; 276; 280; 283; 285; 291; 295-6; 305; 311; 323; 333; 348-49; 351; 356; 357; 359; 390; 399; 410; 441
Curbishley, Jackie 308; 323; 344
Cusack, John 419
"Cut my hair" 211
Cuthbert, Mickey 413; 435

Daltrey, Carol 48; 50; 66
Daltrey, Gillian 50; 57
Daltrey, Heather 359; 417
Daltrey, Jackie 53
Daltrey, Roger 9-10; 43; 46; 51; 53; 55-6; 56-7; 68; 76; 86; 89; 91; 93; 103; 110-11; 113; 121; 158; 164; 198; 273; 275; 293; 299; 301; 314; 345; 349; 351; 353; 359; 394; 415; 437; 439; 446
apoia Pete apesar das alegações de pornografia 432
atuação, performance física e figurino 150; 176
briga com Keith 79
briga com Pete 224
casa em Sussex 200; 207; 320
casamento com Jackie 53
como compositor 93; 120
como líder da The Who 338
como Tommy na versão orquestrada 77-8; 208
comprando um caminhão 228
desempenho vocal 315
dificuldades financeiras de John Entwistle 410
direitos autorais sobre Tommy 385
entrevista para New Musical Express 243
esgotamento 355
exige escolher o que ele canta 260
gravação de Endless Wire 438
gravação de Then and Now 419
helicóptero, como sinal de estrelato 246
influência dos Everly Brothers 81
Keith Moon, morte e funeral 272; 274
Keith Moon, relacionamento com 65; 79-80
Kenney Jones, relacionamento com 304-5
Lisztomania, filme 242; 246
morte de John Entwistle 419-20
olhar sobre The Who, após a morte de Keith 276
opinião de "I can't explain" 75
papel no filme Tommy 141-2; 241
performance em Woodstock 161; 163
Pete encerra as turnês com o The Who 320; 366
preocupações com a voz e o câncer 417
preso pela Força Policial Tática, Nova York 155-6
prisão em Montreal 228

problemas de saúde 439
Quadrophenia, concertos (1996) 396
– gravando 220; 222
reação a demo de Pete de 1975 242
rompimento com Pete 247; 411
socos em Glyn Johns 267
Tributo aos concertos de Pete Townshend 384
usando um crucifixo 128
voz em falsetto 315
workshops Lifehouse 190
ver também Who, The
Daltrey, Simon 53
"Dance it away" 309
Daniels, Phil 396
Danko, Rick 271
Davies, Cyril 52
Davies, Dave 58
Davies, Ray 58; 80; 104; 251; 299; 334
Davis, Bette 118
Davis, John 189
Davis, Miles 196
Sketches of Spain 80
Dawson, Colin 47
"Deaf, dumb and blind boy" 133
Dean, James 394
Decca Records 83; 165; 168
Dee, Kiki 237
Deep End Band 332; 335
Delaney, Eric 64
DeLeon, Aminta 157
DeLeon, Delia 127; 144; 157; 267; 371
Dennis, Denny (avó materna) 12; 19; 25; 28; 38; 40; 68; 94; 143; 331-2; 398
Dennis, Maurice (avô materno) 12; 132
Dennis, Maurice, Jr (tio) 12
Dennis, Pat (tio-avô) 132
Detours, The 12; 44-5
"Devil's jump" 71
Devlin, Anne 328
Devo 299
Devon (amigo de Roger e Heather) 195; 199
Dia da Vitória dos Aliados na Europa 11
Dia da Vitória sobre o Japão 11
Dickins, Rob 336
"Did you steal my money?" 294
Diddley, Bo 55; 67
Dirty Mac Band 139
"Disguises" 91
Dixon of Dock Green, tema 34
"Dogs" 131
Dolby, Ray 241
Donahue, Walter 330
"Don't let go the coat" 302
"Don't try to make me real" 363
Doors, The 134; 164
Double, Mick 328
Double-O, entidade assistencial 328; 332
Douglas, Leslie 14; 50
Draper, Simon 336; 348
"Drowned" 207; 231
Dudgeon, Gus 234
Dunlop, Frank 188; 190
Dury, Ian 271
Dylan, Bob 62; 65; 71; 175; 178; 261; 271; 414
Dynamics, The 67

Eagles, The 307
Eaglin, Snooks 55
Ealing Club 52
"Early morning cold taxi" 119
Eddy, Duane 67
Edmondson, Ade 396
Eel Pie Books 267; 318; 326
efeito *flanger* em estéreo 115
"Eleanor Rigby" 92
Elgar, Sir Edward 231
Eliot, T. S. 326; 345
placa azul 339
Eliot, Valerie 326; 339
Elizabeth, rainha-mãe 82
Ellen (bisavó) 13
Ellington, Duke 152

Ellington, Ray 31
Em busca do tempo perdido (Proust) 310
Embassy Club 307
"Eminence Front" 316
"Empty glass" 282
Eno, Brian 182; 325-6
Entwistle, Allison 112
Entwistle, John 9; 40; 53; 55; 58; 60; 68; 78-9; 82; 86; 93; 103; 110-1; 119-20; 132; 134; 149; 167; 273; 277; 304; 312; 314; 349; 351-3; 359; 366; 415; 437; 445
  atuação no palco 150; 177
  canções 93; 119; 134; 143; 303; 355
  carreira solo 242
  carros 207
  cocaína e Mandrax 199
  concertos em Nova York, 1967 104
  cordas roundwound para baixo 66
  desenvolvendo um "som mundial" 66
  dificuldades financeiras 410
  e a capa do álbum The Who Sell Out 121
  e documento de direitos autorais sobre Tommy 385
  e groupies 151
  festival Woodstock 160-1
  figurino 176
  gravação de Then and Now 419
  gravando Quadrophenia 219; 222; 226
  influência dos Everly Brothers 81
  morte e funeral 419-20
  na jazz band de Alf Maynard 40
  performance no Live at Leeds 168
  Quadrophenia, concertos (1996) 396
  relacionamento com Keith 65
  solo de baixo 80
  The Confederates 39
  turnê Who by Numbers (1976) 261
  workshops Lifehouse 190
Epstein, Brian 70; 104; 122
Eric Burdon and The Animals 123
Ertegun, Ahmet 269; 275; 286; 306; 359; 376; 402
Escola Beacon House, Londres 17
Escola Elementar Berrymede, Londres 27; 30; 36
Escola Secundária de Acton County 37; 40-3
Escoteiros dos Mar 32
Esperança e glória (filme) 345
Essex, David 249
Evans, Lizzie 327
Evans, Mal 106
Evans, Matthew 317; 322; 325-7; 336; 386
Everly Brothers 80
"Eyesight to the blind" 143; 234-5

Faber & Faber 317; 321; 325-7; 330; 339; 348; 360; 406
Fabulous Music 265
"Face dances" 309
Face, The, revista 306
Faces, subgrupo mod 67
Faces, The 201; 226; 258; 395
Fairlight CMI 333-4
Fairweather Low, Andy 314; 377
Faithfull, Marianne 106; 139
"Fake it" 336
Fame, Georgie 216
Farson, Daniel 89
Fearnley-Whittingstall, Robert 74
Festival de Monterey 99; 108-9; 161; 164
"Fiddle about" 143
Fields, Danny 123; 150; 360
Fillmore, San Francisco 107
"Fire" 235; 349
Fitzgerald, Ella 45; 84
Flash (*Border collie*) 413
Fontana Records 64; 66
Foot, Michael 381
Formby, George 26
Four Seasons, The 359
Four Tops, The 359
Fowler, Norman 327
Fox, Robert 336
Foxwell, Lady Edith 294

"Fragments" 438
Francis, Connie 45
Franklin, Aretha 306
Fraser, Antonia 339
Fred, revista 325
Freudenberg, Johanna 198; 214
Friar Park, Henley-on-Thames 236
"friend is a friend, A" 336; 354
Fry, Stephen 396
Fugler, John 426
Fuller, Rachel 397; 401-2; 403-4; 406-7; 410-1; 412-3; 416; 427; 430; 435; 438-9
Furnish, David 400

Gabriel, Peter 396
Garfunkel, Art 287
Gaye, Marvin 84; 294; 413
Geier, Liz 368; 371
Geldof, Bob 329; 431; 437
Genesis 274
Genet, Jean 325
Gerry and The Pacemakers 53
"Getting in tune" 192-3
Gibb, Maurice 430
Gilbert, Geoff 286
Gilmour, David 289; 333; 437
Giltrap, Gordon 281
Glenlyn Ballroom, Forest Hill, Londres 56
Glitter, Gary 396
"Glittering girl" 119
"Go to the mirror" 239
Goderson, Nick 393; 408; 428; 440
"Going fishing" 131
"Going mobile" 193
Goldberg, Whoopi 356
Goldhawk Club, manifesto 319
Golding, William e Anne 327
Goldman, Albert 163
Goldsmith, Harvey 153; 278; 396
Goon Show, The 31
Gorden, Helmut 64; 69
Graham, Alex 15; 42
Graham, Bill 107; 154; 156; 164; 175; 177; 248; 256; 285-6; 304
Grant, Keith 208
Grateful Dead, The 264
gravações piratas 164-5
gravadores de acordes em *loop* 114
Gray, Barry 56
Grech, Rick 216
"Green onions" 52; 59; 71
Green, Mickey 53
"Greyhound girl" 193
Griffiths, Rod 40
Guernica (Picasso) 68
Gysin, Brion 325

Haft, Lionel 377
Haight-Ashbury, São Francisco 108; 173
Haley, Bill 36-8
Hall, Henry 28
Hall, Jerry 308; 392; 412; 431; 437
Hamill, Pete 383
Hamilton, Richard 304
Hammer Films 231
"Happy Jack" 92; 94
Hardin, Tim 236
Harlech, Lord 216
Harmony, guitarra 84
Harrington, Wendell 376
Harrison, George 106; 235; 418
Harrison, Pattie 106; 235
Hart, John 385-6
Havens, Richie 115
"Hawker, The" 235
"Heart condition" 436
Heath, Edward 28
"Heatwave" 93
"Heavy metal" 336
Heinlein, Robert 116
Helvin, Marie 308
Hendrix, Jimi 61; 64; 95; 99; 100; 102; 104; 106; 108-9; 114; 123; 168; 225; 326; 379
Herd, The 118

Hesse, Hermann 136
Hidley, Tom 192
High Numbers, The 67
Hilburn, Robert 226
Hilfiger, Tommy 373
Hockney, David 304
Hoffman, Abbie 147; 162; 164; 224
Hogan, Peter 281
Hogg, Michael Lindsay 139
Holiday, Billie 84
Hollies, The 103
Holly, Buddy 53
holofotes 177; 246; 248
Hooker, John Lee 55; 80; 349
Hope-Evans, Peter 309; 333; 377
Hopkins, John ("Hoppy") 98; 189-90
Hopkins, Lightnin' 55
Hopkinson, Tom 127
Houison, Rod 209
"How can you do it alone" 302
Howlin' Wolf 55; 67; 261
Hughes, Carol 341; 407
Hughes, Ted 335; 339; 341; 343; 348; 367; 381; 386; 407; 410
hunger, The (filme) 315
Hustvedt, Siri 373
Huxley, Aldous 181
Hynde, Chrissie 282; 335

"I believe my own eyes" 374
"I can see for miles" 87; 99; 115; 118-9; 122
"I can't explain" 72; 75; 319
"I can't reach you" 119
"I didn't hear you" (*collage*) 319
"I need you" 93
"I want to take you higher" 161
IBC Recording Studios 142; 145; 149; 158
Idle, Eric 269
Idol, Billy 264; 356
Iggy Pop 147
Ilha de Eel Pie, comunidade 191
Ilha de Man 36; 40
"I'm a boy" 91
"I'm free" 142; 162
"In the ether" 436; 438
Indica Bookshop 106
Irani, Adi K. 258; 279
Irani, Mani (irmã de Meher Baba) 258; 371
Irani, Sarosh 207
Iron giant, projeto de animação 386-7; 406; 410
Iron man 335-6; 339; 341; 343; 344-5; 347; 349; 354; 362; 365; 369; 372; 383; 389
projeto Young Vic 368; 374; 380; 386; 410
Island Studios 234
"It was you" 56
"It's in you" 309
Ivy League, The 72

Jagger, Mick 52; 57; 82-3; 100; 106; 138; 249; 269; 271; 306; 392; 412; 418; 431
Jam, The 303
James Gang, The 179-80; 307
James, Dick 56
"Jane Who" 74
Jarrett, Keith 99; 102
Jefferson Airplane 135
Jenkins, Philip 427; 432
Jethro Tull 139
Jigsaw Club, Manchester 83
Jimpy (amigo de infância) 17; 23-5; 28; 36-8; 191
John Snow, *pub* 305
John, Elton 233; 310; 312; 356; 400; 418
como Pinball Wizard 235
Johnny Kidd and The Pirates 53
Johns, Glyn 53; 57; 139; 196; 219; 259; 267; 282; 316
"Join my gang" 96
Jones, Brian 52; 57; 85; 139; 158
Jones, Kenney 234; 274; 277; 279; 281; 283; 285; 300; 304-5; 314
Jones, Mick 280
Jones, Paul 129
Jones, Tom 267
"Jools and Jim" 282

Joplin, Janis 159; 161
jornalismo pop 151
Joss, Nicola 322; 324; 372; 376

Kalchuri, Bhau 433
Kamen, Michael 385; 410
Kameron, Pete 188; 191; 266
Kawakubo, Rei 393
Keegan, Shelagh 381
Keen, Speedy 120; 158
Kelley, Mike 234; 408; 411
Khan, Inayat 182; 184
Kick Horns, seção de metais de cinco peças 333
Kidd, Johnny 53
"kids are alright, The" 78
King Crimson 180
King, David 121
Kinks, The 58; 70; 72; 103; 147; 251; 326; 359
Kirk, Robert 378
Kirk, Roland 152; 442
Kisoon, Katie 377
Kitaj, Ron 304
Kitt, Eartha 26; 87-8
Klein, Allen 90-1; 104; 140; 266
Korner, Alexis 52
Kraftwerk 299
Kramer, Eddie 100
Kurzweil, Ray 334

La Locomotive, Paris 82
Labanowski, John 377
LaBelle, Patti 193; 356
Lambert, Constant 307
Lambert, Kit 69; 70-71; 72; 74-5; 77-8; 80-3; 85-9; 91; 93-4; 96; 107; 115; 119; 120-1; 122; 131; 132-3; 137; 141; 144-5; 149; 171; 175-6; 181; 188-9; 191-3; 196-7; 201; 221; 225; 230-1; 232; 242; 244; 265-6; 306; 317
Landslide, *website* 434
Lane, Katie 216
Lane, Ronnie 126; 128; 138; 145; 180; 216; 219; 245; 258; 262; 273; 419
esclerose múltipla 262
Lane, Susie 145
Langford, Bonnie 308
Langston, Cy 119
Langtry, Lily 101
Lasley, David 307
Lateef, Yusef, *Eastern Sounds* 103
Launderettes, The 319
Laura (garota de Phoenix) 292-4; 402
Laurel e Hardy 17
Law, Don 152
Law, Roger 121
"Layla" 216
Leadbelly 55
Led Zeppelin 90; 155-6; 164; 168; 350
Leibovitz, Annie 265
Leigh, Vivien 414
Lemper, Ute 397
Lennon, John 124; 139; 296; 306
Lennox, Annie 335
"Let my love open the door" 279; 282; 292
"Let's see action" 192
Levison, Charles 322
Lewis, Andre 193
Lewis, Harry 14
ley lines 200
"Life to life" 332
Lifehouse, programa e Rádio da BBC, transmissão 410; 412
Lifehouse, projeto e *workshops* 193-4; 197; 215; 224; 287; 291; 331; 368; 372; 389; 406-7; 413; 415; 425
Lincoln Continental 82; 86
Linscott, Jody 306; 309; 333
Lister, David 412
Lisztomania (filme) 242; 246
"little is enough, A" 279; 282
Little Richard 352
Little Walter 55
Little, Carlo 64

Live Aid 329; 335; 348; 437
Lloyd Webber, Andrew 326
Lloyd, Charles 99
Locke, Patricia 81
Logan, Nick 305
London, Julie 55
Lone Ranger (filme) 301
Loss, Joe 28
"Love ain't for keeping" 192
"Love hurts" 81; 354
"Love is strange" 81
Lowenstein, Richard 330
Lowenthal, Sara 414
LSD 97; 101; 103; 110; 219
Lulu 70
Lumkin, Tony 334
Lynn, Vera 14
Lyons, Jack 76

Macauley, Mark 307
Mackintosh, Cameron 271
Macmillan, Harold 300
Macromind Director (agora Adobe Director) 360
Madness 299; 308
Madonna 356
"Magic bus" 82-3; 134
Magic Bus, livraria 267; 274; 281
Malone, Will 208
Mamas and the Papas, The 109
"Man and machine" 336
"Man watching" 309
"Man with money" 81
Mandela, Nelson 331; 391
Manfred Mann, banda 280
Mann, Barry 90
Mann, Herbie 103
Marcus, Greil 150; 286
Marley, Bob 262; 303
Marmalade 118
Marquee Club, Soho 72-3; 81
Marriott, Steve 126; 128; 130
Marsalis, Wynton 391
Marsh, Dave 150; 438
Marsh, Lisa 373-5; 377-9; 382; 385; 406
Marshall, amplificadores 60; 150
Marshall, Jim 60-1; 66; 89; 260
Martin, George 114; 374; 382
Martin, Giles 374
Martin, Steve 269
"Marty Robbins" 438
"Mary" 193
"Mary Anne with the shaky hands" 115; 119
Maryville Academy 407
Matthews, sr. (diretor da escola) 21
"Maximum R&B", poster 73
Maynard, Alf 40
MCA, gravadora 349
McAnuff, Des 366; 369; 375-6; 382; 385; 389; 406; 410
McAnuff, Susie 375
McCartney, Heather 417
McCartney, Linda, morte 407
McCartney, Paul 92; 100; 106; 329; 407; 417; 437
McCollom, Kevin 399
McCrum, Robert 321; 325-6; 344; 362; 406
McDevitt, Chas 39
McGhee, Brownie 55
McInnerney, Katie 101; 145; 269
McInnerney, Mike 101; 126; 127-8; 145-6; 181; 269
McLagan, Ian 226
McLaughlin, John 51
Meaden, Peter 65-6; 69-70; 88
Meesham, David 208
Meher Baba 101; 129; 131-3; 135; 144; 146-7; 157; 160; 172; 201; 207; 210; 219; 255; 303; 313; 371; 459
Meher Baba Oceanic Centre 258; 268; 310; 318-9; 362
Meher Baba, família, Myrtle Beach 135; 286
Meibach, Ina 244; 247; 274-5; 353; 359; 385
Mellotron 334
Melly, George 237

Melody Maker 180; 182; 188-9
Mendelsohn, John 150; 181
Mercer, David 78
Merchan, Chucho 333; 335; 347
Mercury, Freddie 299; 335
Metzger, Gustav 62; 105; 408
Meuross, Rag 281-2
Michael, George 330; 335
MIDEM, conferência 333
Miles, Barry 106
Miles, Buddy 378
Miles, Sue 106
Milligan, Spike 127; 258
Mills, Russell 326
Mills, Sir John 414
Mingus, Charlie 71; 84
Minkin, Bill 288
Miscellanea 43
"Misery" 67
Mitchell, Mitch 64
Mitchelson, Marvin 359
ML Executives 328
Mods e movimento Mod 9; 50; 56; 62; 65; 67; 70; 73; 98; 132; 210-1; 218; 328
Monck, Chip 138
Monk, Thelonious 84
Monkees, The 123
Montgomery, David 121
Monty Python 278
Moody Blues 184
Moon, Keith 9-10; 66-7; 78; 79-80; 82; 86; 89-90; 93; 96; 100; 113; 103; 110; 113; 119-20; 132; 139; 156; 194; 207; 223; 239; 246; 250; 269; 272; 445
  atuação e performance física no palco 150; 176
  capa do The Who sell out 121
  cocaína e Mandrax 199
  colapso durante a apresentação no Cow Palace 227
  colapso durante a turnê Who by Numbers 255; 259
  concertos em Nova York, 1967 104
  e cenário do Punk londrino 264
  e groupies 151
  e ideia de acampamento de férias Tommy 144
  e os assunstos fiscais do The Who 263
  estado de deterioração, morte e funeral 270-3; 272-3; 274; 296; 299; 303; 305
  estado de espírito na turnê pelos EUA em 1975 252
  estilo de vida em Malibu 271-2
  explosões na Smothers Brothers Comedy Hour 118
  farras com Oliver Reed 239
  festa de "aniversário" (dezembro de 1975) 252
  festival Woodstock 160-1
  gravando Quadrophenia 220; 222
  ideias de filmes com Broccoli and Brooks 269-70
  influência dos Everly Brothers 81
  junta-se ao The Who 64
  novos suprimentos de bateria pela Premier 137
  papel do Stardust 233
  percussionando no "Music must change" 267
  performance no Live at Leeds 168
  preso no guichê da British Airways 249
  primeiro álbum solo 242
  problemas com drogas e alcoolismo 89; 134; 268
  quebradeira no hotel 117; 226
  relacionamentos com John, Pete e Roger 65; 79-80
  rompimento com Keith 226
  salta da janela 272
  tocando com backing tracks 198; 183
  Tommy 141-2; 149
  viagem de LSD no avião 110
  workshops Lifehouse 190
Moon, Kim 226; 87; 96; 100; 242; 445

More, Melissa 408
Morphet, Chris 131; 214
Morris, Doug 275; 283; 286; 344; 348; 372; 416; 418; 435
Morris, John 156
Morrison, Jim 135
Morton Fraser Harmonica Gang 26
Mosely, John 241; 245
Mosley, Oswald 13
Mott the Hoople 180
Mount-Charles, Henry 317
Muddy Waters 261
Murray the K 104-5
Murray, Charles Shaar 326
"Music must change" 267-8; 270
Musicians Union Benevolent Fund 442
"My baby gives it away" 262
"My generation" 78; 81-2; 301
Myers, Mike 270

"Naked eye" 173
National Association for People Abused in Childhood (NAPAC) 428
Naturals, The 56
Navarro, hotel, Nova York 193; 239; 279; 308
Nawa, Mary Beth 379
"Needles and pins" 103
Nelson Mandela, fundo para a libertação de 324
Nelson, Kathy 419
NeuroElectric Therapy (NET) 234
Nevison, Ron 221; 232; 306
New Action, editora 93
New Ikon 86
New Musical Express 243
New Romantics 299-300; 308; 333
"New song" 267
Newman, Tony 234
Niarchos, Spyros 272
Niarchos, Stavros 272
Nicholas, Paul 96
Nicholls, Billy 333; 347; 377; 391; 397; 401; 437
Nicholson, Jack 233; 239
Nilsson, Harry 272; 384
"19th Nervous Breakdown" 86
"No face, no name, no number" 237
"No road romance" 267
Noone, Peter ("Herman") 113
Notre Dame Church Hall, Soho 56
"Now and then" 369
NSPCC 428
Numbers, subgrupo Mod 67

"O Parvardigar" 207
O'Brien, Richard 381
"Odorono" 119; 121
O'Hara, John 325
Oldfield Hotel, Greenford 51
Oldfield, Mike 263
Tubular Bells 336
Oldham, Andrew Loog 65; 69; 87; 234
Oldman, Edward ("Ted") 90-1; 238; 244
Oleg (órfão russo) 389; 404
Olivier, Laurence 414
"One life's enough" 315
Ono, Yoko 139; 296
11 de setembro 417
Operação Ore 429; 432
Oração Universal de Meher Baba 180
Orbison, Roy 81
Orff, Karl 231
Orlando Sentinel 360
Ormsby-Gore, Alice 212-4; 216; 388
Orquestra Sinfônica de Londres 208
Ostin, Mo 283; 286; 290; 322; 391
"Our love was" 119
"Over the top" 336

Packard V12, carro fúnebre 82
Page, Jimmy 72; 89; 168
Palace Ballroom, Ilha de Man 92
Palladino, Pino 377; 420
Palmer, Phil 377
Palmer, Polly 309
Paltrow, Gwyneth 415

Paradise Club, Peckham 48
Parker, Charlie 72; 89; 151
Parker, Donna 251; 255
Parmienter, Chris 64
Parry, Chris 375
Patten, John 327
Patterson, George 259
Patterson, Meg 234; 259; 313; 327
Pearl Jam 380
Pei, I. M. 376
Penhall, Joe 416
Performance (filme) 140; 271
Petty, Tom 351
Phillips, Caryl 328
Phillips, John 109
Phillips, Simon 281; 333; 347; 377
Pickett, Wilson 105
"Pictures of Lily" 101
Pike, Frank 321; 325
"Pinball Wizard" 146; 307
Pink Floyd 98; 225; 288; 437
Pinter, Harold 339
Pirates, The 103
Piston, Walter 92
Plaquet, Maurice 48
Platters, The 359
Platz, David 266
Playboy magazine 379
Playing for Keeps (filme) 333
Pollock, Jackson 49
Polydor Records 87; 226; 305
Pound, Ezra 326
Powell, Roger 192
Powerhouse Summer Theatre, Vassar College, EUA 438
Premier Talent, agência 104; 351
Presidents, The 53
Presley, Elvis 37; 45; 233; 419
Preston, Billy 262
Pretenders, The 282
Pretty Things, The, *SF Sorrow* 147
Price, Bill 310; 347; 349
Price, Matthew 267
Pridden, Bob 107; 152; 164; 183; 199; 212-3; 236; 256; 309; 354; 437
Pridden, Mia 212; 236
Prince 330-1
Prince's Trust 396
Priory, The 426-7; 430
Psychoderelict 361-2; 366; 368; 372; 382; 396; 414; 416
  álbum 361-2; 365
  desenvolvimento 399-400
  gravando 382
  oferta de licença para filmar 389
  proposta de montagem de peça 376
  turnê 378-9
  workshop acústico, Mayfair Theatre 377
Ptaszynski, André 400
"Punk rock", termo cunhado 147
Punks e movimento Punk rock 249; 264; 299-301
Purcell, Henry 78; 89
Purdom, Charles 101; 128
"Pure and easy" 186; 193
Purple rain (filme) 330-1
Pursey, Jimmy 393
Pye, estúdios 167

Quadrophenia 207; 260; 276; 416; 301-2
  acordo do filme 271; 274
  capa do álbum 219
  conceito e história 218
  concertos (1996) 396
  em turnê 227
  gravando no Ramport Studio 219-23
  início 211-2
  Jimmy, o personagem mod 218; 222; 224
  mixando 223
  première 277
  problemas de som 219
  proposta para tocar no palco 376
  reação da crítica 224; 226
  revivals 366
  script com Barney 371

trilha sonora 347
turnê europeia 401
versão para o palco 435
visão distorcida do sonho 215
Quatermass Experiment, The (série de TV) 30
Queen 264; 296; 299; 330
"quick one, while he's away, A" 94; 139; 143
"Quiet one" 302

RADAR, gravadores 395
"Rael" 119
RAF Dance Orchestra 14
Raine, Craig 321; 334
Ramport, estúdio 219; 219-20; 224; 231-2
Ravens, Jan 377
Rawlings, Terry 242; 309
Reaction, selo 87
Ready, steady, go! 75
"Real good looking boy" 419
Reay, Louise 306; 309; 311; 314; 322; 332
Record Plant, Nova York 192
Redding, Otis 352
Reed, Jimmy 55; 57; 233; 237; 239
Reeve, Christopher 308
refúgios fiscais 137
rei leão, O (filme) 410
Reid, Liz 54; 218
Reilly, Tommy 34
Reizner, Lou 201; 208; 214; 228; 231
"Relax" 119
Rhodes, Phil 39-40
Rich, Buddy 64
Rich, Frank 374
Richard, Cliff 44; 47
Richards, Keith 57; 100; 139; 180; 269; 351-2; 416
Richardson, Tony 271
Richie, Lionel 356
Richie, Nicole 356
Rivers, Larry 49; 62
Robin Hood Foundation 415
Robins, Alistair 394
Robinson, Smokey 86
"rock", música e movimento juvenil 145
Rock Against Racism, concerto beneficente 278
Rock around the clock (filme) 36-7
Rockers 50
Rod (motorista) 214
Roeg, Nic 140; 271; 287; 289-90; 345
Rogan, Alan 306; 313
Rolling Stone (revista) 135; 147; 181; 210; 286
Rolling Stones Mobile 167
Rolling Stones, The 52; 57; 86-7; 103; 138; 158; 249; 299; 395
inclusão no Rock and Roll Hall of Fame 352
Rock and Roll Circus, filme para TV 139; 158
tragédia de Altamont 171
Ron Cavendish Orchestra 48
Ronnie Scott's Jazz Club 152
Rooney, Mick 118
Rose (tia-avó) 13; 19
Rosenfeld, Michael 263
Rosie (garota australiana) 129; 157; 159
Rosten, David 244
Rotten, Johnny 249; 274
Roza, Lita 26
Rudd, Raphael 334
Rudge, Peter 179; 225; 228; 232
Ruffy, Dave 414
Russell, Ethan 219
Russell, Ken 231; 233; 235; 239; 242; 245-6
Russell, Theresa 287-90; 291; 314; 345; 401

Sade 329
Salão de Bailes de St. Mary, Putney 53
"Sally Simpson" 135; 214
Sandom, Doug 48; 51; 53; 55-6; 64
Savage Messiah (filme) 231
Savage, Jon 326
Scaggs, Boz 135
Scarlet 435
Scene Club, The 67

Schecter, Aaron 264-5
Scher, John 399
Scott, Ridley 309
Screaming Lord Sutch 64
"Sea and sand" 223
"sea refuses no river, The" 309
Seamen, Phil 268
"Sean's boogie" 309
Searchers, The 103
Searle, Roger 328
Sebastian, John 176-7
Secret Policeman's Ball, show beneficente 278
Secret Policeman's Other Ball (filme) 333
"See my friend" 103
"See my way" 93
Seeger, Pete 116
"seeker, The" 173
Segunda Guerra Mundial 10-11
"Sensation" 129; 157
Sex Pistols, The 267; 299
Shadows, The 42; 47
Sham 69 393
Shankar, Ravi 109
Sharp, Martin 99
Sharp, Sammy e Leah 14
Sharpe, Bernie 38
Shaw, Damon Lyon 149
Shaw, Lisa 383; 387; 400
Shaw, Mike 73; 81; 86; 89; 228; 358; 458
Shearing, George 15
Sheff, David 380
Sherwin, Chris 39-40; 43
Shrieve, Michael 306
"Silas Stingy" 119
Silverdale, pré-escola, Birch Grove 16
Silverman, Ethan 404; 439
Simenon, Paul 280
Simon & Garfunkel 105; 359
Simon, Paul 354; 391
Simone, Nina 84; 349
Sims, Bill 258; 384
Sinatra, Frank 45
Sinclair, John 147
sintetizadores 184
Siouxsie and the Banshees 299
"Sister disco" 267-8
Skydell, Barbara 351-2
Sly and the Family Stone 159; 161
Small Faces, The 126; 128; 274; 413
"Smash the mirror" 239
Smith, Alan 328
Smith, Jimmy 55; 84
Smith, Tony 333
Smothers Brothers Comedy Hour 118; 123; 256
Soho Scene Club 67; 88
"Someone's coming" 119
"Something in the air" 158
"song is over, The" 193
South Pacific 28
Specials, The 299
Springfield, Dusty 70
Springsteen, Bruce 249; 264; 280; 300; 309
Squadronaires Swing, banda 10; 15-6; 18; 25-6; 162
"Squeeze box" 245
St. James's Club 302
St. Saviours School 19; 21
Stainton, Chris 309
Stamp, Chris 69; 71-2; 74-5; 78-81; 83; 85-7; 89; 91; 93; 96; 107; 118-9; 121; 124; 137; 157; 171; 185; 188; 190-1; 196; 201; 203; 225; 230; 232; 244; 266; 307; 359; 458
e o filme Tommy 230
Stanley, Richard 131-2; 178; 181; 301
Stanshall, Viv, Sir Henry de Rawlinson End 303
Stardust (filme) 234
Starkey, Zak 303; 396-7
Starlight Express (musical) 326
Starr, Ringo 269
Status Quo 299
Stein, Jeff 269; 270-2

Stevens, Guy 67; 88
Stewart, Dave 335
Stewart, Rod 87; 201; 258
Stigwood, Robert ("Stiggy") 86-7; 96; 107; 231; 233-4; 246
Stilgoe, Richard 326
Stills, Stephen 201
Sting 431
Stipe, Michael 396
Stockhausen, Karlheinz 80
"Stop hurting people" 309
Stoppard, Tom 381
"Street in the city" 262
Strick, Joseph 198; 230
Strikebound (filme) 330
Strummer, Joe 280
Strunckel, Shelley von 387
"Stuttering blues" 80
"Substitute" 86
Sulgrave Boys Club 76
Sumlin, Hubert 55
"Summertime blues" 115; 119
Sunday Times 321
"Sunrise" 120
"Sweet sound" 322
Swing, música 10; 14
Sylvester, Sam 244; 266; 385; 391
Synclavier 334; 336; 338; 347; 350; 362; 395
Szymczyk, Bill 294; 296; 304

Taj Mahal 139; 309
Talmy, Shel 72; 87; 90-1; 196
Tarbuck, Jimmy 267
"Tattoo" 118-9
Tattooist 181
Taylor, Derek 108
Taylor, James 418
Taylor, Mick 158
Teddy Boy, subcultura 50
Teenage Cancer Trust (CTC) 394
"Teenage wasteland" 193
Terry, Sonny 55
Thacker, David 374; 381
Thatcher, governo 300
Thomas, Chris 281-2; 310-1; 349
Thomas, Jeremy 287
Thunderclap Newman 158; 180; 225; 413
Tickets, subgrupo Mod 67
"Time is passing" 193
Tom (tio-avô) 19
Tommy 126; 129; 131; 133; 137; 141; 172; 191; 200; 211; 223; 307; 354; 371; 389; 417; 433
  CD-ROM 387
  concerto no Universal Amphitheater 356
  contrato de Direitos Autorais 238; 244; 385
  demos 164
  e proposta de Frankfurt 386
  Metropolitan Opera House, Nova York 175
  "Overture" 141-2; 147
  papel de Pete 142
  papel de Roger 142
  primeiros esboços 136
  reação da crítica 147; 168; 224
  sistema de feedback 181
  tema de pinball 146
  tema e ideias 135
  Tony Awards 375
  turnê pelos EUA 152
  última mixagem e design da capa 149
Tommy (filme) 230; 239
  como versão moderna de Hamlet 231
  elenco 233
  escore musical 236
  fotografia principal 235
  gravação de pontuação 234
  imperfeições do filme 245
  papel de Eric Clapton 234-5
  papel do Pinball Wizard 234
  première japonesa 250
  premières 245
  sessões de canto 350
  tocando com backing tracks 241
  trabalhando com o elenco 233
  turnê 377-9

Tommy (musical) 150; 385-6
críticas da Broadway 374
encerramento do show em Londres 400
ensaios e pré-estreias em Londres 393-4
produção da Broadway 233; 369; 372-3; 382; 390
produção de Hornchurch 271; 274
restauração da La Jolla Playhouse 366-7; 369
Tommy (versão orquestrada) 201; 208; 214; 228; 231
Tony Awards 375
"Too late the hero" 354
"Too much" 193
Top of the Pops 75; 82; 158; 226
Torch, Sidney 28
"Touring inside US" 118
Townshend, Betty (mãe) 10; 19; 29; 33; 64; 120; 132; 207; 214; 260; 337; 409
abortos 24; 26
affair com Dennis Bowman 22-5
causa problemas no concerto Tommy 356
educação 13
encontra Louise Reay 312
limpa o primeiro apartamento de Pete 57
problemas com o alcoolismo 41; 310
reabilitação 339
trabalho como vocalista 14; 28
trajes glamorosos 16
visita ao Templo 310
Townshend, Clifford Blandford (pai) 12-4; 25; 27; 33; 36; 207; 214; 239; 260; 282; 299; 323
"swing", música 10; 13
acordo de gravação com a Parlophone Records 31
celebridade no pub 14
doença e morte 336-7
e acampamentos de férias 16
e os "fatos da vida" 30-31
problemas com o alcoolismo 41
tocando clarinete 14; 16
traz sua mãe de volta 26
Townshend, Dorothy (avó paterna) 12; 35
Townshend, Emma (filha) 148; 150; 206; 212; 248; 303; 307; 319; 338; 341; 345-6; 353; 373; 388; 406; 430
Townshend, Horace (avô paterno) 12; 35
Townshend, Jack (tio) 12; 207; 334; 339; 408
Townshend, Janie (cunhada) 219
Townshend, Joseph (filho) 360; 362; 379-80; 383; 385-7; 397-8; 401-2; 406; 416
educação 375; 388
Ibstock Place School, Roehampton 390
nascimento 358
Townshend, Karen (nascida Astley) 87; 91; 106-8; 110; 118; 150; 152; 155-7; 172-3; 179; 186-7; 209; 214; 236; 261-2; 284; 296; 318; 323; 333; 352; 355; 385; 397; 401; 404
acampamento de férias no sul da França 212
aconselhamento de casais 386
apoio ao abrigo de esposas agredidas 303; 324; 328; 331
bate em Pete 311
casa em Twickenham 136; 206
casamento 132
decisão de casar 131
decisão de começar a sair 82
desejo por um terceiro filho 346-7
dúvidas sobre a carreira solo de Pete 274-5
e destruição das notas e fotografias de Pete 332
e educação de Joseph 374
e recomeço do alcoolismo de Pete 374
feriado familiar no Meher Baba Centre 248
festival Woodstock 159
gravidez e nascimento de Emma 133; 145; 148
gravidez e nascimento de Joseph 353; 358
gravidez e nascimento de Minta 187; 191
primeiro encontro 78
problemas conjugais 268; 277-8; 290; 294; 307-8; 312; 353; 360-1; 363-5; 367; 374; 377; 379; 383; 385; 392; 396
relacionamento com Pete 98-9; 125; 322; 338

rompimento do casamento 392; 396; 412
trabalho como professora 346
viagens de LSD 97; 110; 219
vivendo juntos 88-9; 112; 124
Townshend, Minta (filha)
nascimento 180; 197; 206; 212; 248; 303; 303-4; 307; 319-20; 338; 346; 350; 353; 374; 388; 406
Townshend, Paul (irmão) 40; 131; 219; 339; 368
nascimento 37
Townshend, Pete
acampamento de férias no sul da França 212
acidente de bicicleta e ferimento no pulso nas Ilhas Scilly 364
álcool 188; 191; 193; 203; 206-7; 219; 259; 278; 292; 312; 328; 361-2; 369; 371; 374; 379-80; 382
– ajuda da família de Meher Baba 255
– e alcoolismo "controlado" 379
– inicia o tratamento de terapia em grupo 383; 387
– na Califórnia 313
– no palco 199
– para espontaneamente 248
– tratamento de hipnoterapia 312
ameaça de morte 357
amizade com Liz Geier 368
amplificadores e sistemas de som 60; 66; 150
anseio espiritual 210
artes gráficas 318-9
artigos na Melody Maker 180; 182; 188-9
assina com a Virgin 336
ataques maníaco-depressivos 188; 191; 367
atitudes para Establishment 79
atuação e figurino no palco 57; 174; 176; 356
barcos e lanchas 239; 260
– Blue Merlin 350
– Ferrara 320
– iate Moonmaiden 277
– lancha de Ahmednagar Queen 267
– lancha de Babajan Skaggerak 256
– lancha Zephyr 384
– Liz-O 239
– Nuovo Pensiero 387; 390
– veleiro Pazienza 364; 387
caos financeiro após o lançamento de Quadrophenia 225
Carol Daltrey,relacionamento com 50
carreira solo, debate sobre 274-5
carros e veículos automotores
– acidentes 90
– Ferrari 313
– Lincoln Continental 82; 86
– Mercedes Grand 600 limusine 209; 216
– motorhome Dodge Travco 179
– Rolls Mulliner coupé 239
carta de fã de 1967 445
cartas de fãs 324
cartuns, pinturas e desenhos 42; 319
casas e apartamentos
– apartamento em Chesham Place, Belgravia 77
– apartamento em Eaton Place 73
– apartamento na King's Road 294
– apartamento na Old Church Street, Chelsea 85
– apartamento na rua Ebury, Belgravia 112; 124; 165
– Avenida Woodgrange 38; 63
– casa em Twickenham 136; 164; 200; 206
– conversão do celeiro em Mawnan Smith, Cornwall 403
– primeiro apartamento 56
– The Anchorage, Twickenham 318
– O Templo, Cleeve 200; 206; 209; 218; 268; 310; 312-3; 319
– The Wick 392-3; 395
Cats e Starlight Express, ponto de vista 325
chá de ervas do Dr Wong 255-6

colapso em Nova York 195
como modelo durante a Paris Fashion Week (1996) 393
composição 77; 318
– composições para orquestra 89
– concepções de ópera 92
– e o subconsciente 94
– escrevendo enquanto se apresentava 305
– influência de Purcell 78
– influência dos Everly Brothers 80
– influências do R&B 55; 67
– início de 1975 242
– Kit como mentor 77
– Método Lifehouse 414; 417; 438
– música orquestrada 45
– primeiras tentativas 65
– problemas de co-autoria 178; 262; 415
– processo 187
comunidade de Meher Baba em Londres 126-7
concerto "The Wall" do Pink Floyd, Coliseum, Londres 288
conexão com rios e o mar 32-3
considera a adoção 347
conta bancária em Nova York 264-6
contrato para o Festival de Woodstock 156
conversas com o diabo 312
Cyberorgan 417
destrói notas e fotografias 332
dilemas e problemas de gestão 87-8; 90-1
discurso de inclusão do Who no Rock and Roll Hall of Fame 359; 376
Donna Parker, obsessão com 251; 255
drogas
– cocaína 288; 290-1; 293; 303; 307; 310; 312-3
– e uso da heroína de Clapton 212-3
– LSD 97; 101; 103; 110; 219
– maconha 54-5; 57; 74
– nitrato de amila (poppers) 216; 218
e computadores na música 333; 338
e design gráfico 54; 59
e dificuldades financeiras de John Entwistle 410
e história de Oleg 388
e Jackie Vickers 281-2; 283-4; 286; 290
e Keith Moon
– festa de "aniversário" (dezembro de 1975) 255
– morte e funeral 273-4
– rompimento com Kim 226
e Krissy Wood 310-1
e morte e funeral de John Entwistle 419-20
e Operação Ore 429
e Rosie 129
e Stevie Wonder durante o filme Tommy 234
e Ted Hughes 341
Eel Pie Books (editora) 267; 318; 326
elogio para Kit Lambert 307
em Roland Kirk 152
encontra "Alice", "Robin" e "Jenny" 425
ensaio da banda para a apresentação Rainbow 216
entrevistas e aparições na TV
– New Musical Express 243
– Old Grey Whistle Test 177
– Playboy 379
– Rolling Stone, 1970 210
– Rolling Stone, tragédia no Riverfront Coliseum 286
– Smothers Brothers Comedy Hour (EUA) 118; 123
– South Bank Show 329
epifania no Holiday Inn 116-7
escolas e faculdade
– Acton County Grammar 37; 42-3
– Beacon House 18
– Berrymede Junior 27; 30; 36
– Ealing Art College 43; 45; 48; 54; 59
– Silverdale Nursery, Birch Grove 16
– St. Saviours 19-21
escrevendo
– "A different bomb" 427; 430

– "The glass household" 362-3; 365
– "The limousine" 342
– artigos na Melody Maker 180; 182; 188-9
– exercício do Caminho do artista 409
– histórias 319
– Horse's neck 326-7
– soneto para Kit 317
– The story of Tommy 267
esgotamento e depressão 381
estúdio Cubo 360; 364; 379; 383; 385; 388
estúdio em Anchorage 318-9
estúdio na barcaça Grand Cru 362
experiências sexuais iniciais 53
Faber & Faber, editor 317; 321; 325-7; 339; 360; 406
feriado familiar no Meher Baba Centre 248
Festival de Filmes de Cannes 277
folhetos de protesto no Superbowl, Miami (2010) 434
George Harrison, discussões sobre o misticismo indiano 235
gonorreia 132
gravação do álbum solo 281; 306; 309; 365
guitarras e tocando guitarra
– "estilo" 59
– Danelectro 84
– Epiphone de corpo sólido 53
– experimentos com 62
– fantástica 9; 137
– feedback 61; 66-7; 102; 104; 134
– Fender Telecaster 309; 377
– Gibson Les Paul 134
– Gibson SG 161
– Harmony Stratocruiser 47
– participação em bandas de rock 61
– primeiros instrumentos 38; 40
– Rickenbacker 9; 59; 84
– trabalho de improviso 183
– vendendo 350
– windmilling 57; 356
ideia da turnê circus 139
ideia de Beguines, Tangos and Love 334
incidente do macacão tingido em tie-dye 178
incidente no aeroporto de Frankfurt 387
inclusão dos Rolling Stones no Rock and Roll Hall of Fame 352
infância e adolescência 14-15
– acampamentos de férias 16
– escola dominical 35
– Escoteiro do Mar "fim de semana no barracão" 32
– "fatos da vida" 30-31
– férias na Ilha de Man 25; 31; 36; 40
– iniciador de incêndios 27
– lembranças da avó de Denny 94; 143
– matinês de cinema 17
– nascimento e primeiras lembranças 11; 14-15
– trauma e vergonha sexual 68
– vivendo com a avó de Denny 19; 28; 331-2
interesse em astrologia 387
Jimi Hendrix ao vivo 99
John Peel Lecture na BBC 442
Joseph
– educação 374
– nascimento 358
– relacionamento com 361; 363; 379-80; 390; 396-7; 401; 403; 416
Karen, relacionamento com 98-9; 125; 322; 338
– aconselhamento de casais 386
– bate em Pete 311
– casamento 132
– decisão de casar 131
– decisão de começar a sair 82
– fidelidade 151; 159
– fim do casamento 392; 396; 412
– primeiro encontro 78
– problemas conjugais 268; 277-8; 290; 294; 308; 312; 353; 360-1; 363-5; 367; 374; 377; 379; 383; 385; 392; 396

– traição 261-2
– vivendo juntos 88-9; 112; 124
lições de balé 18
livraria Magic Bus 267; 274; 281
Max Wall, encontro 339
meditação 246
Meher Baba Oceanic Centre 258; 268; 310; 318-9; 362
"mochila", roubo 293-4
morte do pai 337
morte e funeral de Delia DeLeon 371
nascimento de Minta 197
nascimento Emma 148
Norman Fowler, encontro 327
olhar sobre a Inglaterra e seus processos democráticos 442
ópera Floss 440
operação da hérnia 433
orfanatos russos 404
Osea, feriado de Blackwater Estuary 180
palestra na Academia de Arte de Winchester 184
palestra no Royal College of Art 342; 399
peregrinação para a Índia 207
perfuração da mão com a alavanca de tremolo 355
perspicácia sobre a Internet 399
pornografia infantil na internet, encontrada acidentalmente 404, 408-9; 424
preso pela Força Policial Tática em Nova York 155-6
primeiro beijo 47
Primeiro Ministro da Austrália, carta do 130
primeiro rompimento 46
prisão em Montreal 228
prisão por condução perigosa 214
prisão por pornografia na internet 431
privacidade familiar 191
psicoterapia 20; 318; 323; 332; 340
Rachel Fuller, relacionamento com 403-4; 406-7; 410-1; 412
– primeiro encontro 397
Rael 92
raiva psicológica 121
reunião sobre disputa de direitos autorais com Allen Klein 266
revelação da placa azul de T. S. Eliot 339
Roger Daltrey, falhas e dificuldades 247; 411
romance com Lisa Marsh 373; 373-4; 375; 377; 378-9; 379; 382-3; 387; 406
– em Viena 401
– final do relacionamento 384; 400
romance com Louise Reay 306; 311; 314; 322
Ronnie Lane, álbum com 259
Rough Mix gravando com Ronnie Lane 262
seguidor de Meher Baba 219; 261; 313
segurança financeira com Bill Curbishley 232
sequências oníricas anormais 398
sexualidade 62
– aceitação da bissexualidade 124
– Danny Fields 123; 360
– desejo por Mick Jagger 83
– lembranças de abuso 332
– trauma e vergonha 68
Sgt. Pepper, reação a 113
shows do Deep End 332
suíte em Wardour Street, Soho 88
técnicas de gravação 113
terremoto em San Diego (1992) 367
The Confederates 39
The Detours 46; 51-2
Theresa Russell, obsessão com 287-90
tocando banjo 39; 43
tocando gaita 26; 32; 34; 37-8
tocando piano 35; 388; 391
– ao estilo New Orleans 271
Tony Award para melhor partitura para Tommy 375
trabalho em instituições de caridade e em angariação de fundos 301; 324; 328-9; 331

– ação beneficente no Secret Policeman's Ball 278
– apresentação na Roundhouse 236
– benefício para Rock Against Racism 278
– concerto beneficente para a Colômbia 335
– concerto com Paul Simon em Nova York 391
– Double-O 426
– Prince's Trust Concert, 1982 315
– Teenage Cancer Trust 394
– The Priory and Broadreach 426-7
trabalhos e projetos criativos
– álbum solo Chinese Eyes 310
– álbum solo Cool Walking 396
– álbum solo Empty Glass 284; 286; 304
– projeto White City 330; 336
– Rock Is Dead 203; 209-10; 215
– Rough Mix álbum com Ronnie Lane 262; 273
– Scoop, álbuns solo 319; 344; 406; 414; 416
– tema "Siege" 318
– ver também Boy Who Heard Music, The; Iron Giant; Iron Man; Lifehouse; Psychoderelict; Quadrophenia; Tommy
turnê publicitária de Horses's Neck 328
vícios e inconsistências 173
websites 408; 411
William Golding, encontro com 327
zumbido e perda de audição 256; 273; 350; 354
ver também Who, The
Townshend, Simon (irmão) 41; 131; 158-9; 309; 322; 339; 368; 435
Towser (*spaniel*) 180
Track Records 91; 96; 118; 122; 124; 223; 225; 264-5
Trackplan, gravadora 180; 218; 241; 395
"Tracks of my tears" 86
Traffic 118; 237
Mr. Fantasy 102
"Tragedy" 407
tragédia noRiverfront Coliseum (1979) 284-5
Tremeloes, The 118
Trident, The 58
Trilby (tia) 35; 258; 341; 388
"Trilby's piano" 436; 438
Trisha (babá e secretária) 206; 209
Troggs, The 134
Turner, Tina 233; 239; 245

U2 280
Ultravox 299

Valentino, Rudolph 83
Van Morrison 126
Van Zandt, Steven ("Little Stevie") 309
Vanilla Fudge 122
Vaughan, Frankie 26
Vedder, Eddie 380; 407; 412
Vickers, Cathy 284; 281-2; 283-4
Vickers, Jackie 286; 290; 303
Vickers, Mike 280-1; 284
Vickers, Sue 280-1; 284
Vietnã, veteranos 108
Virgin, gravadora 336; 339; 349; 362; 365
Virginia (cunhada) 319
nascimento de Florence 345
Visage 299
"Vivienne" 312
"Voodoo Chile" 100

Wadleigh, Michael 161; 163-4
Wagner, Richard 80
Wainwright, Martha 436
waiting children, The (filme) 404
Walker Brothers 85
Walker, Patrick 387
Wall, Brian 48
Wall, Max 339
Walsh, Joe 179-80; 307; 350
Walter-Lax, Annette 242
Walton, Sir William 122

Wardour Street, suíte, Soho 88
Waring, Judi 322
Warner Brothers 283; 286; 294; 304-5; 336; 386; 406; 410
Waters, Roger 98; 288; 381; 437
Wattis, Nigel 329
Watts, Charlie 139; 262; 274
WEA 305; 322; 336
Weinstein, Harvey e Bob 332
"Welcome" 131; 144
"Welcome back" 178
Wenner, Jann 135; 146; 150; 181; 347; 359; 376
Wesker, Arnold 78
West, Carinthia 269
West, Keith, Excerpt from a Teenage Opera 147
Westbrook, Darren 413
Wexler, Jerry 306
"Whiskey man" 93
Whiskey, Nancy 39
White City, estádio 27; 131
Whitehall Gardens, Acton 15
Whiteson, Adrian 394
Who, The
"See me, hear me", leitmotif 162; 301
abismo em relação à nova geração 299
acordos de gravação
gravadora Fontana 61
– Track records 91
– Warner Brothers 283
álbuns
– A quick one 94-5; 120
– Endless wire 437
– Face dances 294-5; 304; 308
– It's hard 315; 438
– Live at Leeds 168; 172; 175; 179; 200-1
– Magic bus: The Who on tour 165
– The Who by numbers 247; 303
– The Who sell out 121; 124; 131
– Then and now 419-20
– Who are you 182; 202; 267; 271; 273; 303; 385; 438
– Who's next 198; 200; 219
aparições na TV
– ideia de turnê de 25 anos, encontros e ensaios 348; 350; 354
– relaxando os interesses comerciais 328
– resposta dos EUA a The Who sell out 131
– Smothers Brothers Comedy Hour 118; 123; 256
– Top of the Pops 82; 226
apresentações
– auxiliadas por Eric Burden and the Animals/The Association 123
– Berkeley Community Theater 177
– Boston Tea Party 152; 166
– campo de críquete Oval 201
– Carnegie Hall, 1994 384
– concerto gratuito em Portsmouth pelo elenco do filme Tommy 238
– Festival da Ilha de Wight 182
– Fête de l'Humanité 213
– Fillmore East, Nova York 154-5; 163; 166
– Forest Hills, Nova York 199
– Glasgow/Edimburgo, 1979 278
– Granby Halls, Leicester 249
– Grande Ballroom, Detroit 152
– instituição de caridade Chicago House of Blues 411
– Kilburn State Cinema 270
– Kinetic Playground, Chicago 156
– Live 8, Hyde Park 437
– Live Aid 329
– London Coliseum 166
– Madison Square Garden, em 11 de setembro 417
– Madison Square Garden, 1974 238
– Madison Square Garden, 1976 256
– Maple Leaf Gardens, Toronto 261
– Monterey Pop Festival, 1967 108-9

– Nova York, 1967 104
– Rainbow, Londres, 1979 277
– Riverfront Coliseum, Cincinnati, 1979 284-5
– Ronnie Scott's Jazz Club 149
– Royal Albert Hall Pop Proms 158
– Saskatoon, Canadá 134
– Saville Theatre 122
– Shea Stadium, Nova York 176
– Shepherd's Bush Empire 412
– Shrine, LA 138
– The Valley, Charlton 238
– Universal Amphitheater 356
– Wembley Stadium 278
– Winterland, San Francisco 256
– Woodstock Festival 159
– Young Vic 197
autodestruição 91; 106; 121
brigas 79-80; 224
caminhão de Roger 77-8
casas 200
coletiva de imprensa em Nova York (2000) 415
como a "banda mais barulhenta sobre a terra" 122
como banda de trabalho contemporâneo 417
confusão no Lifehouse 186
conta bancária nas Bahamas 137
Curbishley assume a gestão 232
desentendimentos 89-90; 263
desenvolvendo novas canções no palco 163
design da capa de Face Dances 304
designs de iluminação 177
dilemas e problemas de gestão 87-8; 90-1
e Pete Townshend
– carta para Roger, John e Bill Curbishley (1990) 360
– como figura paterna 338
– decide fazer a turnê de 25 anos 353
– papel duplo em 209
– pressão para o retorno 348
– saída 320; 322; 323-4
– termina a turnê com The Who 320
– "última turnê" com The Who 316
efeitos de laser 248-49
ensaios com Rabbit e Kenney no Shepperton Studio, 1979 276
exibição no Institute of Contemporary Arts 271
gravações ao vivo
– arquivos destruídos por Pete 166
– Hull City Hall 167-8
– Leeds University Refectory 166-7
– The Kids Are Alright 270
gravando "The high numbers" 67
história da revista Observer 83; 85
inclusão no Rock and Roll Hall of Fame 359; 376
Keith Moon junta-se ao 64
membros da banda
– atividades individuais 242
o nome 58
performance física no palco 176
pré-estreia de Tommy para a imprensa 149
primeira gravação 67
procurando por um novo baterista 274
prosseguindo sem Pete 323
raízes R&B 102
reunião para o Live Aid 329
roadies "liverpolianos" 107
Sandom não permaneceria 64
sessões de gravação 315
– "I can't explain" 72
– com Glyn Johns nos estúdios Olympic 196
– na Record Plant, Nova York 192
– no estúdio de Glyn Johns 314
– Nova York, 1967 115
– The Who sell out 120
Shaw torna-se gerente de produção 73
Talmy, disputa com 83; 87-8
The kids are alright, filme 269-72; 277; 391
turnês

– "Farewell tour", turnê nos EUA e na Grã-Bretanha, 1982 316
– Alemanha, Suíça e Áustria, 1980 291
– apoio dos EUA a Herman's Hermits, 1967 112; 123
– Austrália e Nova Zelândia com The Small Faces (1968) 128
– EUA, 1967 107
– EUA, 1968 131-2; 134
– EUA, 1971 199; 201-2
– EUA, 1975 252
– EUA, 1979 279; 284
– EUA, 1980 292
– EUA, 2002 419
– EUA/Grã-Bretanha, 2000 415
– Europa, 1966 96
– Europa, 1970 182; 185
– Europa, 1972 213
– Europa, turnê Quadrophenia, 1997 401
– Grã-Bretanha, 1975 249
– Holanda e Escandinávia, 1965 79
– Japão e Austrália, 2004 435
– Quadrophenia, turnê pelos EUA e pela Grã-Bretanha, 1973 227
– Quadrophenia, turnê pelos EUA, 1997 402
– Tommy, turnê pelos EUA, 1969 152 turnê de 25 anos, EUA/Grã-Bretanha, 1989 355
– turnê de ônibus pelos EUA, 1968 131-2; 134
– turnê mundial, 2006 438-9
– Who by numbers, EUA, 1975–6 255; 259
viagem em Purple Owsley (LSD) 110
workshops Lifehouse no Young Vic 189
Wickham, Vicky 75
WikiLeaks 434
"Wild thing" 134
Wilkins, Helen ("Spike") 319; 344
Williams, Robin 308
Williamson, Sonny Boy 80; 143
Wilson, Brian 114; 116; 131; 151
Wilson, Harry 46
Wilson, Pete 42
Windswept 393
Winwood, Steve 102; 216-7; 356; 395
"Wired to the moon" 399
Wistle (*Yorkshire terrier*) 437
Withers, Bill 213
Wolff, John ("Wiggy") 128; 134; 160; 199; 203; 219-20; 224; 249; 252; 292; 402
Womack, Bobby 395
Wonder, Stevie 84-5; 234; 334
"Won't get fooled again" 192; 197; 270; 301
Wood, Ronnie 216; 245; 382; 392; 395
Woods, Donald 324; 331
Woodstock Festival (1969) 156; 159; 301
Wright, Rick 437
Wright, Tom 54; 57; 115; 134; 152; 179
Wylie, Pete 319
Wyman, Bill 139; 272

Yamaha Concert Grand Disklavier 440; 457
Yardbirds, The 58
Yetnikoff, Walter 275
"You better you bet" 304
"You stand by me" 438
Youel, Jo 435
"Young man blues" 143; 168
Young Rascals, The 105
Young Vic 188; 367; 374; 381
Young, Jeff 410

Zappa, Frank 115
"Zoot suit" 67

Este livro, composto na fonte Fairfield,
foi impresso em papel Pólen Soft 70 g, na Prol Editora Gráfica.
São Paulo, setembro de 2013.